跨学科视野下的易学丛书（第一辑）

丘亮辉 ◎ 主编

史学视野下的易学

朱彦民 著

华南理工大学出版社
SOUTH CHINA UNIVERSITY OF TECHNOLOGY PRESS
·广州·

图书在版编目（CIP）数据

史学视野下的易学 / 朱彦民著. —广州：华南理工大学出版社，2017.8
（跨学科视野下的易学丛书/丘亮辉主编. 第一辑）
ISBN 978-7-5623-5255-6

Ⅰ. ①史… Ⅱ. ①朱… Ⅲ. ①《周易》-研究 Ⅳ. ①B221.5

中国版本图书馆 CIP 数据核字（2017）第 192246 号

Shixue Shiye Xia De Yixue
史学视野下的易学
朱彦民 著

出 版 人：卢家明
出版发行：华南理工大学出版社
（广州五山华南理工大学 17 号楼，邮编 510640）
http://www.scutpress.com.cn E-mail: scutc13@scut.edu.cn
营销部电话：020-87113487 87111048（传真）
项目负责人：卢家明
策划编辑：罗月花
责任编辑：龙 辉
印 刷 者：广州市新怡印务有限公司
开 本：787mm×1092mm 1/16 **印张**：17.5 **字数**：373 千
版 次：2017 年 8 月第 1 版 2017 年 8 月第 1 次印刷
印 数：1～2 200 册
定 价：68.00 元

“跨学科视野下的易学丛书”（第一辑）
编辑委员会

作者简介

朱彦民，南开大学历史系教授，著名甲骨文研究专家，中国社会史研究中心研究员，北京大学中国画法研究院兼职教授。主要著作有《商族的起源、迁徙与发展》《殷墟都城探论》《巫史重光——殷墟甲骨文发现记》《商代社会的文化、思想与观念》等，与人合著《殷商社会生活史》《甲骨文精萃选读》《甲骨文精粹译释》等。在《历史研究》《中国史研究》《考古》《文史哲》《中国历史地理论丛》《中国文化研究》《中国书画》等学术刊物上发表《殷卜辞所见先公配偶考》《甲骨卜辞所见"殷人尚右"观念考》《殷墟卜辞"受酋年"新考》《商汤"景亳"地望新考》《〈明义士牧师家藏中国文物展〉中两片甲骨的考释》《论商族对古代车马起源与发展的贡献》《商代晚期中原地区生态环境的变迁》等学术论文八十余篇。

总　序

易学文化是中华文明特有的、传承五千年从未间断的文化基因，深刻影响着中华民族代代相传的认知模式、思维范式和生活方式。在不同时代背景下，面对新的问题以及解决问题的条件和方式不同，经过历代易学家不断诠释和阐发，从而形成各具时代特色的易学。从科学的视角看，几千年来的易学研究主要集中于四大问题：一为卦的排序和变换以及卦画的起源问题，二为卦爻辞的解释和训诂问题，三为卦爻辞与符号对应的逻辑关系问题，四为筮法的意义及其推理可靠性问题。人类文明进入我们的时代，呼唤创建现代易学。

清末以来的百年易学研究仍未能建立起一个有别于农业文明时代的、能够适应工业文明乃至信息文明时代的现代易学体系，关键在于缺乏一种易学科学化的意识。正如董光璧所说，在科学文明主导时代的易学的生存和发展，在很大程度上取决于它能否适应科学化的当代社会。比特时代即将取代原子时代，作为比特先驱的古老的易学，面临着科学的考验，现代易学研究必须走科学化的新路。现代易学体系应该是一种模型论的、科学的理论体系。现代易学要继承易学经典的精华，吸纳先进的科学文化、现代文明的人文精神和各种人文关怀，从跨学科的视野研究易学经典，发现易学中潜在的科学智慧。

20 世纪 80 年代末我跟随北京大学朱伯崑教授研习易学。在中国科学技术协会所属的中国自然辩证法研究会成立东方国际易学研究院和易学与科学专业委员会，倡导研究现代易学。经民政部注册成立国际易学联合会，团结海内外研究现代易学的学者群，开创国际易学研究的新阶段。2012 年我和王跃程、龚心瀚等发起成立太湖书院，并确立“现代易学启智慧”为书院宗旨，团结一大批海内外易学界、科技界的精英，努力打造现代易学研究的学术重镇，以现代科学和人文理念研究易学经典、创建现代易学研究新范式、探索古老的易学思想融入现代生活实践的可行路径。书院先后召开了三次全国现代易学学术研讨会，在《太湖春秋》发表了一批现代易学研究的最新成果，并于 2016 年发起成立了国际易学联合会现代易学专业委员会。在此基础上提出编辑出版“跨学科视野下的易学”丛书，成立编委会，组织对易学研究有专攻、成就卓著的学者承担撰写工作。经过共同努力，“跨学科视野下的易学丛书”（第一辑）6 种《思维模式视野下的易学》《数理视野下的易学》《符号学视野下的易学》《诠释学视野下的易学》《史学视野下的易学》《儒学视野下的易学》即将与广大读者见面。

2016 年习近平《在哲学社会科学工作座谈会上的讲话》中提出“新兴学科和交叉学科创新发展”“要提倡理论创新和知识创新，鼓励大胆探索，开展平等、健康、活泼和充分说理的学术争鸣，活跃学术空气。要坚持和发扬学术民主，尊重差异，包容多样，提倡不同学术观点、不同风格学派相互切磋、平等讨论”。在这个背景下，组织编撰“跨学科视野下的易学丛书”具有重要的意义。本丛书是一套引进理学研究方法，以跨学科、文理交融的学术视野阐述易学理论的现代易学丛书，倡导以科学精神和现代人文理念研究易学经典，通过中国优秀文化传播，让人们了解《周易》不是迷信之说，而其精髓是用哲学的思维、从辩证的角度揭示世间万物发展的大规律，以及人生大智慧。把这一文化作为“文明之旅”“文化之旅”的使者，为中外文化交流，科技、经济等领域的合作传播正能量。因此，本丛书的出版既具有弘扬中国传统文化、挖掘优秀历史文化古为今用的文化传承价值，又具有研究易学在不同学科中的应用价值。同时，也有助于易学研究的国际交流与传播。

本丛书（第一辑）是从跨学科的视野研究易学的初步尝试，后续各辑将从现代科学各学科的视野、传统文化各学派的视野以及医、农、历法等专业层面的视野剖析易学，把丛书继续下去，充分展示科学释易的成果。

应当指出，古老的易学和现代科学所处的时代不同，研究的对象不同，研究方法各异，生成论和模型论体系的差别，等等，使得科学释易的任务十分艰难，作为第一次自觉地探索现代易学的本丛书，期盼更多的学者的参与以及读者的批评指正！

丘亮辉
国际易学联合会荣誉会长、中国自然辩证法研究会原副理事长、太湖书院山长
2017 年 8 月 2 日

绪　言

《周易》是一部形成于先秦时期的由抽象符号和文字构成的大书，在汉代被尊为“五经”之首，至唐代又被誉为“三玄”之冠。因其独特的构成形式和无限丰富的内涵，显示出神秘莫测的性质，所以从它产生至今，一直受到知识界的青睐，几乎无一例外地成为历代学者研究的热点，目前来讲更是如此。它的语言词汇、思维模式、象数理论和人生哲理，曾深深地影响甚至支配了中国乃至中华文化圈内各国各族人民的语言表达、思维习惯、处世态度；即使是古代和近现代自然科学的发展，也曾在一定程度上受到它的某些影响。《周易》不仅在中国文化史上发挥着无与伦比的作用，在世界文化史上也占有特殊的地位，从而成为国外学者研究中国文化的重要的入门典籍之一。

一、《周易》的构成及有关常识

《周易》本为经传独立，后来汉费直、魏王弼将经传合为一体。通行的《周易正义》和《周易本义》都沿袭如此。经即《易经》，包括卦体、卦名、卦辞、爻辞四部分；传即《易传》，包括 7 种 10 篇，具体是《象》（上、下），《象》（上、下），《文言》，《系辞》（上、下），《说卦》，《序卦》，《杂卦》。通行本《周易》64 卦又分为上经和下经两部分，上经 30 卦，下经 34 卦。《象》和《象》各随卦而分上下两部分，附于所属卦之后。《文言》为乾、坤两卦所特有，附之其后。《系辞》（上、下）与《说卦》《序卦》《杂卦》附于 64 卦之后，独立成篇。

卦体，又称卦形，即是构成一卦的符号组合。《周易》由符号构成了 64 个卦体。符号是构成卦体的基本单位。符号又可分为 3 种，即基本符号、类别符号、种别符号。基本符号只有两个，⚊代表两仪之一的阳，⚋代表两仪之一的阴。类别符号，由基本符号变化而生成，⚊阳⚋阴再变化，生成所谓四象，即⚊仪变为⚌太阳（老阳）和⚍少阴，⚋仪变为⚎少阳和⚏太阴（老阴）。四象再度变化，则构成八经卦。具体变化是：⚌变为☰乾☱兑，⚍变为☲离☳震，⚎变为☴巽☵坎，⚏变为☶艮☷坤。种别符号，即是分别由八经卦两两组合而成的 64 卦。即䷀乾、䷁坤、䷾既济、䷿未济等卦。

通行本《周易》除乾、坤两卦外，每卦内容构成的顺序是：卦体、卦名、卦辞、爻辞、彖辞、象辞。卦体，即卦形，确切地说是两个经卦符号的组合。例如䷂（屯）由☳（震）和☵（坎）两个经卦符号构成；一卦中的两个经卦，又分为内外或下上两卦，在下面的经卦称为内卦或下卦，在上面的经卦称为外卦或上卦。卦名，即是卦体的名称。例如䷃，卦名叫做蒙。卦辞，内容是说明64卦每卦要义的文辞。例如䷀乾，“元亨利贞”即是乾卦的卦辞。爻辞，内容是说明64卦中各爻要义的文辞。每卦有六爻，由基本符号⚊或⚋构成。每爻有爻题和爻辞。爻题由两个字构成，前一个字表示爻的次序，自下往上，分别为初、二、三、四、五、上，后一个字表示爻的性质，阳爻用“九”、阴爻用“六”表示。如䷀乾卦初爻，“初九，潜龙勿用”。“初九”是爻题，“潜龙勿用”是爻辞。彖辞，也称卦辞，即是《彖传》，内容是解释卦义的。象辞，即是《象传》。象辞又分为大象和小象。大象每卦一条，内容是分析上下两经卦所象征的事物之间的关系，并根据这种关系指出学习此卦应做什么和怎样做。小象，内容是从爻位角度解释爻辞，每卦六条，依次解释各条爻辞。

乾卦内容构成的顺序是：卦体、卦名、卦辞、爻辞、用九、彖辞、象辞、文言。坤卦内容构成的顺序是：卦体、卦名、卦辞、彖辞、大象、爻辞、小象、用六、文言。用九为乾卦所特有，意为将乾卦六爻全部看成可以变成阴爻的老阳，六爻皆由九变六，由阳变阴，称为乾之坤。用六为坤卦所特有，意为将坤卦六爻全部看成可以变成阳爻的老阴，六爻皆由六变九，由阴变阳，称为坤之乾。文言为乾、坤两卦所特有，内容是全面解释乾、坤两卦的卦爻辞。系辞，内容是对《周易》的总体概论。说卦，内容是介绍八卦的卦象以及相关的问题。序卦，内容是依据卦名的含义，对64卦的排列次序从理论上进行说明。杂卦，内容是以浓缩的语言高度概括64卦的主旨。

二、《周易》与易学

易学同《周易》既有联系，又有区别。《周易》一般指称时就是《易经》，严格说来应包括《易经》和《易传》，是周人占筮记录的系统化和理论化，古人依据其中的卦象和卦爻辞来推断社会人事吉凶。易学就是研究和传承《周易》文化的学问，历代研究者对《周易》所作的种种解释，这些千差万别的解释，形成了一套同中有异、异中有同的易学理论体系。

正如《四库全书总目提要》所云："易道广大，无所不包，旁及天文、地理、乐律、兵法、韵学、算术，以逮方外之炉火，皆可援《易》以为说，而好易者又援以入《易》，故《易》说愈繁。"洵非虚语。如果说《周易》是博大精深的古代智慧结晶，那么研究和传承《周易》的易学更是"无所不包"、外延无限扩大的理论体系和知识宝库，它反映了《周易》对文化各层面广泛而持久的影响。而由《周易》经传和易学文化形成的所谓"易道"，则是易学最本质的核心层次，代表了中华文化的根本精神。

自《周易》形成至今的近3 000年来，研究《周易》而为阐述易理而留下的易学著作者，代不乏人。易学的发展史，如果从春秋时期的易说算起（《周易》最早见于记载，是《左传》鲁庄公二十二年，即公元前672年），至今已有2 000多年，它经历了不同的阶段，形成了众多流派，研究的内容也不断地发展和充实，形成了异常丰富而又独立发展的易学史。

据不完全统计，历代易学著作已超过3 000种，内容包罗万象。所以，要想了解和研究中国文化学术史或中国文化发展史，都不能不对《周易》进行深入研究，都无法离开博大精深的易学文化。一部易学发展史，涉及我国传统文化的各个领域，几乎就是中国传统文化的一个缩影，因此，我们有必要了解易学发展演变的历史。

目录

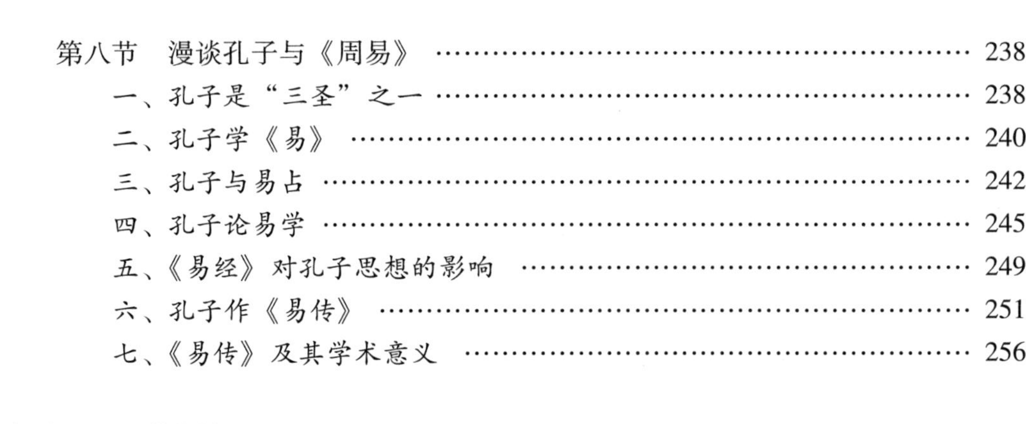

第一章

以史观易——易学史

易学是伴随着《周易》运用于卜筮预测社会人事吉凶而产生的。随着社会的发展变化，人们对它的认识也不断深化。概要地说，它大致经历了先秦、两汉、魏晋南北朝、隋唐、两宋、元明清和现代诸阶段。在以上发展阶段中，主要形成了象数和义理两大派别。一部易学发展史，几乎可以说是象数和义理两派的思想学术论争史。此外，清代形成了朴学易，现代又形成了科学易。如今是易学热悄然兴起时期，可谓方兴未艾。

第一节　先秦——易学的萌发和奠基时期

先秦是易学的萌发和奠基时期；西周初至春秋是易学的萌发阶段；春秋至战国是易学的奠基阶段。象数和义理两大派易学均肇源于此期。

一、 先秦易学发展概述

先秦时期是易学的萌发和奠基时期。“易”，当时人们借以预测社会人事吉凶祸福的卜筮之术，在《周易》形成之前早已存在，并将其应用于实际。《周礼·春官·太卜》记载：“太卜掌三易之法，一曰《连山》，二曰《归藏》，三曰《周易》。”按传统说法，《易》在夏代时叫《连山》，因 64 卦的首卦是艮，艮象为山，故称为《连山》。《易》在商代叫《归藏》，因 64 卦的首卦是坤，坤象为地，乃是万物归藏之所在，故称为《归藏》。《易》在周代叫《周易》，“周”字代表周代，也可以说代表周遍、周流的意思，而“易”字是变易的意思。《连山》《归藏》已经亡佚，最后仅留下周代之《易》。据此可知，《易》在西周时就有三种，《周易》不过是“三易”之一。

关于“易”之起源与《周易》一书的形成，历来在作者与时代上颇有分歧。关于作者，《易纬·乾凿度》中言：“垂皇策者牺，卦道演者文，成命者孔。”《易纬·通卦验》中也有：“苍牙通灵，昌之成，孔演命，明道经。”郑康成注“苍牙”指伏羲；“昌”为文王之名。所以班固在《汉书·艺文志》中已说过：“易道深矣，人更三圣，事历三古。”这些都足以证明在两汉之时，当时人已认为先秦易学的发展分三大阶段，即伏羲画八卦，周文王演绎为64卦，并为之作卦辞和爻辞，这就是所谓“经”，到孔子时又为之作传以解经。

到了东汉，经师又提出周公旦作爻辞说。南宋朱熹将以上说法概括为“人更四圣”说。但是我们知道，《周易》在西周开始的很长一段时间内一直由天子的卜筮官看守，它对国家的影响是间接性的，此时的《易》是一般人无法接触的，这种情况直到春秋战国时期因为《易》流入民间才有所改观，春秋末期《易传》的《彖》《象》《文言》《系辞》已经完成。

而关于《周易》的形成时代也是众说纷纭，莫衷一是。总之，《周易》并非出于一人一时之作，而是经过漫长的时间，历经多人整理、丰富而逐渐形成的。但有一点是无疑的，那就是它的形成与周王朝的建立有密切关系。

从伏羲氏到周文王的时代差距，可以一眼从八卦与六十四卦的名称比较上看出来。八卦初象的名称天、地、雷、风、水、火、山、泽完全是八种自然现象，到了文王演易为六十四卦的名称便大不相同，完全在人事中打转。比如“需”“讼”“师”“比”等卦为人事关系；“谦”“豫”等卦为个人修养；“剥”“复”等卦为人对事物现象的观察；“咸”“姤”等卦谈到男女情感；“家人”“归妹”等卦谈到家庭婚姻；“革”“鼎”等卦言及国家兴替。这自然是因为历史时代的不同，影响人们的思想意识也不同，因而表现在学术文化上也就不同了。

到了孔子时代，历史潮流又进入一新阶段，人智勃兴，人道思想取代神道思想而成为时代思潮的主流；人由听命于不可知的神谕，渐转变为宁愿信赖理智的判断。孔子尝言：“五十以学易，可以无大过矣。”又言：“五十而知天命。”他也由此决定了晚年“赞易”的工作，将断事决疑的筮术，一变而为哲学理论，集伏羲、文王以来易学发展之大成，为易学建立起一个庞大而完整的天人思想体系，从而把易学纳入儒门以教学。从孔子赞易以后，《周易》由筮术之书变为哲理之书。孔子及其门下、后学所作的十翼文字，与卦象、卦爻辞并列，易学乃成为儒门六学之一。这种演变从整个历史潮流及易学本身而言，是顺势演变，依“天道思想——神道思想——人道思想”的自然趋向。

按《周易》应用于卜筮的情形推测，对《周易》的解释和研究，应该在《周易》产生后即随之萌生了。因《周易》是由高度的抽象符号和晦涩文辞所组成的神秘典籍，所以人们无论是将其用于占筮，或是从中摄取理论营养，都有对其进行重加诠释和深入理解的必要，在这种情况下，势必会随着《周易》在实际中的应用，出现各种各样的关于《周易》的论说，于是，易学也就随之自然而然地产生了。

从现存文献的记载看，易学最晚在周初即已萌生。《尚书·洪范》曾记载了释疑时的有关要求。指出在卜筮时，理解易卦，既要看其本卦，又要看其变卦，如多人占筮时结果有异，则应少数服从多数。《周礼·春官·筮人》记载有筮人辨别“九筮之名”。“九筮之名”当为九种筮法的名称，可见当时的筮人已通晓多种筮法，

对《周易》的运用、研究已有相当高的水平。据此，我们可以说，易学在周初即已萌生，并随着《周易》在卜筮中的运用而得以不断发展。

然而，限于文献史料，春秋以前的易学研究实际究竟如何，我们已无法得知。我们现在能见到的先秦时期的易学史料，主要集中在春秋战国时期。此期的易学史料主要有两类，一类是散见于史籍和诸子著作中的各家易说，如《左传》《国语》《荀子》《礼记》等；另一类是易学专著，如《易传》。此期尽管流传下来的论著难以与后世相比拟，然而在易学发展史上的影响却是巨大而深远的，后世易学的两大派别——象数派、义理派，都起源于此期，并为后世的易学发展奠定了稳固的基础。

从学理发展上讲，先秦易学从萌生到奠定基础大致经历了两个阶段，即从占筮易学到义理易学。春秋以前，以占筮易学为主体。从春秋开始，义理易学逐渐取代占筮易学。易学开始从纯占筮之用，逐步走向对哲理的认识与抽象。这一历史性的转变，是以孔子为代表的儒家实现的，他们的易学思想主要体现在易学史上的第一座里程碑——《易传》之中。战国时期，虽然占筮易学仍然继续流行，但以孔子为代表的义理易学思想日益扩展，儒、道、阴阳、纵横等诸子百家，都不断从哲理的角度解释和运用《周易》，从而极大地促进了易学的发展，致使《周易》的思想开始渗入各种学派的学说之中，并逐渐变成了当时社会的普遍价值观和认识准则。

二、　占筮易学和义理易学

《周易》本为卜筮之书，秦火未焚，即是明证。将《周易》作为卜筮的依据，从易学萌生时就已经开始了。从先秦文献可知，人们对《周易》的解释是从春秋开始的，以前因无史料，难做臆测。从《左传》《国语》中的史料来看，春秋时期的史官皆从筮法的角度解释《周易》的卦爻辞，用以说明所占之事的吉凶祸福，我们将之称为占筮易学。战国时占筮仍很盛行，从《墨子・公孟》篇的记载可知，占筮已成为当时的一种普通职业，这是春秋时所未曾有的。另据近年阜阳出土的汉初《周易》残简，也可看出战国时占筮易家的实际情况。残简有卦画、爻题、卦辞、爻辞，并且在爻辞之后还附有卜筮之辞。这些卜筮之辞全都有固定的格式，分别指出各种天象和人事的吉凶祸福，诸如晴雨、田渔、征战、事君、行旅、嫁娶、疾病等。这种情形，可以视作筮者对《周易》所做的通俗改编，以使之利于卜筮实际。马王堆出土的帛书《周易》，卦序也经过筮者的重新编排，使之适合占筮的需要。

先秦时期的占筮易学，简要说有三个特点，一是讲变卦，二是以卦象占，三是用卦爻辞占。我们将之分别称为变卦说、象占说和辞占说。

变卦说。变卦又称为“之卦”。占筮时筮得的卦称为本卦，又称为“正卦”或“贞”。本卦依据“易”的原则，发生爻变后生成另一卦，因这一卦是由本卦变化后形成的，故称为“变卦”，又称为“悔”。据统计，《左传》中用《周易》进行占筮的例子共14处，其中有11处运用的是变卦。《国语》中用《周易》进行占筮的例子共3处，其中有两处运用的是变卦。例如《左传》庄公二十二年记载了这样一件事，周的史官用《周易》去见陈侯，陈侯使筮之，筮的结果是“遇《观》之《否》”。本卦观六四爻变为阳爻，则变卦为否。

变卦的依据是什么？为什么要讲变卦？变卦的依据是《周易》的筮法，讲变卦主要是出于占筮的需要。《易》起源于筮数，按照《周易》的筮法，求卦的过程是将“大衍之数”经过四营三变，分别得出七、八、九、六。九、七是奇数，得其一则画一阳爻（—），六、八是偶数，得其一则画一阴爻（--），如此反复进行六次，便可依据所筮之数的奇偶性质而画出一卦。九、七虽然都是阳爻，但九是变爻（老阳），七是不变爻（少阳）；六、八虽然都是阴爻，但六是变爻（老阴），八是不变爻（少阴）。在成卦的过程中，变爻和不变爻是一样的，但在占时，就要发生爻变。如此一来，用《周易》所筮得的卦，如果阳爻筮数是七，阴爻筮数是八，就不发生爻变，要是阳爻筮数是九，阴爻筮数是六，物极必反，因之而发生爻变，老阳九变为少阴八，阳爻变成阴爻，老阴六变为少阳七，阴爻变成阳爻。这样，就会出现两个卦：本卦和之卦。依据筮法而形成变卦，这只是原因之一。讲变卦，更主要的是出于占筮解释的需要。筮者在占筮时，既可从发生爻变的本卦六爻中选定其变爻的爻辞而增强针对性，从而避免不同爻辞之间的矛盾，又可以由此增加一卦的卦象和卦爻辞，作为进一步推测吉凶祸福的参考和依据，以便能有更大的余地应付复杂情况。

变卦说虽然是出于占筮的需要，依据筮法而产生，属于迷信的性质，但在迷信的成分中却含有一定的辨证哲理，是符合《周易》变易的宗旨的。《周易》后世之所以被普遍认为是讲变易的学问，特别是讲阴阳变易的学问，同变卦说是有非常密切的关系的。

象占说是根据《周易》卦象的象征意义来判断吉凶祸福的一种占筮方法。据学者研究，取象这种占筮方法是在数字卦演变成符号卦之后才出现的。依据现存的史料，取象说流行于春秋战国时期，并曾一度颇为兴盛。它的理论基础是八经卦的物象。将八经卦人为地赋予各种象征物象，再用八经卦所象征的物象去解释64重卦的卦象，进而以此为基础，解说一卦的卦爻辞，论断所占之事的吉凶。八经卦的取象，《说卦》中保存最多，另外在《左传》《国语》中也有一些记载。

取象说一般是取重卦上下两经卦的象征物象来解释卦义，还有选取重卦中二至四爻或三至五爻构成的卦象解说卦义的。仍以“观之否”为例，“否”从二爻至四爻即二六至九四，为八经卦之一的艮，艮可象征山，因此周史又将它解释为山。人们将这种由二、三、四爻或三、四、五爻所构成的卦象称为互体。利用互体之象解卦，使占筮易学有了更宽裕的回旋余地，能以之应付各种复杂情况。互体说对后世象数易学影响很大，尤其是对汉人解易的影响更大，从西汉的京房开始，互体成为象数易学的一项重要内容。

辞占说是根据《周易》中的文字系统——卦名、卦辞、爻辞来推断所占之事吉凶祸福的一种占筮方法。《易》生于筮数，时间一长，奇偶数便有了某种吉凶属性，渐而久之，形式逐渐固定，筮辞便也随之产生了。《周易》是卜筮的系统化和理论化，它的卦爻辞来源于筮辞，因此，《周易》的文辞便很自然地成为人们占筮时推断吉凶祸福的一种客观依据。

从《左传》《国语》的记载看，巫史曾把《周易》的文辞作为判定吉凶祸福的重要依据。例如在《左传》昭公七年：卫襄公死后，大夫孔成子在立公子元还是公子絷为嗣君的选择上不能自决，于是用《周易》占筮两卦。第一卦是屯，第二卦仍是屯，但初爻发生爻变，由阳变阴，变成比。史朝看卦辞有“元亨”，元和公子元名相合，把“亨”读为享有之“享”，便认为应立公子元为国君，享有卫国。孔成子却认为“元亨”之“元”是长的意思，应该立长公子絷。史朝则用屯卦卦辞、初九爻辞“利建侯”来证明他的主张，又说屯、比两卦卦辞皆有“元亨”，应该立公子元。在这里，史朝综合运用本卦、之卦的卦辞和本卦初九的爻辞，论断对立嗣君的具体主张。

以上三种占筮方法在先秦时代一般都是综合运用，以便互相补充，解释变化纷繁的各种情况，使筮者在解说时左右逢源，应付裕如。此期的占筮易学对后世产生了巨大影响，它的理论不但成为后世象数易学研究的重要内容，而且构成了后世象数易学的发展基础。

《周易》虽是卜筮之书，但它有别于一般庸俗的卜筮术，在它卜筮外壳的内部蕴含着深刻而丰富的哲理。因此人们透过它占筮的外壳，从义理的角度对《周易》进行研究解说，不但符合作《易》者的初衷和深意，而且也是易学发展史上具有历史性的转变。从现存的史料看，先秦时期的义理易学，经历了疑占说、引证说和以德代占说三个阶段。对占筮易学的怀疑义理易学诞生的萌芽，引《周易》论证社会人事开创了义理派用《易》的风气，以德代占说则属于义理易学的理论归纳，是义理易学理论上形成和成熟的一个标志。到战国时，在此基础上又逐渐形成了阴阳变易说。

疑占说是对于以《周易》为占筮手段产生怀疑的观点。春秋时期，“礼坏乐崩”，神权观念逐渐动摇，人的主体意识逐渐增强。从《左传》《国语》的记载可知，统治者从历史的教训中清醒地意识到，国家兴亡不在于神是否保佑，关键在于是否得到民众的拥护和支持；有些人进而指出，即使真有神，神的意志也是随着众人的意志而转移的。这些认识促使人们开始对占筮提出怀疑。这种无神论的人本主义思潮逐渐扩展，反映到对《周易》的研究解说上，便产生了疑占说。例如《左传》僖公十五年记载了晋献公嫁女给秦穆公的史事，《左传》襄公九年追记了鲁国穆姜被贬东宫史事，从中可以看出时人对占筮的怀疑，认为吉凶悔吝皆在人为，与鬼神无涉。

引证说即是用《周易》卦爻辞的权威性来证明自己论说的正确性。因为《周易》曾长时间被运用于卜筮，卦爻辞普遍为人们所熟知，并逐渐产生了一定的权威性，所以人们论说某种事理时，为增强说服力，便引证卦爻辞作为依据，于是引证说便随之而产生了。

据《左传》宣公六年记载，最早引用《周易》论事说理的是郑国王子伯廖。郑国公子曼满对王子伯廖说，他想要做卿。伯廖对别人评价曼满说："无德而贪，其在《周易》丰之离，弗过之矣。"丰卦上六爻变，由阴变阳，成为离卦的上九爻。其爻辞意为：贵族住着高大房屋，搭着凉棚，志得意满，只顾享乐，后屋主遭祸而去，门庭冷落寂静，三年不见其人。这是由吉而转凶。伯廖暗引这一爻辞，认为曼满"无德而贪"，眼前虽处盛境，但久后必然会遭祸患。这种引证解说，已与《周易》的占筮无关。它虽然没有否定《周易》的占筮功能，但实际上通过引证论事理，已将《周易》视为阐述哲理之书，从中吸取自然、社会知识，作为阐发自己论说的理论依据。

以德代占说即是不把《周易》视为决定人事吉凶的典籍，不相信古筮可以决定人的命运，认为鬼神不可能左右人事，进而强调人的道德品质和执政者的政绩才可以决定人事的盛衰和国家的兴亡。这种理论观点是与此期无神论的思想相一致的。它是义理易学哲理化的一个标志，是在疑占说和引证说的基础上形成的，是对春秋以来易学研究的一次总结。儒家创始人孔子是这一易学思想的首倡者，除《易传》外，《论语》和《礼记》中也有体现。孔子强调卦爻辞的道德修养教育意义，认为善于治理易学的人不必去占筮，要下力去体会理解其中深邃而丰富的哲理。荀子继承了孔子这一易学思想，在《荀子·大略》中将之概括为"善为《易》者不占"。

阴阳变易说是用阴阳观念解释《周易》卦象和卦爻辞的易学理论。据《国语·周语上》记载，最早以阴阳观念说明事物的性质和变化的是西周末年的史官伯阳父，但其所谓阴阳属于天文学的范畴。春秋时期，掌管天文的史官也用阴阳二气说明自然气候的变化。道家和阴阳家都以阴阳二气消长说明万物变化的过程，认为阳气主生，阴气主杀，阴阳互相消长，万物则有生死。这种观点逐渐被易学家吸收，用来解释《周易》和筮法的变化规则，于是形成了阴阳变易说。《易传》的作者即是以阴阳变易的观念来解释《周易》原理的，并且得到时人的赞同。

战国时期，受以上诸种义理易学观的影响，诸子的易学罕言卜筮，一般皆从哲理角度治《易》论《易》，形成此期易学的主流，发展了义理易学。

三、《易传》及其易学

先秦时期完整流传至今的易学专著，仅有一部附于《易经》中的《易传》，其他解《易》专著，虽有记载，可惜均已亡佚。《易传》共7种10篇，《易纬·乾凿度》和东汉经师称之为"十翼"。"翼"是辅助之意，表示是解释《易经》的。

《易传》的作者及时代，从汉以来至今，众说林立，莫衷一是。综合古今观点，主要有4种看法。第一种认为，今本《易传》全系孔子所作。持此看法的代表人物，东汉有班固、郑玄，唐代有陆德明、颜师古、孔颖达，近人有顾实、尚秉和等。第二种认为，只有《彖传》和《象传》为孔子所作，其余皆为弟子和后人所作。持此看法的代表人物，有北宋欧阳修、近人张心澂等。第三种认为，《易传》全不是孔子所作，它或出于战国中期，或出于战国末期，或出于西汉昭宣之间（前86—前49），甚至更后。持此看法的代表人物，有清崔述、康有为，近人有钱玄同、顾颉刚、李镜池、郭沫若等。第四种认为，今本《易传》基本为孔子所作，然而其中既有记述前人遗说的部分，也有其门人弟子聆听讲述时所作的记录，成书情况与《论语》类似，故其思想应属于孔子。但其中确有后人窜入部分，以及脱文错简。持此看法的代表人物，有今人金景芳、李学勤等先生。相比而言，后一种说法较为符合历史实际。

《史记》作者司马迁说孔子晚年特别嗜好《周易》，刻苦钻研，曾把连接竹简的纬绳磨断3次，马王堆出土的帛书《要》篇也证明了这一点。如此推测，孔子为《周易》作传必定无疑，但因时间限制，未能如愿完成，其弟子门人及儒家后学在其思想指导下，继乃师之志，逐渐完成《易传》，并使之更加充实丰富。这可能就是我们今天所见到的《易传》。下面分别作以简要论述。

在对《周易》性质和原理的认识上，《易传》体现了《周易》的哲学观。《易传》透过《周易》神秘的卜筮外壳，深刻地揭示出其丰富的内涵和深邃的哲理，将《周易》视作一部指导社会政治生活、道德修养的教科书，其内容含天盖地，无所不包，应有尽有。《易传》将《周易》哲学原理主要概括为：阴阳说、刚柔相推说、物极必反说和易准天地说。

阴阳说是《易传》的哲学基础。《易传》以阴阳为基本范畴，用以说明卦爻象以及事物的根本性质，并将之概括为“一阴一阳谓之道”，“道”指阴阳变易的法则。通过阴阳对立变易的形式，形成八经卦，进而形成64重卦。乾、坤两卦在64重卦中具有决定性的意义，对其余62卦具有统摄作用，并且还是体现《周易》变易之道的根源。

刚柔相推说。刚指阳爻，柔指阴爻。《易传》认为，卦爻象发生变化，是阴阳二爻相互推移的结果，表现为柔长刚消，或刚长柔消。就爻象说，由下至上为进，从上至下为退，有进退消长才有变化。因为爻象有进退消长的变动，《周易》才有吉凶悔吝等不同的占辞。从八经卦卦象来说，其变化也如同日月运行，一来一往，相互推移。因此，《易传》认为，如推而广之，刚柔相推，一进一退，一来一往，此消彼长，也是天地人三才的普遍法则。

物极必反说。《易传》认为，无论阴阳、刚柔以及一切事物，在发展变化的过程中，之所以会由盛到衰，由盈到虚，是由发展到极点，向其反面转化的原因所致。

例如乾卦，从初九至上九，是一个不断发展的过程，至上九，表示已发展到极点，就要开始走向它的反面，由盛转衰。这种观点，承认事物对立面可以互相转化，有如安危治乱到一定阶段皆可以相互转化，并承认这种转化是有条件的，如治转化为乱，其条件则是安于其治。认识到这一点，就可以在政治生活中居安思危、居有思无，防止出现逆转。

易准天地说是《易传》关于世界生成本源的观点，主要体现在对乾、坤两卦的具体解释之中。《易传》认为，乾坤乃是世界万物生成的本源。这种观点是唯物的，除解释乾、坤两卦外，在《说卦》和《序卦》中也有明确阐述。

《易传》对《周易》性质和原理的阐发，使《周易》的内容发生了质变，由卜筮而到哲理，乃是一次历史性的根本转变。此后义理派易学家均将《周易》视作一部哲理教科书，并在此基础上不断发掘其丰富内涵，促进了中国古代哲学的发展。

《易传》阐发的哲理，是通过对《周易》占筮体例的解释具体表达出来的，因此，《易传》非常重视对筮法、卦象和爻位等各种关系的研究，形成了独特的解释占筮的原则和具体解释占筮的体例，并以之为揭示《周易》蕴含的哲理服务。

《易传》论《周易》的占筮原则，主要有时中说和顺天应人说。

时中说就是因时而行中道，并将之视为指导人们处身行事的准则。《易传》认为，在一卦的六爻之中，二、五爻居于上下卦的中位，一般情况下，中爻往往为吉，所以将“中”或“中正”视为事物的最佳状态。例释需卦说：“位乎天位，以正中也。”释讼卦说：“利见大人，尚中正也。”关于时，《易传》认为，六爻的吉凶悔吝，因所处条件不同，应因时而变，所以将能够根据不同情势采取适宜行为称作美德，并能趋吉避凶。例释大有卦说：“应乎天而时行，是以元亨。”释艮卦说：“时止则止，时行则行；动静不失其时，其道光明。”

顺天应人说是《易传》处理天人关系的具体态度和方法。《易传》在解释卦时，对于天人关系，强调顺天应人。卜筮在当时的历史条件下还披着神秘的外衣，为适应当时思想认识的程度，对天还要加以利用。但《易传》更注重后者。汤武革命，既顺天意，又应民心，然而天意的实现要靠民心所向，无民众支持，汤武革命难以实现，所以取悦于民，力争得到民众的支持，才是最重要的。

《易传》所运用的占筮体例，归纳起来主要有取象说、取义说和爻位说。

取象说就是用八经卦所象征的物象说明重卦的卦象，并以之解释一卦的卦名和卦爻辞的一种解《易》方法。运用这种方法解易，在《易传》中以《大象》最为突出明显。《大象》共 64 条，每卦 1 条。它对卦义的解释，形式和内容相对固定，即前句讲自然现象，后句讲人事生活教训。例如晋卦，《象》说：“明出地上，晋。君子以自昭明德。”晋卦卦体上离下坤，离象征火，火象征光明，坤象征地，故《象》说“明出地上”：从“天人合一”的观点出发，认为“君子”应像地上的光明

显现一样，来显扬自己固有的美德。这种对卦名和卦义的解释，都是从对重卦卦体取象的分析中得出来的。取象说和象占说在分析卦体方法上是一样的。但却是同途而殊归，目的截然不同。取象说用于论证事理，讲人在社会生活中应遵循的规则；象占说却是以此用于卜测吉凶祸福，宣扬的是迷信。

取义说就是以卦名的意义和卦德来说明重卦的卦象，并以之解释卦爻辞的一种解易方法。《周易》八经卦所象征的主要八种物象是：天、地、雷、风、水、火、山、泽，它们还可以代表世界万物的八种性质。乾的性质是健，依次坤为顺，震为动，巽为入，坎为陷，离为丽，艮为止，兑为悦。它们所代表的万物性质是固定不变的。由八经卦“重之”而构成的64重卦，卦名都具有一定的意义，体现一定的卦德。将这些相互结合起来，便形成了取义说解释卦爻辞的依据。例如随卦，《彖》说：“刚来而下柔，动而说，随。”刚指下卦震，柔指上卦兑。以阳随阴比喻君之从善，对待臣民谦恭有礼。动指震卦的性质，“说”即悦，指兑卦的性质，动和悦，彼此相随。

爻位说是以爻象在整体卦象中所处的具体地位来解说卦爻辞的一种解易方法。其理论基础是阴阳刚柔说。《彖》称⚊奇⚋偶两画或阳阴二爻为刚柔，以刚柔概括卦象和爻象的对立关系。爻位说具体表现在《易传》的《彖》《象》二传之中，归纳如下。

当位说。《周易》中一卦六爻，各当其位。其中初、三、五爻属奇数，为阳位；二、四、六爻属偶数，为阴位。凡阳爻居阳位或阴爻居阴位，称为当位或得位，反之，则称为不当位或失位。在一般情况下，当位则吉，不当位则凶。例如既济卦，上卦坎、下卦离，从初九至上六，六爻全部当位，故《彖》说：“刚柔正而位当也。”这样就吉利。与之相反，未济卦，上卦为离，下卦为坎，从初六至上九，六爻皆不当位，故《小象》说：“未济，征凶，位不当也。”

应位说。即初爻和四爻、二爻和五爻、三爻和上爻，其所在位相互呼应。凡阳爻和阴爻相应为“有应”，如初爻为阳爻，四爻为阴爻，就称为“有应”，凡阳爻遇阳爻或阴爻遇阴爻，称为“无应”，如二爻为阳爻，五爻也为阳爻，则称为“无应”。一般说，有应则吉，无应则凶。例如豫卦，震上坤下，按当位说，此卦五阴一阳，初六阴居阳位，九四阳居阴位，六五阴居阳位，皆不当位，应为不吉。但此卦《彖》却说：“刚应而志行，顺以功，豫。”九四爻辞却说：“由豫，大有得。”初六阴爻为柔，九四阳爻为刚，二者有应，故说“刚应”。其意为阳刚得到阴柔的应和而能够实现志愿，顺理而动，即可自在安乐；自己决定安乐，即可大有所得。由此可见，应位说是对当位说的一种补充，体现了《易传》重视矛盾统一性的思想。

得中说，指内外卦二、五爻所居的爻位。假如居于第二爻的是阴爻，居第五爻的是阳爻，则既称之为“得中”，又称之为“得正”，反之，则只称“得中”，要是既得中，又得正，则很吉利，只是得中，一般也吉。内卦中位，属臣位，得中也吉，外卦中位，属尊位，代表君，得中则吉；既中且正，则更为吉利，“九五之尊”即从此而来，例如需卦，上坎下乾，九五爻以刚居外卦中位，得中并得正，故《象》说：“位乎天位，以正中也。”再如乾卦，九五爻也是既得中又得正，故九五爻辞说“飞龙在天”，其盛无比，再加之古人以龙象征天子，故称帝王为“九五之尊”。得中说是《易传》“用中”思想的具体反映。

趋时说，就是认为卦象的吉凶同其所处的时机密切相关。如同居中位，但不一定都吉，而是遇时则吉，失时则凶，《系辞》将之概括为：“变通者，趋时者也。”例如节卦，坎上兑下，九二和九五都居中，九五又得正，但九二爻辞却说：“不出门庭，凶。”为什么会“凶”？九二爻《小象》解释是“失时极也”，即当出而不出，严重错过时机，所以即使爻位得中，也仍是有凶险的。趋时说是《易传》“贵时”思想的具体表现。

承乘说，就是从一卦之中紧相连的两爻之间的关系来解说卦义及卦爻辞的吉凶。一卦之中相互临近的两爻，在下的叫作“承”，在上的叫作“乘”。如果上爻为阳，下爻为阴，则为阴承阳或阳乘阴，这种关系为顺，如果上爻为阴，下爻为阳，则为阳承阴或阴乘阳，这种关系为逆。一般说，顺则吉利，逆则凶险。例如屯卦，六二爻虽居中且得正，然而六二爻辞却说“六二之难，乘刚也”。原因是六二爻属阴，初九爻属阳，阴乘阳为逆，所以有难。承乘说，可视为对当位说和得中说的补充，同时，它也反映出了《易传》中的尊卑等级观念。

往来说，指的是一卦之中各爻上下变化的方式。由下向上称为“往”，由上到下称为“来”，通过阴阳二爻的往来变化而引起卦象变化，并以此为依据说明卦义和卦爻辞的吉凶。例如讼卦，上乾下坎，《彖》说：“中吉，刚来而得中也。”其下卦是上乾来化六二爻，形成九二爻，因阳属刚，故说“刚来”，九二居下卦中位，故说“得中”。往来说是“易变”的具体表现形式。

爻位说丰富发展了取象说和取义说，它把卦象同卦爻辞有机联系起来，从不同角度探索《周易》的内涵，从而使六十四卦的内容更加逻辑化、系统化了。

《易传》作为第一部易学专著，其思想内容是极为丰富的。通过它对《周易》的研讨阐发，使本为卜筮之书的《周易》内部蕴含的深刻而丰富的哲理被初步揭示出来，使《周易》成为修身立世、持家治国的宝鉴。

第二节　两汉——象数易学的兴盛发展时期

两汉是象数易学的兴盛发展时期。此期的易学同当时的天文历法乐律相互融合，并受到占星术和天人感应学说的影响，形成了一套以卦气说为中心的象数易学体系，义理易学和其他流派的易学也得到了相应的发展。

一、　两汉易学发展概述

秦王政二十六年（前221年），嬴政并吞六国，统一天下。不久，出于政治上的需要，他发令“焚书坑儒”，焚毁一切旧传经籍，造成中国文化史上的一场浩劫。因为《周易》属于卜筮之书，不在焚书之列，所以幸免于秦火，遂独得完好保存。据记载，到了西汉初年复兴经学，田何为汉初传易第一人，《周易》的传授较其他诸经最为无阙，先秦易学的传授得以延续。

西汉王朝建立后不久，为加强思想统治，“罢黜百家，独尊儒术”，倡导经学，《周易》又有幸被尊为“六经”之首，凌驾于《诗》《书》《礼》《乐》《春秋》之上，致使研究《周易》成为专门的学问。《周易》所以能获此殊荣，这主要得益于孔子对《易》的重视，此时的儒家获得独尊的地位，《易》便也跟着孔夫子地位的飙升一起腾达了。

在两汉时期，研讨《周易》并非仅限于儒家经师，其他学派的思想家也纷纷探求《周易》内蕴的理论，名家辈出，形成各具特色的一家之言。因此，易学在两汉学术史、思想史和哲学史中都意义重大。

汉朝是易学研究的第一个高峰期，也是象数派易学的开创期与繁荣期。象数易学的兴盛发展在易学发展史上占有非常重要的地位，后人将此期的象数易学称为“汉易”。

概括起来，两汉易学大体上可归结为以下三种：第一种是以孟喜、焦赣、京房为代表的官方易学，宋人将之称为“象数之学”。这一学派在解易方法上具有共同之处，即注重于《周易》的卦象和一些特定数字的研究。他们认为，自然界和人类社会的发展变化与卦象变化相符合，八经卦是宇宙的缩影，诸凡历法、节气、音律等皆可与卦象相通，甚至认为人类社会发展变化也可用八经卦的变化规律加以概括，他们将《周易》视作天文地理和社会人事无所不包的神秘天书。这一学派是两汉易学的主流，对后世易学的影响巨大而深远。第二种是以费直、高相为代表的民间易学，如从经今古文分，官方易学属今文，民间易学属古文。这一派的易学著作已失传，但据班固《汉书》中的有关记述及其对后世的影响，可知这一派属义理易学派。此派不重视卦象和数字，不讲卦气和阴阳灾变，以《易传》文意解释《周易》经文，注意义理阐发，基本上继承了西汉初期的易学传统。此派后来发展了义理易学，对魏晋玄学义理易学有直接影响，但在当时却影响甚微，无法与象数易学相比拟。第三种是将《周易》与道家黄老学说相互糅合，阐发阴阳变易学说。其主要表代人物和著作是严君平的《道德经指归》及扬雄的《太玄》。东汉时道家演变成为道教，其解易又有新的发展和变化，代表是魏伯阳及其《周易参同契》。

两汉象数易学为何兴盛发展而独步一时？根本原因是当时统治者由于政治上的需要，由官方加以倡导和扶持，随着今文经学的发展而兴盛起来的，同时与谶纬神学的泛滥也有一定的关系，再则同当时自然科学的发展也有相应的联系。它的形成发展大致经历了四个阶段：第一阶段是汉宣帝（前73—前49）时代。此阶段卦气说理论产生并初具规模，代表人物是魏相、孟喜、焦赣等。第二阶段是汉元帝汉成帝（前48—前7）之际。此阶段卦气说理论发展至完备，代表人物是京房及其弟子。第三阶段是西汉末年，以纬书的出现为标志，卦气说理论进一步神秘化。第四阶段是东汉时期。此期卦气说理论得到更进一步的发挥，并出现以《易纬》解经，代表人物是马融、郑玄、荀爽、虞翻等。

两汉时期的解易著作大部分已失传，经后人辑佚整理，部分流传至今。如郑玄注《易纬》系列、京房《京氏易传》、孟喜《周易章句》、焦赣《焦氏易林》、虞翻《周易注》、荀爽《周易注》、魏伯阳《周易参同契》等著作，其影响都很大。西汉的易学著作可参见清孙堂《汉魏二十一家易注》、马国翰《玉函山房辑佚书》、黄奭《汉学堂丛书》；《易纬》可参见清《黄氏逸书考》；东汉易学著作可参见唐李鼎祚《周易集解》。此外，宋朱震《汉上易传》、清惠栋《易汉学》、张惠言《周易虞氏义》等，对两汉易学也有所探讨，可资参考。

二、 孟喜及其卦气说

孟喜，字长卿，东海兰陵（今山东枣庄）人，曾与施孟、梁丘贺同受易于田王孙。他是汉易卦气说的倡导者，也是当时著名的今文经学家，据《汉书·儒林传》记载，他曾参加过汉宣帝甘露三年（前51）在石渠阁召集的经学讨论会。其易学以卦气说为主旨。有关其解《易》的《周易章句》一书已经失传，其易学的部分内容保存在唐一行和尚的《卦议》之中（《卦议》载《新唐书》27卷上）。据此可了解其卦气说有关内容。

所谓卦气，就是用阴阳说解释《周易》，用《周易》卦象解说一年节气的变化。具体是用64卦配四时、12月、24节气、72候，并进而以之推断自然社会人事的吉凶祸福。其中主要内容是四正卦说和12月卦说。

孟喜的卦气说还有“卦以地六，候以天五”说和“中卦用事”说。前者是以除四正卦之外的60卦配一年的月数，每月5卦，每卦主管6日7分，则60卦所代表的总日数为365日略余，当一年之数。后者是以中孚卦配冬至初候，作为一年节气的开始。因此卦二、五爻皆居中位，九五爻又得中且正，《彖》认为：“柔在内刚得中。”取其有中正之义，故以之配一年节气的开始。

卦气说的主要特点是以阴阳奇偶之数解释阴阳二气的盈虚消长，再以之比附社会人事，推断吉祥祸福，这是象数易学的主要特征之一。孟喜的卦气说开汉易之先河，在汉易的占筮体例中曾产生了很大的影响。

三、 京房及其《京氏易传》

京房，字君明，生年不详，卒于汉元帝建昭二年（前37）。顿丘（今河南浚

县）人，本姓李，推律自定为京氏。受易于焦赣，其易学著作大部分已失传，今仅存《京氏易传》3卷。他是两汉象数易学的主要代表之一，以讲阴阳灾异及占候之术而著称于世。他的易学内容主要包括对八卦起源的认识、八宫卦说、五行说、纳甲说以及阴阳二气说等，颇为丰富。

在对八卦起源的认识上，他发挥了《系辞》的圣人设卦观象说，认为卦爻象同天地万物之象是一致的，因此64卦384爻以及阴阳的总策数可以规定天地万物的情状。他还认为《周易》包括了阴阳二气运行和五行生克的法则，体现了天地万物的德性，可以之为据推断天下事理、规定人类社会生活的准则。如此，《周易》不仅是卜筮之术，同时又是规定封建社会纲常伦理秩序的依据。

八宫卦说，京房将64卦的排列顺序进行了重新组合，始于乾卦，终以归妹卦，将八经卦构成的重卦称为“八宫”；五行说，即是用五行理论解释卦爻象和卦爻辞的吉凶；纳甲说，就是将八宫卦配以十天干，将各爻配以十二地支。因为十天干之首为甲，故称为“纳甲”；配以十二地支，称为“纳支”。两者又统称为“纳甲”。

京房以上易说，都贯穿一基本思想，即阴阳二气说。这是其易学哲学的最高范畴。从易学看，阴阳指卦爻的性质；从哲学看，指的是阴阳二气。其以阴阳二气解释易学中的阴阳范畴，形成了阴阳二气说。据此他认为《周易》是讲变化的，即阴阳变易。其主要观点可归结为如下四点：一是阴阳二气既相互对立又相互联系；二是阴阳变易的形式来源于阴阳二气变化的形式；三是物极必反；四是以阴阳变化决定人事吉凶。

从以上简介可知，京房的易学主要是讲占筮之术，价值并不高，但他在象数易学的发展中却占有非常重要的地位，因而成为后世义理易学派攻击的主要对象。不过从哲学史角度来看，他通过卦气说建立起一个以阴阳五行为世界间架的哲学体系，将八卦和64卦看成是世界的形成模式，认为《周易》是自然界和人类社会的缩影，世界变化的基本法则就表现在八卦和64卦以及384爻的阴阳二气运行和五行生克之中，从而为我国古代哲学思想的发展作出了贡献。

四、《易纬》及其象数易学

“纬”是相对于“经”而言的，“纬书”就是解释“经书”的。“六经”均有“纬书”，皆假托孔子所作。郑玄所注《易纬》就是对《周易》经传文的解释。《易纬》是两汉易学中的一个重要流派，对当时和后世的影响均很大。

一般都将“谶纬”合称，实际上这是不妥当的。“谶”是一种神秘语言或预兆，也就是上帝的启示。“谶”产生在“纬”之前，刘邦曾利用它为其登基制造舆论。纬书，学者一般认为是西汉末王莽时代的产物。

纬书大部分已失传。有关《易纬》，后人辑有佚文，其中有《乾凿度》《乾坤凿度》《稽览图》《通卦验》《是类谋》《坤灵图》等。《乾凿度》是《易纬》中的代表作。乾意为天，凿意为开，度意为道路，合其题意为凿开天路。该书易学思想较为丰富，在易学理论上，主要有《易》有三义说、太易说、八卦方位说、九宫说以及爻辰说等。

《易》有三义说。所谓《易》之三义，指的是“简易”“变易”“不易”。《易》有三义说在易学史上影响较大，从产生至今，一直被广泛采纳和发挥。

太易说是关于宇宙和卦画起源的理论。《乾凿度》把宇宙的形成分为4个阶段，即“太易”“太初”“太始”“太素”。“太易”是“太极”之前气未产生的阶段，后三者在混沌未分之际称“太极”，也就是天地尚未形成而气质已具备的阶段。

八卦方位说是京房卦气说的发展，此说不仅认为八卦方位的变化体现了一年四季节气的变化，而且将五常配八卦方位，认为一年四季节气的变化又可以体现人伦之道，而五常则既可明人伦，又可通天道。这样一来，便将卦气说更加神秘化，使之更有利于统治阶级的政治统治。

九宫说实际上是八卦方位说的另一种表现形式，进而说明阴阳二气的运行及其同八卦的关系。一般认为是对明堂九室说的改造，此说特点是以阴阳之数和九宫之数来试图说明八卦所主的节气变化具有数的规定性，并将太一作为四季变化的主宰。它是卦气说神秘化的具体表现之一。但此说在易学史上颇有影响，其九宫图成为象数派解易的重要内容之一，后世九宫八卦阵等也受其启示。

爻辰说也是卦气说的一种表现形式，是纳甲说和律历相结合的产物。其主要内容是按64卦的顺序，每对立两卦的十二爻配以十二辰，代表12个月，为一年。32对卦爻，代表32年。从乾坤到既济未济，依次主岁月，往复循环，以之推算年代。具体每对立卦爻辰配法，较为繁杂，且无实际价值，故从略。

《乾凿度》的易学理论是《易纬》的精华所在，其他辑存的《易纬》著作与之相去甚远，大都通过卦气说大谈阴阳灾异，宣扬谶纬迷信，从理论价值上基本无可取之处，但影响却一直延续至今，卜卦、堪舆等均与之有密切关系。《易纬》作为易学发展的组成部分，虽然其中糟粕颇多，但也不应简单全盘否定，而应进行辨证分析，尤其是对其中保存的有关天文、地理、历史方面的内容，更应深入发掘研究，进一步丰富祖国的文化遗产。

五、 虞翻及其象数易学

虞翻，字仲翔，会稽余姚（今浙江余姚）人。生活于东汉末三国时期，始为会稽太守王郎的功曹，后仕于孙吴。家学渊源，从其高祖虞光始治孟氏易，五世不衰，至虞翻而总其成。其所著《周易注》曾产生广泛影响。

虞翻的象数易学主要受孟、京卦气说的影响，并在继承改造荀爽阳升阴降说的基础上发展形成卦变说。卦变说主要由两方面内容构成，即乾坤两卦生六子卦和十

二消息卦变为杂卦。虞翻认为，乾坤两卦作为父母卦，是太一（太极）所生成的两仪，父母两卦二、五爻互易，生成坎离两卦。离卦象中二至四爻为巽卦，三至五爻为兑卦。坎卦象中二至四爻为震卦，三至五爻为艮卦。通过互体等方式，将坎离巽兑震艮六卦视为由乾坤两卦所生。

除卦变说之外，虞翻还在此基础上提出旁通说、连互法、半象说，并进一步发展了京房的纳甲说。他将月亮的晦朔盈亏以象八卦外，再纳以天干，以之显现八卦的消息。虞翻的纳甲说中含有较为丰富的天文知识，在科技史上也具有一定的意义。

虞翻的易学已将汉易引向繁复的象数解易之途，但其作为汉易的代表之一，其易学仍有可取之处。其卦变说取代了京房易学和《易纬》之中的阴阳灾变谬论，无疑是一个进步，从哲学史角度看，其卦变说具有一定的辩证法因素，尤其是以阴阳二爻互易地位的相互转化成为变易的基本原则。因而其象数易学理论对后世的影响是广泛而深远的，南宋朱熹便从中有所借鉴吸收。

六、 魏伯阳及其《周易参同契》

魏伯阳，会稽上虞（今浙江上虞）人。生活在东汉后期，生平事迹已不可考。他是黄老学派的一位炼丹家，著有《周易参同契》一书，主旨是以《周易》作为炼丹的理论指导。他代表了易学发展的一种新倾向，成为道教易学的先驱，该书可以说是汉易学和炼丹术相互结合的产物。

《周易参同契》全书共六千余字，文义艰深古奥，又多以形象比喻论事，历来解说颇多歧义。在运用《周易》指导炼丹的实践中，主要提出了《易》谓坎离说和月体纳甲说。

《周易参同契》虽不是正宗解易专著，但它在借用《周易》原理指导炼丹过程中形成的易学理论却创建了道教的解易学说，成为道教易学的代表之一。此外，该书还保存有丰富的古代化学和药物学资料，在古代科技史尤其在化学史上占有重要地位，在世界化学史上也占有特殊的地位。

第三节 魏晋南北朝——玄学义理易学的兴盛发展时期

魏晋南北朝是玄学义理易学的兴盛发展时期，此期的易学发展走上了以老庄玄学解易的道路，是易学发展史上的一大转折点。玄学义理易学虽占据了主导地位，但象数易学与之论争仍很激烈。

一、 魏晋南北朝易学发展概述

魏晋南北朝是我国古代思想史、学术史上一个大转变时期，也是玄学义理易学的兴盛发展时期。两汉时期虽然象数易学独领风骚，出尽风头，但因象数的发展演变越来越繁复，有的甚至近乎数字游戏，再加之谶纬与象数合流，使《周易》更加神秘化，并以此为据，大肆宣扬阴阳灾变思想，迎合统治者的嗜欲，渐渐遭到学者的厌弃，最终逐渐步入了死胡同。物极必反，与象数易学渐次衰落的同时，随着思想文化的演变，一直蛰伏的义理易学开始受到重视，悄然崛起，并以崭新的面貌流行于世。

纵观魏晋南北朝时期近四百年的易学发展历史，简要归纳起来，大致有以下三种倾向。

第一，用老庄玄学解易，注重对《周易》玄学义理的发掘，尽黜象数，开创了玄学义理派易学。此派易学的主要代表人物有王肃、王弼、韩康伯等。他们解易的共同特点是：以老庄玄学思想为理论指导，注重发掘蕴含在《周易》之中的哲理，摒弃象数，不涉占卜，不讲卦气和阴阳灾变。这一易学流派异军突起，在与象数派的论争中不断发展壮大，最终将象数派击败并取而代之，成为此期易学的主流。

第二，直接承继汉易传统，依然运用象数解易。如曹魏时期的管辂和东晋时期的孙盛。象数易学作为一直与义理易学对立并存的易学流派，面对玄学义理易学的强大攻势，虽然曾一时之间有些力不从心，但在此期的易学发展中仍占有相当重要的地位，并且与玄学义理派易学的论争一直持续不断。

第三，易学与佛学相互糅合。佛学是外来文化，理义空疏深奥，一时不易被人理解接受，传布者便将之比附于中国本土固有文化理论，因此，佛学家便援引玄学理论来阐释佛理，进而以《周易》理论来解说佛理，于是出现了易学和佛学相互糅合的倾向。南朝的梁武帝萧衍就是这种易学倾向的代表之一。

以上三种易学发展倾向，基本上可代表此期易学发展的总体情况，但这三种易学发展倾向在此期并非是三足鼎立、平分秋色，而是有主有从。从总体趋势和历史实际上说，玄学义理派易学始终是此期易学发展的主流，它的理论建树在易学发展史上产生了巨大影响。与之对立并存的象数派易学，此期虽无力与之争辉，但也一直较为活跃，两派的论争也始终没有停息，但象数易学在理论上无创新，只是墨守汉易成规，最终被迫居于从属地位。至于佛学易学，其原本为玄学的一个分支，佛易互相结合之后，在解易理论方法上并无新的突破，仅仅局限于借助易学理论来宣扬佛理，所以它在此期易学发展中影响甚微。

二、 王弼与玄学义理派易学

王弼（226—249），字辅嗣，三国时魏国山阳高平（今山东济宁、鱼台、金乡一带）人。他与何晏等人承东汉末“清议”之风，从品评黜陟人物转而崇尚“玄谈”。受此影响，老庄玄学被引入《周易》，形成了玄学义理派。王弼是这一易学流派的开创者，他对义理易学的影响较大，从唐代至宋代，《周易》王弼注本成为官方的标准注本。

王弼玄学义理易学的形成，除受老庄玄学思想影响外，同古文经学的发展也有

密切关系。曹魏时古文经学大师王肃是古文经学的集大成者，其《周易注》继承费直易学传统，注重义理开掘，采用《易传》观点解释经文，排斥今文经学的汉易和《易纬》的繁琐学风，不讲卦气、卦变、互体、纳甲等象数之学。这种治易学风对王弼颇有影响。王弼的玄学义理易学可以说乃是老庄玄学思想与古文经学的义理易学发展相互结合的具体产物。

得意忘象说是王弼关于《周易》言、象、意三者关系的认识理论。他以玄学观为指导，驳斥了汉易的取象说，依据《易传·系辞》的宗旨，具体探讨了言、象、意三者的关系，提出了得意忘象说。此说贬斥象数，专重义理，力挽汉易颓风，给易学注入一股清新的活力，无论在当时还是后世，对易学的发展均有深远的影响。但其又将言、象、意互相对立割裂，偏执一端，最终将取义的主张引向了玄学虚无的歧途。

王弼解易主张取义说。此说始于《易传》，一直被费直古文经学易系统继承和发扬，王弼玄学义理易学将之进一步发挥。但王弼并非一概否定象数，只是认为卦象生于义，义为第一位。《周易》本为卜筮之书，从占筮体例说，《易传》中取义说和取象说原本是互为补充的。然而因汉易主取象说，认为《易传》中的取象说不能全面说明卦爻象和卦爻辞的联系，于是进而发展为互体、爻变乃至于半象等，王弼将之指斥为“伪说滋漫”，是切合汉易的发展实际的。

王弼的玄学义理易学，理论上虽有某些偏激和自相矛盾的地方，但在易学发展史上，能够一扫汉易繁琐神秘之风气，异军突起，所向披靡，树起了义理易学发展的又一座里程碑，将易学研究推向一个新的纵深阶段，对后世易学的发展产生了重大影响。

三、韩康伯及其《系辞注》

韩康伯（332—380），名伯，字康伯，以字行世，颍川长社（今河南许昌）人，《晋书》有传。他是玄学义理易学主要代表之一。王弼《周易注》，未注《系辞》《说卦》《序卦》《杂卦》，韩康伯在王弼易学思想的基础上，对之进行了注释，称为《周易系辞注》。唐孔颖达将王、韩注解《周易》文字合在一起，收入《周易正义》，使之成为玄学义理易学的代表著作之一。

韩康伯的易学思想主要是王弼易学思想的继承和发展。王弼易学虽然风靡当世，但象数易学并不甘寂寞，二者论争仍异常激烈。到东晋时，以干宝等人为代表的象数易学大有卷土重来、再领风骚之势。在这种情况下，韩康伯继王弼之后，奋起与象数易学派进行激烈的论争，坚持和发展了王弼易学思想，使玄学义理易学得以再度振兴。

韩康伯《系辞注》对王弼易学的继承和发展，主要表现在坚持取义说和进一步使易理玄学化两大方面。韩康伯坚持取义说，从义理上说明《周易》原理，进一步排斥清除象数之学。具体表现在对《周易》性质的认识和阐述上，其要点是认为八卦具备天下事理，乾坤皆专守其德、理在象数之先等。

韩康伯继王弼之后，进一步坚持发展了玄学义理易学，并通过理象数关系的探讨，以理为象数根本，以无名无形之理为《周易》本质内涵，将易学引向了思辩之路，对宋明理学易学影响很大。但他和王弼在使《易》理玄学化的问题上都有不可推卸的责任。

四、 魏晋南北朝时期的易学论争

魏晋南北朝时期，虽然玄学义理易学异军突起，后来居上，甚至在南北朝时期稳居主导地位，但象数易学一直很活跃，两派围绕易学的许多问题，始终没有停止过激烈的论争。这种论争丰富了此期易学的内容，为其后易学史上两大流派相互融合吸收创造了一定的条件，并为唐代全面总结易学两大流派成果奠定了基础。

两派论争所涉及的易学问题非常广泛，其主要内容可以归纳为有关《周易》的性质、《易》象问题、何谓太极等。这些均属易学哲学问题，其观点在哲学史上具有一定的理论意义，构成此期哲学的重要组成部分。

在整个易学发展史中，两派的论争始终都未曾停止过。正是因为这种论争的长期持续不息，才推动了易学不断向纵深发展。

第四节 隋唐——义理和象数易学的整理总结时期

隋唐是义理易学和象数易学的整理和总结时期。通过对以往易学研究成果的整理和总结，为其后两派易学的发展兴盛奠定了基础。

一、 隋唐易学发展概述

总结南北朝时期，易学也与其他学问一样，有南北之分，“南学”治易取王弼，“北学”治易取郑玄。到隋朝后，“南学”兴起“北学”衰亡，从此开启了易学发展的隋唐时代。

隋唐是义理和象数易学的整理总结时期，在易学发展史中，具有承上启下的地位。从易学看，隋朝经学重视南朝系统，《周易》王弼注本在隋朝占据主导地位，使原在北方传授的以郑玄为代表的易学趋于衰微。

隋朝比较著名的易学家有何妥与王通。何妥，字栖凤，西域人，是易学史上罕见的少数民族易学家。他在北周时为太学博士，入隋后任国子祭酒，曾撰有《周易讲疏》3 卷。该书已佚，《周易正义》中存有部分佚文。从佚文中可以大致窥测出其易学观是以王、韩玄学义理易学为主导，仍坚持以老庄玄学思想解易。

唐朝是中国封建社会高度发展时期，思想文化上豁达开放，儒、释、道三教并

行并昌，彼此相互吸收融合。唐初，太宗李世民采纳令狐德棻及魏征等人的建议，对唐以前历代文化进行了一次全面的整理总结，开创了官修史书和经书的先河，孔颖达《五经正义》就是其中成果之一。《周易正义》为《五经正义》之一，采用王弼、韩康伯的注释本，由孔颖达作疏，这是对两汉以来易学发展成果，特别是义理易学发展成果的一次全面整理总结。其后，李鼎祚又以两汉以来象数易学为主体，编撰了一部《周易集解》。这两部易学巨著都完好地保存至今，代表了唐朝易学的最高成就和基本发展方向。

唐朝还有很多学者自注《周易》，独立地探索易学中的有关问题，丰富和发展了唐朝的易学研究内容。

盛唐前后较著名的易学家有李鼎祚、郭京、史徵、一行、崔憬等人。李鼎祚著《周易集解》。郭京著有《周易举正》3 卷流传至今。史徵著《周易口诀义》，传于后世。一行（683—727）是法名，俗姓张，名遂，唐朝著名高僧，著有《大日经疏》，制定《大衍历》，曾著有《易传》12 卷，已佚，仅存《大衍易义本义》1 卷。崔憬著有《周易探玄》，已佚，部分保存在《周易集解》之中。

晚唐也有不少易学家，刘禹锡是其中较著名者之一。刘禹锡（772—842）本是著名文学家，但也热衷于研讨《周易》，著有《辨易九六论》1卷，存载于《中山集》中。

隋唐易学的发展概况，从以上概述中，大体又可分为义理、象数及佛道三大解《易》系统，尤其佛学易学糅合至唐更为普遍。唐朝道教盛行，道教徒继承魏伯阳《周易参同契》的解易传统，以《周易》指导炼丹，并依据《周易》卦象和汉易的元气说、五行说，制造了一套世界形成模式，以之作为道教的理论基础。

总体来看隋唐易学，特别是唐朝的易学，继承了汉魏以来易学的宝贵研究成果，在全面整理总结的基础上又有发展和提高。此期的易学，上承汉魏，下启宋明，是易学发展史上一个重要的过渡时期。

二、　孔颖达及其《周易正义》

孔颖达（574—648），字冲远，冀州衡水（今河北衡水）人，孔子 31 代孙。早年受业于刘焯，通达“五经”，尤精于王弼易学。他是唐朝最著名的经学家，唐太宗贞观十二年（638）受命撰写“五经”义疏。由其主修的《五经正义》，在其死后 5 年才正式定名并颁行于世，作为官方教科书，成为科举明经科选士考试的标准依据。其中的《周易正义》，既是对唐以前易学的一次全面整理总结，又代表了唐朝官方及其本人的易学思想。

《周易正义》以王弼、韩康伯注本为基础，本着“疏不破注”的注家传统，对王、韩注解再进一步进行诠释。虽然专崇王、韩之注，但就义理的理解上，对象数、义理两派观点都有所肯定和吸收，并对王、韩某些观点进行了一些修正和改造，具有调和义理、象数两派的倾向。这种学风，既是对南北朝易学学风的承继，又对两宋易学倾向产生了较大影响。

《周易正义》主要由三部分构成，即《序》《卷首》《疏》。归纳起来，内容主要包括对《周易》体例的认识和对《周易》原理的探讨两大部分。在此基础上，孔氏还探讨了言、象、意三者的关系。他一方面继承了王弼的观点，认为易理深奥难穷，书不可尽言，言不可尽意；另一方面又认为立象可以尽意，《系辞》可以尽言。这既是对王弼“得意忘象”说的否定，又是对魏晋以来关于象意辩论的一次总结。孔氏在《周易》原理的阐述上，还提出了乾坤二元说。

《周易正义》一书，在发挥王弼派易学的基础上，全面总结了汉魏以来的易学成果，并形成了具有自己独特的解易观点和方法。此书不愧为唐朝易学成果的代表作。从易学史上看，该书还保存了王、韩易注及汉魏六朝易学佚文，为研究此期义理易学提供了宝贵资料。并且其易学思想观点，对宋明易学产生了深远影响。《周易正义》的不足之处，主要表现在出于专崇王、韩之易学，在作疏解时，为求圆通，有时不免牵强附会，所以从古至今一直对其存有非议，这也是客观事实。然而，这毕竟是白璧微瑕，我们不可过分苛求古人。

三、 李鼎祚及其《周易集解》

李鼎祚，资州（今四川资中）人，生平不详，其所编著的《周易集解》完成于唐代宗宝应元年（762），据此可知其为中唐时人；从《序》末具衔可知其曾为官著作郎。

《周易集解》是《周易正义》之后，又一部总结两汉以来易学成果的巨著。此书的编撰乃是出于对《周易正义》的不满。因为孔《疏》专崇王、韩易学，虽然没有完全排斥两汉以来的象数之学，但却是以王、韩易学为宗，有意贬黜象数之学，所以，他在《周易集解》的《序》中，阐述了编撰此书的目的，即“采群贤之遗言，议三圣之幽赜……刊辅嗣之野文，补康成（郑玄）之逸象，各列名义，共契元宗”。

《周易集解》虽然总体上推崇汉易象数之学，有排斥义理的倾向，但也并非一概否定玄学义理易学。李鼎祚对于玄学派的注解，诸如王弼、何晏、韩康伯等人的注解，也多有采纳，表现出欲将两派易学加以调和的倾向。这一点与《周易正义》有异曲同工之处，只不过《周易正义》偏重于玄学派的义理，《周易集解》偏重于两汉的象数之学。

《周易集解》基本上属于资料汇编性质的著作，但如从易学史的角度看，它对易学研究的贡献是不容忽视的。了解研究唐以前的象数之学都离不开此书；汉易皆

依赖此书而流传至今，人们也是凭借此书面窥汉易端倪的。所以，《周易集解》一书在易学史上所占的地位是非常重要的，它与《周易正义》一样，对其后易学的发展都曾产生了重要影响。

第五节 北宋——象数和义理易学的新崛起时期

北宋是象数和易理易学的新崛起时期。此期两派易学都得到了长足发展。

一、 北宋易学发展概述

进入宋朝后，易学研究迎来了它的第二次高峰。从北宋开始，易学的发展进入了一个全新的阶段，后世称为“宋易”。其实“宋易”并不仅限于北宋、南宋，其解易学风一直延续至清初，而宋易特征则是形成于北宋。

宋易的基本特征是以探求《周易》深层中所蕴含的哲理为目的，以阐明《周易》的义理为宗旨，进而将《周易》的原理高度哲学化。不仅义理派易学家以探求《周易》的义理为首要，而且象数派易学家也非常重视探求《周易》内蕴的哲理，这是与以往易学的迥异之处。宋人治易不仅著作丰富，而且特别注意“图”“书”的发明，这是宋易的突出特点，其中河书洛图就是宋人附会古人易注中的“图”“书”创造出来的。

宋易的形成原因是复杂而多样的，但主要是出于当时的社会历史状况、思想文化的需要以及易学的承继而决定的。宋易的形成与发展开创了象数和义理易学的全新局面。

据《宋史·艺文志》记载，北宋解易著者有60余家。其中既有著名思想家、哲学家，诸如李觏、胡瑗、周敦颐、张载、程颢和程颐等，又有著名的文学家、历史学家，诸如欧阳修、苏轼、王安石、司马光等。由此可见北宋易学的繁荣确是盛况空前。

北宋易学仍可按传统分为象数和义理两大流派。象数派的倡导者是北宋初的华山道士陈抟，陈抟传授其学给刘牧和李之才，至邵雍时发展到极致；义理派的先驱可推李觏和欧阳修，张载、二程将之进一步发扬光大。

北宋的易学，经过批判、继承、改造、创新，逐步发展完善，为其后几个世纪的易学发展奠定了坚实基础。在《周易》研究基础上形成的各种易学流派，又为各派哲学的发展奠定了基础。北宋时已形成理学派、气学派、数学派、心学派和功利学派，他们之间的相互论争和影响，既促进了易学的不断向前发展，又将我国古代哲学的发展推向了新的高峰。

二、 陈抟及其象数学

陈抟，字图南，生卒年不详。他是五代北宋初年著名的道教大师，居华山40

年，时人称其为华山道士，宋太宗赐其号为希夷先生，《宋史》有传。他是北宋图书学和象数学的奠基者，其学说对两宋内丹道和象数易学都有很大影响。

陈抟解易的最大特征是利用图式。他提出的易学图式包括象和数两方面内容，以图式讲解乾坤等卦爻象的为“象学”，以图式讲解阴阳奇偶之数的为“数学”。他所提出的易学图式，主要有《太极图》《无极图》《龙图》。

陈抟以上三图式及其所包含的思想，对宋易象数和义理两派均有较大影响。《龙图》讲天地之数的变化组合，《无极图》讲坎离卦象和五行之象，《太极图》则象、数兼而有之。陈抟通过图式解易的独特方法阐述其易学思想，使他成为宋易象数派的开创者和宋易哲学的先驱。

三、 刘牧及其《易数钩隐图》

刘牧，字长民，北宋中期彭城（今江苏铜山）人。其所著有关易学著作，今仅存《易数钩隐图》3卷，保存在《道藏·洞真类·灵图类》中。他在当时以讲《河图》《洛书》而闻名于世，其“河洛之学”源于陈抟。严格说来，陈抟主要是以易图说明炼丹术，称不上是真正的图书易学，刘牧才真正是图书易学的开创者。

从《易数钩隐图》看，刘牧的图书之学与王弼玄学义理派易学是相对立的，可谓是北宋象数易学派批评玄学义理易学派的代表。他既从孔《疏》中吸取了汉易象数之学，又批评了孔《疏》，尤其是玄学义理易学中的贵无论。以此观点为指导，他将陈抟《龙图》第三变中的《五行生成图》称为《洛书》，将《九宫图》称为《河图》，进而提出“图九书十”说，对这两个图式在理论上作了新的解释，从而开创了图书之学，并对后世产生了较大影响。

刘牧的图书之学，从理论思维说，是从抽象的数概念出发，以数目自身的排列组合构造成《河图》《洛书》，并以之解释世界。他以数为核心，来解释卦象和物象，实际应属于象数学派中的数学派。他虽然以太极元气说解释宇宙的形成，表现出唯物主义世界观，但他又在象数关系上本末倒置，认为数在象先，终归又使其易学哲学陷入了唯心主义的泥淖。

四、 李之才及其卦变说

李之才（980—1045），字挺立，青社（今山东益都）人，《宋史》有传。精通《春秋》，尤精于易学和历史，曾授邵雍《春秋》和易学。其易学由穆修所授，属陈抟图书易学系统。其易学主卦变说，有《变卦反对图》和《64卦相生图》传世。此两图式载于南宋朱震《汉上易传》之中，清胡渭《易图明辨》对之也有所评价。因其卦变说主要是讲卦象的变化，所以其易学又被称为“象学”。其象学对邵雍颇有影响。

李之才的卦变说发展了荀爽的乾坤升降说和虞翻的卦变说，并使之更规范化和

系统化了，可是他同样也未能从本质上解决卦变的问题。其易说对后世有一定的影响，如朱熹在讲卦变时即采取了这种形式，但他同李之才一样沿袭了汉易别卦生卦的错误。

五、邵雍及其先天易学

邵雍（1011—1077），字尧夫，谥康节，衡漳（今河北南部）人。他是北宋象数易学中数学派的代表，所著易学著作《皇极经世书》已失传，其中主要内容经后人整理和注释得以保存下来。今本《皇极经世书》所附各种易学图式，多是经邵伯温、蔡元定、朱熹等人及明清学者补述。邵雍受易于李挺之，其解易以图式见长，很少解释《周易》经文。他的易学主要内容又可分为先天易学和后天易学两大部分。先天易学是指伏羲所画的图式，他认为虽有卦无文，其中却可尽备天地万物之理；后天易学是指《周易》卦爻辞，他认为这乃是文王等人所演化，属后天之学。他的易学贡献主要体现在先天易学上。表述其先天易学的图式主要有《八卦次序图》《64 卦次序图》《八卦方位图》及《64 卦方位图》。

邵雍先天易学的基本内容，其中不乏一定的合理因素，但也有不少牵强附会之处。其学说在当时就非常盛行，与程颐所创理学易派、张载所创气学易派呈鼎足之势。他在易学史上的地位问题，后人褒贬各走极端，但都承认其说有很大的影响。

六、程颐及其《伊川易传》

程颐（1033—1107），字正叔，河南（今洛阳）人，学者称为伊川先生。与其兄程颢受学于周敦颐，兄弟二人同为北宋理学家的奠基者，二人著述经后人辑录编入《二程全书》。程颐所著《伊川易传》，是其倾注一生主要精力研究易学的成果，成为北宋义理派易学的代表著作之一。从易学发展史角度看，程《传》发展了王弼的易学方法论，将义理派易学的研究提高到一个新的阶段。从宋明理学史上看，程《传》通过对《周易》义理的阐发，系统地论述了自然哲学、政治哲学、人生哲学，构成了一个较为完善的理学思想体系。

程《传》在对卦爻辞及《易传》的解释中，征引了不少历史事件和历史人物，借以证明易理。从其引史证经的内容看，其引史入易的目的，主要是从社会政治和伦理思想方面发挥易理，以之探寻道德修养和社会治乱兴衰之理。这种引史入易的方法开创了易学史上援史解易的先河，对其后杨万里、王夫之等人具有明显的影响。

此外，程《传》在阐述易理时，非常重视“时”，这一点与《易传》的观点是一致的。他认为自然界天地日月的盛虚盈亏、人类社会的治乱兴衰以及世间一切事物的纷繁变化，都是与时消息、与时进退、与时推移的。圣人之所以为圣人，关键在于他们能“因时而处宜，随事而顺理”。

程《传》在易学哲学方面内容极为丰富，涉及问题很多，诸如太极与阴阳、性理关系、理欲关系、进德修业问题等，并且都提出了一些独到的见解，对其后的易学和理学都产生了巨大影响。总之，不论作为易学家，还是哲学家，其学说在中国文化思想史上均占有重要地位。

七、张载及其《横渠易说》

张载（1020—1077），字子厚，凤翔眉县（今陕西眉县）横渠镇人，世称横渠先生，《宋史》有传。他是宋明理学奠基人之一，北宋义理易学中气学派的开创者，其易学哲学为宋明时期唯物主义的发展奠定了理论基础。他的易学著作是《横渠易说》，哲学代表作是《正蒙》。《易说》是他借以阐述哲学思想的基础，《正蒙》虽非专言《周易》，但也以解说《周易》原理为主。

张载认为《周易》是一部讲哲理、社会政治、伦理思想的书。他首先承认《周易》是卜筮之书，不否认《周易》决断疑惑吉凶和预测未来的作用，但他认为这些作用并不是通过占筮而由神灵处得到所谓吉凶祸福的预言，而是在于卦爻象的变易法则和卦爻辞所讲的变易之理。他不以神秘观来对待《周易》，而是主张以理性主义来认识《周易》，《周易》虽以卜筮的神秘形式出现，但它是借此而讲“天道”，即世界阴阳变易的法则，“圣人”便是依据这种法则制定了使人们如何趋吉避凶的规则，以之指导人类社会生活，提高人的理性和道德修养水准。

在对《周易》的体认上，他吸收了王弼《注》提出的一爻为主说、中位说、当位说和应位说，抛弃了汉易的互体、纳甲、五行等说。在取象和取义上，他在解释卦爻辞时，有时取义，有时取象。在易学哲学上，他抛弃了王弼《注》和孔《疏》的玄学内容，继承发扬了其中以阴阳二气解易的传统，通过对《系辞》的详尽阐发，建立起气论哲学体系，并以一元论为基础阐明了易学哲学中气与象的关系。

总之，张载的易学体系表现出唯物主义的基本倾向和朴素的辨证观，其学说不仅对易学哲学向高度哲理化的方向发展具有重要意义，而且对于宋明理学中唯物主义思想和发展产生了重大影响。

第六节　南宋——象数义理易学相互吸收发展时期

南宋是象数义理易学相互吸收发展的时期。两派易学都能相互吸取对方长处，以之弥补本身的缺陷，丰富和发展本派的易学。

一、南宋易学发展概述

北宋时期形成的图书易学和理学易学在南宋均继续有所发展，并又产生了新的易学流派——功利学派。

既相互吸收，又相互影响，取彼之长，补己之短，是此期象数和义理两大派易学发展的一个共同倾向。象数、义理两派在相互吸收的基础上，又相互影响，从而促进了南宋易学的发展。

以邵雍为代表的北宋象数易学在南宋虽继有传播，但在理论上却无新的建树，仅是墨守家规而已。继其学者或者解说图式，或者流为术数，渐趋末流。南宋象数易学的发展是通过程朱理学派的人物得以实现的。

义理易学派的易学，在南宋随着理学派的分化也发生了分化，一派是以朱熹为代表的理学派易学，一派是以陆九渊、杨简为代表的心学派易学。

朱熹是理学的集大成者，在易学上他对象数和义理两派易学皆有所批评和发展，不株守一家之言，对北宋以来的易学及其哲学进行了全面总结。他主要继承了程氏易学传统，又兼采各派各家所长，形成了一个庞大而完整的易学体系，对后世几个世纪的易学及易学哲学的发展都产生了巨大影响。

陆九渊创心学易学，并由其弟子杨简等人发扬光大。杨简继承了陆氏“天人一体”的思想，认为《易》之理即是人心，并以此观点全面阐释64卦的卦爻象和卦爻辞，以及《彖》《象》《文言》等传，从而建立起心学派易学体系。因杨简在南宋很有政治地位，所以其易学曾产生了较大影响。

南宋时期，与理学派相对立，又形成了功利学派。此派易学深受北宋李觏学说和北宋改革派重视现实政治问题的学风影响，其代表人物为薛季宣和叶适。此派既批评了象数学派尤其是“河洛之学”，又批评了理学派的易学观，在易学发展史上可谓独树一帜。

总之，南宋时期的易学是丰富多彩的，此期易学的发展在宋明哲学史上具有重要意义。北宋儒家各派易学完成了排斥王弼派玄学的哲学体系，确立了新儒家的世界观和人生观，以儒教同佛、道二教相互抗衡。南宋儒家各派易学在此基础上转向对其自身提出的诸问题进行深入的探讨，有关理气、道器、心物、天人、穷理尽性、动静等问题的论争一直延续至清初，成为宋明哲学的主要内容。这些争论发展了哲学本体论，将我国古代哲学的理论思维推向一个新的高度。

二、 朱震及其易学

朱震（1072—1138），字子发，湖北荆门州（今湖北荆门）人。徽宗政和（1111—1118）时登第，任过州县官，靖康元年（1126）被宋朝廷召为太学博士；后入南宋，《宋史》有传，主要记载了他在南宋的有关活动。他是二程的学生谢良佐（即上蔡先生）的门人，曾为宋高宗赵构讲解《周易》。绍兴六年（1136）秋，他将所著《周易集传》9卷、《周易图》3卷、《易丛说》1卷进呈宋高宗，并同时向宋高宗进呈《进周易表》。这些易著后都收入其《汉上易传》。

朱震虽然师出义理派，但其易学观却是以象数学派为主。他在易学上的主要贡献表现在对从汉迄北宋的象数易学的整理和总结之上，并在其中体现了他的易学观。在《进周易表》中，他对易学流传发展的历史进行了评论，从中可见他是以象数易学为正宗，并且大加推崇。

朱震的易学成就主要表现在易学史方面。他对汉易和北宋的象数学作了全面系统的总结，为象数派易学提供了一套较为完整的理论体系。他对象数派易学的整理总结和评价介绍，为清代汉学家研究汉易和图书学派的演变提供了较为系统的宝贵资料，其某些观点对后者产生了较大影响。

朱震在易学理论上虽然缺乏建树，但是他对易学发展史的贡献还是应该受到充分肯定的，尤其是对象数易学的整理和总结，为后世易学的发展提供了较为系统而丰富的资料，他对象数理论的阐发，也使之不愧为南宋象数派易学的主要代表之一。

三、 蔡元定父子及其易学

蔡元定（1135—1198），字季通，建宁府建阳（今福建建阳）人。他是朱熹的朋友和学生，曾和朱熹合著《易学启蒙》，据《宋史》其本传，知此书由蔡元定起稿。他的易学著作还有《大衍详说》。他还是南宋著名的音乐学家，著有《律吕新书》等数种著作。从蔡元定的易学著作看，他虽为朱熹门人，但却属于象数学派。他的象数之学主要继承了汉易和宋易中的象数学派传统，对邵雍的数学和刘牧以来的河洛之学皆有新的阐发。

蔡元定有 3 个儿子，即蔡渊、蔡沉、蔡沆，其中渊、沉二人皆长于易学。

蔡渊，字伯舒，号节斋，著有《周易训解》。其中对《周易》64 卦要义、《易传》有关术语、范畴以及占筮体例进行了简明扼要的解释。他是朱熹的学生，所以在论述易理时一般以朱熹说为本，但也有不同之处，体现了南宋时易学两大流派互相吸收的倾向。

蔡沉，字仲默，号九峰，也是朱熹的学生。其主要著作是《洪范皇极》和《书经集传》。《洪范皇极》虽然是解说《洪范》之作，但实际上是借《洪范》的资料讲述其象数之学。他以数理为宇宙的基本法则，是南宋时期易学中数学派的代表。

蔡氏父子的河洛之学将图书派的象数之学发展到了一个新阶段，从对《周易》筮法的解释发展为世界的模式，通过对奇偶二数的对立和依存关系的阐发，说明天地万物处于普遍的联系过程。在其学说的影响下，《河图》《洛书》的图式，成为其后科学家解释数学、天文、地理、音乐、医学等学科理论的哲学依据。

四、 朱熹及其理学易说

朱熹（1130—1200），字元晦，一字仲晦，号晦庵，别号紫阳。徽州婺源（今属江西）人。一生著述颇丰，易学著作主要有与蔡元定合著的《易学启蒙》和《周易本义》，其余著作中也有不少关于易学的内容。《周易本义》一书言简意赅，是其

聚毕生心血所为，对后世易学影响极大。

朱熹是理学的集大成者，他继程颐之后，通过对《周易》经传的解释，阐发了理学派的哲学体系，成为其后封建社会官方哲学的代表，以“程朱”并称于世。从易学发展史的角度看，朱熹站在理学家的立场，以程氏易学为基干，有意识地批判吸收融汇了各家易学之长，建立起庞大的易学体系，影响巨大而深远。

关于《周易》一书的性质，他从《易》的起源上强调《周易》本为卜筮之书。在如何认识《周易》中的义理问题上，他在程颐“不要执一”观点的基础上，提出“易只是个空底物事”的观点。在对《周易》的认识上，还提出了“《易》有二义”说。同时他提出了一些有关阴阳变易的法则新观点，丰富发展了阴阳观。

朱熹作为理学派的易学家，在对《周易》的研究中，能够兼收并蓄，继往开来，推陈出新，为南宋易学的发展开创了新局面。其后讲论易理者，也多兼及象数，两者互参互补。后世虽然对其易学曾有过不少争议，但在易学发展史上其重要地位和巨大影响又是人所公认的。

五、 杨简及其心学易说

杨简（1141—1226），字敬仲，慈溪（今属浙江）人。他发展了程颢和陆九渊的易学，《四库全书总目提要》评其易学说：“其解易，惟以人心为主，而象数事物，所在皆略。”可知其在略于象数上，与程颢有共同之处，与朱熹兼收象数有所差别；从所明义理内容上，程颐和朱熹所主为“理”，而杨简所主为“心”。其解易著作有《杨氏易传》20卷和《己易》1卷。

心学派易学的特点是以心性说易，以人心为其易学的最高范畴，宣扬天人一体，其易学哲学具有主观唯心主义的特色。杨简将程陆思想予以进一步发展，使之成为南宋心学派解易的代表。他通过对卦爻象的解释，不赞成区分事物的差别和对立，追求的是一种无差别的境界，并以“天人本一”为基本原则，主张易理即是人心。

杨简作为南宋心学易说的代表，其易学思想在当时和后世均产生了重要影响，明代王阳明即是在其易学哲学的影响下，将理学中心学一派发展到极致的。

六、 叶适及其功利易学

叶适（1150—1223），字正则，温州永嘉（今属浙江）人。学者称之为水心先生。他是南宋功利学派中“永嘉之学”的代表人物。功利学派的易学也属于义理派，但他们主取象说，通过物象阐述义理，并且尤为注重事功，以为“既无功利，则道义乃无用虚语”（叶适语）。此派非常重视对古代典章制度和《易传》的考订研究，力求经邦济世。在易学哲学上，此派提出道不离器的观点，并与理学派展开了一系列的论辩，对其后唯物主义易学的发展产生了重要影响。叶适对《周易》经传进行了较为全面的解释和评论，其《习学记言序目》中的《周易》部分，对64卦要义皆有所阐发，对《易传》也作了解释和评论，另在其《文集》中还有论《周易》起源和性质的《易》一篇。

叶适的易学正是在薛季宣基础上的进一步发展，并吸收了北宋欧阳修等人重视文献考订和道义不能脱离功利的思想。叶适关于《周易》的一些基本观点，是与其对《易传》的认识联系在一起的，反映出功利学派鄙视空谈哲理性命，注重经世致用的思想特点。

叶适作为南宋功利派易学的代表，其学说尽管有不尽人意的偏颇之处，但在当时和后世都产生了较大影响，南宋时曾和理学易、心学易呈鼎足之势，相互分庭抗礼，其后元明清的唯物主义易学哲学家也都曾不同程度地受到他的学说的影响和启发。

除了以上所举之外，宋代易学著作还有：陈瓘《子翁易说》、朱震《汉上易传》、郑刚中《周易窥余》、杨万里《诚斋易传》、吕祖谦《古易音训》、魏了翁《周易要义》、赵儒楳《周易辑闻》、俞琬《读易举要》及《周易解说》等，兹不备举。

第七节 元明清——易学渐趋衰微时期

元明清三代，从易学总的发展趋势上来说，是易学的渐趋衰微时期。此期的易学发展概况一般可分为两大阶段：元代到清初，是以宋易为主的阶段；清中叶到清末，是汉易——朴学易阶段。

一、元明清易学发展概述

元代时易学创建不多，大多数人在宋《易》的基础上，要么继续发挥“图”“书”，要么继续谈论“性”“理”。在元代，程朱理学成为官方主流学问，易学也深受其影响。一派易著发挥了朱熹易学中的象数内容，折中义理和象数派的观点。一派易著实际上也是发挥了朱熹易学中的象数内容，强调恢复《易》的本旨，反对王弼派专主义理，认为从卜筮上推究义理更为妥帖。

在对图书学的继承和整理方面，张理著有《大易象数钩深图》。对道教易学予以总结和发展的是余琰，著有《周易参同契发挥》等。纯义理解易的著作，以贯通的《易学变通》为代表。

归结起来看，元代的易学成就平平，对《周易》研究的内容和方法，基本上没能越出宋易的范围，最多标榜以程朱为宗，但实际上以尊朱为甚。因朱熹易学兼言义理象数，故元人的易学发展了南宋义理与象数合流互参的倾向，邵雍等人的象数易学和道教易学也得到了进一步的阐发。

明代程朱理学独尊，从明初到明中叶，义理派宋易著作虽然很多，但内容空泛，

缺乏创见，表现出墨守宋人之成的时代特征，如元人一样，明人在易学领域也多无建树。明代时，官方标准本为胡广的《周易传义大全》，此书的注本采用程颐的《易传》与朱熹的《本义》。主要创作有来知德《周易集注》、黄道周《易象正》、何楷《古周易订诂》、张次仲《周易玩辞困学记》。

明代中期，王阳明心学崛起，杂入易学，如高攀龙《周易易简说》，即是以心学解易；方时化《易引》等则以佛学解释《周易》。其中较有成就者是李贽的《九正易因》和唐鹤徵的《周易象义》。

明代象数易学著作众多，但穿凿附会者多，辗转抄袭者多，而言之成理者少，有所发明者少。来知德可谓明代象数派易学的佼佼者，黄道周、方以智也有一定成就。

进入清朝后，易学研究终于迎来了自己的第三次高峰。二百年间，易学人才辈出，著作极丰。清儒对两汉魏晋南北朝著名易学家谈易之文的辑录、整理与考证，特别是对汉易的辑录与校勘是清人在易学领域的突出贡献。

清代时朴学易学成为主流。所谓朴学易，即是用文献学和考据学的方法研究汉易。顾炎武《易本音》等著作开朴学易之先河，黄宗羲兄弟著《易学象数论》《图书辨惑》，首开图书学辨伪之风，为朴学易取代宋易创造了条件。其后毛奇龄《河图洛书原舛编》《太极图说遗仪》、胡渭《易图明辨》，以破为主，给宋明理学易学以致命打击。至此时，朴学易正式形成，其中以胡渭成就最为突出。此后，朴学易从研究内容上又分为两派，一派以发掘整理推演汉易为重点，一般称之为汉易文献派；一派以数学、语言学的一些新成就来研究《周易》经传，一般称之为新象数派。乾嘉（1736—1820）之后，朴学易只是在辑佚上有些成就，余者皆不足称道。

清代义理易学以王夫之成就为最大；李光地的《周易折中》为官方义理易学的代表作。其后义理易学著作虽多如牛毛，但可取者寥若晨星。

纵观元明清三代易学，大致经历了由宋易向朴学易的发展过程，其特点是由虚而实，由宏观到微观，由对易学哲理的探讨发展到对易学文献学的研究。其整个过程均在传统经学的范围之内，最终伴随帝王制度的衰亡而衰微。

二、　来知德及其易学

来知德（1525—1604），字矣鲜，号瞿塘，夔州府梁山（今重庆梁平）人。他是明代有一定创见和影响的象数派易学家。在科场失意之后，隐居万县求溪山中，潜心精研《周易》，历时 29 年，著成《周易集注》16 卷。其中象数易学理论，在有明一代自成一家，当时曾被人誉为“绝学”。

《周易集注》主要特色是以错综说来具体研究《周易》的卦象。在此基础上，进而认为伏羲之卦以“错”为主而文王卦以“综”为主。除错综说之外，来氏还提出爻变说。将错综说和爻变说具体运用到对卦爻辞的解释之中，来氏据此创造出错卦之象、综卦之象和爻变之象的解易方法。这种解易方法，有时将偶然性当作必然性，尤其在爻变之象解释上更具有随意性，结果导致有时穿凿附会，甚至自相矛盾。

来知德的象数易学理论独步一时。他从《周易》64卦的复杂关系中分析归纳出错卦之象、综卦之象、爻变之象，揭示出64卦的排列组合及其卦体之间的变化关系，对人们深入了解《周易》卦象的规律具有启发意义。

三、 王夫之及其易学

王夫之（1619—1692），字而农，号姜斋，湖南省衡阳人，因晚年隐居衡阳石船山，学者称为船山先生。他精研易理40余年，著有解易著作6部，还有涉及易学的《思问录》《张子正蒙注》两书，此外还有诸多以易说理、评史、论政、言志的各种哲学、史学、政论及诗文。他的易学发展了宋义理易学的唯物主义，将义理易学推向高峰，并借助《周易》构建了一个庞大精奥的哲学体系。后人将其全部著作合编为《船山遗书》。

《周易外传》《周易大象解》《周易内传》及《周易内传发例》等书是王夫之易学的代表作，其中《周易内传发例》既是王夫之最后一部易学专著，也是王夫之易学思想的纲领性著作。

乾坤并建是王夫之易学的核心，又是他易学的出发点和归宿点，在其《易》著作中始终坚持这一原则。其易学虽以义理为主，但也并非完全否定象数，主张以“错综合一”之象来说明“乾坤并建”之理，把“错综”看成是乾坤并建的展开过程。在对待经传关系上，王夫之认为“彖爻一致，四圣同揆为释”。

王夫之的易学内容极为丰富，将宋义理派发展到高峰，也是义理派易学哲学发展的高峰。他的易学思想尽管在当世因多种原因传播不远，影响甚微，但对后世的影响却深远而巨大。

四、 李光地及其易学

李光地（1642—1718），字晋卿，号厚庵，福建省安溪县人。因曾于家乡筑榕树书舍，故又号榕树，谥文贞。他是清初官方的正统易学家。个人著有《周易通论》4卷、《周易观象大旨》2卷、《周易观象》12卷及《象数拾遗》；奉康熙敕命主编《周易折中》22卷。

李光地研究《周易》，首尊朱熹，次师程颐，属义理派易学家。但与程朱侧重点不同，程朱重于阐释《周易》之义理，而李光地重在阐述《周易》的实用性，尽力使易学服务于帝王统治，将易学致以实用，这是其易学的突出特点。

李光地奉敕主持编纂的《周易折中》，是清代最有影响力的义理易学著作。《周易折中》在《纲领》篇，总论《易经》和《易传》源流、易道精蕴、经传义例、读易之法和易学史上诸家易说的优劣得失。其中虽然突出了程朱之说，但也做到了

博采众家，收集了上至汉司马迁，下至明王应麟等人之说。在正文中，采集了上至汉晋、下迄元明的220余家易说，所谓“二千年易道渊源皆可览见”，的确可以说不是过分的虚妄之言。

综观《周易折中》一书，虽然它在体例上偏向于尊朱，以其《本义》为首，又附录《易学启蒙》于后，但在具体解说中仍是以言义理为主，并能广采博收诸家易说，对读者择善而从，颇有益处。有清一代，从对《周易》研究的全面信实而言，它确是一部集易学研究之大成的著作。这与李光地对易学的精深造诣及其对此书倾注的心血是分不开的。

五、　胡渭及其《易图明辨》

胡渭（1633—1714），字朏明，号东樵，浙江德清人。他是清初义理派易学家，易学代表作是《易图明辨》10卷。该书是清初以来易图辨伪的集大成之作，万斯同在给该书作序时曾赞誉说：“以此播于人间，《易》首之九图，即从此永废可矣。”该书对从北宋以来出现的《河图》《洛书》等种种易图溯本求源，逐一进行考辨，最终以不可辩驳的论据指明其何以虚妄无稽。

《易图明辨》已经超出了易学的范畴，它不仅是对宋易图书学的一次总清算，而且对宋明理学也是一次沉重打击。因为宋明理学的主要内容，诸如理气、心性、度数等大多是从图书之中衍化而出。经过胡渭的辛勤考证辨析，终于撕下了罩在理学上的面纱，使之本相袒露无遗，同时对荡涤易学研究中的神秘主义也具有积极意义。

第八节　现当代易学研究的进步与发展

按理说，易学作为旧时代的一种传统文化，随着封建王朝制度的崩溃应该走向它的衰微过程，但是它却并未因社会制度的变革而沉寂。自清末民初以来，易学又在新的时代以顽强的生命力和全新的面貌再度悄然兴起。时至今日，仍处在方兴未艾之际。

清末易学名流当属俞越（1821—1907）。他所著的《易贯》《艮宧易说》《邵易被原》《易旁通变化论》《周易互怵徵》《卦气值日考》等九种易学著作，不可谓不严谨，不可谓不多产，然而进入新世纪后，很快就被人们置诸脑后，传统经学曾经辉煌百代，而今已成为过眼云烟。晚清经学家皮锡瑞在《经学通论》中对《易经》的评论，代表清代学者对周易的权威定论，很快就被疑古派推翻，而代之以崭新的易学观。章太炎好费氏易，“于易每发一义，几乎皆有创见”，以佛教唯识学解易和以《序卦传》演社会进化史等，均可谓于传统易学有所发明。他主持的“章氏国学讲习会”相继印行了一批有关费氏易的著作，如王树楠的《费氏古易订文》、马其昶的《重定周易费氏学》等，这些著作多撰自清末，有的在光绪年间便有刻本，可以看作是“正统派”易学在20世纪初的余绪。但由于这一派人物恪守家法，偏重文字训诂，所以在易学方面的创获并不算大，对民国时期的易学研究也没有产生多大的影响。清末民初，展现清代易学余绪者尚有刘师培、马其昶、廖平等。他们易学研究的观点与思想，在新时代的文化巨变中大都因为缺乏特殊新意而为时代强音所湮没。

不难看出，20世纪最初20年，易学思想的发展同《周易》变革哲学所能发挥的社会历史作用极不相称，易学同其他经学一样，无可奈何地面临被历史批判的命运，不可能创立新的易学体系、撰写重要学术著作，这是很自然的。近现代的《周易》研究，较之古代任何一个历史时期，其研究方法都更为科学，研究领域也更加广泛，标新立异者层出不穷，科研成果也更为突出。这一时段的易学流派，如按传统的治易方法划界，大致可分为三个流派：义理派、象数派、考据派。但是这些易学研究较之古代易学，无一不具有崭新的内容，呈现出鲜明而突出的社会背景和时代色彩。

近现代易学的发展历程，如果按照所研究和讨论的内容论题而划分，大致可以说出现过四次热潮。第一次，20世纪20年代末30年代初，关于《周易》作者和成书年代问题的讨论，这是由属于“新史学”的古史辨派学者发起的，其主要倾向是否定汉人的传统说法；第二次，20世纪60年代初国内的易学讨论，其主要内容为《周易》的形成年代、《周易》的性质、《周易》的哲学思想等；第三次，台湾学术界从20世纪60年代末至今的易学讨论，主要表现为易学与科学关系的论争；第四次，大陆从20世纪70年代末至今的易学讨论，内容涉及易学的各个方面，并取得了一系列具有突破性的进展。这四次易学热潮，在易学研究上，共同特点是在某一方面都取得了可喜成果，同时又都存在相对偏激的问题。

一、 新义理派——易学的哲学研究

义理派一向被视为易学两大正宗学问之一。进入近现代以来，随着西方哲学体系的东渐，从更加完备而具有逻辑体系的哲理角度研究传统《周易》，曾是这一时期易学研究的时尚主流。尤其是从20世纪50年代到70年代，这一研究流派在国内一直居于垄断地位，并得到较快的发展，名家辈出，成果斐然。

最早将西方哲学融入易理研究的是朱谦之。朱谦之（1899—1972），福建人。中国当代著名的哲学家、哲学史家、文化学家、宗教学家、中外思想文化比较学家。1929年东渡日本，从事历史哲学研究。回国后任暨南大学教授。从1932年起在中山大学工作，曾经担任中山大学历史系主任、哲学系主任、文学院院长等职。1950年到北京大学哲学系任教授，1964年调往中国科学院哲学社会科学部世界宗教研究所任研究员。1926年，他出版《周易哲学》一书，从宇宙观、人生观、伦理学、知

识论方面解说《周易》，用周易阴阳学说论述宇宙生命的运动变化，首开现代义理派易学研究的先河。

其后，用近代的西方哲学研究《周易》，有卓著成就者首推冯友兰及其《中国哲学史》（1930—1933）。他以实证主义方法分析《周易》哲学，把易学哲学引进高等学府课堂，《周易》哲学令人刮目相看。其后吴康《周易大纲》（1938）、贾丰臻《易之哲学》（1941）都用《周易》原理及象数，论述宇宙运动的永恒性，揭示《周易》卦爻辞所反映的古人的思维模式和社会生活习尚。他们的共同点在于坚持西方学术观点，看重《周易》蕴涵的中国古代的宇宙观。

五四运动前后，随着马克思主义思想传入中国，一些易学家们大胆抛弃封建时代“以传解经”的经学注疏传统，开始用马克思主义哲学的观点和方法研究《周易》，令人耳目一新。代表作是郭沫若《周易时代的社会生活》（1927）、《周易之制作时代》（1935），这是用马克思主义哲学研究《周易》的开山之作。郭沫若是以“援史治易”为特色的，同时也是最早用辩证法来分析《周易》哲学的人。但他在《易传》作者等问题上，主观臆测过多，且疑古过甚。之后苏渊雷《周易会通》（1934）、金景芳《易通》（1941），也都是以唯物史观、唯物辩证法分析《周易》哲学思想。由于他们的努力，《周易》理论研究同新民主主义文化思想相适应，展现出其光辉灿烂的美好前景。

1949年中华人民共和国成立后，思想文化战线面临空前的除旧布新的历史任务，在对传统思想文化实行批判继承的精神指导下，易学研究作为传统文化中被批判的一项内容，不可避免地出现裹足不前的困境。

直到20世纪60年代初，才在学术界掀起一场关于《周易》文本形成与思想性质的学术讨论。先是国内权威刊物《哲学研究》《文史哲》等专门辟有“《周易》方法论研究”，发表了东方明、方蠡、冯友兰、关锋、任继愈、王明、董治安等人的文章，就研究《周易》方法进行了讨论。冯友兰率先发表了《易传的哲学思想》（1960）、《易经的哲学思想》（1961）等论文。接着任继愈、李镜池、李景春、高亨、繁星等纷纷响应，掀起了关于《周易》成书的年代、《周易》的性质、《周易》的哲学思想等学术讨论。

改革开放以后，随着思想解放的文化政策推行，神州大地再一次出现了“周易热”。而“周易热”中最为突出的就是对《周易》作为“人文化成”之哲学思想的深入研究和开放探讨。一时间，作者辈出，佳构云涌。比如张立文《周易思想研究》（1980），宋祚胤《周易新论》（1982），徐志锐《周易大传新注》（1986），黄寿祺、张善文《周易译注》（1989），朱伯崑《易学哲学史》（上册1986、中册1988、下册1992）等。

台湾学者研究周易，侧重于专门研究易学的思想及哲学者大有人在，如方东美、牟宗三、刘百闵、杜而未、戴琏璋、唐华、陈瑞龙、程石泉、高怀民等。

近年学界对于《周易》性质以及经传等其他方面的研究，如《周易》经传作者、性质、思想价值及在中国文化中的地位等问题，也不同程度地取得了一些成果。其中比较突出的有：刘大钧的《周易概论》、宋祚胤的《周易经传异同》、吕绍刚的《周易阐微》、周山的《易经新论》以及李廉的《周易的思维与逻辑》。以上这些成果的取得，说明了当代关于《周易》哲学研究有所深入。

马王堆汉墓帛书《周易》发现之后，许多学者也就此对不同版本的周易作比较研究，在此基础上也多有涉及探索周易哲学思想与文化脉络者。仅就《周易研究》所发论文而言，对简帛易学领域的《周易》的象数思想、卦气思想、天人道德思想、孔子晚年哲学思想及儒家哲学思想的流派都有论述。

不仅如此，这一时期的现代义理派易学家们已经不再满足于对《周易》哲学作唯心或唯物的性质判断，而深入探讨《周易》所启示的民族思维方法及其特色，探讨其自然哲学、历史哲学和逻辑思维的固有特征以及《周易》美学思想受到重视。比如刘纲纪《周易美学》（1992）、李廉《周易的思维与逻辑》（1994）、王振复《周易的美学智慧》（1997）、刘纲纪、范明华《易学与美学》（1997）等著作，对《周易》思想中的诸多方面做了深入开掘，不仅开拓了易学研究的新视野，也填补了易学中一些方面的空白。

二、 新象数派——易学的科学研究

《周易》作为中国古代的哲学，与古代的自然科学有着特殊的关系。它不仅作为一种理论思维方法来指导各门具体的自然科学，而且它的许多理论直接被用于包括中医、数学、天文、历法等在内的古代自然科学当中。同时，易学发展也不断吸收自然科学因素，汉代象数易学就是在吸收了当时天文、数学、历法等自然科学的基础上建立起来的。

新时期的易学研究，不仅传统的义理派易学有了新的发展，而且象数派易学在现当代也有了推陈出新的成果。梁启超把《周易》称为“数理哲学”，冯友兰把周易哲学称为“宇宙代数学”，凡此都说明了现当代学者对象数易学的研究有了新的知识背景，因此该学派的研究就有了新的进展。

现当代的象数派易学按照内容和路径来说，又可分为两派：

（一）传统象数易学的传承

一是承袭汉易传统，致力于搜求遗象，坚持以象解辞，可称为传统象数派，这一派以尚秉和与杭辛斋等人为代表。

尚秉和（1870—1950），字节之，自号石烟道人，又号慈溪老人。河北行唐人。近代易学大家，博学善文，喜玩金石，工于绘事，精通中医，于易学造诣渊深。中年以后方习《易》学。针对前人之误解重新注释《周易》，创立了“周易尚氏学”，是象数派易学的代表人物之一。一生著述不辍，著作等身，计有：《周易尚氏学》

《焦氏易诂》（12 卷）、《周易古筮考》《〈左传〉、〈国语〉易象释》（1 卷）、《焦氏易林注》（16 卷）、《周易时训卦气图易象考》（1 卷）、《连山归藏卦名卦象考》（1 卷）、《易注》（22 卷）、《易林评议》（12 卷）、《读易偶得录》（2 卷）、《太玄筮法正误》（1 卷）、《洞林筮案》《郭璞洞林注》《易卦杂说》《易筮卦验集存》《周易导略论》等 10 余部易著。尚氏解易，以汉焦赣为宗，主要以象释易，致力于研寻佚象，为传统象数学的正统。他主易象而反对东汉以后的卦变、爻变及爻辰之说；主易理而反对王弼以至宋儒的所谓义理之学，颇有清代“正统派”之风，但他对宋易中的图书之学又很认可，故较“正统派”的视野为宽。

这一时期突出而影响较大的传统象数派易学家，无疑首推辛亥革命党人杭辛斋。杭辛斋（1869—1924），名慎修，字辛斋，后以字行，浙江海宁人。杭氏于革命活动之余，曾组织《周易》学术研究会，名研几学社，在学社曾担任《周易》主讲，撰写《周易》讲义、《易楔》六卷。他在狱中得名家指点，对《周易》有特殊领悟。先后撰写了《学易笔谈初集》《学易笔谈二集》《易数偶得》《读易杂识》《愚一录易说订》《沈氏改正揲蓍法》。这些著作合称《杭氏易学七种》，还编著有《易学丛书》等。杭氏解易，非常重视汉人之象数，认为孔子微言大义皆寓于象数之中，通象数，则可尽悟身心性命之理，成为传统象数易学的殿军人物；但他同时又能融会古往今来的象数、义理，熔易学及文学、哲学、科学于一炉，开拓新的象数易学理论，成为现当代科学易的先驱人物。他广泛引用当时中国人所理解的西方近代天文、数学、物理、化学、生物学知识，论述传统易学中的卦气、纳甲、爻辰、先后天八卦、河图、洛书等，力图贯通古今哲学、科学乃至宗教思想。杭辛斋易学思想充分体现了易学研究转轨过程中的博杂现象，既反映了中西文化的浅层会通，亦反映了古代风化的蜕变过程。

此外，较有影响的还有黄元炳，其治易 40 余年，著有《易学探源》，包括《易学入门》《河图象说》《周易经传解》《卦气集解》，去汉、宋门户之见，冶象数、义理于一炉，其中不乏一定的创见，被誉为“集卦气之大成”，但仍属传统象数派易学一路。沈瓞民著《周易孟氏学》《周易孟氏学补遗》《孟氏易传授考》《汉魏费氏易考》《周易马氏传辑证》，“言必有宗，理无旁举”。沈氏又著有《先后天释疑》《九宫撰略》《卦变释例》等，专谈象数。徐昂于虞氏易学、京氏易学的研究，也做出很大的成绩。徐氏的《周易虞氏学》《周易对象通释》《京氏易传笺》等著作，都是当时象数易学之力作。

20 世纪 80 年代以前，象数易学研究一直处于冷落局面。除尚秉和等人对易象有专门研究外，不少易学家表明他们的研究不及象数。可以说义理易得到弘扬，象数易无人问津。80 年代以后情况逐步改观，研究周易象数者，除一些科学家外，已有学者专门从事。比如钱世明《易象通说》（1989），林忠军《象数易学发展史》第一集（1994）、第二集（1996）等，刘大钧主编《象数易学研究》第一集

（1996）等，并有《纳甲筮法》等新作问世，对象数易学的历史与现状作了探讨，对象数易同科学易的关系作了分析与展望。尤其是刘大钧，在象数易学的研究方面属公认的成绩突出，其《周易概论》（1986）一书通俗严谨，影响很大。其中的《历代〈易〉学研究概论》，专门讨论象数易学史。其“周易研究中心”的林忠军、刘玉建、王新春等也都有易学象数学方面的论著出版。

易图研究作为象数易学的重要内容，在新时期亦随之受到特别重视。比如欧阳红《易图新辩》（1996）、李申《易学与易图》（1997）等，都对易图作了深入研究，正确评述了易图在易学发展中的作用和价值。

21 世纪以来，象数易学研究也步入了快速发展的阶段，成果数量多而且质量也有所提升。比如张延生的《易象延：易象及其延伸》（2006）、从象数易学的角度论述了易“象”及其各种变化规律。邓立光的《周易象数义理发微》（2008）中也有篇章对象数易问题进行了阐发。对象数易学做较为全面的研究的学者是张其成，他的《象数易学》（2009）梳理了象数学派的源流，详解了象数范畴，并分析了象数学派的本体论、方法论、天道观、人道观，从而论证了象数学在中国文化史上的重要地位，展示了象数学派关于宇宙世界与人文世界同构、物理之学与心性之学会通的理论图式。令人欣慰的是，近年来象数易的研究视角逐渐开阔，如李树菁遗著、商宏宽整理的《周易象数通论：从科学角度的开拓》（2007）对易象、易数进行系统研究，提出了自己的学术思想和观点。陈碧的《〈周易〉象数之美》（2009），诠释了《周易》象数美学思想，做到了易学与美学的有机结合，不失为跨学科研究的佳作。

一些象数易学家还专门致力于《河图》《洛书》的研究，如王永宽的《河图洛书探秘》（2006）、王以雍的《易经解析与致用》（2008）都对《河图》《洛书》进行了解说，反映了当前易学研究所取得的新成果。此外，张今的《用科学揭开〈易经〉的神秘面纱》（2008）用科学方法揭开《易经》蕴含的奥秘，包括易的起源、《河图》《洛书》的秘密、《易经》卦序之谜等。

（二）科学易的崛起

另一种可称为“新象数派”或“科学易派”，他们在中国传统文化受到西方现代思想和自然科技的冲击下，企图用中国的传统文化去融汇西方的现代自然科学，将之解说为中国传统文化本身所固有的，欲借此以恢复民族自信心，复兴中国文化。科学易破决启蒙，乃 20 世纪易学的新发展。

据悉，世界著名哲学家黑格尔曾受到《周易》一阴一阳之间反合相生相成原理的启示，创造了举世闻名的正反合辨证逻辑定律，在世界哲学界引起轰动。此外，世界著名心理学家荣格、英国科学家李约瑟、美国物理学家 F. 卡普拉等许多科学界人士都对《周易》进行了系统的研究并高度评价了《周易》的科学性。所以著名中国科学史专家李约瑟教授说：“八卦是东方科技史上一颗闪闪发光的明珠。”

早在古代，《周易》的象数模式与义理研究就启迪指导着“旁及天文、地理、乐律、兵法、韵学、算术、以逮方外之炉火”的探讨，所以近代以来，受国外莱布尼兹、玻尔等著名科学家对《周易》象数青睐的影响，我国不少近代科学家独开新风，如杭辛斋、沈仲涛、薛学潜、丁超五、刘子华等，试图引入西方自然科学来解释《周易》，论证阴阳、八卦与代数、几何、物理、化学元素周期表、统计分布等基本概念和一些定律的相似之处，大多是印证、对比、解释方面成果。用近代自然科学成果阐述易学思想，亦以易学象数解释近代科学的某些原理，从而产生了前所未有的科学易著作，为易学研究开辟了崭新的领域。

据研究，《周易》影响启发了德国数学家莱布尼兹的数学研究，从一阴一阳的相互变化上，引导他发现了二进制，并推动产生了具有划时代意义的电子计算机；1940 年，我国在法国的留学生刘子华用八卦原理算出了第十颗行星的质量、行速及轨距，解决了当时世界天文学家难以解决的难题，从而震惊世界；李政道、杨振宁从《周易》阴阳消长原理受到启示，提出原子能态二组的奇性和偶性，虽然是不灭的，但不是一成不变的，而是存在着盛衰消长的变化，这一伟大的发现使二位学者荣获诺贝尔物理奖。

其实科学易的真正开创者是薛学潜，以世界最新科学解《周易》，以易理来解释现代自然科学的某些新发现，他可谓是第一人。

薛学潜（1894—1969），字毓津，江苏无锡人，祖父薛福成，父薛南溟。在二十世纪三四十年代，他著有《易与物质波量子力学》（1937），这是以现代自然科学治易的早期著作之一，既有“易方阵之解析”，又有“河图之统计力学”，还有“易方阵引出向量理论方程式”，按照一定的结构特点将六十四卦排成方阵，并揭示其中的数理逻辑，最后证明量子力学和物质波的许多定律、公式都与易卦方阵相契合。由于此书的论证过程较为繁杂，不便于普通人阅读，作者又将其简化成普及本，定名为《易经科学讲：超相对论》（1946），1964 年，该书又重版于台湾并更名为《易经数理科学新解》。此书将易学原理归结为易卦方阵演变定律，认为爱因斯坦相对论、狄拉克方阵算学以及物质波、量子力学诸定律，都可用易方阵定律契合。

现当代科学易研究中，有一定影响的还有沈仲涛的《易卦与代数之定律》（1924）、《易卦与科学》（1934）、《易经的符号》（1934）等，以现代数学研究易经，成为科学易的拓荒之作。他认为《周易》的每一卦，如同代数几何中的公式，在物理学、天文学中都有妙用。但是他的著作多以英文发表，在国内影响不大。此外，还有丁超五《科学的易》、王弼卿《周易与现代数学》、王寒生《宇宙最高原理太极图》、沈宜甲《科学无玄的周易》等，都是现代科学易范畴的著作。20 世纪 70 年代末，陈立夫在台湾主编《易学应用之研究》，就把科学易研究作为一个重要内容。如该书所载的《易学与天文》《易与数理》《易与医道》《易与历数》等，就是探讨《易》与中国传统自然科学的关系。《易与电学》《易理与物理》《易理与飞行》《易经与全盘系统理论》等则是探讨《易》与现代自然科学之关系的。

进入20世纪80年代，国内外兴起了一股“周易热”，其中包括对周易与自然科学关系的研究。1984年起至今，国际上每年召开易经国际讨论会，参加会议的人数有逐年增加的趋势。1984年5月，“中国《周易》学术讨论会”在武汉召开，这是20世纪召开的有关《周易》研究的第一次全国性大规模学术会议，本次大会主持人赞成引进一些现代科学的新方法，为《周易》研究开拓新领域。冯友兰在会议的祝词中重申“周易哲学可以称为宇宙代数学”，唐明邦在开幕式报告中支持开展《周易》同自然科学的关系研究，赵庄愚、赵定理等提出了“科学易”，会议后发表了《周易》与自然科学研究方面的一些成果。

1989年5月9—12日，《周易》与现代自然科学第一届全国学术讨论会在河南安阳市举行。会议认为，《周易》是中国古代智慧的结晶，其中包括了精辟的象数理论和对自然本源的重要认识。它不仅是一部哲学著作，还是一部科学著作。1990年10月16—19日，在安阳市召开了“《周易》与现代自然科学国际学术讨论会”。两次会议都出版有会议论文集。从1991年起，每年在安阳召开一次周易与现代化国际讨论会，每次会议都有关于《周易》与自然科学关系方面的论文。周易发祥地安阳召开的历次周易与现代科学学术研讨会，对科学易的产生与发展起到了推动和引导作用。

中国著名周易学者张岱年认为，有很多自然科学家以现代最新科学的观念与周易思想相参照，可称为科学派。他提出，64卦不是主观的臆想，而正是反映了自然世界的普遍规律，他坚决支持开展科学易的研究。

关于《周易》同现代自然科学的联系，不少当代科学工作者和科学家都作了深入的探讨，力图从易学思维中找到现代科学方法的微妙启示。这方面的学术著作不断涌现，在易学研究的百花园里，科学易竞吐芬芳。如董光壁的《易图的数学结构》（1987），以易图的对称性、易图数学解、易对称群、阴阳定律、易同余式及周易科学意义为章节，全面地阐述了现代数学与易学的内在联系。欧阳维诚的《周易新解》《周易的数学原理》（1993）则更进一步探讨了《周易》中的数学内容及《周易》与集合论、布尔代数、群论、整数论、组合论、概率论等问题。再如李树菁主编《周易与现代自然科学》（1990）、丘亮辉主编《周易与自然科学研究》（1993）、徐道一《周易科学观》（1992）、顾明《周易象数图说》（1994）、焦蔚芳《周易宇宙代数学》（1995）、董光壁《易学与科技》（1997）、韩增禄《易学与建筑》（1997）、刘子华《八卦宇宙论与现代天文》（1989）、商桂《易索》（1998）、何世强《易学与数学》（1999）、罗翊重《易经象数学概论》（1999）、《黄寿祺论易经》（2003）等著作，剖析了《周易》及其象数模式同现代数学、物理化学、分子生物学、天文、地震等方面的关系，着重论述了《周易》的太极思维、阴阳观念、对称法则、互补原理等对于现代科学思维方法的启迪作用，显示了《周易》这一

"宇宙代数学"的科学价值。

与此同时，江国梁《周易原理与古代科技》（1990），邬恩溥《周易中国古代的世界图式》（1988），黄寿祺、张善文选编《周易研究的论文集》第四集（1990），刘振峰《周易与中国古代数学》（1993），尹焕森《周易是一部抽象计算机》，简冬然《易理与物理》等著作，以及傅熙如、王俊龙、潘雨廷、李树菁、萧景霖、朱灿生、赵定理等人的相关论著，都着重论述了《周易》对中国古代科学技术、天文、历法、数学等方面的积极影响，《周易》这部古书所蕴含的现代科学原理，表明《周易》在古代不愧为打开宇宙迷宫之门的一把金钥匙。

进入21世纪，人们对"科学易"的研究热情日益高涨，进入一个新阶段，从更高的层次来认识周易与自然科学的关系，中华传统科学的思路和方法可在当代科学技术中发挥重要作用。例如，吴文俊院士在把传统数学与当代计算机科学有机结合方面进行了创新，走到了该领域的科学前沿，郑继兵应用河图洛书基本原理研制的和合仪在实际医疗试点中已获得初步疗效。在大地震、洪水等天灾预测方面，科学易也有多次较好的预测成果。同时，关于《周易》与历法的关系研究也有了新的进展，用近代自然科学成果阐述易学思想方面也取得了一定成果。在此基础上，已出版不少有关著作以及难以计数的论文，充分显示了周易思维对现代科学的重要价值。

与科学易相关的，是揭示易学与科学之间的关系。魏朝鹏的《承传华胥文明的历史文献：伏羲〈八卦〉原创意境探析》（2007）从数学以及人类社会发展形态等各个方面解读先祖文化；田峰的《孔子——被遗忘的古代科学家：易传与古代科学》（2008）研究了《易传》的基本内容，如天道论、地道论、数学论等；郝岳才的《周易文化的科学探索》（2008）剖析了易经和周易符号、文字，是一部有着一定特色的易学专著；商宏宽的《周易自然观》（2008）展示了周易关于天道、地道和人道的自然结构，揭示了自然结构之间的复杂关系，阐述了独特的自然结构观，观点非常新颖；霍斐然、徐韶杉编著的《霍氏周易正解》（2009），以古代天文学为背景，对《易经》的框架结构、思维方式及其推演作了细致诠释，可谓别具一格。

科学易的研究，即以现当代科学理论知识解读古老易经的智慧内涵，分别从现代科学理论的各个方面探讨了《周易》与自然科学的关系，对启发人们的思维具有积极意义。这种努力，一方面顺应了民族复兴心理，一方面由于外国某些科学家出于对东方神秘主义的崇拜而对《周易》及易学加以推许，一些言行使之得到鼓励，因此，科学易在现当代获得了迅速发展，但在科学研究上究竟能否站得住脚，还需要将来的科学发展实践来验证。

科学易近年来异军突起，有蔚然成风之势。科学易的这些专著和文章在科学界引起强烈反响，支持者、参与者大有人在，持批评态度者亦不乏其人。毋庸讳言，当代科学易的研究在事实上是不尽符合《周易》或易学的实际的，其中有意过分拔高的那些所谓科学研究，其效果可能会适得其反。董光壁在《易学科学史纲》(1993) 中就曾对科学易与易科学作了正确界定，论述了易学与中国科学的三次高峰，分析了易科学的困境，提出了易学的科学再造等新思路，颇具指导意义。

有意思的是，古代就有“不知易不足以言太医”的说法，有所谓的医易同源或医易一理传统，古代中医学与《周易》阴阳理论体系确实有着特殊的关系。近世以来，有学者将易学研究与医学知识相结合，或是以现代西医为视角，或是从古代中医入手，形成易医学或医易学等新的学科分支，取得了一定的成就。

《周易》同中国传统医学、养生学关系尤为密切。召开过多次关于周易与中医学学术研讨会。邹学熹、邹成永《中国医易学》(1987)，麻福昌《易经与传统医学》(1989)，杨力《周易与中医学》(1989)，李浚川、萧汉明主编《医易会通精义》(1991)，刘杰、袁峻《中国八卦医学》(1995)，黄自元《中国医学与周易原理——医易概论》(1989)，刘长林《易学与养生》(1997) 以及张其成主编的《易医文化与应用》等著作，对医易会通思想、易学与养生法则作了全面而透彻的论述，皆有很高的参考价值。

21 世纪以来，易学与医学综合研究的成果也得以陆续发布问世。如辛玉京、明易的《易医实用通历》(2007)，成铁智的《周易与中医养生：医易心法》(2007)，王以雍的《易经解析与致用》(2008)，马永基的《现代养生保健与疾病预测：周易新解》(2008)，邹学熹、佘贤武的《易经》(2008)，赵辉贤编著的《〈周易〉与中医学》(2009)，贾向前、贾云飞的《易医探微》(2009)，常秉义的《周易与中医》(2009)，张其成的《易学与中医》(2007)，杜晓飞的《易医新疗》(2008)，宋定国的《周易与养生》(2008)，等等。这些对医易的著述，为中医研究与进一步发展奠定了基础，为医学的进步翻开了崭新的一页，对于中医和易学的发展都有着十分重要的意义。

除了将《周易》与医学结合起来的上述研究成果之外，也有一些学者将易经知识运用于其他学科研究上，尤其是经济、管理等应用学科上，把这一中国传统文化精髓嫁接到现当代社会生活实践之中，也取得了很好的效果，受到相关人士的喜爱与好评。如程振清、何成正《太极思维与现代管理》(1993)，周豹荣《易与现代经济科学》(1989)，段长山主编《周易与现代管理科学》(1991)，余敦康主编《易学与管理》(1997)，姜国柱《周易与兵法》(1997) 等，对《周易》的经世思想、管理思想作了全面阐述，突显了《周易》对社会发展与经济建设的借鉴意义。《周易》和易学研究对现代化建设的现实价值，成为新时期易学研究的中心课题。王炎升《周易经世学新论》(1999)、史力生的《易经与管理决策》(2007)、穆晓军的《学〈易经〉通管理》(2008) 等，都论述了《周易》和历代易学思想，对新时期人们营建进步的世界观、价值观、人生观有着古为今用的启迪作用，对提高民族文化思想素质有着不可低估的价值。

三、 易学的注释入门书与工具书编纂

《周易》是深奥难懂的古代经典，即使注释它的《易传》，至今也已都是佶屈聱牙的先秦古籍，初学者向来视为畏途。易学家为初学者入门计，对这些易学典籍进行现代注释，或者翻译成现代汉语白话，供初学者入门用书，就显得非常必要了。

近现代以来，尤其是自古史辨派学者倡导重新整理古代经典以来，学术界对易学经典的整理注释，训诂辞意，注释名物，使得一向文字古奥、字句难懂的神秘易经灿然可读，这也一度成为一种风尚。于省吾《周易新证》（1937）、闻一多《周易义证类纂》（1994）等，都是力图结合地下出土文献诸如甲骨文、金文等古文字学知识，对《周易》卦爻辞所涉及的名物、民俗作考释，以企还《周易》以本来面目。尤其是李镜池《周易探源》《周易通义》（1981），既不重象数，亦不专谈义理，只在训诂释名、钩沉史事上下功夫，为后学者铺平前进道路。在《周易》文字训诂和易象研究上有所发明的较有影响力的还有杨树达的《周易古义》。

在中国古代，《周易》经传的研究多以注代作，阐发自己的易学观点。现代易学中的经传研究，不拘泥于古人的传统，其形式多样化。就注释方面而言，亦不拘一格。前几十年，大陆易学注释著作以训诂为主，近十年既重训诂，又重象数，兼顾义理，更有以科学知识释《易》者。新涌现了各种《周易》经传注译本，有的长于文字考订，有的长于训诂诠释，有的长于易理集结评析，创立了《周易》注释的新体例，有的还利用考古新发现的材料诠释名物词汇，对《周易》的思想文化内涵作出多学科、多角度的诠释，充分显示当代易学的时代精神与学术水准。

比如刘大钧和林忠军合作撰写的《周易与古经白话解》（l989）、《周易传文白话解》（1993），虽冠之“白话”，实则是以象数、义理、考据三者为工具注释《易传》的著作，该书以传解传，大胆地运用了《易传》中固有的卦变、爻位、互体等思想。还有王赣等人撰写的《古易新编》运用现代科学知识注《易》，潘雨廷作《周易表解》，将《周易》经传绘制成一百张表，解表代注阐发易学大义。周振甫撰写的《周易译注》（1991），宋祚胤撰写的《周易译注与考辨》（1987），沙少海《易卦浅释》（1987），邓球柏《白话易经》（1993），唐明邦的《周易评注》（1996），徐子宠《周易全释》（1999），陈德述、杨树帆的《周易入门》（1999），孙振声《白话易经》，南怀瑾、徐芹庭合著《周易今注今译》等，也都各具特色，其注释的深度和精度都大有进步，反映了《周易》研究的新水平，是近几年中国易学研究难得之佳作，为广大易学爱好者提供了入门读本，为易学普及工作作出了重要贡献。

在这其中，长于训诂的著名易学家高亨的系列著作，尤其值得介绍。

高亨（1900—1986），字晋生，吉林双阳县人。早年在清华国学研究院师从王国维、梁启超两位大师，一生笃志于传统学术，成就斐然。其治《周易》，一改前人“以经解传，以传解经，经传互解”的旧习，首次经传分解，开创了我国现代《周易》“义理派”的研究新方法，为学界所推崇；其《周易古经通说》《周易古经今注》《周易杂论》《周易大传今注》等，都是这方面的代表作。其著作多次再版，在大陆和台湾均很有影响，深受读者欢迎。《周易古经通说》用文字训诂的方法注释卦爻辞，可以说与传统经学家的研究方法是有相通之处的；他否定“人更三圣，事历三古”的传统易说，否定传统所谓的卦爻辞与卦爻画之间存在的必然联系，并离《易传》而释《易经》，可以说又是与古史辨派的观点相一致。《周易大传今注》由“通说”“注释”和“附录”三部分组成，通说部分主要考证《周易大传》诸篇的编纂、作者与时代以及其中的象数问题。注释部分则仍然据其注释《易经》时“以经观经，以传观传”的原则，对《传》文逐一进行注释。附录部分一为《先秦诸子之周易说》，一为《本书引用周易注释书目》。该书初版于1975年，是20世纪70年代末80年代初影响最大的一部注释类易学著作。

金景芳（1902—2001）则是不遗余力推广和普及易学知识的另一位大师。其早年成名作《易通》，受马克思主义经典作家观点影响，抛开象数，单讲义理，认为《周易》虽为卜筮之书，但深藏哲学智慧。《周易讲座》系由其弟子吕绍纲据讲课记录整理而成。《周易全解》由金景芳和吕绍纲合作完成，重点说解《周易》经传全文，但也对八卦的起源、卦爻辞的产生年代、作者以及孔子与《易传》的关系等问题作了系统的考证。该书作者之一的吕绍纲尚著有《周易阐微》一书，亦颇具特色。

黄寿祺、张善文合著的《周易译注》（1989）一书，将《周易》全文译成现代汉语，并加以详细的注释、解说，对《周易》的历史、读易的方法，每爻爻辞内在含义等深入浅出地向读者作了介绍，同时该书贯穿了作者多年来研究《周易》的见解，以丰富的易学资料、扎实的易学功底对《周易》经传作了详尽的注释和考证，是目前大陆公认的最权威的雅俗共赏的译注本子。

著名学者杨柳桥的遗著《周易绎传》（1993）虽然鲜为人知，但很具功力。此书仿孔颖达《周易正义》之例，卷首冠叙论，通论先秦易学。绎传部分，一复《周易》“二经”“十传”之旧观。所引古人注解，以作者年代为序次于经文、传文之后。对古人注解所作的申述或对经传文字所作的新解，则冠以“绎者案”三字以别之。另外，对于卦爻辞韵文之韵脚，则以符号标明。杨氏此注，义理象数兼取，尤以论易之四义（简易、反易、交易、变易）及易数部分最为精彩。

徐志锐《周易大传新注》（1998）也很值得一提，作者有别于高亨之离经解传、离传解经的做法，在强调经、传有别的同时，又注意发现二者之间的思想渊源关系，并力图兼顾义理和象数。相对于受疑古思想影响极深的高亨的《今注》，徐氏的《新注》确有新意。这种“新”，在易学研究领域发出了“走出疑古”的信号。此后的经传注释作品，虽然因作者的观点不同而存在种种认识上的差异，但都不同程度地表现出回归传统经学的倾向。这一现象，颇值得回味。

21 世纪以来的《周易》注解和笺释成果也大量涌现。如林之满主编的《周易全书》(2004)，秦伦诗的《周易应用经验学》(2007)，许钦彬的《周易卦爻辞新解》(2008)，黄寿祺、张善文的《周易译注》(2007)，唐明邦主编的《周易评注》(2009)，金景芳的《周易通解》(2007)，黄卫清的《演易之门》(2007)，王振复的《周易精读》(2008) 都对《周易》经传作了详尽的注释和解读。而周仰贤的《周易辨似》(2008)，何新的《天行健:〈易经〉新考》(2008)，杨德存的《易经揭秘:周易的另一种新解读》(2008)，马恒君的《周易正宗》(2007)，互子的《易道中互:易经体系》(2009)，陆思贤的《周易考古解读》(2009)，黄天骥的《周易辨原》(2008) 以及张汉的《周易会意》(2009)，也都尽百家之言，以不同的深度和精度对《周易》作了注释，为人们学习和理解经传提供了多种读本。在训诂解经方面，近来也取得了一些成果，比如徐子宏的《周易全译》(2009) 等。

另外，台湾学者在注疏、笺释方面也颇有成绩。如屈万里《先秦汉魏易例述评》《学易札记》《周易批注》《周易集释初稿》等易学笺注著作。其他如南怀瑾《周易今注今译》、李汉三《周易卦爻辞释义》等也都十分重视从文献考证的角度注释《周易》，便于初学者的阅读。

随着易学研究的日渐深入，为了适应更多的人读易之需要，有些学者还在多年研究的基础上，编写了一些易学教程和通论性质的书籍。比如刘大钧《周易概论》(1986)，宋祚胤《周易新论》(1982)，王振复《巫术:周易文化智慧》(1990)，郭树森、张吉良主编《大道之源——周易与中国文化》(1993)，罗炽主编《中华易文化传统导论》(1995)，翟廷晋《周易与华夏文明》(1995)，周山《周易文化论》(1994)，胡道静、戚文主编《周易十日谈》(1992)，张吉良《周易通演》(1999)，均属于易学概论性质的著作，介绍周易的基本知识，从不同角度阐述《周易》的文化内涵及其对中华传统文化发展的贡献。朱伯崑主编《易学基础教程》(1993)，唐明邦主编《周易纵横录》(1986) 等，则属于教科书性质的易学著作。刘大钧主编《大易集成》(1991)，《大易集要》(1994)，《大易集述》(1998)，段长山主编《周易与现代化》第一辑 (1992)、第二辑 (1993)，《现代易学优秀论文集》(1994)，郑万耕、赵建功《周易与现代文化》(1999) 等，则是一些相关资料汇集和论文集，也都有非常高的参考价值。

在 20 世纪 80 年代以前，中国易学史上没有一部《周易》辞典。随着“周易热”的高涨，《周易》爱好者日益增多，人们普遍渴求编撰可靠的《周易》辞典，以应初学及研究之急需。在这种情况下，多种《周易》工具书应运而生。几部辞典几乎同时问世，一时间《周易》辞书蔚为大观。如萧元主编《周易大辞典》、吕绍纲主编《周易辞典》、张其成主编《易学大辞典》、张智文编《周易辞典》均于 1992 年出版，堪称易坛盛况。此外，除伍华主编、卢叔度审定《周易大辞典》(1993)，朱伯崑主编《易学知识通览》(1993)，张其成主编《易经应用大百科》

(1994)以及高占全主编《中国易学家辞典》《中国风水家辞典》，黄传志主编《中国当代易学家辞典》等辞典工具书的出版之外，还有一些汇集历代易学研究论著的著作，如程启槃的《历代易学存目》及《现存易学存目》，沈竹礽《自得斋目睹国朝易学存目韵编》，庐松安《易庐易学书目》，山东省图书馆编《易学书目》，等等，都为易学爱好者和研究者提供了广博的易学知识、详尽的参考资料，填补了辞书和易学史上的一大空白。

四、易学史的研究著述

近现代尤其是当代的易学研究中，有关易学史的研究与著述，也是一个非常重要的方面。

在人文易、科学易、象数易大为兴盛的学术氛围里，易学史开始受到重视，并取得可喜成就。如朱伯崑《易学哲学史》一至四卷（1986—1989）对易学哲学发展作了全面系统的剖析，为易学史研究开辟道路作出典范，其取史料之多，考证之详，其论义理之精，思辨性之强，是当代国内易学史研究之最。余敦康的《易学今昔》(2005)、《内圣外王的贯通——北宋易学的现代阐释》(1997）等易学史著作，企图从文化精神发生学的角度，发掘和诠释易学中所包含的中国文化的思想精髓和价值理想。廖名春等四位学者撰写的《周易研究史》(1991)，从宏观上勾画易学发展的历史线索，是目前国内唯一一部贯通古今的易学史著作。杨庆中《二十世纪中国易学史》(2000)，对20世纪易学研究成果进行了系统、全面的总结，是当前易学史研究所取得的一个重要成果。

另外，郑万耕的《易学源流》(1997)，李学勤的《周易经传溯源》(1991)，王兴业《三坟易探微》(1998)，林忠军的《象数易学发展史》，刘玉建《两汉象数易学研究》以及徐志锐的《两宋易学史》《宋明易学概论》，都是十分重要的易学史研究成果。

21世纪以来，易学史研究著作也层出不穷，学者们的研究视角也更加细化。如吴前衡的《〈传〉前易学》(2008)，陶磊的《思孟之间儒学与早期易学史新探》(2009)，陈国钧的《周文王祖孙四代人的政治奋斗史：易经新解》(2007)，兰甲云的《周易古礼研究》(2008)，张延生的《易理数理：象数易学数学及其应用》(2009）等。此外还有金生杨的《汉唐巴蜀易学研究》(2007)，汪学群的《清代中期易学》(2009)，祁润兴的《周易义理学》(2007)，潘雨廷的《易学史丛论》(2007)，杨德存的《易经揭秘：周易的另一种新解读》(2008）和黄懿陆《中国文明起源：从1.7万年前到春秋战国的易学模式》(2009)，这些著作都对《周易》进行了史学探索。

存在的问题是，许多重要的易学文献有待进一步整理。虽然今人做了一些工作，如钱世明作《易林通说》（三册)，王赣作《大衍新解》，皆就焦氏《易林》进行了

说解，王新春作《周易集解新诠》对《周易集解》作注释。但这还很不够，还有诸如《京氏易传》《易纬》等许多晦涩难懂而又颇有价值的易学著作需整理研究。

台湾学者在这方面工作做得比较早，许多学者潜心于易学史的研究，产出了不少高质量的专著，如高怀民著《先秦易学史》《两汉易学史》各一册，长于考据，对古史辨派的易学观点颇有驳难。戴君仁撰作于20世纪60年代初期的《谈易》，也是一部系统梳理中国易学史的著作。徐芹庭的《易学源流》（上、下）、《两汉十六家易说阐微》、《魏晋七家易学之研究》，简博贤的《魏晋四家易研究》等，既具有断代史的性质，又具有人物专题史的性质。屈万里《先秦汉魏易例述评》，也是中国早期易学史方面的佳作。另一位易学名家高明先后撰有《连山归藏考》《易图书学溯源》《五十年来之易学》《孔子的易教》《易象探源》等易学史研究著作多种，影响较大。胡自逢、黄庆萱等学者，是台湾二十世纪六七十年代培养起来的一批易学研究学者。他们的易学研究成果颇能代表这一时期台湾易学文献辑佚、考注方面的总体水平。

对易学史上著名人物的专题研究亦逐渐开展起来。如萧汉明《船山易学研究》（1987），是专论王夫之易学思想之著作。梁绍辉《周敦颐评传》（1994），卢央《京房评传》（1998），唐明邦《邵雍证传》（1999），殷美满的《朱熹解易》（2007），彭迎喜的《方以智与〈周易时论合编〉考》（2007），郭彧的《京氏易源流》（2007）和郑朝晖的《述者微言：惠栋易学的“逻辑化”世界》（2008），辛翀的《易学与科学：丁超五科学易学思想研究》（2009）等，都是对古代著名易学家进行个案研究，为今后易学名家个案研究开辟了广阔领域，积累了初步经验。

在这方面，台湾学者也有不俗的成就，如曾春海《朱子易学探微》《王船山易学探微》，龚鹏程《孔颖达周易正义研究》，周林静《邵雍易学之研究》，陈正荣《张载易学之研究》，赖贵三《项安世周易玩辞研究》《焦循雕菰楼易学研究》等，都反映了台湾易学人物专题的研究水平。

这一时期，也有关于易学专题史、易学名著的研究出版。如李申的《话说太极图》，郑万耕的《太玄校释》《易学名著博览》《易学源流》，台湾学者严零峰的《无求备斋易学论集》，林汉仕的《易传综理》《易传评诂》等，都堪称佳作。

总之，近年来的易学史研究成绩颇为可观。但相对于两千年丰富的易学发展史，这种研究还相当薄弱，尚须易学研究者们做出更大的努力。

五、 易学的考古研究

山川效灵，地不藏宝。中国现代考古学建立以来，神州大地多年来一直持续发现古代遗迹遗物，考古学发展之势非常迅猛。与易学相关的考古资料也大量发现，这在一定程度上推动了易学研究的深入发展。

易学考古方面的发现，较早的是1973年长沙马王堆汉墓帛书《周易》的出土。

长沙马王堆汉墓帛书《周易》出土后，经过专家学者多年精心考证诠释，马王堆汉墓帛书整理小组于1984年在《文物》第3期《马王堆帛书六十四卦释文》上公开发表六十四卦经文。这是我们能见到的最早、最完整的《周易》的本子，它包括帛书《周易》六十四卦和《易传》两部分。该期《文物》同时发表张政烺《帛书六十四卦跋》和于豪亮《帛书周易》两篇专论帛书《周易》的文章，引起海内外极大关注，从此，帛书《周易》的研究成为学术界的一个热点。

帛书《周易》作为西汉初年的本子，向人们展示了许多极为重要的易学资料，其六十四卦以不同于今本的排列方式和异于今本爻辞的文字，如卦名、卦爻辞、卦序等。但“最大不同之点在六十四卦的次序”，为学界研究《周易》提出了新的课题。易学界立即围绕着卦序、帛书与今本《周易》关系、帛书卦爻辞考辨等展开了热烈的讨论，并提出了许多观点。

邢文《帛书周易研究》(1997)是关于帛书周易的第一部学术专著，对帛书《周易》的内容、结构、成书年代、卦序特点、学术渊源等问题都作了论述。帛书《周易》的出土，是20世纪易学史上的划时代事件，在海内外的学术影响将与日俱增。

事隔10年之后，帛书《周易》传文开始发表。1992年8月，湖南召开了马王堆汉墓国际学术讨论会。为了配合会议召开，湖南出版社于1992年5月出版了《马王堆汉墓文物》一书，首次公布了帛书《系辞》图片以及释文。1993年8月，上海古籍出版社出版了由陈鼓应主编的《道家文化研究》第三辑，朱伯崑主编《国际易学研究》第一辑（1995)，公布了帛书《易传》中的《二三子问》、《系辞》、《易之义》(衷)、《要》、《缪和》、《昭力》六篇，释文及重新整理的《系辞》释文，共1.6万余字。这六篇佚书，争论最大的是《系辞》，争论的焦点主要集中在《系辞》的字数、学派归属、与通行本《系辞》的关系等方面。帛书《易传》的公布，再次引起学界的轰动，学者纷纷就有关问题展开讨论，张岱年、饶宗颐、严灵峰、朱伯崑、张政烺、李学勤、余敦康、张立文、陈鼓应、廖名春、邢文等纷纷发表论文，掀起帛书《周易》研究新高潮。

台湾黄沛荣专注于帛书《周易》经传研究，发表《马王堆帛书易经六十四卦的重卦和卦序问题》《马王堆帛书〈系辞传〉校读》等论文，并出版有《马王堆帛书六十四卦》《周易彖象传义理探微》等书，既注重文字训诂，又注重义理贯通，颇有特色。

近年来出版了几部有关帛书周易的研究专著，提出了许多新观点。如王化平的《帛书〈易传〉研究》(2007)，刘大钧的《周易概论》及其增补本（2008)，廖名春的《帛书〈周易〉论集》(2008)，张立文的《帛书周易注译》(2008)，刘彬的《帛书〈要〉篇校释》(2009)等几部著述都增加了人们对帛书《周易》的了解，为今后更深入地研究帛书易打下了基础。

关于帛书《周易》经传的研究，对于我们重新检讨易学史上遗留下的问题有着十分重要的意义。但是，学界对于这方面的研究仍然还不够，尤其是对于帛书《易传》研究，可以说还是一个比较薄弱的环节，至今还没有人对帛书《易传》作出系统的诠释，这应当引起易学界学者的高度重视。

1977 年发现于安徽阜阳的汉简材料中，存有《周易》简近 600 支，涉及卦辞、爻辞的约 200 片，其中与今本不同的卜筮之辞约 400 片。卜筮之辞有晴雨、田渔、征战、事君、术官、居家、行旅、嫁娶、疾病、出亡、举事、君王、大臣之卜。卦辞与今本《周易》有若干异文，有些显然优于今本。竹简卦画阴爻作“八”形，今存《大有》《臨》《离》三卦，卦名也不同于今本。出土以来，一直受到学界的关注。而其中的《周易》部分，更因内容丰富，并包含今本未见的卜辞部分，引起诸多争议。2005 年，韩自强出版了《阜阳汉简周易研究》一书，公布了所有图版，并加以释文研究，书后更附有未经公布的《儒家者言》《春秋事语》二篇，藉此可窥阜阳汉简全貌。但是因为《周易》简较为残缺，所以研究者与马王堆帛书《周易》相比，还是比较少的。2003 年，吉林大学王聪潘的博士论文《阜阳汉简〈周易〉集释》，应是这一方面的一个较为重要的著作。

1993 年出土的郭店楚简中没有专门的易学文献，只有《太一生水》《语丛》篇中有关于《周易》的只言片语。《周易研究》发表了如下三篇论文，从中考证、分析易学思想。刘大钧《〈大一生水〉篇管窥》，说明郭店竹简《大一生水》篇中简文由“大一生水”至“大一藏于水、行于时”，是叙述“岁之主”的元阳之气在一岁中成终成始的运行过程。赵卫东《〈太一生水〉‘神明’新释》认为：把《太一生水》之“神明”读为“昏明”，释为昼夜，既能与《太一生水》独特的宇宙论系统相谐和，又可以在先秦及其后典籍中找到证据。汤一介《释‘易，所以会天道人道者也’》，认为《郭店楚简·语丛》“易，所以会天道人道者也”，大概是现存最早和最明确表达“天人合一”思想的命题。由此可看出，《周易》可能是探讨“天人合一”思想的最古老的经典。

2003 年正式出版、面世的上博简中有《周易》文献，此后关于上博简易学的研究成果颇为丰富。《周易研究》所发表的十余篇这方面的论文，分别对文字考释、卦画、卦序问题、特殊符号、象数思想、哲学思想等给予了研究与论述。廖名春、陈仁仁、谢向荣等一些学者的研究对于我们认识先秦《周易》的原始面貌有着重要的意义，也为研究先秦《周易》提供了新的思路。

在易学考古学研究方面，从甲骨文、金文和简帛等出土文献中发现的“数字卦”被揭示出来，并得到相关讨论，是一件颇具学术史意义的事件。其中贡献最大的应首推张政烺。

张政烺（1912—2005），字苑峰，山东省荣成县人。中国社会科学院历史研究所研究员。痴书有名，于书无所不窥。知识渊博，融会贯通。他治学极其严谨，轻易不下笔。惟其如此，所以他的论著字字珠玑、篇篇圭璧，多传世之作。

早在宋代重和元年（1118）出土于湖北孝感的一组西周青铜器，即所谓“安州六器”，其中之一“中方鼎”上的铭文末尾处，有两个由并列符号组成的奇字[illegible]。张政烺发表《古代筮法与文王演周易》，结合周原出土甲骨材料，将这种频繁出现于甲骨、金文、陶拍上的奇字符号进行综合研究，首先指出这类数字刻画是所谓筮数，称为“数字卦”，是古代的易卦之一种。认为这些占卜甲骨上的符号为五、六、七、八这四个数字，代表老阴、少阴、老阳、少阳四个爻，组成了六爻“重卦”。一语中的，石破天惊，令人恍然大悟，此说一出，马上得到了大多数与会学者的一致认可。此后，张政烺又在《考古学报》发表了《试释周初青铜器铭文中的易卦》，运用商周时期青铜器与甲骨文上的许多资料，进一步证明了这一说法，更加明确地提出了商周时期存在数字易卦的观点。

在张政烺之后，张亚初、刘雨对这一问题做了进一步的研究，并把殷墟四盘磨一片卜骨上的刻辞释读为：“七八七六七六曰……”“八六六五八七”“七五七六六六曰……”，奇数代表阳爻，偶数代表阴爻，其实这三行刻辞分别是：䷿、䷣、䷋，即相当于《周易》中的“未济”“明夷”“否”三卦。与此情况类似的是，20 世纪 60 年代采集于小屯村周围的一版大龟腹甲，其上有刻辞 5 处，其中 3 处是易卦。其卦辞分别是：“六七八九六八”“六七一六七九”“七七六七六六贞吉”，字体极为细小。

对于这种筮数易卦何以会刻在占卜甲骨之上，张政烺认为商周时期“卜筮并用”“由于同占一事，就把卦爻刻在甲骨的卜兆之旁”。张亚初、刘雨也认为：“商代和西周，不但有占筮的记载，而且卜筮同时进行，占筮的数字符号和筮辞，与占卜的卜辞、占辞一样，都可以刻在甲骨上。”曹定云也称：“卜筮并用，殷已有之，至少在武丁、康丁时代，就已经有案可查了。”对于商代“数字易卦”的研究，后来陆续有学者，如李学勤、徐锡台、晁福林、曹定云、连劭名、曹玮、冯时等进一步深入探讨，如今基本上已经形成了商代占卜、筮卜并用这样的学术共识。

目前此说普遍为学术界所接受，并为甲骨文和周易研究等开辟了新的研究视角和领域。就目前的数字卦研究状况而言，学者们由此讨论了甲骨、金文中的数字之为易卦的证据，数字卦中的数字之作为筮数的意义，数字与筮法，数字卦的符号意义，三画卦与四画卦，以及重卦等问题，并对数字卦与《连山》《归藏》的关系作出了种种推测。数字卦的发现，把重卦推到商周以前，据文献记载，在商周以前，筮书只有《连山》《归藏》。那么，这些数字卦显然是与《连山》《归藏》相关。殷墟甲骨文中发现了商代的易卦，不仅说明夏商时代的《连山》《归藏》确实存在，而且这种数字筮卦很可能就是商代的“归藏易”。这一发现引起了考古界、易学界极大的震动。许多学者纷纷撰文印证此观点，或运用这一发现探讨易学史的问题。

对于殷易《归藏》这一重大的学术发现，后来不同时期的考古发掘都予以了有力的证实。在甲骨文、金文之外，一些战国简牍帛书材料，尤其是竹简上，也都有

类似数字卦爻的发现。如1978年江陵天星观一号墓楚简、1987年荆门包山二号墓楚简、1993年江陵王家台十五号墓秦简、1994年河南新蔡葛陵楚墓竹简、1994年上海博物馆藏楚简、近年发现的清华简等简牍上以及四川理县出土的西汉陶罐上，均发现了被认为是这种数字卦爻的符号。

除帛书、郭店竹简、上博简、王家台秦简之外，其他出土文献中也有与易学及易学史相关的内容，集中发表于《周易研究》的论文，如丁四新《从出土竹书综论〈周易〉诸问题》，连劭名《考古发现与先秦易学》，陈蔚松《周原卜甲与〈周易·蛊卦〉》，李学勤《新发现西周筮数的研究》以及廖名春《长安西仁村陶帛数字卦解读》，都对这些材料进行了考释与易学思想研究。

近些年，考古发现了大量甲骨文献、金石文献以及更多的简帛文献等，这些大量的地下出土文献的整理与研读，为传世的今本易学文献与出土文献进行对比的研究提供了方便条件与更大的可能性。

在易学考古研究方面，做出突出成就的个人，除了前举的张政烺之外，还有当代著名学者李学勤。李学勤有多篇关于易学考古的论文，而集中搜集于《周易经传溯源》（1992）一书。该书包括西周、春秋的《易》《易传》的年代问题，考古发现中的筮法，出土简帛与《易》等四章内容，将近几年考古发现与传世文献相结合，得出了令人信服的观点，进一步证明了《周易》与孔子的关系及孔子作《易传》的史实，清算了“古史辨派”对易学研究的诸种影响。

六、 对当代易学研究的述评

当前，易学热仍在继续发展，不仅国内，在国外也曾一度掀起研究《易经》的浪潮。我们深信，随着研究的不断深入发展，研究角度和方法的不断更新变换，《周易》这部古老而神秘的文化典籍蕴藏的丰富内涵和深邃哲理，必将会被进一步开掘出来，放射出更加璀璨夺目的光彩，并对当代精神文明建设起到一定的借鉴作用。

参考文献

[1] 高怀民．先秦易学史，两汉易学史，宋元明易学史．桂林：广西师范大学出版社，2007.
[2] 李学勤．周易经传溯源．长春：长春出版社，1992.
[3] 李学勤．周易溯源．成都：巴蜀书社，2006.
[4] 廖明春，康学伟，梁韦弦．周易研究史．长沙：湖南出版社，1991.
[5] 廖明春．周易经传与易学史新论．济南：齐鲁书社，2001.
[6] 商国君．中国易学史话．哈尔滨：黑龙江人民出版社，1995.
[7] 杨庆中．二十世纪中国易学史．北京：人民出版社，2000.
[8] 杨庆中．中国易学研究在21世纪．中国哲学史，2001（04）.
[9] 陈桐生．20世纪的《周易》古史研究．周易研究，1999（01）.

第二章

易史学观

我们这里所说的易史学观，是指《周易》包括易经、易传所蕴含的史学观念，《周易》的史学观对后世史学发展的启发与影响，以及《周易》史学观念在中国古代史学发展史上的地位与作用，等等。

第一节 《周易》的历史观念

《周易》是一部蕴含了丰富历史资料和历史学价值判断的书籍。尤其是由构成《周易》基本要素的阴阳互动而引起的变易、发展、变化等的史学理念，非常契合历史学研究的目标与宗旨。《周易》对待历史的态度也是非常明确的，主张学习历史和彰往知来。此外，《周易》经传还对一些具体历史问题形成了自己的观点和见解，这也是不容忽视的一个方面。

一、《周易》的史学思想

虽然作为一部卜筮之书，《周易》创作的原始旨意是要以卦爻之象与辞以及解经之传来占测人事的吉凶，所以它从来就带有一种浓厚的神秘色彩；但是作为一部儒家学派的传世经典，曾是五经之一，又居十三经之首，如果我们按照所谓“六经皆史”的观念来看，揭开罩在《周易》身上的这层神秘面纱，就不难看出，这部经典本身包括的易经与易传，都含有较为深刻的史学思想和丰富的历史观念，作为一个自在自足的学术体系，《周易》对自然界万事万物的生死演变与人类社会历史发展进程都有着较为深刻的认识，正所谓既通古今之变，又述天人之道。

（一）《周易》强调人类社会历史是不断发展、不断变化的

人类社会历史是一直处在发展变化之中的，绝不是静止不变的。《周易》的这种变化、变易的史学思想，首先表现在“易”字上。众所周知，《周易》的“易”一名而含三义：不易、变易、易简（《易纬·乾凿度》）。这里所谓“变易”，指阴阳相互依存和相互变化；“不易”，指阴阳变化中的地位与位置不变；“易简”，指无论阴阳变化如何曲折，皆不过是“一阴一阳之谓道”。虽然易有变易、不易、简易的三种义项，但是其中的变易一项，则是其反复强调的主要义项。这也正合乎自然

界万事万物都在变化之中的现实观察，正所谓事物的运动、变化是绝对的真理，不变和静止才是相对的。所以唐孔颖达《周易正义·序》论述易时称：“夫易者，变化之总名，改换之殊称。自天地开辟，阴阳运行，寒暑迭来，日月更出，孚萌庶类，亭毒群品，新新不停，生生相续。莫非资变化之力，换代之功。”有学者认为，《周易》经传成书于变革时代，其具有变革思想，非常容易理解。细读《周易》全书，就会发现变革思想贯穿始终。《系辞下》揭示说：“（易之）为道也屡迁，变动不居，周流六虚，上下亡常，刚柔相易，不可为典要，唯变所适。”

我们知道，《周易》“变”是和“通”联系在一起的。“化而裁之谓之变，推而行之谓之通。”（《系辞上》）可见他们不是为变而变，而是从变中求通。变是必然，通晓变后，用以指导人的行动才是穷变的目的。“变通者，趣时者也。”（《系辞下》）穷变求通，为的是不失时机地行动。从“变而通之以尽利”（《系辞上》）一语又可知穷变的最终目的是获得行动的自由，争取完满的结果。如《系辞下》云：“神农氏没，黄帝、尧、舜氏作；通其变使民不倦，神而化之，使民宜之。……《易》穷则变，变则通，通则久，是以‘自天佑之，吉无不利’。”这里是以中国早期发展历史来说明这样一个道理，当事物遇到穷境时，它必然引起变化，而变化就会导致通畅，这正像河流一样，河水遇到阻碍，是为“穷”，它自然会绕道而行，是为“变”，改变了道路或方向，自然也就能继续流下去了，是为“通”。历史正是在这种穷通变化之中向前发展的。

变通观点可以说是《周易》关于自然、社会、人事等所有事物的基本观点。《易传》云：“广大配天地，变通配四时，一阖一辟谓之变，往来不穷谓之通”，“化而裁之谓之变，推而行之谓之通，举而措之天下之民谓之事业”（《系辞上》）。又云：“《易》之为书也不可远，为道也屡迁，变动不居，周流六虚。上下无常，刚柔相易，不可为典要，唯变所适”（《系辞下》）。一切事物都是变化的，都是变通的，变化是世界万物的普遍法则，社会人事如此，自然界更是如此。司马迁认为“《易》著阴阳四时五行，故长于变”（《史记》），可以说是把握了《周易》思想的关键所在。

这种《周易》的变通观点，最早当是来自于对自然界事物的认真观察。“在天成象，在地成形，变化见矣”（《系辞上》），世界万物都由变化生成，“日新之谓盛德，生生之谓易”（《系辞上》）。“天地变化，草木藩”（《坤卦·文言》），世界万物在变化中取得永恒。“刚柔相推而生变化”“刚柔相推，变在其中矣”（《系辞上》），“阖户谓之坤，辟户谓之乾。一阖一辟谓之变，往来不穷谓之通”（《系辞下》）。《周易》变通观念是从观察四时变化得来的。“变通莫大乎四时”（《系辞上》），“日月得天而能久照，四时变化而能久成”（《恒卦·象辞》）。

难能可贵的是，他们并没有只停留在对自然的观察上，而是把这种变通思想运用到对人类社会历史的发展变化和历史兴亡的观察和说明。“观乎天文，以察时变；

观乎人文，以化成天下”（《贲卦·彖辞》）。《周易》作者已经看到历史上盛衰变化的普遍现象，几乎成为一种认识的规律。“天地革而四时成，汤武革命，顺乎天而应乎人，革之时大矣哉！”（《革卦·彖辞》）就说明了这个问题。《周易》经传中，这样对人类社会历史的兴衰演变加以解说阐释，所在多有，兹不备举。

具体到《周易》的卦爻，也是讲究变化的，卦象通过反复推演达到变化的目的：“爻者，言乎变者也。”（《系辞上》）《周易》基本符号只有阳爻、阴爻两种，每三爻为一卦，尽其变化，可得八卦。每两卦为一重卦，尽其变化，可得六十四重卦。真是一爻之变，一卦为之生；两卦一重，六十四卦为之成。《周易》作者的变化思想，正是通过这种卦象变化表达出来的。而易经的基本卦象也不是静止的，而是有所谓“变卦”的。变卦分爻变和卦变。老阳九变为少阴八，阳爻变成阴爻，老阴六变为少阳七，阴爻变成阳爻。易经中的泰卦与否卦、革卦与鼎卦、剥卦与复卦等之间的转化关系，都表现了这一特点。这涉及属于《周易》象数学的卦象推演，兹不详述。

由上所知，《周易》讲究事物的变化，其变化的规律则是至盛而衰，物极必反，所谓“易穷则变”（《系辞下》）、“否极泰来”（否卦、泰卦）者也，这与后人所讲的“承敝易变”（《史记·高祖本纪》）、“物盛而衰”（《淮南子·道应训》）是一个道理。“易穷则变”的“穷”、“物盛而衰”的“盛”、“承敝易变”的“敝”，都是指事物到了非变不可的阶段，即事物发展到一定阶段，“变”就成为一种必然。到此阶段事物就要“变”，否则就违背自然、不能发展。《乾卦·文言》中说：“亢龙有悔，穷之灾也”“亢之为言也，知进而不知退，知存而不知亡，知得而不知丧”，处于穷极之地而不知变化，必然招致灾难。社会历史的变化有盛时，即“小往大来”（否卦），也有衰时，即“大往小来”（同上），只有认真观察社会历史的发展变化过程，把握好盛衰变化规律，才能更好地促进社会历史不断向前发展。

（二）《周易》认为历史的发展总体上来说是有规律的，是越来越进步的

《周易》的经传卦爻象辞无不表明人类社会历史是不断发展变化的，但这个变化并非随便变化，而是有“道”可循的，也即是有规律的，而且就像所有事物成长期的变化历史一样，由小到大，从无到有，自弱变强，后世的社会比古代进步，社会的发展越来越文明，这是不以人们的主观愿望为转移的。中国几千年来的历史文明发展乃至世界历史发展，也都证明了后来的历史一定比原先的有所进步，更加繁荣，这正是历史发展的总体趋势。这种看法是《周易》作者基于对社会历史发展的整个过程的考察而提出来的。

人类社会历史的发展有“道”可循。上古社会并不完美，后世的社会必定比古代进步。从《系辞下》所说，上古人们“穴居野处”“结绳而治”，后来的人才“易之以宫室，上栋下宇，以待风雨”“易之以书契，万民以察”。伏羲氏时代“以佃以渔”，是以获取鸟兽鱼虫为目的的，是原始的渔猎经济，不会很发达，后来到

了神农氏时，“斫木为耜，揉木为耒”，出现了以耕作为目的的耒耜工具，人们认识到了耒耜等工具的好处，后来还将“耒耨之利”推而广之，“以教天下”，由原来的渔猎经济渐变成种植经济，于是原始农业出现了，这就为经济的发展提供了条件。黄帝、尧、舜时代，经济进一步发展，就有了物物交换发生，就有了交通工具的产生，市场交易，互通有无。“刳木为舟，剡木为楫，舟楫之利，以济不通，致远以利天下……服牛乘马，引重致远，以利天下”“断木为杵，掘地为臼，杵臼之利，万民以济”。从古至今，历史发生了天翻地覆的变化。这就从人们衣食住行条件的改善上，说明社会历史的发展总是今天胜过昔日，后边超越前面。

《周易》的这种变易发展规律，不仅表现在上引的《易传》文辞里，在《易经》卦爻辞本身，也有说明这些变化的例子。比如乾卦卦爻辞，以龙的“潜”（潜龙勿用）、“见”（见龙在田）、“跃”（或跃在渊）、“飞”（飞龙在天）、“亢”（亢龙有悔）等运动变化情况，比喻事物由始而终的发展运动过程，事物一步步地由弱到强，达到顶峰极点后，再由强盛向相反的方向转化，通过考察全过程来观察事物的盛衰变化。

（三）《周易》认为人类社会历史的发展是整体关联、会通一贯、不容割裂的

按照唯物辩证法观点来讲，世间万事万物彼此都是有联系的。其实这种观念可以上溯到《周易》体系。《系辞上》：“见天下之动，而观其会通。”这与《系辞下》所云“知周乎万物而道济天下”意思是一致的。总汇万事万物谓之“会”；万事万物不断发展的整个过程谓之“通”。因此所谓“会通”，就是要探究社会历史发展的整个过程，不仅考察其结果，还要追究其原因，更要关注其过程。“会通”就是一个典型的历史学观点。

也有学者将这种所谓整体思维与中国早期“天人一体”的观念联系起来。如果是这样，那么中国古代这种整体思维方法最早应产生于或者反映在《周易》体系中。《易传》所讲伏羲最初创作八卦的过程，其实就是基于一种天人一体的理念的。《系辞下》说：“古者包牺氏之王天下也，仰则观象于天，俯则观法于地，观鸟兽之文与地之宜，近取诸身，远取诸物，于是始作八卦，以通神明之德，以类万物之情。”这就是说，八卦的作成，是伏羲仰观俯察天地自然变化的结果，是将天人作为一体进行思考的产物。一些《易传》还从《周易》卦画的构成论说了这种天人一体的整体思维观念。比如《说卦》：“昔者圣人之作《易》也，将以顺性命之理。是以立天之道曰阴与阳，立地之道曰柔与刚，立人之道曰仁与义。兼三才而两之，故《易》六画而成卦。分阴分阳，迭用柔刚，故《易》六位而成章。”在这段卦画构成论中，将天、地、人纳入一卦六爻的体系之中，非常清楚地体现了天、地、人三才统一的整体观念。从《周易》的内容来看，不但六十四卦各卦之间，以及每卦的各爻之间，它们各自都构成一个相互联系、相互影响的整体，《周易》的经、传两大部分也都展示了这样一种整体思维结构。在《周易》天人一体的整体思维中，分而

言之有天道、人道，或天、地、人之道，合而言之则为阴阳之道，天人万物构成一个阴阳相互作用的体系，它们既有刚柔之分，又有阴阳之合；而这种阴阳相互作用的最佳状态便是“太和”，这是一种天人和谐的理想境界。

正因为如此，《周易》的历史观告诉我们，对人类社会历史的认识，要把以往的历史作为一个完整的相互关联的整体过程进行考察，所以屡次提出要“原始反终”“原始要终”等，道理就在这里。它告诉我们，对于社会历史发展过程中出现的变化，不能孤立看待，而要把它作为整个历史的一部分进行考察，只有这样，才能得出客观的结论。

（四）《周易》在历史发展问题上既崇信天命观，又重视人的作用

在先秦政治思想发展史上，天命观是到周代才开始出现的一种占据思想界统治地位的思潮，作为周代精神的精华，《周易》之尊天就集中体现了这一点。正因为这一点具有时代特征，因而就有了据此判断《周易》经传产生时代的根据。

在《周易》经传中，作者处处宣扬顺天行事，以天命之担荷者自居。“圣人之作《易》也，幽赞于神明”（《说卦》），“易之为书也，广大悉备。有天道焉”（《系辞下》）。八卦之作，即取象于天地。《系辞下》说：“古者包牺氏之王天下也，仰则观象于天，俯则观法于地……于是始作八卦，以通神明之德。”就卦义说，乾为天，坤为地，震为雷，巽为风，坎为水，离为火，艮为山，兑为泽。据此认为“天地感而万物化生”（《咸卦·彖辞》）。风、雷则是天向人示警的信号，水、火、山、泽又是人生存的基本条件，而且这一切都由天神主管着。因此得出结论：天是如此伟大，天命是无论如何都不能违抗的，“君子以遏恶扬善，顺天休命”（《大有卦·象辞》）。在《萃卦·彖辞》《革卦·彖辞》《兑卦·彖辞》中，《周易》作者就反复宣扬要“顺乎天”。就连被人称道的人文历史，比如殷周革命，也往往被冠以“顺天应民”的头衔行事。“观乎天文，以察时变；观乎人文，以化成天下”（《贲卦·彖辞》）。《周易》作者已经看到历史上盛衰变化的普遍现象，几乎成为一种认识的规律。“天地革而四时成，汤武革命，顺乎天而应乎人，革之时大矣哉!”（《革卦·彖辞》）在这里，天命观似乎无处不在，得到了很好的宣扬与发挥。

这种认为天主宰着人世的天命观基本上被古代史家继承下来了。司马迁精通《周易》，他的历史哲学也是以人事明天道，又以天道说人事，完全得力于《周易》。班固继承前人天人感应思想，以为人间灾异皆上天有意为之，特意创立《五行志》专言天命。一直到封建社会末世，这种天命观在史著中都顽强地占有一席之地。

《周易》注重天命观，在个人际遇、家族兴衰问题上，它以天命为主，但也不排斥个人努力的重要性，强调人的主观能动性在事物发展尤其是在人类社会历史过程中的作用。《系辞下》云：“善不积不足以成名，恶不积不足以灭身。”《坤卦·文言》云：“积善之家，必有余庆；积不善之家，必有余殃。臣弑其君，子弑其父，

非一朝一夕之故，其所由来者渐矣，由辩之不早辩也。”在国家兴亡的问题上，《周易》作者特别告诫统治者注意进君子而退小人。师卦上六爻云：“开国承家，小人勿用。”其《象辞》云：用小人则“必乱邦也”。那些已形成“天下无邦”局面的国家，都是因为“内小人而外君子，小人道长，君子道消也”（《否卦·彖辞》）。由上可知，《周易》把个人荣辱、家之祸福、国之兴亡看作是人们自己活动的结果，并认为积极的进取与消极的行动，其前途是绝不相同的。后世人们认为，“国之将兴，必有祯祥，君子用而小人退。国之将亡，贤人隐，乱臣贵”（《史记·楚元王世家》），正是对这种早期认识的继承与发展。

在分析人的活动对社会国家的影响时，《周易》一再强调的是圣人、君子等社会精英人物的作用，一再宣扬说：“圣人感人心而天下和平。”（《咸卦·彖辞》）“圣人久于其道而天下化成。”（《恒卦·彖辞》）“备物致用，立功成器以为天下利，莫大乎圣人。”（《系辞上》）“君子知微知彰，知柔知刚，万夫之望。”（《系辞下》）“圣人以神道设教而天下服矣。”（《观卦·彖辞》）在描述社会发展过程时，他们又将社会发展动力、各种发明创造都归功于少数圣人，大肆宣扬伏羲、神农、黄帝、尧和舜等人的英雄业绩和文化创造（《系辞下》）。

但是我们也应看到，《周易》在宣扬圣人、君子的领导作用时，也注意到下层民众的力量不可忽视。他们歌颂汤武革命的伟业，但也一再声明，汤武所为是“应乎人”（《革卦·彖辞》），甚至提出“君子得舆，民所载也”的命题（《剥卦·象辞》），与后世所谓的“夫君者舟也，人者水也。水可载舟亦可覆舟”（《孔子家语》）的隐喻非常相似，这意味着他们认识到了君王的地位是建立在民意的基础上的，为此，他们建议统治者在有所作为时，一定要注意求得“民”的配合，否则事既不成且祸害及身，如《系辞下》所言：“（君子）危以动，则民不与也，惧以语，则民不应也，无交而求，则民不与也。莫之与，则伤之者至矣。”基于这种认识，《周易》作者十分郑重地提出一些笼络民心的方法，诸如：“以贵下贱，大得民也。”（《屯卦·象辞》）“损上益下，民说无疆，自上下下，其道大光。”（《益卦·彖辞》）“节以制度，不伤财，不害民。”（《节卦·彖辞》）

由上述可知，《周易》既尊崇天命，又强调人的作用。在人的作用中，《周易》既看重社会精英人士的影响力，也认识到普通民众力量的不可忽视。《周易》这种把历史发展的动力部分归功于天、部分归之于人，是受历史条件限制的，但认为历史是人参与下创造的思想，在当时是一种进步思想，有其非常重要的积极意义。

二、《周易》的历史观点

在对待人类社会发展历史的具体问题上，《周易》都有自己的价值判断，或者称之为历史的见解与观点。这种情况也是所在多有，兹仅举其荦荦大者、赫赫显者为例说明。

（一）人类社会历史在由低级向高级不断发展过程中，自然环境起着相当重要的作用

从人类社会历史发展的整个过程来看，地理自然环境无疑对人类的社会活动有着较大的制约作用。这在《周易》所反映的上古时代尤其如此。上古时代，由于生产力发展水平极其低下，自然环境极其险恶，人们只能顺从自然，以求生存和生产，这就决定了上古时代经济的发展水平。正如《韩非子·五蠹篇》所说："上古之世，人民少而禽兽众，人民不胜禽兽虫蛇。有圣人作，构木为巢，以避群害，而民悦之。……民食果蓏蚌蛤，腥臊恶臭而伤害腹胃，民多疾病。有圣人作，钻燧取火，以化腥臊，而民悦之。"这说的是原始社会的情况，说明人们当时的作为主要是为了适应自然，求得生存，然后接受大自然的赐予，获得生活资料。所以此时就只能是"穴居野处"，过着"以佃以渔"（《系辞下》）的生活，属于自然采集渔猎经济，这就决定了其经济的原始性和社会的落后性。当然，随着人类自身的缓慢向前发展，人们的体质和智能都有了进步和提高，意识到了对自然的改造作用。

《周易》就从不同的角度甚至是利用各种修辞方法对这个问题进行反复阐述。比如《乾卦·九二爻辞》："见龙在田，利见大人"，《乾卦·九四爻辞："或跃在渊，无咎"，《乾卦·九五爻辞："飞龙在天，利见大人"，《乾卦·上九爻辞："亢龙有悔"，从表面上审视，这说的是龙与田、渊、天的关系，即栖息于田、嬉游于渊、腾飞于天，皆为龙在适应其本性的空间活动，故有利无咎，而当龙呈现不适宜其本性的"亢"状态时，就遭到困厄。其实，如果我们对这些爻辞作以剖析，就可以看出它实际上是对地理环境制约人类关系的反映。渐卦卦辞说："鸿渐于陆，夫征不复，妇孕不育，凶。"鸿乃水鸟，远离适宜自己的生活环境，飞到陆地高岗栖居，必然不利于其生存，以此象比附人事，得出男子远征，到人生地不熟的地方作战，必然要成为异乡鬼；而孕妇若迁徙到新的地方，因水土气候等自然条件的不适则不能生育。这种比附虽然简单，但它说明了一个道理：不适宜人类生存的地理环境带给人的是"凶"，人不能随意离开适宜自己生活的环境，否则，"旅琐琐，斯其所，取灾"（《旅卦·初六爻辞》）。这种认识与人们在生产力水平低下的情况下更大限度地受着地理环境的制约，只能在已经认识和改造了的土地上比较顺利地生活，还不能随意进入陌生环境的历史实际是相符合的，它反映了《周易》对地理环境的制约作用的认识是比较切合实际的。

（二）人类对自然环境也有利用的一面，更有改造环境利于发展的能力

当然《周易》也承认人在自然面前不是无能为力的。人们对自然环境加以一定的改善就可以在恶劣的环境中生存。

在《系辞下》中所讲人类社会发展早期历史与各种发明之外，一些卦爻辞也能说明这一问题。比如井卦认为改建城邑而不扩修井，就不能适应人们的生活需要。《井卦·卦辞》："改邑不改井，无丧无得。往来井，井汔至，亦未繘井。羸其瓶，

凶。”这说明了生活条件的改善，也有赖于人们对地理环境的改造和利用，《恒卦·初六爻辞》说：“浚恒，贞凶，无攸利。”从反面指出，疏通“地道”，在一定的限度内改造自然，使地理环境与人们的生产活动相适应，人们就“无咎无厉”。《渐卦·六四爻辞》也折射了这一认识：“鸿渐于木，或得其桷，无咎。”鸿鸟之蹼，不能抓树，在木枝丛生的地方栖息不利，但在这不利于其活动的林野水岸，放置一椽横木，于是变不利的环境为有利，鸿也就适得其所了。从这些隐晦曲折的爻辞卦辞可知，《周易》已经有了自然条件与社会条件相联系的认识，这无疑是可贵的。

（三）在历史发展过程中，生产力的发展无疑起着重要的经济作用

依据《系辞下》的记载，上古时的人们过着“穴居野处”“以佃以渔”的生活，其工具只能是以获取鸟兽鱼虫为目的的，不会很发达，所以其经济只能是渔猎经济。到神农氏时，“斫木为耜，揉木为耒”，出现了以耕作为目的的耒耜工具，人们认识到了耒耜等工具的好处，“推而广之”“以教天下”，这就为经济的发展提供了条件，所以此时期的经济较前有了发展，成为原始的农业经济，即种植经济。

（四）《周易》对商品经济和市场作用的肯定

关于历史上商品贸易的起源究竟始于何时，有许多争论。但是这种商品市场经济的历史作用，《周易》作者无疑是认识到了。《无妄卦·六二爻辞》指出：“不耕获，不菑畬；则利有攸往。”不耕而获，不开荒而能获得丰收，就是指从事商品经济的商人行为，“利有攸往”，《周易》作者认为是可以的，吉利的，可以前往经商的。在《系辞下》中指出，上古人们“日中为市，致天下之民，聚天下之货，交易而退，各得其所”“服牛乘马，引重致远，以利天下”，就是对早期商品经济形态的一种表述，也是一种赞美和褒扬。

另外，《旅卦》的六二爻辞、九三爻辞、九四爻辞以及大壮卦中，也都有商旅生活方面的记载（详见后文），兹不一一赘举。

但是《无妄卦·象辞》则说：“不耕获，未富也。”认为不耕而获的商业行为不是真正的富足。可能认为农业还是本，而商业毕竟是末。他是从国家整体经济上来说的，离开了农业经济而一味追求商品经济，离本趣末，是不大好的一种情况。这说明《易传》至少是《象辞》的作者，不同意《易经》作者的说法。或者这也可以说是《易经》作者与《易传》作者处于不同时代或者来自不同部族，对于商品经济有着不同的认识，等等。《易经》的说法，与周代《尚书·酒诰》所云“肇牵车牛，远服贾用，孝养厥父母”是一致的。而《易传》的说法，可能《易经》是在国策上讲究重农抑商的战国、秦汉时期，这就可以理解了。仅从这一点来讲，也可以看出《易传》形成的年代来。

（五）《周易》重视牛马畜力，反对殷商民族祭祀杀伐的奢靡之风

《周易》中关于牛马等牲口畜力的记载屡见不鲜，如上面所引的“肇牵牛车”等，即是其例。虽多为谈祭祀问题而涉及，但是从中我们也可以看出作者的倾向性观点。比如《既济卦·九五爻辞》说：“东邻杀牛，不如西邻之禴祭，实受其福。”

这里的“东邻”是指殷朝或殷商民族，而“西邻”，是指周朝或姬周民族，作者明确指出，殷商王朝盛行杀伐大量牛羊作为隆重的祭祀牺牲（这一点在甲骨文材料中表现得非常突出，周人没有诬赖他们），纯粹属于暴殄天物，不如周人一年四季中最薄的祭祀，更能让人民得到实惠的福祉。毫无疑问，这里通过比较，说明周代（或者说周人）确实比殷代（或者说殷人）进步了。

同样，《无妄卦·六三爻辞》云：“无妄之灾，或系之牛，行人之得，邑人之灾。”一头耕牛被行人顺手牵“牛”了，就会成为一个村子人的无妄之灾。可以看出，牛在周时已被人们视为贵重之物，牛不再仅仅是祭祀时的牺牲，还成了农业生产中效率较高的生产工具——耕牛，也可以成为牵车引重的畜力，所以被人们重视。

总之，《周易》作者是在对天地万物进行全面考察的基础上，在对社会历史的会通变化进行全面把握的基础上，对许多具体历史问题提出了自己的看法，形成了一家之言，这无疑是难能可贵的，也是值得今日的史学家们学习和敬重的地方。

三、《周易》的历史观念

《周易》不仅在人类社会发展历史问题上有以上诸多史学思想或者说思维，同时也有其明确的对待历史问题的态度和观念。《周易》在对社会历史的发展过程作了全面考察的基础上，注重历史知识教育，总结历史经验教训，预测历史发展趋向，这就是所谓的“彰往察来”。

（一）《周易》指出人们要学习历史知识，不断总结历史经验

《大畜卦·象辞》说：“君子以多识前言往行，以畜其德。”这里的所谓“前言往行”，就是以往的历史经验，“以畜其德”，即从历史发展中获得智慧，武装自己，以为借鉴，以便取得更大的进步。毫无疑问，这里说的就是学习历史知识、总结历史经验的重要性。《系辞上》称引孔子话云：“夫《易》何为者也，夫《易》开物成务，冒天下之道，如斯而已者也。”这也是要求人们观察世间万物，学习历史知识，理解天下之道，把握历史发展的脉络，揭开事物的真相，确定处理天下事务的办法，只有这样，才能“通天下之志”“定天下之业”“断天下之疑”（《系辞上》），达到治理好国家的目的。

（二）通过学习历史知识，吸取教训，资治通鉴，以安家治国

《周易》作者很重视对历史教训的吸取。因为当时老百姓的力量已经不可忽视，作为统治者，一定要总结以往因剥削压迫过重而导致的丧财、丧家、丧身等历史教训，“不伤财，不害民”（《革卦·彖辞》），“容保民无疆”（《临卦·象辞》），“吉凶与民同患”（《系辞上》），只有这样，才能使民为己所用而无怨。无论是对国家、家庭或者个人来说，其兴衰存亡均在于人事作为。《坤卦·文言》说：“积善之家，必有余庆；积不善之家，必有余殃，臣弑其君，子弑其父，非一朝一夕之故，其所由来者渐矣。由辩之不早辩也。”《系辞下》说：“善不积不足以成名，恶不积不足

以灭身。”因为“臣弑其君”“子弑其父”，是历史上本来就曾有过的事情，只要认真学习历史知识，吸取历史教训，“早辩”之，就能够避免此类事件的发生。有知识的人之所以能“安而不忘危，存而不忘亡，治而不忘乱”，就是他们能够时刻不忘“前车之鉴”，所以才能“身安而国家可保”。在国家的治理上，要吸取历史的经验教训，亲贤人远小人。《师卦・上六爻辞》说“开国承家，小人勿用”，这种认识也当是对历史上曾经有过的历史教训所作的千古箴言。

（三）通过对历史知识的学习，吸取经验教训，把握好历史发展的脉络，从而以变通的思想对社会历史的发展趋向作出预测

这是《周易》对于人类社会历史的一大贡献。首先，《周易》作者认为，对社会历史发展趋向的预测是有条件的。《系辞下》说“夫《易》，彰往而察来”，孔颖达疏“往事必载，来事豫占”，指出学习历史知识、把握历史发展规律对历史发展趋向预测的可能性。其次，社会历史发展的结果必然是由乱到治，由分割到统一。《系辞下》说：“天下何思何虑，天下同归而殊途，一致而百虑。”虽然这只是反映了作者的主观愿望，但这种思想的提出，无疑对后进的思想界产生了巨大的影响。再次，这种认识对治理国家有着重要意义。可以说，这是对历史知识学习、总结的深化。作者认为，考察历史要“明于忧患之故”（《系辞下》），进行“顺乎天应乎人”（《革卦・彖辞》）的变革。《豫卦・彖辞》也说：“天地以顺动，故日月不过而四时不忒；圣人以顺动，则刑罚清而民服。”这里所谓的“以顺动”，就是顺应历史的变化趋向，治理国家，能顺应历史潮流，则“刑罚清而民服”，因而“圣人有以见天下之赜，而拟诸其形容，象其物宜，是故谓之象。圣人有以见天下之动，而观其会通，以行其典礼。”（《系辞上》）只有把握了历史的变通趋向，才能静有根基，动有方向。

第二节　《周易》对史学的影响

作为中华民族文化宝典，《周易》内容非常丰富，对后世历史发展和文化创造都具有极大的启发意义和影响作用。诚如朱伯崑所言：“中国人的理论思维水平，在同西方的哲学接触以前，主要是通过对《周易》的研究，得到锻炼和提高的。”千百年来，《周易》的思维模式不但影响了中国经学的发展，而且也直接影响了中国传统史学的发展。

司马迁无疑是中国传统史学的优秀史学家代表，他在创作其传世史学名著《史记》时，提出了要“究天人之际，通古今之变，成一家之言”的史学思想，这一史学思想从此成为中国传统史学的经典理论，传承后世，影响至今。

在此，我们就以此史学思想为考察基点，看看《周易》思维对中国传统史学的影响究竟表现在哪些方面。

一、《周易》的整体思维与传统史学的“究天人之际”

如上所述,《周易》对待问题有“会通”的整体思想,“见天下之动,而观其会通”(《系辞上》),“知周乎万物而道济天下”(《系辞上》),等等。这种会通的整体思维对传统史学的影响也是巨大的。

《周易》的“会通”整体思维启发了传统史学的“究天人之际,通古今之变”,“这给中国史学带来两重影响:一是史官把天与人联系起来解说社会现象。史官把自然现象和人事相附会,从而变成了一个天人相关理论。二是史官从四时、天象的往复变动中得到启迪,悟出社会人事也在变。”

在司马迁的家学中,有三种重要知识,即易学、天文学和黄老道学。易学的天人整体思维会对司马迁产生影响,而天文学则为他的“究天人之际”提供了知识与智慧。《史记》以“究天人之际”作为撰述宗旨之一,即是要在思想方法上将天人作为一个整体纳入他的历史撰述范围之中,作为他的历史叙述对象或范围。在《太史公自序》中,司马迁对《史记》的五种体例——“十二本纪”“十表”“八书”“三十世家”和“七十列传”的撰述旨趣有一个详细说明,从中可以清晰地看到司马迁是以天人理论来构建史书的编纂体系的。如“八书”的写作,是要“天人之际,承敝通变”。从思想内容而言,《史记》的重人事思想很突出,它创立纪传体体裁,突出了以人为中心的历史撰述方法;重视叙述历史发展大势,肯定人为因素对于历史发展之“势”的影响;大胆质问天道、怀疑天道;等等。

司马迁以后,历代史家都沿袭了这一思维方法。班固《汉书》述汉德,也不为汉讳,本着实录的精神认真总结西汉历史与人事。同时受时代天人感应理论的影响,大言灾异;在论及西汉皇权由来时,宣称“汉承尧运,德祚已盛,断蛇著符,旗帜上赤,协于火德,自然之应,得天统矣”(《汉书》卷一下《高帝纪》),从天命角度作出解说。荀悦作《汉纪》,公然宣称要使“天人之际,事物之宜,粲然显著,罔不能备矣”(荀悦《汉纪》卷一《高祖纪》)。在天命与人事的关系上,认为“大数之极虽不变,然人事之变者亦众矣”(荀悦《汉纪》卷六《高后纪》),这就是说,虽然天命之大数不能变,但人们也不是任由天命摆布,人事是存在着很多变数的,即肯定人为的作用。然而出于维护刘汉正统的需要,《汉纪》又大力宣扬汉绍尧运、永得天统的神意史观。司马光作《资治通鉴》,以易道的阴阳变化之理来解说人类历史的变化。司马光认为,易道的变化就是阴阳之变,“易者,阴阳之变也”(司马光《温公易说》卷二)。而这种阴阳之变,存在于天地人之间,“阴阳之相生,昼夜之相承,善恶之相倾,治乱之相仍,得失之相乖,吉凶之相反,皆天人自然之理也”(司马光《温公易说》卷六)。司马光正是以易道阴阳变化为哲理基础,由此推导出人类社会历史变化的必然性。郑樵的天人相关理论一反传统史学将天象与人事相附会的灾祥说,斥其为“欺天之学”,则是从另一方面表达了自己的天人观。

同时，郑樵倡导实学，重视记述天文、地理、车舆、器服、草木、虫鱼和鸟兽等，于是乎自然与社会，亦即天人皆成为其历史记述的对象，从而扩展了历史记述的范围。王夫之则认为历史的发展蕴涵着一种必然之“理”和必然之“势”，是“理”与“势”统一的结果。这里所谓“理者，物之固然，事之所以然”（王夫之《张正蒙注》卷五《至当》），即指事物运动的必然法则，所谓“势者，皆顺而不逆之谓也”（王夫之《读四书大全说》卷九《孟子·离娄上》），是指事物发展的一种不可逆性。很显然，这是从哲学的高度来谈天人关系问题。同时，王夫之也肯定人为作用，他特别强调君主知人善任和风教兴废对于历史盛衰的重要作用。

总之，重视从天人角度去思考历史、评述历史，已经成为中国传统史学历史思维的一个重要传统。

二、《周易》的通变思维与传统史学的“通古今之变”

“通变”是《周易》经传的中心观念，《系辞下》将这一思维集中表述为“《易》穷则变，变则通，通则久”。《周易》的通变思维，首先是强调“变”。司马迁说：“《易》著天地阴阳四时五行，故长于变。”（《史记·太史公自序》）《易纬·乾凿度》说，《易》一名而含易简、不易、变易三义，但变易之易则是其基础。章学诚《文史通义·易教下》引孔颖达语曰：“夫《易》者，变化之总名，改换之殊称。”其次是肯定自然与社会的周流变通。从自然而言，“阖户谓之坤，辟户谓之乾。一阖一辟谓之变，往来不穷谓之通”（《周易·系辞下》）。而这种自然的盈虚消长又是与社会的变化相通的，《贲卦·彖辞》说：“观乎天文，以察时变；观乎人文，以化成天下。”《革卦·彖辞》也说：“天地革而四时成，汤武革命顺乎天而应乎人。”最后是肯定古代历史的不断发展变化。《系辞下》对远古社会进化的过程有一个详尽的描述，从中可知，自伏羲以来远古时代的历史发展，它经历了一个从原始渔猎业到原始农业、商业，从穴居野处到宫室的发明，从厚衣野葬到棺椁树封，从结绳而治到文字的产生，一言以蔽之，即是从野蛮到文明、从低级到高级的不断进化或发展的过程。而促成这种进化或发展的根本原因正是古代圣贤们的“通其变”。当然，“通其变”绝不是圣贤们的随心所欲，而是以“使民不倦”“使民宜之”为其原则的。

后世史家著史，大多能以变通观作为自己的指导思想之一。《周易》的通变思维启发了传统史学的“通古今之变”，司马迁则是最早重视通变的史学家，“通古今之变”是《史记》撰述的又一旨趣。纵观司马迁的“通古今之变”思想，首先表现在创立了纪传体通史体裁，用通变的眼光来看待历史发展过程。《史记》是中国第一部纪传体通史，它将上起黄帝下至汉武帝上下三千年的历史作为一个不断变易的历史过程，来认识和把握其中的治乱兴衰之变。其次是用“原始察终，见盛观衰”的方法来探寻古今之变。一方面，古今之变是终始之变，需要通过追溯其原始，察究其终结，以把握历史变化过程以及变化的各种因果关系；另一方面，古今之变是盛衰之变，故要重视考察历史的盛衰之变以及这种盛衰变化的相互转换，要从盛世中看出衰的因子。最后是继承“《易》穷则变”的思想，提出“承敝易变”的历史变革论。《史记》重视对变革历史的记载，肯定变革对于历史发展变化的重要作用，因而也充分肯定历史上的改革家。

司马迁在《史记》中指出世界万物的变化复杂多样，有所谓“天变”“时变”“人变”“事变”等（分别见于《史记》中的《天官书》《秦始皇本纪》《太史公自序》等）。他写《史记》，纵向要“通古今之变”，横向要“究天人之际”，不但要理顺天、时、人、事的纵向变化，而且要横向考察四者之间的密切关系。这种思想，就不是《周易》作者所能比的了。

司马迁以后的传统史学也继承了这种通变思维。班固《汉书》虽然是断汉为史，却能断而不断，断中有通。《汉书》的四种体例都具有贯通意识，其中“志”“表”体现最为突出。诚如《汉书·叙传》所言，它是要“综其行事，旁贯《五经》，上下洽通”的，因此博洽和贯通是《汉书》的撰述原则之一。刘知几进而将通变的观点运用到史学评论中去，指出“世异则事异，事异则备异”（《史通·模拟》），强调要根据时代的变化而变化，如果一味“翦裁今文，模拟古法”，则“其书受嗤当代”（《史通·六家》）。自唐而下，以“通”名书近千年不绝，说明变通观之深入人心。杜佑《通典》是中国第一部典章制度体通史，其统括史志，融会贯通，旨在对历代典章制度的沿革过程与兴废得失作出评述，为传统史学的“通古今之变”开辟了一个新局面。司马光《资治通鉴》是一部编年体通史，代表了编年体史书撰述的最高成就。司马光之所以要用编年体通史体裁撰述历史，是要解决帝王“周览”历史的困难，希望通过“专取关国家兴衰，系生民休戚”，选择对治理国家最关切的历史进行撰述，以使帝王从中领悟古今盛衰之变的道理。郑樵著《通志》，其撰述旨趣是在于“会通”，高度评价“通”，说“古今之道不可以不通”，并进而弘扬“通”义，将“会通”之义引入史学领域，郑樵在《通志·总序》开宗明义：“百川异趋，必会于海，然后九州无浸淫之患；万国殊途，必通诸夏，然后八荒无壅滞之忧：会通之义大矣哉!”郑樵所谓“会”，是指对各种史料进行综合，这是从横的方面或空间范围说的；所谓“通”，则是指史书记载应该时代相续、联结，这是从纵的方面或时间长度说的。因此，“会通”就是要求历史记载要尽可能地汇总各种史料，连缀各时代史事，以期“极古今之变”。章学诚也提倡通史撰述，《文史通义》的《释通》篇对通史撰述的优点和长处进行了理论分析，认为有“六便”“二长”，这“六便”是：“一曰免重复，二曰均类例，三曰便诠配，四曰平是非，五曰去抵牾，六曰详邻事。”而“二长”则是：“一曰具剪裁，二曰立家法。”可知，传统史学“通古今之变”的实践与思想都是非常丰富的。

三、《周易》的“一致百虑”思维与传统史学的“成一家之言”

《周易》的“一致百虑”思维原文出自《系辞下》：“《易》曰：‘憧憧往来，朋徙尔思。’子曰：‘天下何思何虑？天下同归而殊途，一致而百虑。’”是孔子在解释《咸卦・九四爻辞》“憧憧往来，朋徙尔思”时所作的发挥。意思是说，目的虽然相同，却有各种考虑。孔颖达随文疏曰：“一致而百虑者，所致虽一，虑必有百。言虑虽百种，必归于一致也。”朱熹则解释说：“‘天下何思何虑’一句，便是先打破那个‘思’字，却说‘同归殊途，一致百虑’。”（《朱子语类》）司马谈《论六家要指》开篇即说：“《易大传》：‘天下一致而百虑，同归而殊途。’夫阴阳、儒、墨、名、法、道德，此务为治者也，直所从言之异路，有省不省耳。”（《史记・太史公自序》）也是借用了《易传》的“一致百虑”思维来肯定先秦诸子的学术价值。

《周易》的“一致百虑”思维启发了传统史学的“成一家之言”，而史学成“家”，自司马迁始。在《报任安书》和《太史公自序》中，司马迁两次谈到“成一家之言”问题。从思想渊源来讲，司马迁的“成一家之言”无疑是受到了《周易》“一致百虑”思维的启发。首先，司马谈《论六家要旨》引《易传》“天下一致而百虑，同归而殊途”，来评论先秦诸子学术思想的价值，恐怕应该说是司马谈要吸收各家之长，而成一家之言的构想，至少可以说是潜意识的构想。既然司马谈想“成一家之言”的构想源自于《易传》“一致百虑”思维的启发，那么，深受家学影响的司马迁，其“成一家之言”的思想渊源当然也是与其父相一致的。诚如吴怀祺先生所言：“对诸子学的总结既是司马迁的家学，又成为他一家之言的基础。”其次，司马迁“成一家之言”的思想内涵与《易传》的“一致百虑”思维是相一致的。所谓“一致百虑”，就如同朱熹所说的，是要打破一个“思”字，通过各种不同的思虑，同归于一个思想目的。司马迁正是在融会先秦各家学术的思想基础上，而形成他史家的“一家之言”：首创纪传体通史体裁记述黄帝以来的三千年历史，这是综合先秦史学而在史书编纂体裁上“成一家之言”；以“厥协六经异传，整齐百家杂语”来汇通学术，这是综合先秦诸子在学术思想方法上“成一家之言”；通过“究天人之际，通古今之变”来“稽其成败兴坏之理”（《汉书・司马迁传》），这是通过历史研究而在学术思想目的上“成一家之言”。司马迁正是通过自己这些独自的思虑，来总结历史盛衰之理这个“一致”的；而这些独自的思虑——“一家之言”，又是通过汇通各家学术而得以实现的。

司马迁以后的中国传统史学都普遍重视“成一家之言”。班固一方面在史书体裁上对司马迁创立的纪传体进行整齐划一，改通史为断代；一方面在史学思想上以神意化的儒学为统帅。《汉书》正是因其编纂成就与正宗思想而成为封建正统史学代表的。袁宏作《后汉纪》，以玄学家的眼光评述学术大势，得出“道明其本，儒言其用”（袁宏《后汉纪》卷一二“袁宏曰”）的结论，由此其历史撰述明显呈现出援玄入史、玄儒合一的思想特点。杜佑《通典》“一家言”的表现形式，一是在史书体裁上通过统括史志、融会贯通，创立典志体通史体裁；二是在编纂方法上分门起例，重视议论；三则在史学思想上重视“理道”，以“征诸人事，将施有政”为旨趣。郑樵《通志》从编纂形式到史学思想都重视发凡起例、别识心裁。章学诚《文史通义》专辟《申郑》一篇，对其“成一家之言”的思想与实践给予高度评价：“郑樵生千载而后，慨然有见于古人著述之源，而知著作之旨，不徒以词采为文，考据为学也……而独取三千年来遗文故册，运以别识心裁，盖承通史家风，而自为经纬，成一家言者也。”黄宗羲主张学术应该通过融会贯通而成“自得之学”。《明儒学案·凡例》对“倚门傍户，依样葫芦”的学风提出批评，认为学术研究哪怕是“一偏之见”，或者“相反之论”，只要是自己的心得，便是真学术、真学问，“学者于其不同处，正宜着眼理会，所谓一本而万殊也”。章学诚作为史学理论家，也倡导学术要“独断一心”。他说：“所以通古今之变，而成一家之言者，必有详人之所略，异人之所同，重人之所轻，而忽人之所谨，绳墨之所不可得而拘，类例之所不可得而泥，而后微茫杪忽之际，有以独断于一心。”（《文史通义》卷五《内篇·答客问上》）很显然，这里所谓“自得之学”“独断一心”，皆是“成一家之言”之意，是传统史学一以贯之的思想。

四、《周易》的“忧患”思维与传统史学的历史借鉴思想

《周易》通篇都贯穿着一种忧患意识。《系辞下》在谈到《易经》的作者、成书年代与撰述旨趣时作如是说：“《易》之兴也，其于中古乎？作《易》者，其有忧患乎？”又说：“《易》之兴也，其当殷之末世，周之盛德邪？当文王与纣之事邪？是故其辞危。危者使平，易者使倾。其道甚大，百物不废。惧以终始，其要无咎。此之谓《易》之道也。”在《易传》的作者看来，《易经》所反映的是商、周之际政治盛衰转换的那段历史，由于商纣王的残暴统治，导致国家动荡不安、百姓民不聊生，所以其文辞充满着惊惧自危的色彩，饱含一种忧患的意识。同时认为只有具有危机忧患的意识，才能带来平安；而贪图安逸、心生懈怠，就必然会有倾覆的危险，这是万物具有的普遍法则，也是《易经》为何“辞危”的原因所在。《系辞下》明确认为，《易》之为书，“其出入以度外内，使知惧，又明于忧患与故。”就是说，《易经》是通过爻画的对应变化来考察本卦与变卦的相互联系，以此确定吉凶而使人有所惊惧，使人明于忧患和变故的。《易传》对于《易经》忧患意识的理解，集中见诸对《否卦·九五爻辞》“其亡！其亡！系于包桑”一语的体悟。从这种强烈的忧患意识出发，《系辞下》借用孔子的话，详细阐述了关于居安思危的重要思想：“危者，安其位者也；亡者，保其存者也；乱者，有其治者也。是故君子安而不忘危，存而不忘亡，治而不忘乱，是以身安而国家可保也。”

《周易》的忧患意识，是中华民族最具特色的一种人文精神。这种悲悯情怀与

忧患情结，深深植根于一种高度的社会历史和民族国家的责任感与使命感。而传统史学的经世致用特点，使得《周易》的这种忧患意识转变为一种浓郁的历史借鉴思想。与《周易》大致同时代的《尚书》，是一部亦经亦史的著作。由于同样有感于商周易鼎的巨变，使《尚书》饱含着历史借鉴思想。《召诰》篇说："我不可不鉴于有夏，亦不可不鉴于有殷。"为何要强调以夏、商为鉴，因为夏、商相继因为丧德而失天下。周初统治者从这样一种忧患意识出发，希望从夏、商的灭亡中汲取教训，由此构建了一套尊天、敬德、保民的统治理论，从而开创了周朝八百年基业。

《周易》中以史为鉴的思想正是在这种历史背景下产生的。《大畜卦·象辞》所言"君子以多识前言往行，以畜其德"和《系辞下》之"彰往而察来"影响尤大。所谓"前言往行""往"都是指由前代无数言行凝聚成的历史经验教训，《周易》此处强调，通过掌握历史知识提高品德修养，汲取历史经验教训，以把握现在、探索未来。

以史为鉴，是我国史学的优良传统之一。西汉初年，面对中国历史上第一个大一统的封建王朝秦朝的速兴速亡，以司马迁、陆贾、贾谊为代表的一批思想家和史学家，以秦为鉴，认真思考"过秦"这一时代主题，通过总结秦亡的历史教训，阐发自己对于历史治乱兴衰的认识，从而掀起了一股"过秦"的史学思潮。司马迁著《史记》，是要做到"居今之世，志古之道"以利"自镜"。陆贾的"逆取而以顺守之"（《史记·郦生陆贾列传》）和贾谊的"攻守之势异也"（《秦始皇本纪》）之论，表明他们对于秦之"过"的认识是非常一致的。东汉荀悦提出"君子有三鉴，鉴乎前，鉴乎人，鉴乎镜"，说明史家已经自觉地在鉴戒观的指导下修史，并把它作为史学工作中的一项重要内容。初唐统治者重视以史为鉴，尤其表现在以隋为鉴上。据史书记载，唐太宗常痛"炀帝骄暴而亡"，而谓侍臣"常宜为朕思炀帝之亡"（《资治通鉴》卷一九四）。魏徵也曾上奏太宗，希望对隋唐易鼎的历史进行研究，以"能鉴彼所以亡，念我所以得"（《新唐书·魏徵传》）。正是这种忧患意识，使重视历史借鉴的史学得到了初唐统治者的高度重视，也由此促进了初唐史学的发展，一连修成八部纪传体正史。

传统史学的以史为鉴思想虽然突出表现在新朝初建时期，这显然是现实政治对于史学的一种需要，人们希望从历史的经验和教训当中找寻到政权巩固之术。同时这种思想又是一贯到底的，它普遍存在于历代史学家的思想中。司马迁在谈论古今之间的关系时，认为"居今之世，志古之道，所以自镜也"（《史记·高祖功臣侯者年表序》），即是要将"古"作为"今"的一面镜子。班固明确认为历史撰述"究其终始强弱之变，明监戒焉"（《汉书·诸侯王表序》）。刘勰则说："原夫载籍之作，必贯乎百世，被之千载，表徵盛衰，殷鉴兴废。"（《文心雕龙·史传》）常璩在《华阳国志·序志》中也指出，撰述历史旨在使"天人之际，存亡之术，可以为永鉴矣"。司马光作《资治通鉴》，更是标榜为了政治治理而通鉴历史，《进资治通鉴表》明确以“鉴前世之兴衰，考当今之得失”为该书的撰述旨趣。如此等等，不一而论。

第三节 《周易》在史学史上的地位

正如上述所论，在某种程度上来讲，《周易》完全可以看作是一部历史学著作，它不仅有自己的史学观念和史学思想，而且也有自己的对待历史的态度与看法。它的叙述历史的角度和方法，对后世史学的发展具有重要的影响。因此我们说，《周易》经传体系在中国古代史学发展史上具有重要的学术地位。

以往谈中国早期史学史，总是强调《尚书》《左传》《春秋》《国语》《战国策》等，往往忽视了《周易》。其实，《周易》是我国史学萌芽时期历史观的代表作品，它的史论体裁有创新意义，在历史文献史料价值等方面也有可观之处。

对于《周易》的史学史地位和影响，曾有学者做过专门的研究。在这些研究的基础上，我们也简单梳理一下作为史论的《周易》在史学史上的影响及作用。

《周易》全书由三部分构成：图（六十四卦）、卦辞和爻辞（易经）、十翼（彖、象等易传）。在以传释经和图文并重两方面，《周易》都给后世史家以积极的影响。

如前所述，易传是解释易经的。其例俯拾皆是：如乾卦“元亨利贞”四字，其“文言”解释说：“‘元’者，善之长也；‘亨’者，嘉之会也；‘利’者，义之和也；‘贞’者，事之干也……君子行此四德者，故曰‘乾：元、亨、利、贞’。”《周易》这种以传释经的体裁在先秦典籍中独具一格。在它的影响下，以传释经的体裁受到史家的重视，成为他们经常采用的体裁之一。继晋人杜预的《春秋经传集解》、范宁的《春秋谷梁传集解》和唐人徐彦的《春秋公羊传注疏》以传释经后，这种以传释经的形式最终演变为纲目体。

我们先分析《周易》经传。《周易》之经有六十四卦，一卦之文，自成一篇。每篇卦辞先揭全篇主旨，爻辞则就卦象分说。《周易》之传即十翼，彖、象和文言分附卦、爻辞之下，为一卦之传，系辞、说卦、序卦和杂卦总附全经之后，为全经之传。

纵观我国史学史，这种以传释经的形式是得到继承和发展的。孔子所作《春秋》，记事十分简略，杜预深感晦涩难读。他认为“《春秋》虽以一字为褒贬，然皆须数句以成言，非如八卦之爻，可错综为六十四也。固当依传以为断”，于是慨然以释经自任，“专修丘明之传以释经，经之条贯，必出于传。”“分经之年与传之年相附，比其义类，各随而解之，名曰经传集解。”（《春秋左氏经传集解·序》）结合他“立功之后，从容无事，乃耽思经籍，为《春秋左氏经传集解》”（《晋书·杜预传》）的记载看，杜预分《左传》依年释《春秋》时，是领会并借鉴了《周易》的

体裁神韵的。史学理论家刘知几曾论断说："观《左传》之释经也，言见经文而事详传内。"（《史通·六家》）刘氏精通古今史籍体裁，亦曾明确指出："《周易》六爻，义存象内，《春秋》万国，事具传中。"（《史通·题目》）显然，在他的眼中，《春秋经传集解》和《周易》的体裁是相同的。我们完全可以据此认为杜预以传释经是《周易》经传形式的继承与发展。

司马光《资治通鉴》问世后，一时被视为名山之作。但因篇幅过大，时人多望而生畏。有鉴于此，朱熹及其门人赵师渊据《资治通鉴》而改作《资治通鉴纲目》。其书先以大字记载一事提纲，再以小字评述事目，故谓之"纲目体"。此书一出，人们便看到了它的创体价值和渊源，给予很高的评价："（《资治通鉴纲目》）大书、分注，自相错综，以备经传之体，史迁以来，未始有也。"（王柏《序例后语》）所谓"以备经传之体"就是指它的体裁同《春秋左氏经传集解》的体裁一样。宋人李方子说："（《通鉴纲目》）纲仿《春秋》而参取群史之良，目仿左氏而稽合诸儒之粹。"明宪宗说得更明确："朱子《通鉴纲目》实备《春秋经传》之体。"据此可以认为：朱熹开创的纲目体，是近承《春秋经传集解》而远绍《周易》的。

又，《周易》以传释经的体裁，影响旁及，由《春秋》之经传而生《史记》《汉书》之纪传。刘知几说："夫纪传之兴，肇于史汉。盖纪者，编年也；传者，列事也。编年者，历帝王之岁月，犹《春秋》之经；列事者，录人臣之行状，犹《春秋》之传。《春秋》则传以解经，史、汉则传以释纪。"（《史通·列传》）从纪为全书大纲，传则铺陈史实，以佐纪的实际情况看，刘知几的论断是十分正确的。

史籍之有图，原是我国史学的又一优良传统。图文对照，互相补充，更能增加史籍的容量和表现能力。郑樵曾指出图的重要性及无图的弊病："图成经，书成纬，一经一纬，错综而成文。古之学者，左图右书，不可偏废。刘氏作《七略》，收书不收图，班固即其书为《艺文志》。自此以还，图谱日亡，书籍日冗，所以困后学而隳良材者，皆由于此。"（《通志·总叙》）如追寻史籍图像之源，《周易》每卦之前所绘卦象即图之一种。它一度发展壮大成为"图学"。郑樵曾指出："《易》虽一书，而有十六种学……有图学。"（《通志·总叙》）他涉及过目的《周易》图学专著就有《周易稽颐图》《荆定易图》等十一种十四卷（《通志·艺文略》）。直到清朝时，还有此类著作问世，如乾嘉考古辨伪专家崔述之《易卦图说》等。那么《周易》堪称我国最早的一部图文并行的典籍了。但令人遗憾的是，《周易》这种图文并行的形式，因为种种原因而没有得到大力推扬。章学诚就已意识到这一点："昔司马氏创定百十篇……未知溯《易》象而得其图书之通也。"（《永清县志·舆地图序例》）为此，他十分强调要在史图上下功夫，他写的各种方志就都有图。今天的史籍大多有图，虽然数量不太多，但发展趋势很好，已有一些图重于文的史籍出现了。只是今人身受《周易》之赐而忘其源。从史学发展的角度看，《周易》启发图体之功似乎不应埋没。

总之，《周易》的历史观有比较丰富的内容，深深地影响着古代史家；它以传释经的体裁被后世史家发扬光大为纲目体，其影响辐射所至，甚至及于纪传体；其图文并行的形式也受到后世史家的重视，在史料价值和历史文学方面，它也有可观之处。因此我认为《周易》在中国史学史上应占有一席之地，要加强对《周易》史学的研究，批判地继承前人给我们留下的这一优秀遗产。

参考文献

[1] 朱伯崑. 易学哲学史. 第1卷. 北京：华夏出版社，1995.

[2] 吴怀祺. 中国史学思想通论. 历史思维卷. 福州：福建人民出版社，2011.

[3] 吴怀祺. 易学与史学. 北京：中国书店出版社，2004.

[4] 李孟存，易晓红.《周易》史学思想浅析. 山西大学师范学院学报，1989（02）.

[5] 王记录.《周易》与司马迁的史学思想. 河南师范大学学报：哲学社会科学版，1993（02）.

[6] 彭忠德. 略论《周易》在中国史学史上的地位. 湖北大学学报：哲学社会科学版，1993（03）.

[7] 郑万耕.《史记》与《周易》. 史学史研究，2004（04）.

[8] 汪高鑫.《周易》与传统史学的历史思维. 学习与探索，2012（08）.

第三章
援易治史

《周易》对中国社会历史文化的影响，主要表现在两个方面：一是从专门的学术史角度出发，深入探讨《周易》的基本问题，如作者、传承关系、派别、今古之争，以及钻研其象数之学或易理之学等；二是从经学角度出发，把《周易》作为普通的儒家经典之一，学而时习之，增加古典文化修养，遇到有用之时偶尔也引经据典。前者主要是易学家们的事，而后者则是一般读书人的所作所为。然而在历代史学家们那里，他们打破了这种划分，并把两者有机地结合起来。因为我们知道，先秦时期的史官都是精通易学的知识分子，而后世的史学家们也往往是治易高手、用易行家。

《周易》经、传作为传世经典，不仅其思想、观念和方法成为后世人行为模式的准则和借鉴，其文辞也因为高古、渊雅、精审和具有座右铭性质的权威性，而被后人尤其是史学家引经据典的对象，用以判断和说明历史上发生的事件和人物，而且也更为便利地帮助自己表达观点和见解。如果说，易学中的易理派是用《周易》卦爻辞的文字内容分析其意义的奥蕴的话，那么深通易学、造诣很高的史学家们，则是自然而然地利用了古老的《周易》智慧为著述历史服务，借用“易道广大”无所不包的易学文化成为其在历史学研究中所借鉴的一种方便法门。

正因为如此，所以历代史学家都从《周易》中发现文辞，引用史料，用以考史，从而形成了两千多年的“援易治史”“以易证史”的史学传统。

鉴于历代史学著作中有大量的“援易治史”现象，不胜枚举，限于篇幅，在此，本章仅以在中国史学史上具有代表性的两部著作——中国正宗史学“廿四史”中“前四史”的前两部——《史记》《汉书》为例，来阐释中国古代史学上“援易说史”的相关情况。

第一节　《史记》的援易说史

在中国数千年的史学发展史上，西汉时期司马迁所著之《史记》，被公认为中国历史著作的典范，有所谓“史家之绝唱，无韵之离骚”的桂冠。《史记》开启了中国历史研究与著述传统的先河，成为历代史学家读史治史的学习对象和榜样目标。

从司马迁的《史记》中，我们就可以看出，“援易说史”不仅是一种史料来源，也是一种著史的方法，并且从此形成了一种史学研究的传统，绵延至今而不绝。

一、司马迁的易学师承与易学素养

汉初易学仍然是承袭春秋战国时《易传》的思想，即注重义理，尚未形成象数之学，只是到了西汉中后期，以讲象数为主的孟、京易学兴盛起来，才杂进阴阳灾变，形成与汉初易学不同的发展特色。而司马迁所受易学的教育，正是处于发展初期的西汉易学。

据《史记·太史公自序》可知，司马迁有着浓厚的易学家学渊源，司马谈“受《易》于杨何，习道论于黄子”，去世之前又特别嘱咐司马迁：“自周公卒五百岁而有孔子。孔子卒后至于今五百岁，有能绍明世，正《易传》，继《春秋》，本《诗》《书》《礼》《乐》之际?”司马迁谨遵其父遗嘱，慨叹：“意在斯乎！意在斯乎！小子何敢让焉。”而深受其父思想的影响，司马迁也立志要“正《易传》”。可见，司马父子两代人的易学传自杨何。

杨何是西汉初年的易学大家，《汉书·艺文志》著录他解《易》的著作《杨氏》二篇。他虽是田何的再传弟子，但其名却与田何同。西汉成帝时，刘向校书，就把田何、杨何、丁宽并列，“考《易》说，以为诸《易》家说皆祖田何、杨叔元（何）、丁将军（宽），大谊略同”（《汉书·儒林传》）。杨何因传播《易》学于元光六年被征召为中大夫，另据王先谦《汉书补注》载“武帝立五经博士，《易》惟杨何”，足见其在当时易学领域的影响。司马氏父子向他学习《周易》，深受杨何易学特点的影响，杨何传易家法是“以易文互相训释，与费氏家法相合”（费直易学不讲卦气说与阴阳灾变，注重义理）。因此司马迁论《易》，多举大义，“史迁说《易》，不以卜筮为非，亦不拘虚于卜筮，与术数家言龟策者不同”（刘师培《司马迁述周易义》）。由此可见，杨何授《易》司马氏父子，重义理，不讲阴阳灾变，不把《周易》当作纯粹的卜筮之书。

当然，司马迁对社会历史发展的看法不独来源于《周易》。一方面，结合《周易》经传，司马迁对社会进行过认真考察与思考；另一方面，他也把当时道家、天官学中的辩证思想与《周易》结合了起来。司马谈“习道论于黄子”（《太史公自序》），司马迁幼承家学，认为“论大道则先黄老而后六经”（《汉书·司马迁传》），崇尚道家的“与时迁移，应物变化”（《史记·太史公自序》），所以它较多地吸收道家学说中观盛衰之变的思想。他对天文学知识进行了总结，从天象的往复变动中得到启迪，认为万事万物都在变化。《周易》、道家、天官学都充满了变易的辩证法则，司马迁把三者结合起来，形成了自己观察历史和现实的独特方法。

就我们所看到的今本《周易》而言，易传中反复言及天地、自然、人事之

“变”，凡三十几处，皆是对天地万物自然人事的辩证思考。司马迁正是在整理《周易》经、传的过程中，体察“周易”精微，把握“《易》长于变”这一思想关键，用变化的观点看待历史发展。“正《易传》不是否定占卜的作用，而是告诉人们，更重要的是要从历史事实里面去预察未来。”（白寿彝《史记新论》）

二、司马迁对《周易》的总体认识

司马迁对《周易》有着正确的总体认识。只要考察一下他之前以及与他同时代人对《周易》的认识，这一点就能看得非常清楚。孔子云：“易以神化。”（《史记·滑稽列传》）庄子云：“易以道阴阳。”（《庄子·天下篇》）《礼记》说：“絜静精微，易教也。”（《礼记·经解》）董仲舒亦云：“易本天地阴阳，故长于数。”（《春秋繁露·玉杯篇》）司马迁的思想是在研究各家之后，加上自己的深刻体会后而得出的结论：“易著天地阴阳四时五行，故长于变。”（《史记·太史公自序》）他认为《周易》是在观察天地之间自然界万事万物、四时五行的发展变化规律之后，形成的一种阐释进化、主变求通的哲学原理，这是一种来自宇宙本体的放之四海而皆准的绝对真理，这一认识在当时确是难能可贵的。司马迁对《周易》的这一变通进化的认识，贯彻在《史记》著述的整个过程。

司马迁认为《周易》是圣人之书，肯定《周易》为“幽明之术”。“太史公曰：盖孔子晚而喜《易》。《易》之为术，幽明远矣。非通人达才孰能注意焉！故周太史之卦田敬仲完，占至十世之后；及完奔齐，懿仲卜之亦云。田乞及常所以比犯二君，专齐国之政，非必事势之渐然也，盖若遵厌兆祥云。”（《史记·田敬仲完世家》）这段文字虽然说明司马迁认为《周易》带有卜筮色彩，但正如上面所述，《周易》由最初的卜筮之书逐步向哲学思维的道路上前进，司马迁承继了这一思想。孔子整理六经，对《周易》进行过研究，就《周易》《文言》《系辞》中的三十处“子曰”来看，孔子的解释已经脱离了卜筮的范围，赋予《周易》很多崭新的内容。其后荀子又指出：“善为易者不占。”（《荀子·大略》）而春秋战国时期的史官如史墨、史鱼、史苏、史赵等人，在预断历史发展趋向时，显然受到《周易》影响，但他们通过对现实社会斗争的观察，又指出“吉凶由人”，而“汉初说易者皆主义理、切人事，不言阴阳术数”（皮锡瑞《经学通论》）。这样，《易传》就在具有唯物因素的思想家、历史家的推动下不断在哲学理性的道路上迈进，成为中国史学思想方面的重要典籍。司马迁正是这一思想的继承者，他不信讥祥占验，认为“星气之书，多杂讥祥，不经”（《史记·太史公自序》）。

三、司马迁之“正《易传》”

对于司马迁要做的“正《易传》”，《史记》三家注并没有解释。近人孙德谦认为司马迁“正《易传》”是要“远溯庖牺”，使“史与易各有所宗”（《太史公书义法》)。也有学者认为司马迁“正《易传》”，一是为了整理《易传》内容，二是为了吸取《周易》精华，“彰往而知来”，具有探讨历史发展趋势的意义。

实际上，我们认为这两者并没有矛盾。司马迁所要做的，既包括对《周易》源流的追溯探寻，也包括对《周易》精神要义的辩证解析。

我们知道，《周易》非一时一人之作，它的形成有一个相当长的时期，其中必然有抵牾讹误之处。春秋时孔子整理过六经，但自孔子以后，“易有数家之传”(《汉书·艺文志》)，源同流别，各家对《易经》的解释会有不同，《易传》的内容也会有所出入。司马迁要“厥协六经异传，整齐百家杂语”(《史记·太史公自序》)，对前代学术进行一次全面整理、批判、总结，自然不会放过《周易》。《太史公自序》说：“余闻之先人曰：伏羲至纯厚，作《易》八卦。”“昔西伯拘牖里，演《周易》。”《周本纪》也说：“西伯盖即位五十年。其囚牖里，盖益《易》八卦为六十四卦。”《孔子世家》则曰：“孔子晚而喜《易》，序《彖》《系》《象》《说卦》《文言》。读《易》，韦编三绝。曰：假我数年，若是，我于《易》则彬彬矣。”《日者列传》中司马季主言：“自伏羲作八卦，周文王演三百八十四爻而天下治。越王勾践放文王八卦以破敌国，霸天下。”司马迁在此明确指出，伏羲画八卦，文王推演为六十四卦，孔子爱好《周易》，又作《彖》《象》《系辞》《说卦》《文言》等传。这是司马迁对《周易》源起及早期易学发展史的历史解说，也是《汉书》所谓“人更三圣，世历三古”说的直接来源。

我们从《史记》记载中也可以了解到易学在汉代的传承与发展历程。如《仲尼弟子列传》：“商瞿，鲁人，字子木。少孔子二十九岁。孔子传易于瞿，瞿传楚人馯臂子弘，弘传江东人矫子庸疵，疵传燕人周子家竖，竖传淳于人光子乘羽，羽传齐人田子庄何，何传东武人王子中同，同传菑川人杨何。何元朔中以治易为汉中大夫。”又《儒林列传》：“自鲁商瞿受易孔子，孔子卒，商瞿传易，六世至齐人田何，字子庄，而汉兴。田何传东武人王同子仲，子仲传菑川人杨何。何以易，元光元年徵，官至中大夫。齐人即墨成以易至城阳相。广川人孟但以易为太子门大夫。鲁人周霸，莒人衡胡，临菑人主父偃，皆以易至二千石。然要言易者本于杨何之家。”自商瞿至田何，自田何而杨何，流传有序，绵延不绝，简直就是一部简略而明晰的汉代易学传播史。

司马迁不但对《周易》的发展历史有着精审的研究，明确指出易八卦为伏羲所作，六十四卦为文王所作，十翼为孔子所作，显然，他对于早期易学史的把握有了一个清醒的认识。而且他还善于总结前代学术，吸收前代学术中辩证思考的精华，和自己的《周易》研究结合起来，通过研究《周易》，吸收其合理因素，将易学中的许多学说、范畴作为《史记》立论的哲理基础，用以观察社会历史的发展及自然、社会与人的关系，并运用到历史研究中去，取得了前所未有的成就。

四、《史记》的“援易说史”

《四库全书总目提要》：“《易》道广大，无所不包，旁及天文、地理、乐律、兵法、韵学、算术，以逮方外之炉火，皆可援《易》以为说。”

对于历史研究来讲，就是“援易说史”了，而此种现象也充分表现在司马迁的《史记》著述中。

当年刘师培在《国粹学报》上发表《司马迁述〈周易〉义》一文，总结了《史记》引述《周易》文义者16例，于文章结尾处曾加感慨：“史迁曾以甄明《易》义为己任，惜所传之止于斯也。”实际上，《史记》对于《周易》经传文辞的称引绝不仅仅16例。对于这个问题，已有不少学者的论文都有涉及，在此综合诸家之说，加以梳理，以见其旨趣。

（一）《史记》记载《周易》之外的卜筮之例

在《史记》中，《天官书》与《龟策列传》两篇文字涉及大量的星占和龟卜的内容。当然星占不是普通意义上的卜筮理论体系，另当别论。而龟卜内容，则可能与殷商甲骨占卜相关联，也不是常规意义上的《周易》占筮系统。在《龟策列传》中，司马迁共记载了67条龟卜卜辞辞例，比如，“卜求财物，其所当得。得，首仰足开，内外相应；即不得，呈兆首仰足肣。”“卜迁徙去官不去。去，足开有肣外首仰；不去，自去，即是肣，呈兆若横吉安。”这明显是与《周易》占筮不同的占卜系统。故而兹不备引。

《龟策列传》引太史公曰：“自古圣王将建国受命，兴动事业，何尝不宝卜筮以助善！唐虞以上，不可记已。自三代之兴，各据祯祥。涂山之兆从而夏启世，飞燕之卜顺故殷兴，百穀之筮吉故周王。王者决定诸疑，参以卜筮，断以蓍龟，不易之道也。”

《日者列传》：“自古受命而王，王者之兴何尝不以卜筮决于天命哉！其于周尤甚，及秦可见。代王之入，任于卜者。太卜之起，由汉兴而有。”

《宋微子世家》：“稽疑，择建立卜筮人。乃命卜筮，曰雨，曰济，曰涕，曰雾，曰克，曰贞，曰悔，凡七。卜五，占之用二，衍貣。立时人为卜筮，三人占则从二人之言。女则有大疑，谋及女心，谋及卿士，谋及庶人，谋及卜筮。女则从，龟从，筮从，卿士从，庶民从，是之谓大同，而身其康彊，而子孙其逢吉。女则从，龟从，筮从，卿士逆，庶民逆，吉。卿士从，龟从，筮从，女则逆，庶民逆，吉。庶民从，龟从，筮从，女则逆，卿士逆，吉。女则从，龟从，筮逆，卿士逆，庶民逆，作内吉，作外凶。龟筮共违于人，用静吉，用作凶。”

《太史公自序》：“三王不同龟，四夷各异卜，然各以决吉凶。略窥其要，作《龟策列传》第六十八。”

以上所引《史记》占筮文字，意在说明司马迁对历史上曾经有过的占卜现象的重视，《周易》之外的其他占卜形式，也是其作为史官非常关注的事项。同时也显示出《周易》在古代占卜中的地位和影响。

（二）《史记》直接引用《周易》卦辞占卜

《史记》中更多的占卜记载，则是直接用《周易》卦爻辞或卦象的占卜。比如《晋世家》《魏世家》同时记载："初，毕万卜事于晋，遇屯之比。辛廖占之，曰：'吉。屯固比入，吉孰大焉。其必蕃昌。'"

再如《田敬仲完世家》："陈完者，陈厉公他之子也。完生，周太史过陈，陈厉公使卜完，卦得观之否：'是为观国之光，利用宾于王。此其代陈有国乎？不在此而在异国乎？非此其身也，在其子孙。若在异国，必姜姓。姜姓，四岳之后。物莫能两大，陈衰，此其昌乎？'"

以上两例都是利用《周易》占卜，得到卦象与变卦之象，由此判断事情吉凶。而且这两卦后来都得到了验证，毕万后世子孙繁茂昌盛，拥有了战国时期的魏国；而陈完子孙后代后来在齐国发达，田氏代姜，成为齐国的君主。

（三）《史记》经常援引《周易》中的很多辞句，作为其立论的依据

比如在其《太史公自序》中论春秋之时弑君亡国缘于"皆失其本"："《春秋》之中，弑君三十六，亡国五十二，诸侯奔走不得保其社稷者不可胜数。察其所以，皆失其本已。故《易》曰'失之毫厘，差以千里'。故曰'臣弑君，子弑父，非一旦一夕之故也，其渐久矣'。故有国者不可以不知《春秋》……"这是以易传《文言》之文转化而来的，《文言》云："积善之家必有余庆，积不善之家必有余殃。臣弑其君，子弑其父，非一朝一夕之故，其所由来者渐矣。由辩之不早辩也。"说明弑君亡国皆由逐渐积累而成，所以为君为父、为臣为子，不可以不知《春秋》，不通礼义。

在《外戚世家》称："故《易》基乾坤，《诗》始关雎，《书》美厘降，《春秋》讥不亲迎。夫妇之际，人道之大伦也。礼之用，唯婚姻为兢兢。夫乐调而四时和，阴阳之变，万物之统也，可不慎与？""《易》基乾坤"，是对《周易》"大哉乾元，万物资始"、"至哉坤元，万物资生"（《彖传》）、"乾知大始，坤作成物"以及"乾坤，其《易》之门邪"（《系辞传》）的高度概括。并以此论证，夫妇之际乃人伦之根本，不可不慎。最后又归结到《周易》的阴阳变易学说，提升到哲学的高度予以说明，所谓"阴阳之变，万物之统也"。此段论述，先讲"《易》基乾坤"，实也拔《周易》于其他五经之上，可见其对《易》书的极力推崇。

又如，在《礼书》中论礼的重要作用时称："凡礼始乎脱，成乎文，终乎税。故至备，情文俱尽；其次，情文代胜；其下，复情以归太一。天地以合，日月以明，四时以序，星辰以行，江河以流，万物以昌，好恶以节，喜怒以当。以为下则顺，以为上则明。""天地以合"三句，本之于易传《文言》："夫大人者，与天地合其德，与日月合其明，与四时合其序……天且不违，而况于人乎，况于鬼神乎？"以

此说明“礼”乃天地人伦之大经，天地万物、社会人伦皆依礼而各得其所，各得其序，各遂其成。

再如，在其《乐书》中引《周易》易传较长文字立论：“天尊地卑，君臣定矣。高卑已陈，贵贱位矣。动静有常，小大殊矣。方以类聚，物以群分，则性命不同矣。在天成象，在地成形，如此则礼者天地之别也。地气上升，天气下降，阴阳相摩，天地相荡，鼓之以雷霆，奋之以风雨，动之以四时，暖之以日月，而百化兴焉，如此则乐者天地之和也。化不时则不生，男女无别则乱登，此天地之情也。及夫礼乐之极乎天而蟠乎地，行乎阴阳而通乎鬼神，穷高极远而测深厚，乐著太始而礼居成物，著不息者天也，著不动者地也。一动一静者，天地之间也。故圣人曰‘礼云乐云’。”此段文字也载于《乐记》，是否司马迁抄录于此，不得而知。但它最初取材于《易传》却是可以肯定的。此文“天尊地卑”至“天地之别”，是引《系辞》文说明“礼为天地之序”；自“地气上升”至“天地之和”，是引《系辞》文说明“乐为天地之和”。下文“极乎天而蟠乎地”，可能是明夷卦上六爻辞“初登于天，后入于地”的变文。“行乎阴阳而通乎鬼神”本于《系辞》“此所以成变化而行鬼神也”，变化即指天地之数也即阴阳之数的变化，“阴阳不测之谓神”，就是讲变化莫测之义，故此处“成变化”与“行乎阴阳”完全同义。“穷高极远而测深厚”，似有本于《系辞》“探赜索隐，钩深致远”。“乐著太始而礼居成物”，则出自《系辞》文“乾知大始，坤作成物”。乾坤乃天地的象征，故下文曰：“著不息者天也，著不动者地也。”司马迁不厌其烦地引述《易》文，是要以此论证礼乐制度的巨大功能和作用，所以最后说“圣人曰：礼云乐云”。

（四）《史记》还以《周易》文辞作为评论历史事件和历史人物的准则

如太史公在《楚元王世家》评述当时篡杀及安危存亡时说：“国之将兴，必有祯祥，君子用而小人退。国之将亡，贤人隐，乱臣贵。”“君子用而小人退”，源于《泰·彖传》文“君子道长，小人道消”。国家通泰昌隆，则君子在朝内，小人在朝外，君子之道盛长，小人之道衰消，故泰卦说“内君子而外小人，君子之道长，小人之道消”。“贤人隐”乃引易传《文言》“天地闭，贤人隐”句。天地闭塞，阴阳不交，乃否卦之象，以此比喻君臣乖背，上下阻隔，所以贤人隐居不仕。也即《否卦·彖辞》所说：“内小人而外君子，小人道长，君子道消也。”实际上，司马迁这里是以泰、否两卦之义评论楚元王世家，辞句虽较隐晦，其文义还是相当明朗的。

再如在《屈原贾生列传》中评论《离骚》和屈子的遭遇，也多引《周易》文字：“若离骚者，可谓兼之矣。上称帝喾，下道齐桓，中述汤武，以刺世事，明道德之广崇，治乱之条贯，靡不毕见。其文约，其辞微，其志洁，其行廉，其称文小而其指极大，举类迩而见义远。其志洁，故其称物芳。其行廉，故死而不容，自疏濯淖污泥之中，蝉蜕于浊秽，以浮游尘埃之外，不获世之滋垢，皭然泥而不滓者也。推此志也，虽与日月争光可也。”此段文字，“其文约”至“举类迩而见义远”，本于《系辞》："其称名也小，其取类也大。其旨远，其辞文。其言曲而中，其事肆而隐。"而又稍变其文，作为评判《离骚》的审美价值标准。其论"不知人之祸"，则引井卦九三爻辞为其准则："人君无愚智贤不肖，莫不欲求忠以自为，举贤以自佐，然亡国破家相随属，而圣君治国累世不见者，其所谓忠者不忠，而所谓贤者不贤也，怀王以不知忠臣之分，故内惑于郑袖，外欺于张仪，疏屈平而信上官大夫、令尹子兰。兵挫地削，亡其六郡，身客死于秦，为天下笑者，此不知人之祸也。《易》曰：'井渫不食，为我心恻，可以汲。王明，并受其福。'王之不明，岂足福哉！"

再如在《范雎蔡泽列传》中记述蔡泽规劝秦相范雎"及时隐退"之事，也三次征引《周易》文辞，作为评价人事的尺度："语曰：日中则移，月满则亏，物盛则衰，天地之常数也。进退盈缩，与时变化，圣人之常道也。"这与《丰卦·彖辞》所说："日中则昃，月盈则食，天地盈虚，与时消息，而况于人乎，况于鬼神乎！"文意如出一辙，来源至为明显。并以此说明乾卦上九爻辞"亢龙有悔"的道理："《易》曰'亢龙有悔'，此言上而不能下，信而不能诎，往而不能自返者也。愿君孰计之。"

（五）常常在行文中引《周易》文句作为叙事之辞

如《天官书》记述天官的由来说："自初生民以来，世主曷尝不历日月星辰？及至五家、三代，绍而明之，内冠带，外夷狄，分中国为十有二州，仰则观象于天，俯则法类于地。天则有日月，地则有阴阳。天有五星，地有五行。天则有列宿，地则有州域。三光者，阴阳之精，气本在地，而圣人统理之。"其中"仰""俯"两句即引《系辞传》："古者包牺氏之王天下也，仰则观象于天，俯则观法于地。"又说，"幽厉以往，尚矣。所见天变，皆国殊窟穴，家占物怪，以合时应，其文图籍禨祥不法。是以孔子论六经，纪异而说不书。至天道命，不传；传其人，不待告；告非其人，虽言不著。为天数者，必通三五。终始古今，深观时变，察其精粗，则天官备矣。""告非其人，虽言不著"，是《系辞传》"苟非其人，道不虚行"的变文。从上下文的语气看，"苟"似当依《史记》文作"告"。"深观时变"本于《彖传》"观乎天文，以察时变"。

（六）引用《周易》相关联文辞，用来比喻某种人事

比如在《外戚世家》中，不仅缕述历史上夏桀妺喜、殷纣妲己、周幽褒姒等妇人乱政的历史教训，而且化引《周易》相关文辞，以阴阳之道比喻夫妇名分："故易基乾坤，诗始关雎，书美厘降，春秋讥不亲迎。夫妇之际，人道之大伦也。礼之用，唯婚姻为兢兢。夫乐调而四时和，阴阳之变，万物之统也。可不慎与？"其中所引"易基乾坤"，是说《周易》的根基在于乾坤二卦，而我们知道乾卦为阳，象征男子丈夫，而坤卦为阴，象征女子妇人。这里用乾、坤二卦，比喻夫妇之道，阴阳和谐，不失其德。而下面的"夫妇之际，人道之大伦也……夫乐调而四时和，阴阳之变，万物之统也"，正与易传《序卦》所谓"有天地然后有夫妇，有夫妇然后

有父子”之意相合。

又如在《伯夷列传》中论伯夷得夫子而名彰，颜回附骥尾而行著时，引易传《文言》“‘同明相照，同类相求。’‘云从龙，风从虎，圣人作而万物睹。伯夷、叔齐虽贤，得夫子而名益彰。颜渊虽笃学，附骥尾而行益显，岩穴之士，趋舍有时若此，类名堙灭而不称，悲夫！’”加以评论。这是以《易传》“同类相召”的观念，以相同的人物作比喻，评论伯夷虽有贤行，颜回虽然笃学，皆得孔子称扬而名益彰显，以此悲叹“闾巷之人，欲砥行立名者，非附青云之士，恶能施于后世哉？”岩穴之士，闾巷之人，如果不攀龙附凤，没有圣贤的极力表彰与宣扬，即使砥身励行，也不可能名传后世，而只能“堙灭而不称”了。

《史记》中还有一些引用《周易》的文字，不再一一列举。由此，我们也足以看出，《周易》对司马迁《史记》所产生的深刻影响。

第二节　《汉书》的援易说史

东汉班固所著《汉书》，是继司马迁《史记》之后又一部伟大的史学著作，是我国第一部纪传体断代史。与司马迁《史记》一样，《汉书》也深受《周易》影响，处处浸润着《周易》经传以及汉易的精湛思想。

一、《汉书》追述易学史

正像司马迁从其父司马谈那里继承了家学一样，班固从同样也是史官的父亲班彪那里得到易学真传，对于《周易》非常推崇。《汉书》不仅吸收了刘歆“《易》为五经之原”的观点，所谓“五者，盖五常之道，相须而备，而《易》为之原”（《汉书·艺文志》），列《周易》于群经之首。“凡易十三家，二百九十四篇”，而且于前汉学术也首推《易》学。《儒林传》云：“汉兴，言《易》自淄川田生；言《书》自济南伏生；言《诗》，于鲁则申培公，于齐则辕固生，燕则韩太傅；言《礼》，则鲁高堂生；言《春秋》，于齐则胡毋生，于赵则董仲舒。”这是后世将《周易》列为十三经之首的滥觞。

尤其是对易学产生发展的过程，班固《汉书》既有继承前辈学者如司马迁的学问传述，也有自己的深刻理解。比如关于易学的缘起及早期历史，班固在《汉书·艺文志》转引《系辞下》，同时糅合了《史记》中关于孔子对易学的贡献，并就自己的认识而有所发挥，提出了“人更三圣，世历三古”的说法：

《易》曰：“宓戏氏仰观象于天，俯观法于地，观鸟兽之文，与地之宜，近取诸身，远取诸物，于是始作八卦，以通神明之德，以类万物之情。”至于殷、周之际，纣在上位，逆天暴物，文王以诸侯顺命而行道，天人之占可得而效，于是重《易》

六爻，作上下篇。孔氏为之《彖》、《象》、《系辞》、《文言》、《序卦》之属十篇。故曰《易》道深矣，人更三圣，世历三古。

只要我们对照一下《系辞下》和《史记·孔子世家》原文，就可以看出班固在此中的文句取舍意旨和自己的观点断制了。“古者包牺氏之王天下也，仰则观象于天，俯则观法于地。观鸟兽之文与地之宜，近取诸身，远取诸物，于是始作八卦，以通神明之德，以类万物之情。作结绳而为网罟，以佃以渔，盖取诸离。包牺氏没，神农氏作……神农氏没，黄帝尧舜氏作，通其变，使民不倦，神而化之，使民宜之。”（《系辞下》）“孔子晚而喜易，序《彖》《系》《象》《说卦》《文言》。读《易》，韦编三绝。曰：假我数年，若是，我于易则彬彬矣。”（《史记·孔子世家》）

关于秦汉时期易学的传播与发展，《汉书》中也有记载：“及秦燔书，而《易》为筮卜之事，传者不绝。汉兴，田何传之。讫于宣、元，有施、孟、梁丘、京氏列于学官，而民间有费、高二家之说。刘向以中《古文易经》校施、孟、梁丘经，或脱去‘无咎’、‘悔亡’，唯费氏经与古文同。”（《汉书·艺文志》）秦始皇焚书坑儒，致使传《书》《诗》《礼》《春秋》者一时绝迹，惟有《易》，因为是属于卜筮之书，而侥幸得以流传不绝。所以《汉书·刘歆传》记载，西汉初年“天下但有《易》卜，未有他书”。

通过《汉书》的记载，我们还可以知道《周易》在汉代传播的一些情况，这也是班固《汉书》对于易学的贡献之处。《汉书·艺文志》：“汉兴，田何传之。”《汉书·儒林传》亦曰：

自鲁商瞿子木受《易》孔子，以授鲁桥庇子庸。子庸授江东馯臂子弓。子弓授燕周丑子家。子家授东武孙虞子乘。子乘授齐田何子装。及秦禁学，《易》为筮卜之书，独不禁，故传受者不绝也。汉兴，田何以齐田徙杜陵，号杜田生，授东武王同子中、雒阳周王孙、丁宽、齐服生，皆著《易传》数篇。同授淄川杨何，字叔元，元光中征为太中大夫。齐即墨成，至城阳相。广川孟但，为太子门大夫。鲁周霸、莒衡胡、临淄主父偃，皆以《易》至大官。要言《易》者本之田何。

这段话详述自鲁商瞿子木受《易》孔子，至汉田何、丁宽、田王孙、施、孟、梁丘以及焦、京、费、高的传授世系，列于五经之首，俨然一部自孔子至前汉的易学流变史。

后来汉《易》逐渐成三家：除田氏《易》外，又有梁人焦赣（延寿）以《易》言灾异，另有费直出古文《易》传人。据《汉书·艺文志》说，西汉之《易》，除施、孟、梁丘三家之外，另有京氏《易》亦列学官。据《汉书·儒林传》说，汉成帝时，刘向校书，考《易》说，以为诸家之《易》皆祖田何，大谊略同，惟京氏为

异。京房，字君明，本姓李，推律自定为京氏。受《易》于梁人焦延寿，其学以纳甲、八宫、世应、飞伏、五星四气等妄言灾异。由《汉书·艺文志》可知，当时有《孟氏京房》十一篇，《灾异孟氏京房》六十六篇，《京氏段嘉》十二篇。

到了班固作《汉书》时，《易》已有十三家，二百九十四篇。而田何《易》传丁宽等四人，丁宽传田王孙，田王孙传施仇、孟喜、梁丘贺。田氏《易》，传至施、孟、梁丘无非四传，但据《汉书·楚元王传》刘歆说："往者博士《书》有欧阳，《春秋》公羊，《易》则施、孟，然孝宣皇帝犹复广立《穀梁春秋》《梁丘易》《大小夏侯尚书》，义虽相反，犹并置之。"可见到宣帝时，《梁丘易》已与施、孟之《易》"义虽相反"，不一样了。这是因为《周易》之学在西汉突起之后，特别到了宣帝、元帝年间，能通一经的人不但可以免去徭赋，还可以做官，像鲁人周霸、莒人衡胡、临淄人主父偃等，曾以治《易》当了大官。于是有些人把治《易》当作进身之阶，纷纷传习，持论也多自标新立异起来。如《汉书·儒林传》中讲到蜀人赵宾"持论巧慧，《易》家不能难，皆曰'非古法也'"。还说孟喜改师法，"上闻喜改师法，遂不用喜"。由此可知，西汉初年，《周易》经文已开始受到人们的曲解，故后人多以为汉《易》可信，其实，汉初即有人"持论巧慧""改师法"了。

不过总的说来，西汉人还是重视经义的，加之那时离《周易》形成的年代不远，故《周易》卦爻辞的本义当时还未全部失传。特别是施、孟、梁丘三家所传《周易》，因本于田何，故在西汉十三家中占据极重要的位置，所以在《汉书·艺文志》中，《周易》排在首位，这对两汉儒生有过很大的影响。

二、《汉书》遵易理而为

正如前文所述，《周易》的历史观念和史学思想对后世历史著作影响颇巨。《汉书》也正是如此。这其中既包括《周易》的变易思想、会通精神，也包括《周易》的镜鉴传统和忧患意识。

（一）《汉书》承袭《周易》变易思想

我们知道，变化、变易、变革思想，是《周易》的主要精神内核。班固著述《汉书》的重要指导思想之一，就是《易传》所提出的阴阳变易学说。

《史记·太史公自序》云："易著天地阴阳四时五行，故长于变。"《汉书·司马迁传》也抄录了这个说法。这说明，班固尊崇的《周易》变易思想，正是对司马迁史学思想的一种继承与发展。

如《汉书·武帝纪》记载：

春三月甲子，立皇后卫氏。诏曰："朕闻天地不变，不成施化；阴阳不变，物不畅茂。《易》曰'通其变，使民不倦'。《诗》云'九变复贯，知言之选'。朕嘉唐、虞而乐殷、周，据旧以鉴新。其赦天下，与民更始。诸逋贷及辞讼在孝景后三年以前，皆勿听治。”

《汉书》此处正是引用了《系辞下》中一段话语而化用之：“神农氏没，黄帝、尧、舜氏作，通其变，使民不倦，神而化之，使民宜之。《易》穷则变，变则通，通则久。是以‘自天祐之，吉无不利’。”

为了便于理解这段记载的意思，我们还是要联系一下当时的历史背景。汉武帝元朔二年春三月立皇后卫氏，这是汉武帝政治生涯的转折点，武帝即位之初，徒有皇帝之号，而无皇帝之权，太皇太后窦氏集团和皇太后王氏集团其实掌控着朝政。而皇后陈阿娇乃长公主之女，是王太后和长公主集团权利的标志。这个时期内政上仍然奉行窦太后所尊崇的黄老之术，对外继续采用内敛的防御政策。由于土地兼并加剧，逃贷现象严重，追捕太急，民不堪其苦，必生祸乱，致使法制陷入穷途。武帝经过使用一系列的政治手腕，逐步削弱了外戚权势，摆脱了窦太后和王太后权力的阴影，终于揽大权于一身，成了名副其实的皇帝。武帝于元光五年废陈皇后，至元朔二年春三月立皇后卫氏，然后顺水推舟做个人情，诏赦天下，暂时赦免部分无力还贷者，使民众安于生计，以便政令可以通行，社稠可以久安。从此武帝一改汉家故事，罢黜百家，独尊儒术，并且任用卫青大举进攻匈奴。此处引用上古帝王“通其变，使民不倦”的典故作为政令革新的理论依据，一则更立皇后卫氏合于《易》变之道，二来大赦天下亦合于通变之理，“穷则变，变则通，通则久”。虽然这是汉武帝的诏书中所写，是皇帝旨意，然而入载于《汉书》，并为班固所嘉许，自然可以反映出班固史学思想的本身了。

再如《汉书·货殖传》记载了春秋战国时期的诸多商界精英人物，如范蠡、计然、子贡、白圭、蜀卓氏、程郑、宛孔氏等，大多拾取《史记·货殖列传》文，强调“择人而任时”，尊崇《周易》“变通趋时”之说，对这些能够变通而动、与时偕行的大商人都持一种赞赏有加的态度。

（二）《汉书》所见《周易》的会通观念与天人合一思想

如上所言，《周易》经传体系中有所谓整体观察的会通观念存在，这一观念在中国古代史学传统中颇有继承。《汉书》也极为推崇《周易》的这一理念。尤其是《易传》中“裁成天地之道，辅相天地之宜”的天人合一理论，也是《汉书》经常应用的一大特色。

如《汉书·律历志》云：

夫历《春秋》者，天时也，列人事而因以天时。传曰：“民受天地之中以生，所谓命也。是故有礼谊动作威仪之则以定命也，能者养以之福，不能者败以取祸。”故列十二公二百四十二年之事，以阴阳之中制其礼。故春为阳中，万物以生；秋为阴中，万物以成。是以事举其中，礼取其和，历数以闰正天地之中，以作事厚生，

皆所以定命也。《易》金、火相革之卦曰“汤、武革命，顺乎天而应乎人”，又曰“治历明时”，所以和人道也。

这里的所谓“列人事以因天时”“顺乎天而应乎人”“治历明时以和人道”，都是强调天人和谐，主张天人合一理念的。

又如《汉书·公孙弘传》：“臣闻之，气同则从，声比则应。今人主和德于上，百姓和合于下，故心和则气和，气和则形和，形和则声和，声和则天地之和应矣。故阴阳和，风雨时，甘露降，五谷登，六畜蕃，嘉禾兴，硃草生，山不童，泽不涸，此和之至也。故形和则无疾，无疾则不夭，故父不丧子，兄不哭弟。德配天地，明并日月，则麟凤至，龟龙在郊，河出图，洛出书，远方之君莫不说义，奉币而来朝，此和之极也。”“德配天地，明并日月”，本于易传《文言》：“夫大人者与天地合其德，与日月合其明，与四时合其序，与鬼神合其吉凶，先天而天弗违，后天而奉天时。”这与“裁成辅相”说一样，也是讲天人协调论。如此，君臣和，百姓和，心和，气和，阴阳和，天人和，故云“和之至也”“和之极也”。和之至也即《易传》所说的“太和”，即最高的和谐状态。其实，《汉书》中到处可见的“顺天应人（民）”，也无非是要表达天人和谐的意蕴。

又如《汉书·眭两夏侯京翼李传赞》曰：“幽赞神明，通合天人之道者，莫著乎《易》《春秋》。”更是对《周易》“通和天人之道”思想的一种礼赞和褒扬。

（三）《汉书》的镜鉴传统和忧患意识

《周易》的治史理论中，有所谓镜鉴传统和忧患意识。“《易》之兴也，其当殷之末世，周之盛德邪？当文王与纣王之事邪？是故其辞危，危者使平，易者使倾。其道甚大，百物不废，惧以终始，其要无咎，此之谓《易》之道也。”（《系辞下》）这是说《周易》成书，大概当在商代末期，周代德业隆盛之时，反映的当是文王与纣王的事情。所以《周易》含有危惧之辞，其辞由危惧变得平易，由平易变得倾覆。

这对后世史学影响很大，因为历史本身就是一面镜子，前人的历史可以对后人所有镜鉴和警策，是前人的经验与教训，正所谓鉴往知来、古为今用者也。

在《周易》中，有将人间祸福视为上天对帝王奖惩的天人感应一说。如《咸卦·彖辞》曰：“咸，感也。柔上而刚下，二气感应以相与，止而说，男下女，是以‘亨利贞，取女吉’也。”后以“咸感”谓阴阳相感，夫妇相和。这种《周易》的整体观念和天人感应思想，到了汉代董仲舒那里更被发挥到极致，形成了一整套“天人合一”的理论。而这往往被史学家用来对时君的镜鉴与劝诫，《汉书》亦然。

比如《汉书·京房传》云：“古帝王以功举贤，则万化成，瑞应著，末世以毁誉取人，故功业废而致灾异。宜令百官各试其功，灾异可息。《春秋》纪二百四十二年灾异，以示万世之君。今陛下即位已来，日月失明，星辰逆行，山崩泉涌，地震石陨，夏霜冬雷，春凋秋荣，陨霜不杀，水旱螟虫，民人饥疫，盗贼不禁，刑人满市，《春秋》所记灾异尽备。陛下视今为治邪，乱邪?”

在这里，《汉书》运用京房易学的天人感应和灾异理论，利用历史上曾经有过的重大灾异现象，指正时政的得失，规劝君主作出正确决策，任用贤能，整顿吏治。这正体现了历史教材的镜鉴作用。

同时，《汉书》也非常重视和借鉴《周易》的忧患意识。

《系辞下》:“子曰：危者，安其位者也；亡者，保其存者也；乱者，有其治者也。是故君子安而不忘危，存而不忘亡，治而不忘乱，是以身安而国家可保也。”这是说倾覆的危险，是由于只想安居其位所致；灭亡，是由于只想保全生存所致；祸乱，是由治世引发。所以君子居安而不忘危险，生存不忘灭亡，太平治世而不忘祸乱。只有这样身体才能平安而国家可以保全。孔子的这段论述能够比较集中地体现《周易》的忧患意识。

在《汉书·楚元王传》中，刘向上成帝疏中引用了这样一句话:“安不忘危，存不忘亡，是以身安而国家可保也。”正是对上引《周易·系辞下》一段话的缩写和概括。据《汉书》本传载，成帝营建昌陵，数年不成，劳民伤财，然后又要建延陵。刘向因此上疏，引《周易》忧患之意，提醒成帝省用节葬，常将有日思无日，莫待无时想有时。

在《汉书》中，《周易》的忧患意识还表现在人物谦虚谨慎的行事作风上。《汉书·魏相丙吉传》记载:“(魏)相与丙吉相善，时吉为光禄大夫，与相书曰:‘朝廷已深知弱翁治行，方且大用失。愿少慎事自重，臧器于身。’相心善其言，为霁威严。”“臧器于身”一语出自《系辞下》，原文为:“子曰：隼者，禽也。弓矢者，器也；射之者，人也。君子藏器于身，待时而动，何不利之有?动而不括，是以出而有获，语成器而动者也。”原来，魏相为官以禁止奸邪、打击豪强为务，因为用法颇为严厉，往往得罪权贵。所以丙吉劝解魏相要谨慎小心，不可锋芒太露，以免招致不测。

(四)《汉书》体现《周易》致命遂志的自强精神

《周易》除了褒扬天道思想，同时也坚持人文精神，尤其是在《易传》中所标榜的“自强不息”(《乾卦·象辞》)、“致命遂志”(《困卦·象辞》)奋斗精神，已经成为后世人们自强自励的一种思想法器，因而备受重视。

实际上，班固十分重视人力因素在社会历史演变中的重要作用。如其《两都赋》云:“夫大汉之开原也，奋布衣以登皇极，繇数期而创万世，盖六籍所不能谈，前圣靡得而言焉。当此之时，功有横而当天，讨有逆而顺人，故娄敬度势而献其说，萧公权宜以拓其制。时岂泰而安之哉?计不得以已也。”及汉光武帝中兴，“且夫建武之元，天地革命，四海之内，更造夫妇，肇有父子，君臣初建，人伦实始，斯乃伏羲氏之所以基皇德也。分州土，立市朝，作盘舆，造器械，斯乃轩辕氏之所以开

帝功也。龚行天罚，应天顺人，斯乃汤武之所以昭王业也。”汉光武像伏羲、黄帝、汤武一样，实乃改变历史的圣人。

班固在《汉书·叙传》中，认可其父《王命论》之说：“盖在高祖，其兴也有五：一曰帝尧之苗裔，二曰体貌多奇异，三曰神武有征应，四曰宽明而仁恕，五曰知人善任使。加之以信诚好谋，达于听受，见善如不及，用人如由己，从谏如顺流，趣时如响赴；当食吐哺，纳子房之策；拔足挥洗，揖郦生之说；寤戍卒之言，断怀土之情；高四皓之名，割肌肤之爱；举韩信于行陈，收陈平于亡命，英雄陈力，群策毕举：此高祖之大略，所以成帝业也。”此文虽然也说到灵瑞符应，“谓之天授”，但实是对人力的高度强调。

又如《汉书·刑法志》所谓：“汉兴，高祖躬神武之材，行宽仁之厚，总揽英雄，以诛秦、项。任萧、曹之文，用良、平之谋，骋陆、郦之辩，明叔孙通之仪，文武相配，大略举焉。”几乎是抄录乃父之说。再如于《项籍传》讥讽项羽败走乌江、身死东城则说：“不自责过失，乃引‘天亡我，非用兵之罪’，岂不谬哉!”实乃对天命神意的明确否定。

鉴于其反复言及“应天顺人”，《汉书》所反映的历史观，似乎是对《周易》“顺天应人”的圣人史观予以概括，更为妥当一些。

三、《汉书》之援易说史

司马迁援易说史的治学方法，也直接影响了班固所著《汉书》一书。据统计，《汉书》中引用《周易》经传原文的地方，计有160余处，另有3处《易纬》的材料（以下三处引文不见于今本《周易》）：①《司马迁传》：“易曰：差以豪氂，谬以千里。”②《杜周传》：“易曰：正其本，万物理”③《东方朔传》：“易曰：正其本，万事理；失之豪氂，差以千里。”“正其本，万物理”出自《坤灵图》；“失之豪氂，差以千里”，见于《乾凿度》及《通卦验》。《五行志》引《京房易传》的说辞也达数十条之多，而且涉及《周易》相关内容而未引原文的地方（所谓化用）也有不少。

这些引述只是称《易》，而不分经传。盖在班固的眼中，也是将经传释为《周易》的一个整体，而不必分二述之。引述《周易》文辞用以著史，不仅使《汉书》有了较为深厚的史学理论底蕴，增加其可信性和权威性，而且因为这些引文辞藻华美、文意古雅，也增加了《汉书》的可读性和文学意味。

综观《汉书》引易情况，基本上都是引用易经卦爻辞和易传文字，不涉及象数学。这与司马迁一样，走的是《周易》义理派的路数。盖司马、班均是史学家，而非专门研究《周易》的易学家。同时，这样是与汉代易学发展的具体情形以及两位史学家的易学师承脉络相关的。

《汉书》引易治史，可以分为几种情况，兹分类说之如下：

（一）引用《周易》文意，用来帮助表达著述的宗旨

班固在创作《汉书》时，将《周易》视为著述的理论基础和指导思想。这在《汉书·叙传》中尤有几种表现。在《叙传》中，班固自述作《汉书》百篇的宗旨，所依《周易》经传文意者、引用《周易》经传文辞者就有20余处之多。在此，仅举几例加以说明。

其一，其述《高帝纪》云："皇矣汉祖，纂尧之绪，实天生德，聪明神武。秦人不纲，罔漏于楚，爰兹发迹，断蛇奋旅。神母告符，朱旗乃举，粤蹈秦郊，婴来稽首。革命创制，三章是纪，应天顺民，五星同晷。……述《高纪》第一。"其中的"聪明神武"一词，本于《易传·系辞上》："神以知来，知以藏往。其孰能与于此哉！古之聪明睿知，神武而不杀者夫！"意思是说唯有古之聪明慧智神武而不残暴之人，方能至于此种境界，而汉高祖就是达到了此种境界的"聪慧神武"之人。"革命创制""应天顺民"本于《革卦·彖传》："天地革而四时成。汤武革命，顺乎天而应乎人。革之时，大矣哉！"意思是说汉高祖入关破秦，创立汉室，正如汤武革命顺天应人一样伟大。

其二，其述《汉书·礼乐志》说："上天下泽，春雷奋作，先王观象，爰制礼乐。厥后崩坏，郑、卫荒淫，风流民化，湎湎纷纷。略存大纲，以统旧文。述《礼乐志》第二。""上天下泽"乃《履卦·象传》文："上天下泽，履；君子以辨上下，定民志。"《序卦传》又说："履者，礼也。""春雷奋作"本于《豫卦·象传》："雷出地奋，豫；先王以作乐崇德，殷荐之上帝，以配祖考。"于是先王观此两卦之象，制作了礼乐。这是以《象传》文义说明制礼作乐的来源。

其三，其述《五行志》则说："《河图》命庖，《洛书》赐禹，八卦成列，九畴攸叙。三代寖宝，光演文武，《春秋》之占，咎征是举。告往知来，王事之表。述《五行志》第七。""河图命庖"四句，本于刘歆的"河图八卦"说。据《汉书·五行志》记载："刘歆以为虙羲氏继天而王，受《河图》，则而画之，八卦是也。禹治洪水，赐《洛书》，法而陈之，《洪范》是也。"这是认为，伏羲仿效《河图》而作八卦，大禹取法《洛书》而陈《洪范》九畴，以此解释《五行志》的由来。

其四，又述《艺文志》说："虙羲画卦，书契后作，虞夏商周，孔纂其业，纂书删诗，缀礼正乐，彖系大易，因史立法。六学既登，遭世罔弘，群言纷乱，诸子相腾。秦人是灭，汉修其缺，刘向司籍，九流以别，爰著目录，略序洪烈。述《艺文志》第十。""彖系大易"，谓孔子作《易传》，也即《史记·孔子世家》所说："孔子晚而喜《易》，序《彖》《系》《象》《说卦》《文言》。读《易》，韦编三绝。""虙"，读为伏。"伏羲画卦，书契后作"，则本于《系辞下》："古者伏羲氏之王天下也，仰则观象于天，俯则观法于地，观鸟兽之文与地之宜，近取诸身，远取诸物，于是始作八卦。""上古结绳而治，后世圣人易之以书契，百官以治，万民以察。"这又是以《系辞》文义作为其述作《艺文志》的理论基础。《艺文志》又云：诸子

之学，“其言虽殊，辟犹水火，相灭亦相生也。仁之与义，敬之与和，相反而皆相成也。《易》曰：‘天下同归而殊途，一致而百虑。’”以《周易》易传文字作总结，意在肯定百家之学各有其长，各有其短，各有功用，不可偏废。

其五，其述《爰盎晁错传》说：“子丝慷慨，激辞纳说，揽辔正席，显陈成败。错之琐材，智小谋大，祸如发机，先寇受害。述《爰盎晁错传》第十九。”智小谋大，本于《系辞下》：“德薄而位尊，智小而谋大，力少而任重，鲜不及也。”“祸如发机”，实亦化自《系辞上》：“枢机之发，荣辱之主也。”言祸来之速，如弩机之发。以此说明，晁错智小谋大、才不胜任，遭祸被诛之速。又其述《贾邹枚路传》，则将上文稍加变通以为论证，所谓：“荣如辱如，有机有枢，自下摩上，惟德之隅。赖依忠正，君子采诸。述《贾邹枚路传》第二十一。”

其六，其述《王贡两龚鲍传》说：“四皓遁秦，古之逸民，不营不拔，严平、郑真。吉困于贺，涅而不缁；禹既黄发，以德来仕。舍惟正身，胜死善道；郭钦、蒋诩，近遁之好。述《王贡两龚鲍传第四十二》。”“不营不拔”本于《否卦·象传》：“天地不交，否；君子以俭德辟难，不可荣以禄。”以及《乾卦·文言》：“龙，德而隐者也。不易乎世，不成乎名，遁世无闷，不见是而无闷，乐则行之，忧则违之，确乎其不可拔，潜龙也。”荣，《周易集解》本作“营”，为是。是说，天地不交，君臣阻隔之时，君子当崇尚俭德，安于贫贱，以避祸难，不可为利禄所诱惑。而应如潜龙一样，隐遁不闷，乐则行之，忧则违之，不屈其身，不丧其志。“近遁之好”本于遁卦九四爻辞：“好遁，君子吉，小人否。”言君子喜爱退隐，不以贪官禄而招祸，故吉；小人反之，则不吉。以此作为述说山林逸士的理论支撑。

（二）引用《周易》成文，以古代圣贤事迹作为当时制定制度的参考

《汉书》中较多地引用《周易》圣人之道故事，作为后世殷鉴以及当代制定历法、律令、礼乐制度以及文法的依据。

如《百官公卿表》化引《系辞下》：“《易》叙宓羲、神农、皇（黄）帝作教化民，而《传》述其官，以为宓羲龙师名官，神农火师火名，黄帝云师云名，少昊鸟师鸟名。”再如《艺文志》引《系辞下》：“上古结绳以治，后世圣人易之以书契，百官以治，万民以察，盖取诸《夬》。”又如《食货志》引《系辞下》：“断木为耜，揉木为耒，耒（以）［耜］之利以教天下，而食足；日中为市，致天下之民，聚天下之货，交易而退，各得其所，而货通。”《楚元王传》引《系辞下》：“古之葬者，厚衣之以薪，臧之中野，不封不树。”等等，皆是其例，兹不多举。

（三）引用《周易》成说，以为当时人们的行为准则和评论依据

《汉书》的一些引易之处，往往是将这些引文作为箴言，当作当时人们言行的标准和评论的教条使用。这样的例子还是较多的。

比如《王贡两龚鲍传》末尾赞语引易曰：“君子之道，或出或处，或默或语。”语出《系辞上》，下文还有“二人同心，其利断金；同心之言，其臭如兰。”前者是

讲作为一个有道德的人，要么出仕为社会做贡献，要么隐藏起来独善其身；要么沉默不语，与世无争，要么积极发言，表达思想。后者则是讲朋友之道，要团结一心，可以办大事情；同心的朋友相处，就像兰花一样散发出馨香美味来，令人享受。《王贡两龚鲍传》共为王丙（附其子王骏、其孙王崇）、贡禹、龚胜、龚舍、鲍宣（另附唐林、薛方）等人作传，这是一篇所谓“清节之士”的类传，记载了他们的嘉言懿行、高尚事迹，赞扬他们几位“或出或处”，虽然在朝在野不一，但他们都能恪守“君子之道”，令人敬佩赞叹。这里引易之语，既有激赏当时将相名臣多“怀禄耽宠”，故此几位“清节之士于是为贵”；又有“然大率多能自治而不能治人”，意谓个人品行尚可而不能拯救世弊，而感到有些遗憾。

其他类似于此的，还有《武帝纪》：“易曰：‘先甲三日，后甲三日。’”出自蛊卦辞，以此为择日标准。《郊祀志》：“易曰：东邻杀牛，不如西邻之瀹祭。”出自《既济》九五爻辞，以此来讲究祭祀仪轨。

再如《五行志》：“易曰：‘说以犯难，民忘其死。’”出自《兑·象》。《楚元王传》：“易曰：‘飞龙在天，大人聚也。’”出自《乾·九五象》。《艺文志》：“易曰：‘河出图，洛出书，圣人则之。故书之所起远矣。’”出自《系辞上》。《五行志》：“易曰：‘亢龙有悔，贵而亡位，高而亡民，贤人在下位而亡辅。’”出自《乾·上九文言》。《律历志》：“易曰：‘立天之道，曰阴与阳。立地之道，曰柔与刚。立人之道，曰仁与义。’”出自《说卦》。《艺文志》：“易曰：‘有夫妇父子君臣上下，礼义有所错。’”出自《序卦》。皆是其例，兹不一一。

（四）引用《周易》词句，只是一种修辞技巧，为了增加文字表达能力

《汉书》中这样引经据典的例子非常之多，因为《周易》的语言丰富了人们的词汇，人们自然而然地运用于字里行间。

比如《诸侯王表》在叙述汉初大封同姓诸王，导致方国尾大不掉的局面时说：“然诸侯原本以大，末流滥以致溢，小者淫荒越法，大者睽孤横逆，以害身丧国。”其中“睽孤”一词出自睽卦九四爻辞：“睽孤，遇元夫，交孚，厉，无咎。”上九爻辞：“睽孤，见豕负涂，载鬼一车，先张之弧，后说之弧，匪寇，婚媾，往遇雨则吉。”这里用“睽孤”一词，就是表示乖异不顺的意思。

这种引述《周易》文辞用来表达相似语境的用法，在《汉书》中所在多见，既有天子诏令，如武帝元朔二年春三月立卫皇后，大赦天下，诏引“通其变，使民不倦”。也有朝臣疏奏，如董仲舒对贤良策引“负且乘，致寇至”（《武帝纪》）。既有文士辞章，如扬雄《河东赋》引“烟组玄黄，将绍厥后”（《董仲舒传》）。也有日常言语，如穆生曰：“易称‘知几其神乎！几者动之微，吉凶之先见者也。君子见几而作，不俟终日。’”（《楚元王传》）

（五）引用《周易》中相似字词，附会某种相类事情

《汉书》引易，有些不是引经据典用来增益辞彩，而是望文生义，用来比附相

类事件。

比如《叙传》引："安国壮趾，王恢兵首。"颜师古注："孟康曰：《易》壮于趾，征凶。"安国临当为丞相，坠车，蹇。后为将，多所伤失而忧死。此为不宜征行而有凶也。师古曰："壮于趾"，《大壮》初九爻辞也。壮，伤也。趾，足也。直谓堕车蹇耳，不言不宜征行也。据《韩安国传》记载，安国武帝前期为将，功名卓著，几乎拜为丞相。后来意外坠车，脚跛了。然后为将往往不利，多有折损，屡遭贬黜，忧疾而终。"壮趾"之说出自《大壮》初九爻辞，原文为"壮于趾，征凶。""壮"解作"伤"，即伤了脚趾，出征有凶的意思。此处正好用来附会韩安国自从脚跛了之后出征不利的事实。

（六）引用《周易》文辞，用来比喻某种相关联之事物

与《诗经》"赋比兴"的比法相类，《汉书》中也有一些引用《周易》的文辞，是一种比喻的用法，不是用来说相同的事物，而是用来解释相类的东西。

比如《王商传》载有一篇张匡诬告王商的奏章，文中说："商视事五年，官职陵夷而大恶著于百姓，甚亏损盛德，有鼎折足之凶。""鼎折足"出自《周易·鼎卦》九四爻辞曰："鼎折足，覆公餗，其形渥，凶。"原意是说鼎三足而立，一足折断就会倾覆了其中的菜肴，沾濡四周，这是凶兆。汉代政治制度以三公九卿制为核心，三公辅政之势就好比三足鼎立之形，因此往往以鼎足喻三公。王商成帝朝继匡衡为丞相，太中大夫张匡阿附外戚王凤以排挤王商，所以污蔑王商"视事五年，官职陵夷而大恶著于百姓，甚亏损盛德"，居丞相之位而不堪公辅之任，犹如鼎折一足而有倾覆之危，朝政也将有覆乱之凶。这种预言吉凶的方式比"安国壮趾"的说法又有了升华，将《周易》经文的意思作了类比，以器物之形喻当朝之势，然后顺理论人事吉凶。

参考文献

[1] 刘师培. 司马迁述周易义//黄寿祺，张善文. 周易研究论文集. 第二辑. 北京：北京师范大学出版社，1989.

[2] 白寿彝. 史记新论//白寿彝. 白寿彝文集. 第四卷. 郑州：河南大学出版社，2008.

[3] 张涛. 秦汉易学思想研究. 北京：中华书局，2005.

[4] 王记录.《周易》与司马迁的史学思想. 河南师范大学学报：哲学社会科学版，1993（02）.

[5] 吴怀祺. 汉《易》与《汉书》. 齐鲁学刊，2001（03）.

[6] 郑万耕.《史记》与《周易》. 史学史研究，2004（04）.

[7] 郑万耕.《汉书》与《周易》. 史学史研究，2006（02）.

[8] 郑万耕.《后汉书》与《易》. 史学史研究，2008（01）.

[9] 吴章燕.《史记》引《易》说. 湖南科技大学学报，2010（02）.

[10] 黄河.《汉书》引《易》研究. 华中师范大学2007年硕士论文.

[11] 马娟.《汉书》《后汉书》引《周易》研究. 河北师范大学2012年硕士论文.

第四章
以史解易

众所周知，易学与史学从一开始就有某种牵扯不断的纠葛与内在逻辑的联系。历史，一方面指过去发生过的事实、事件和人类行为，另一方面，又意味着对这些过去的事实、事件和行为举止的发掘与重识。《周易》的某种不确定性，给予历史之于人类文明创造过程种种行为的回溯与重识一个可能性的空间；而历史事件的不可复制与真正还原，则又需要《周易》这样方法论性质的哲理书提供某种可能性的解释法则。

正因为如此，古今易学家们尤其是义理派易学家们大多喜欢援史解易，这不仅为历史学研究开创了一个较新的视野，同时也以其丰富的史事易学之内容，充实了《周易》义理一派之易学内涵，并逐渐建构出此派易学独特之体系。

诚如林忠军所言："易学的特殊性，决定了易学研究方法不是单一的，他有文字训诂、思想说解、解象揭证等。以史治易尊重历史，以史实为据，强调实证，透显出一种严谨的学风，在易学研究中，其功能是任何一种方法不能取代的。这恐是以史治易具有较强生命力、自始至终、以各种形式贯穿于易学研究之中的重要原因。在当今虚浮之风盛行的易学界，倡导以史治易的方法，显得尤为重要。"

第一节　以史解易的历史概述

以史解易，或者说"以史注易""以史证易"，也可称"引史证易""援史治易"，是指在对《周易》卦爻辞进行诠解时，引入历史事例加以说明，或附会易卦卦象，可以说是易学家解易的一种常见的方法，几乎所有的义理学派易学家包括早期易学家们都曾使用过。而真正形成了"史事宗易学"（或曰：史事易学；或曰：以史证易学派；或曰：参证史事易学）派别者，当始自南宋的"三李一杨"（李光、李杞、李中正、杨万里），详见后文。此后，该易学流派历经宋、元、明、清四朝而代不乏人，尤其至有清一朝，随着乾嘉学派诸位学者的介入考订，以史解易成为一时风尚，"史事宗易学"一时达到鼎盛状态。

对于"史事宗易学"，台湾学者黄忠天有专门的研究，著有《宋代史事易学研究》及《史事宗易学研究方法论析》等论著，曾就"史事宗易学"形成之历史渊源

等做了较详细之叙述，并将两宋以前史事易演进之历程分为三期，即以两汉为史事易之萌芽期，魏晋南北朝为史事易之发展期，唐宋为史事易之成熟期。兹在其研究基础上，对历代以史解易的研究做如下综述。

一、　两汉以前——“史事宗易学” 的萌芽期

从现有材料来看，“史事宗易学”虽然作为一个易学宗派，肇始于宋代，但是作为一种解易方法，则古已有之。

在《易经》被用作卜筮的时期，《易经》卦爻辞为了解释卦象，就已经有引用历史事件的例子。比如《易经》的一些卦辞中就引用到“高宗伐鬼方”“箕子之明夷”和“帝乙归妹”等历史事件。因为此时的易学还停留在占卜的阶段，所引用的具体历史事件也只是为了说明卦象的性质和占卜的结果。

到了成书于战国时期的《易传》中，已经有了援史证经之先例。如《易传》提出《周易》成书于殷末周初与文王、纣王相关，《系辞》云：“易之兴也，其当殷之末世、周之盛德邪！当文王与纣王之事邪!”马王堆汉墓出土的帛书《周易·易之义》亦云：“子曰：易之用也，段（殷）之无道，周之盛德。”明夷卦《彖辞》用文王被囚、箕子劝谏纣王之事解说：“明入地中，明夷。内文明而外柔顺，以蒙大难，文王以之。利艰贞，晦其明也，内难而能正其志，箕子以之。”《易纬》多次引用殷周之事注释易卦，如用“文王修积道德，宏开基业”解释升卦，以文王“崇至法，显中和之美”解释困卦，等等。再如《系辞下》还引“子曰”：“颜氏之子，其殆庶几乎！有不善未尝不知；知之未尝复行也。《易》曰：‘不远复，无祇悔，元吉。’”是说颜家之子颜渊就是这样的人，他有错误的地方不知道就罢了，只要他发现自己错了，就会马上改正，并且不会再犯类似的错误（这与《论语·雍也》中评价颜渊“不贰过”是一个意思）。以此人事来解释复卦初九爻辞“不远复，无祇悔，元吉”的意思。

传世文本的《易传》如此，考古发现的地下出土文献简帛《周易》也有这方面的例子。如长沙马王堆出土之帛书《周易》中，有易传《缪和》，第二章论及困卦，就用历史人物商汤、周文王、秦穆公、齐桓公、勾践等说明困卦的穷困易理。第三章注丰卦九四爻辞，以秦穆公、晋文公、楚庄王、齐桓公等故事，说明先梦后见君主的情形。以舜帝为例，说明明夷卦中的当以乱世夺天下的道理。第四章、第十五章至第二十章，都是以史事参证《周易》之例（详见下一节）。

汉代是易学发展的时代，著书立说的易学家辈出，相望于道，不绝如缕。然而汉易诸家，在引史证易方面却鲜见其人，寥若晨星。这一方面可能是时代久远，书缺有间；另一方面也可能与汉代易学发展的路径有关。据唐李鼎祚《周易集解》所载，焦赣注易，曾于随卦卦辞“元亨利贞，无咎”，称“汉高帝与项籍，其明征也”。此处焦赣以汉高祖刘邦和西楚霸王项羽的事迹来说明有能得元亨利贞四德者，

则天下之人咸慕其行而随从之也，终至成功之境。东汉说易诸儒如崔篆、马融、郑玄、荀爽等，亦都曾有引史以说易的做法，其中尤其是郑玄说易，多举史事以说明经义，比如郑玄在论乾卦用九，则取舜与禹、稷、契、咎陶在朝之事，《乾》初九，称舜在野微，《乾》九二，称四岳荐舜，论随卦初九，则取舜宾于四门之义，即以左史记言之《尚书》合之于《易》也。荀悦治易也体现出以史证易的风格。郑玄等汉儒可视为“史事宗易学”的先驱者。

二、 魏晋至唐——“史事宗易学” 的发展期

魏晋南北朝时期，随着玄学之风的兴起，作为“三玄”之一的《周易》受到士人学子的广泛重视，于是一时之间，说易者众。据《隋书·经籍志》所载94部829卷易学著作中，除极少数东汉以前者外，其余都是魏晋以降之著作。其中引史说《易》者更是所在多多。比如三国时期易学家虞翻，著作中多有引史说易之处。即使以义理玄学著称的王弼，其论易之作，也时时可见引史证易之例。

此后，尝引史证易而今仍可见诸载籍者，有陆绩、干宝、崔憬、侯果、张讥、何妥诸人，尤以干宝在这方面的成绩最为突出。干宝注易，虽然也是以王弼义理派为本，但他也能杂取汉易诸家，除根据易经卦爻辞、易传及卦象外，也依据诸子群书和前辈学者观点解易，其中尤喜以史事证易。据不完全统计，干宝残存《易注》31卦119则考之，其中援引史事以释易者竟有51则之多，而其中又以商周史事说之者为多。比如他注乾卦初九爻辞云：“此文王在羑里之爻也。”注九二爻辞云：“此文王免于羑里之日也。”注九三爻辞云：“此盖文王反国大理其政之日也。”注九四爻辞云：“此武王兴兵孟津观衅而退之爻也。”注坤卦上六爻辞云：“文王忠于殷，抑参二之强，以事独夫之纣。”注井卦卦辞云：“水，殷德也；木，周德也。”等等，多引商周史事以说易，故清张惠言评其以《易》为“周家纪事之书”，又云：“则是《易》为谶数之言，妖灾之纪也。”可以说，干宝是这一时期以史解易的代表人物。

唐代易学著作以孔颖达《周易正义》、李鼎祚《周易集解》及史徵《周易口诀义》三书最能代表其时代水平。三书中，以李氏《周易集解》所收以史解易的前人易说为多。其中李氏引史注易者，如《乾卦·文言》“亢龙有悔，穷之灾也”，其注云：“此当桀、纣失位之时，亢极骄盈，故致悔恨穷毙之灾祸也。”以夏桀、殷纣史事说明乾卦爻义，可谓唐人引史说易的一个典型。

孔颖达《周易正义》的疏里面也有不少“参证史实”或“引史证易”的地方。比如《乾卦》“九四，或跃在渊，无咎”爻下有疏曰：“若周西伯内执王心，外率诸侯以事纣王也。”又有“若宋襄公与楚人战，而致败亡是也”。当然，注疏派孔颖达“引史证易”更多的还在于他和东汉经学家郑玄的“引史证易”一样纯粹是完成一个注经系统。

然而唐人引史证易也并非自己创说，而是引述前代学者观点。比如对乾卦初九

爻辞“潜龙勿用”注解，《周易正义》引南朝张讥《周易讲疏》语云：“若汉高祖生于暴秦之世，唯隐居泗水亭长，是勿用也。”足证唐代以史说易是承袭前代而来的。

三、 两宋——“史事宗易学” 的鼎盛期

吴怀祺曾言：“以史证易，也不当始于李光、杨万里。实际上，以史解易在欧阳修、司马光那里，已经看得很清楚。即使是象数派、图书派，又何尝不言史?”揆诸宋代易学发展史，诚哉斯言！

正如《四库全书总目提要·经部·易类序》所揭，南宋李光、杨万里等人为易学“史事宗”之代表人物，然而不见得是该学派的开创者。追溯其源头，史事宗易学在北宋有胡瑗、程颐等人，而北宋易学家阮逸，更是宋代“史事宗易学”的开山鼻祖。

阮逸，字天隐，北宋建安（今福建建瓯）人，仁宗天圣五年（1027）进士，官太常丞。又历镇江节度推官、镇安节度掌书记。皇佑中，与胡瑗俱被召，同校钟管十三律，并相与论乐。以校定钟律有功，典乐事，迁尚书屯田员外郎。著有《易筌》六卷，惜今已佚。陈振孙《直斋书录解题》称阮逸《易筌》解易，“每爻各以一古事系之，颇多牵合”。

胡瑗、程颐等人解易，是属于继承王弼衣钵的义理学派，多以儒家学说释易，所以他们的易学论著牵涉象数之学不多，多能切近人事。继干宝《易注》以后，大量援引史事以证经，如胡瑗《周易口义》，援引经史诸家以说易者，计有201则之多，其中史事又占82则。而程颐《伊川易传》引经史以证易者亦有百余处，其中引史者亦在八九十则以上。

由于胡、程二氏本身学术影响至大，又广引史事以证易，所以引史证《易》，在宋代已然成为义理易诸家常见之释《易》方式。如欧阳修《易童子问》、张根《吴园易解》、司马光《温公易说》、王安石《易解》、杨绘《易索蕴》、陈皋《易论》、杨时《易说》、苏轼《东坡易传》、张浚《紫岩易传》、项安世《周易玩辞》、胡宏《易外传》等，均可见引史证易之例。就连注重象数学的易学家如洪迈、沈括、王应麟，其著作《容斋随笔》《梦溪笔谈》《困学纪闻》中，也都时时可见引史证易的辞例。另外，一些学者的非易学专著比如笔记体，如苏轼《东坡志林》、吕本中《紫薇杂说》、李刚《靖康传信录》、韩淲《涧泉日记》、叶适《习学记言序目》、张端义《贵耳集》等，也皆曾运用历史人物或历史事件阐说义理，俨然成为一代治易之法。

宋代引史证易之盛如此，无怪乎至南宋李光、杨万里、李杞诸人，治易几乎达到“卦卦引经、爻爻援史”之地步（详见下文）。所以“史事宗易学”在宋代达到鼎盛，而后世以史解易者，无不受宋儒史事易宗祖的影响和陶染。

四、元明——“史事宗易学”的守成期

元明两代的易家研究，局限于宋学尤其是程、朱体系的藩篱，走的也多是义理派的路子。因此，一些易学家的论著也有以史解易的特点。

元人李简、胡震、陈应润等人的易学著作受宋代史事易学影响较深。李简《学易记》集录《子夏易传》以下 64 家易说，分隶经传，所采以程颐、郭雍、杨万里之说为多，其援引杨万里“以史解易”之说者更是随处可见，无卦不有。胡震《衍义》一书，释经义理多切人事，又能在注解卦爻辞时引据历史史实，以为佐证，明显也是受到宋代史事宗易学的影响。陈应润《周易爻变义蕴》，释易也是直接承继了宋代史事宗易学引史证经的方法，“逐爻观变，用事比证”，“每爻多证以史事，虽不必其尽合，而因卦象以示吉凶，以决进退，于圣人作《易》垂训之旨，实有合焉，在宋元人易解之中，亦翘然独秀者矣。”（《四库全书总目提要》卷四）

元代著名易学家吴澄、董真卿也受风行元代久矣的杨万里易说影响，论著（吴《易纂言》、董《周易会通》）也都援引史实史事释《易》，成为其治易的多种方法中的基本方法之一。

据《明史·艺文志》所载，明代易学著作有 223 部、1 570 卷之多，而其中多有参考宋代史事宗易家，而为史事宗之流裔者。比如叶山《八白易传》，大旨以《诚斋易传》为主，于每卦每爻解释，都征引诸子与史事以相佐证，甚至比李光、杨万里等人还要繁复，还要枝蔓。沈瑞锺《易意筌》，立论多主义理人事，但每卦每爻皆证以史事或当代之事。黎遂球《周易爻物当名》《易史》等，也都是以史论易之书。贺登选《易辰》，以爻象说《易》而征引史实，“杂引史事以证经，盖仿《诚斋易传》之例，而深切则不及之”（《四库全书总目提要》卷八）。颜鲸《易学义林》，除本诸程朱外，杂引《诚斋易传》之史证。林胤昌《易史象解》，虽然其说取易象大义，然而选取古今史事配之，每一卦为一解，加以论说发明。梅士昌《周易麟解》，以为《易》与《春秋》，其理可通，故乃援《春秋》史事以解释卦爻象占。

其他如方孔炤《周易时论合编》、陈锡《易原》、曾朝节《易测》、陆梦龙《易略》、洪化昭《周易独坐谈》、马权奇《尺木堂学易志》、樊良枢《易象》等，皆以《周易》象辞通于史迹，藉以彰往知来，准古酌今，以求易用，故可用史事证易。凡此种种，都应该是宋代“史事宗易学”之后传流裔。

五、清代——“史事宗易学”的复兴期

有清一代，是周易研究大发展的时代，易学家辈出，易学论著汗牛充栋。据山东省图书馆所编《易学书目》可知，清人易学著作计有 1 394 种之多。

在众多的清代易学家队伍中，易学各流派人物都大有人在。而作为义理派易学的一部分，踵武前修援史证易的“史事宗易学”者也不乏其人。这其中包括几种情

况：有的是纯粹以史事比附卦爻而不大理会经义诠释，如胡翔瀛《易经征实解》、吴曰慎《周易本义爻征》等；有的是诠释经义而兼引述史事加以参证，如金士升《易内传》《易外传》等；有的是以引述史事为主，略释经义，如吴岳《易说旁通》、彭作邦《周易史证》等；也有的是引述前贤观点略加自家新意的解说，如曹为霖《易学史镜》等。不一而足，各具特点，以丰富多元的学术风格构成了清代“史事宗易学”的庞大体系，使这一解易方法和风尚达到了顶峰状态。

其中，模仿南宋李光、杨万里的易注，专以史事说易者，当属叶矫然《易史参录》颇得“史事宗易学”嫡传。胡翔瀛《易经征实解》，也继承了李光、杨万里家数，以史事证经，以见《易》为有用之学，故于64卦384爻，几无不以史实证之。钱偲《周易纬史》，以卦爻分配史事，故名之曰《纬史》。吴曰慎《周易本义爻征》，取上下数千年事，合之384爻，使学者触类引伸，会合于《周易》中。申尔宣《易象援古》，援引古事以证易，每爻分隶一事，逐爻取譬，也属正宗的以史证易之法。欧阳厚均《易鉴》，以汉儒泥于象数，不切于人为；而宋人空谈义理，无关于实行，使《易》几变为无用之书，故于汉魏象数、程朱义理、陈邵图书，率皆摒弃，而引据古今史事以相参证，与李光、杨万里注易方法异曲同工。查彬《周易经史汇纂》，以经为经，以史为纬，援引史事单独说经。吴岳《易说旁通》，每爻征引史事，或一则或数则，旁推交通，即当时人事也时或牵入其中，史证列于各卦之末而申论之，连篇累牍，论史甚详。何志高《易本意》，释文大抵沿宋代史事易学之余绪，除推阐义理，复以史事佐证，说理持平，引证切当。阎汝弼《周易爻征广义》，以史事拟易，并广以汉之象数；金士升《易内传》《易外传》，均广引史事说易，以寄亡国之恨；沈兆澐《周易辑闻》，喜引史以证经；李源《易经简明集解》，引史事者，384爻凡及泰半。

再如曹为霖《易学史镜》，兼采汉宋各家之说，而以事属爻，以爻比事，取数千年来理乱安危之迹，毕贯于辞变象占之中，其所述旧闻以杨万里、叶矫然、金溪陈氏为主，而三人者皆引史以参证易理也，其余所引历代易家如来知德、程伊川、苏子瞻、黄道周等，亦率皆援引其史证，则本书诚亦史事易学之余绪也。

而如彭作邦《周易史证》，每释一卦，征引数事伸解爻义，文理通达，善于说理，援引史事也颇能切合易理，使史事与易理相互发明，因经以证史，因史以通经，诚为清代“史事宗易学”中的架构杰作。如其于易传《序卦》“益而不已必夬”下注云：“汉文帝日减省而国家富庶，此损之必益也。唐德宗琼林大盈，日盛曰溢，而有奉天之难，此益之必夬也。”引汉唐地望之作为解释损益之理。再如于比卦初六爻辞注云：“初之有孚，比于起事之始，萧曹樊绛之从汉高；李通、王常之从光武，皆本中心之孚，其后封爵累世，非有孚盈缶，终来有它吉乎！”引汉代君臣相从故事，阐述有孚诚信之义。

再如沈绍勋《周易易解》，擅用殷周史事证经，如谓《坤卦·文言》“积善之家”乃喻周也，“积不善之家”乃喻殷也；谓蒙卦九二爻辞“纳妇吉，子克家”，为周之家事；谓否卦九五爻辞“其亡其亡，系于苞桑”，为纣时民间歌谣之辞等，这是因袭晋人干宝解易家法之余绪者。

其他的易学著作不属于典型的“史事宗易学”家法，然而也于其他解易途径之同时征引史事，用以解易。这方面的著作也不在少数，比如浦龙渊《周易通》、乔莱《易俟》、丁晏《周易述传》、章世臣《周易人事疏证》、易顺豫《易释》、陈鼒《槎溪学易》、邵宝华《周易引端》、唐守诚《周易新解》、阎斌《芸窗易草》、黄应麒《周易述翼》等，皆属其例。

至于那些偶尔引用一下史事证易者，更是所在多有，不可胜数。自从宋代李光、杨万里等人始以史事参证《周易》全经，“史事宗易学”的发展势头日趋繁盛，代不乏人。直至清代，才真正达到了极盛之势，前无古人，后无来者。

第二节　帛书《周易》的以史解易——《缪和》所引历史故事

据《四库全书总目提要·经部·易类序》云：“故《易》之为书，推天道以明人事者也，《左传》所记诸占，盖犹太卜之遗法。汉儒言象数，去古未远也。一变而为京、焦，入于禨祥；再变而为陈、邵，务穷造化，《易》遂不切于民用。王弼尽黜象数，说以老庄，一变而胡瑗、程子，始阐明儒理；再变而李光、杨万里，又参证史事，《易》遂日启其论端，此两派六宗，已互相攻驳。”

对于《四库全书总目提要》这段较为权威的评述，世人深信不疑，经常被学者广为引用，似乎成为易学发展的定论。尤其是对以史解易来讲，大家都普遍相信，以南宋时期的李光、杨万里的“参证史事”最为典型，李、杨等人是易学“两派六宗”中史事宗易学的代表人物。

然而我们认为，以史解易并不是始自南宋的李光、杨万里，在此之前早就有了以史解易的学人和著述，只不过到了南宋，“三李一杨”（李光、李杞、李中正、杨万里）的援史解易更为典型和集中，所以称为史事宗易学的代表人物。

比如北宋时期的一些易学家就已经引用历史故事解说《易经》的卦爻辞。如胡瑗于《周易口义》中引用“后汉光武不任功臣以吏事，深得其道。不然，若用小人，必乱其邦。所以韩、彭、英、卢立功受地，不旋踵而就戮也”这样的历史故事解说相关爻辞；陈瓘于《了斋易说》中引用“齐桓公、卫灵公得管仲、仲叔圉、祝鮀、王孙贾之辅，犹足以安其身而收其功”等历史故事解说相关爻辞；张根于《吴园周易解》中引用“伯夷之事”说“潜龙勿用”，引用“仲尼之事”说“见龙在田，利见大人”，引用“文王之事”说“君子终日乾乾，夕惕若，厉，无咎”，引用“武王观兵之事”说“或跃在渊，无咎”，引用“禹汤之事”说“飞龙在天，利见大人”，引用“穆王之事”说“亢龙有悔”，引用“尧舜之事”说“见群龙无首，

吉”；耿南仲于《周易新讲义》中以“犹舜之居摄之时”解说乾卦九四爻辞等，都是典型的援史解易的显例。

甚至有材料表明，比这更早的例子也不鲜见。而帛书《周易》的考古发现与深入研究表明，以历史故事解说《易经》里面的卦爻辞，其历史更为久远，早在春秋战国时期就有人这样做了。

1973年，长沙马王堆出土的帛书《周易》，里面有六篇类似今通行本《易传》的内容，它们分别是《二三子问》《系辞》《衷》《要》《缪和》和《昭力》。其中《缪和》篇的内容，主要是缪和记录“子曰”说“易之要”的内容。在这一篇中，有六则以历史故事解释《易经》卦爻辞的例子。它们分别是：①“汤之德及禽兽鱼鳖”的故事，用以解说比卦九五爻辞的含义。②“文侯过段干木之闾而式”的故事，用以解说益卦九五爻辞的含义。③“吴王夫差攻荆”的故事，用以解说嗛（谦）卦上六爻辞的含义。④“越王勾践欲均荆方城之外”的故事，用以解说乖（睽）卦上九爻辞的含义。⑤“荆庄王欲伐陈”的故事，用以解说明夷卦六四爻辞的含义。⑥“赵间子欲伐卫”的故事，用以解说观卦六四爻辞的含义。

一、 第一则为比卦九五爻辞做解

汤之巛（巡）守东北，又（有）火。曰：彼何火也？又（有）司对曰：渔者也。汤遂至［之］，曰：子之祝可（何）？曰：“古者［蛛］作罔（网），今人之缘序，左者右者，尚（上）者下者，率突乎土者，皆来吾罔（网）。”汤曰：不可！我教子祝之，曰：“古者蛛蝥作罔（网），今之缘序，左者使左，右者使右，尚（上）者使尚（上），下者使下［吾取亓（其）犯命者］。”诸侯闻之曰：汤之德及禽兽鱼鳖矣，故共皮敝以进者卌又（有）余国。《易》卦亓（其）义曰：“显比，王用参（叁）殴，失前禽，邑不戒，吉。”此之胃（谓）也。（释文参照各家论文，并加以己意而作。下同）

大意是说：商君成汤有一次巡狩东北方，看见有火光，就问：“那个地方为什么有火？”有司回答说：“是为了打鱼而生的火。”汤听对方说：“古时候蛛蝥制成网，现在我跟随着做。上下左右来的鱼都要进入我的网中。”汤说：“这样不可。我来教你说：古时候蛛蝥制成网，现在我跟随着做。左边的向左边张网，右边的向右边张网，上边的向上面张网，下边的向下边张网。（我只捕捞自己撞到网上来的鱼。）”诸侯听说后都说：“成汤的德义都施及于禽兽和鱼鳖了。”结果有四十多个国家来觐见成汤。《易》卦中有这样的说法：捕猎的时候君王围三缺一（即“天子不合围而猎”），没有抓住跑在最前面的，不作惩罚，这是吉利的。就是这个意思。

《缪和》篇列举这则历史故事是为了解说比卦九五爻辞的含义，古时王者狩猎行三驱猎礼，《缪和》篇引用这一历史故事解说比卦九五爻辞的含义，还是比较贴切本义的。

在《吕氏春秋·异用》里面，也有类似的故事："汤见祝网者，置四面，其祝曰：从天坠者，从地出者，从四方来者，皆离吾网。汤曰：嘻，尽之矣！非桀其孰为此也。汤收其三面，置其一面。更教祝曰：昔蛛蝥作网罟，今之人学纾。欲左者左，欲右者右，欲高者高，欲下者下，吾取其犯命者。汉南之国闻之，曰：汤之德及禽兽矣。四十国归之。"两相对比《吕氏春秋·异用》之文，是关于捕鸟之事，似据传说进行了加工整理，而帛书《缪和》篇中所记是关于捕鱼之事，有原始痕迹。在传播过程中，有此故事主题性的转换，可见帛书《缪和》一文要先于《吕氏春秋》。

二、 第二则为益卦九五爻辞做解

西人举兵侵魏野，而……而遂出见诸大夫。过段干木之闾而式（轼）。亓（其）仆李义曰：义闻之，诸侯无财而后财（朱按：后一"财"字应是"身"字之误写），今吾君先身而后财，何也？文侯曰：段干木富乎德，我富于财；段干木富［乎义，我富于地。财不如德，地不如义。德而不吾］为者也，义而不吾取者也。彼择取而不我与者也，我求而弗得者也。若何我过而弗式（轼）也？西人闻之，曰：我将伐无道也，今也文侯尊贤……何何而要之，局而冣（取）之，狱狱吾君敬女（汝），而西人告不足。《易》卦亓（其）义曰："又（有）覆（孚）慧（惠）心，勿问无（元）吉，又（有）复（孚）惠我德"也。

大意是说：西边的敌人（秦人）将要侵略魏国。魏文侯乘车出来会见诸位大夫，经过贤人段干木的门口，魏文侯便手扶横木表示敬意。他的仆人李义有些奇怪，就问道："我听说，诸侯把财看得比身重。现在君主您却是先敬重人身而后注重财产，这是为什么呢？"魏文侯说："段干木富有品德，我富有财产……别人想选择获得的却不是我想给予的，而我要求的却不能获得啊。如何我经过他的门口就不能表示敬意呢？"西方的敌人听说了这件事，就说：我们将要讨伐的是无道昏君，而现今的魏文侯尊重贤人……（倘我用兵）我能得到什么呢，局面已经很清楚，我这个君王诚信地敬重你，我们秦国与你相比尚有不足。《易》卦的意思说："有诚信、与人之惠不用问也是吉利的，有诚信、能惠人是我应有的品德。"说的不就是这回事吗？

引用这则故事，是为了解说益卦九五爻辞的含义。今通行本《周易》益卦九五的爻辞是："有孚惠心，勿问元吉，有孚惠我德。"《缪和》篇引用这一历史故事解说《易经》益卦九五的爻辞，突出了"惠我德"的含义，也比较符合本义。

在《吕氏春秋·期贤》里面，也有类似的故事："魏文侯过段干木之间而轼之，其仆曰：君胡为轼？曰：此非段干木之间欤？段干木盖贤者也，吾安敢不轼！且吾闻段干木未尝肯以己易寡人也，吾安敢骄之！段干木光乎德，寡人光乎地。段干木富乎义，寡人富乎财。其仆曰：然则君何不相之？于是君请相之，段干木不肯受。则君乃致禄百万，而时往馆之。于是国人皆喜，相与诵之曰：吾君好正，段干木之敬；吾君好忠，段干木之隆。居无几何，秦兴兵欲攻魏。司马唐谏秦君曰：段干木贤者也，而魏礼之，天下莫不闻。无乃不可加兵乎！秦君以为然，乃按兵辍不敢攻之。"

《吕氏春秋·期贤》的这一故事也是本传说而来。"西人"改作"秦"，"尊贤"改作"期贤"，不提仆人"李义"的姓名等，似乎作者没有见到帛书《周易》中的这一记载。

三、 第三则为谦卦上六爻辞做解

吴王夫差攻，当夏，太子辰歸（归）冰八管。君问左右：冰……注冰江中上流，与士饮亓（其）下流，江水未加清，而士人大说（悦）。斯垒为三队，遂而出毄（击）荆人，大败之。袭亓（其）郢，居亓（其）君室，徙亓（其）祭器。察之，则从八管之冰始也。［《易》卦亓（其）义曰：鸣嗛（谦），利用行］师，征国。

大意是说：吴王夫差在夏天的时候攻打楚国，太子辰送来八管的"冰"……吴王让人把"冰"注入江的上游，与士兵一起在下游饮用。江水并没有格外清澈，而士兵们却非常兴奋。于是士兵们列为三队，出击进攻楚国人，大获全胜。袭取了楚国都郢城，居住在楚王的宫中，又把楚国的祭器迁移回吴国。考察其必胜的缘由，都是从八管"冰"的作用开始的。《易经》有卦辞说："让谦顺而有声誉的君子带领军队出征，有利于讨伐不臣之国。"说的就是这个意思。

《吕氏春秋》书中没有这样的故事。然其《简选》篇云："七年王子光代吴王僚为王，任子胥。子胥乃修法制下贤良，选练士，习战斗六年，然后大胜楚于柏举，九战九胜，追北千里，昭王出奔随，遂有郢。"《史记·吴太伯世家》说："（王阖庐）十一年，吴王使太子夫差伐楚，取番。楚恐，而去郢徙都。"虽说有了吴国伐楚记载，但没有倾酒入江的情节。倒是刘向《列女传》里，有一则把酒倒入江的上游，使士兵饮用于下游的故事。楚国子发的母亲使人数落子发不能同士兵同甘共苦时说："子不闻越王勾践之伐吴，客有献醇酒一器，王使人注江之上流，使士卒饮其下流，味不及加美，而士卒战自五也。"

从这则故事推断，吴王倒入江上游的应该是酒，既然说"注""饮其下流"，就可能是指“八管之酒”而言的。竹“管”可装酒，却不能用于冻冰，况且“当夏”攻打楚国，太子辰使人送来的不可能是“冰”。所以，帛书《周易》里的“冰”字应当是“酒”字。

吴王不独饮用“八管之酒”，而是以将其注入江的上游，与士兵同饮于下游的举动，表示与士兵同甘共苦。如此鼓舞士气，于是就大获全胜，这就突出了《易经》谦卦上六爻辞“鸣谦，利用行师，征邑国”的含义。这样的历史故事与“利用行师”爻辞的含义还是非常吻合的。

四、 第四则为乖（睽）卦上九爻辞做解

越王勾贱（践）即已克吴，环周而欲均荆方城之外。荆王闻之，恐而欲予之。左史倚相曰：天下吴为强，以戊（越）戔（战）吴，亓（其）锐者必尽，其余不足［用］也。是知晋之不能□□□□，齐之不能隃（逾）驺（邹）鲁而与我争于吴也，是恐而羊（佯）观我也。君曰：若何则可？左史倚相曰：请为长毂五百乘，以往分于吴地。君曰：若。遂为长毂五［百］乘以往分［于吴地］。曰：吴人［有］□□而不取者，请为君取之。日旦，越王曰：天下吴为强，吾既戔（战）吴，亓（其）余不足以辱大国。士人请辩。又曰：人力所不至，周车所不达，请为君取之！王胃（谓）大夫重曰：［荆］不很（退）兵，［可击否］？重曰：不可！天下吴为强，吾既戔（战）吴，吾锐者既尽，亓（其）余不足用也，而吴众又未可趋也，请与之分吴地。遂为之封于南巢至于北蕲，南北七百里，命之曰倚［相之］封。《易》卦［亓（其）义曰：“睽］柧（孤），县（悬）豕负涂，载鬼一车，先张之柧（弧），后说（脱）之壶（弧）。”此之胃（谓）也。

大意是说：越王勾践已经灭掉了吴国，就想把地盘圈到楚国的方城之外。楚王听说，心中恐惧，就打算把地盘让出去。楚国的大臣左史倚相说：吴国原来也是天下最强大的国家，越国与吴国交战，虽然获得了胜利，但是他自己的精锐部队必然要损失光了……楚王说：那又将如何应对呢？左史倚相说：请拨给我兵车五百乘，我率领着军队前往，与越国共同瓜分原来吴国的土地。楚王说：好，就这么办吧！越王听到这个消息之后就说，吴国原来也是天下强大的国家，我既然灭掉了吴国，现在的兵力就不足以同大国抗衡了，那就同楚国一道瓜分原来吴国的土地吧。于是就把南巢至于北蕲一百多里的地盘分给了楚国，楚王把这块土地称之为“倚相之封”。《易经》有卦文说：“奇怪的现象，看到悬吊着的猪身上涂满泥巴，车上好像装着鬼，先拉开弓，以为是贼寇来了，后来看了是前来娶亲婚嫁的，于是又放下弓箭了。”正是这个意思啊。

《吕氏春秋》里面没有“倚相之封”的历史故事。而汉刘向《说苑》则记载：

“越破吴，请师于楚以伐晋。楚王与大夫皆惧，将许之。左史倚相曰：‘此恐吾攻己，故示我不病。请为长毂千乘、卒三万，与分吴地也。’庄王听之，遂取东国。”

西汉末期，刘向在《说苑》这本书里所讲的故事与帛书《缪和》大同小异。显然，有演绎的成分存在。古长毂一乘，配步卒72人、甲士3人。千乘兵车，就有士卒7.5万人。又越国远离晋国，说越王要兴兵攻打晋国，也不符合历史事实。刘向大概是根据口头传说演绎而成，并没有见到《缪和》里面的记载。

帛书《周易》的《缪和》篇引用这样的故事，是为了解说乖（睽）卦上九爻辞的含义，今通行本《周易》睽卦上九的爻辞是：“睽孤，见豕负涂，载鬼一车，先张之弧，后说之弧，匪寇婚媾，往，遇雨则吉。”《缪和》篇里的这一引用，意思是说越王先是虚张声势地“先张之弧”拉满了弓箭，而后来却是“后说（脱）之弧”松开了弓箭，把原来一部分地盘乖乖地让给了楚国。这一历史故事的引用也是比较恰当的。

五、 第五则为明夷卦六二爻辞做解

荆庄王欲伐陈，使沈尹树（戍）往观之。沈尹树（戍）反，至令曰：亓（其）城郭修，亓（其）仓实，亓（其）士好学，亓（其）妇人组疾（绩）。君曰：如是则陈不可伐也。城郭修，则亓（其）守固也；仓廪实，则人食足也；亓（其）士好学，必死上也；亓（其）妇组［疾］（绩），必财足也。如是则陈不可伐也。沈尹树（戍）曰：彼若若君之言，则可也。彼与君上言之异。城郭修，［则］人力渴（竭）矣，［亓］（其）仓廪实，则□之人也；亓（其）士好学，则又（有）外志也；亓（其）妇组疾（绩），则士禄不足食也。故曰：陈可伐也，遂举兵伐陈，克之。《易》卦亓（其）义曰：“入于左腹，获明夷之心，于出门廷（庭）。”

大意是说，楚庄王想讨伐陈国，事先派大臣沈尹树前往陈国观察。沈尹树返回后说：“陈国的城郭修理整齐，国家的粮食也充实，他们的年轻人都好学上进，他们的妇人也都编织等待出售。”楚庄王说：“如果是这样，陈国是不可以讨伐的了。”沈尹树回答说：“倘若如同君主您说的那样，就是不可讨伐的了。可是，我的看法则与您的看法不同。大修城郭，就会人力疲惫……他们的年轻人好学，则又说明有往外的志向；他们的妇女编织等待出售，就说明男士的俸禄不足，所以说陈国是可以讨伐的。”于是就举兵讨伐陈国，结果胜利了。《易经》有卦文说：进入腹地，清楚地了解了对方的情况，才能顺利离开。说的是一个道理啊！

这段佚文不见于其他文献，按《史记》所载，陈国灭亡与国内王族争权有关，也与君王无道、荒淫无耻有关，著名的夏姬就是出现于陈国灭亡前夕。所以上面文中沈尹树的说法并不见得很有道理，因为庄王认为不能攻陈的理由，恰恰符合孔子在其他文章中经常阐明的理由。

帛书《易传》的《缪和》篇列举这样的故事，是为了解说明夷卦六二的爻辞，所以最后说：“《易》卦其义曰：入于左腹，获明夷之心，于出门庭。”《缪和》里的这一引用，意思是说楚庄王先派大臣沈尹树前往陈国窥探虚实，这是与明夷卦六二爻辞“入于左腹，获明夷之心”相符合的。

六、 第六则历史故事大意

赵间（简）子欲伐卫，使史黑（默）[往睹之，期以] 卅（三十）日，六十日后反（返），间（简）子大怒，以为又（有）外志也，史黑（默）曰：吾君殆乎大过矣！卫使遽（蘧）柏（伯）玉相，子路为浦（辅），孔子客焉，史子突焉，子赣出入于朝而莫（暮?）之留也。此五人也，一治天下者也，而皆在卫，□□□□□□也□□□□□又（有）是心者，举兵而伐之乎?《易》卦亓（其）义曰：“观国之光，利用宾于王。”《易》曰：“童童往来”，仁不达也；“不克征”，义不达也；“亓（其）行塞”，道不达也；“不明晦”，明不达也。“□□□□”，[仁达矣]；“□□□□”，义达矣；“自邑告命”，道达矣；“观国之光”，明达矣(缪和)。

大意是说，赵简子想讨伐卫国，派史黑前往观察，许期是 30 天。60 天之后史黑方回来。赵简子大怒，以为他有了外心。史黑说：君主您差一点儿就犯了大过错啊！卫国使蘧伯玉为丞相，子路为辅佐，孔子为客，史子突出，子赣出入于朝门。这五个人，都是可以治理天下的人啊。而这五个人都在卫国做事，为卫国效力，所以卫国现在不能讨伐，伐之也不能取胜啊！《易经》卦辞中有：贤人是国家的光辉，被用来辅助君王。《易经》中又说谨慎往来，总是怕自己仁义还不够；不能出征，是道义不符；行动不便，是道路受阻；不明白事理，是智慧的光明不够……仁够了……义够了，离开守邑，去完成使命，是道义修养够了，贤人作为国家的光辉，是他们心智光明，看清了一切。

帛书《周易》的《缪和》篇列举这样的历史故事是为了解说《观卦·六四爻辞》的含义，所以最后说：“《易》卦其义曰：观国之光，利用宾于王。”《缪和》篇里的这一引用，意思是说史黑到卫“观国之光”，对于赵简子的决策有利。

总之，通过上述解读，《缪和》所记故事至迟都在《吕氏春秋》成书之前。正如刘大钧所言：“此篇说易文字，还为我们厘清以史说易的学术理路乃源于孔子，先秦早已有之，非后儒所发明也。”如此，则帛书《周易》所抄录的几则故事至少在战国后期就已经流传。而《吕氏春秋》的作者以及汉代的刘歆刘向们，在转述这些故事时，有些故事已经看不到原文，只能根据传说撰写故事了。从帛书《缪和》所引这六则故事来看，其目的是为了解说《易经》的某些爻辞，而且基本上都有所

符合。这就明确地告诉我们，以历史故事解说《周易》，并不起源于宋代的李光、杨万里等人，而早在战国时期就这样做了。

第三节　南宋学者的史事宗易学

台湾易学家黄忠天对于史学与易学的关系有过总结性的研究，他认为，易学与史学之关系主要可分为三种类型。其一为“以史证易”，此即《四库全书总目提要》所举宋李光、杨万里，及其后历代援引史事以参证《易经》，发挥易用一派之易家，如李杞、叶山等。其二为“以易论史”，即以易学思维方式究天人之际，通古今之变，并影响其治史之观念与走向者，如司马迁、班固、王夫之诸人。其三为“以易为史”，又可分为两种，其一视《易》为上古史，而以上古史来诠释卦爻辞者，如干宝、胡朴安诸人。其二是不以诠释易理为目的，而着重于上古史料学之研究，如郭沫若或顾颉刚等《古史辨》一派之学者。倘若从事易学与史学关系之研究，则上述三种类型自然均可包含其中，然若以“史事宗”一词作为研究之对象，则自有其易学史上严格之范畴，如此方符合《四库全书总目提要》所收录历代史事宗各易家之面貌。

诚哉斯言！真正以史解易的易学流派即所谓“史事宗易学”，正是南宋号称“三李一杨”的李光、李杞、李中正、杨万里等人建立起来的易学范式。他们认为，《周易》作为经学所阐述的是理，这个理不是徒托空言，而是必有其具体的史事可以证明之，因此经史二者不可分离。正如李杞所云：“夫圣人之经，所以示万世有用之学，夫岂徒为是空言也哉！故经辩其理，史纪其事，有是理，必有其事，二者常相关而不可一缺焉。……夫经固非史也，而史可以证经。”正是有鉴于此，所以“史事宗易学”援史入易，以其大量的以史证易学术活动，既反映了一种易学观，同时也反映了一种历史观（史之理），易的哲理与史的精神在此交汇，形成河流，使得易学更具历史感，史学更有哲学理念，而易学中的义理派也在此“史事宗易学”代表人物的努力下实现了理论的丰富与完善。

一、　南宋史事宗易学形成的原因

“史事宗易学”作为宋代易学“两派六宗”中的显赫一支，其代表人物李光、杨万里等人的著作，被公认为是以史解易的代表性作品。他们与前代的以史注易不同，比如不同于晋代干宝的纯粹以殷末周初历史证易注易，而是广泛采取在南宋以前所发生的历史事件和历史人物，比如历代君臣关系、治理国家方略、王朝更替演变、圣贤大德高行、君王统御之术、将帅用兵之法等，都可以用以解释《周易》卦象爻辞，阐证《周易》所蕴含之理之道，因此使得以史治易成果更加广泛、更加丰富。正如前文所述，除“三李一杨”之外，南宋还有许多其他易学家，也都不同程度地援史证易。可见，作为一代治易方式，“史事宗易学”在当时非常流行，且被士人学者广泛接受，形成一代学术潮流和文化风尚。

那么，南宋时期何以就能形成这样一种解易方法呢？有学者专门对此进行了研究，兹综述其结论如下：

南宋士人对于维护封建秩序有着较高的自觉性与积极性，强烈的忧患意识与浓重的经世意识时刻激励着他们维护王朝统一与安定，努力发挥出自己最大的能力。据陆游《老学庵笔记》记载：“刘随州诗：‘海内犹多事，天涯见近臣。’言天下方乱，思见天子而不可得，得天子近臣亦足自慰矣。见天子近臣已足自慰，况又见之于天涯乎！其爱君忧国之意，郁然见于言外。”深厚的国家情谊与忠君之意，使他们在儒家经典《春秋》中直接引用“尊王攘夷”，不仅扩大了社会影响力，而且团结了民心。经学在北宋已经由于自身学术发展发生了质的改变，以己意解经成为主流，南宋依然延续深化，当我们能看到南宋现实以及学术变化时，其实还有一股潜在的暗流涌动，就像一条纽带连接着现实与本质，它就是史学。有识之士用史学表达自己的社会认识，用史学解释《春秋》经的新含义，因此，史学由于历史前进、学术发展，在南宋迎来了属于它的兴盛。

南宋史学快速发展，不仅在史学自身中纵向深入，而且在横向发展中广泛扩大影响范围，并很快渗透到各个领域。例如史学与文学，南宋词人辛弃疾在《永遇乐·京口北固亭怀古》中豪迈地吟诵：“千里江山，英雄无觅，孙仲谋处。舞榭歌台，风流总被，雨打风吹去。斜阳草树，寻常巷陌，人道寄奴曾住。”运用大量典故，以历史英雄孙权与刘裕为对象，抒发了自己报国的决心，由于其词厚重的历史感与浓重的悲愤感，被人们称之为辛词经典。史学同样也渗透到经学中，在解释《周易》的卦爻辞中，大量且聚集性地出现历史事实的注释，在南宋时期非常凸显，这些现象不是偶然，而是必然。

综上所述，南宋社会变化激起世人满腔热忱，文人希望从历史中找到出路，所以在他们熟悉的经典中力图有所突破，注解经典其实也是对经典的反思，反思中也承载着著者的理想。南宋面临的现实从另一个角度却带给文人丰富的沃土，他们从现实出发，以经典为载体，在其中尽情挥洒自己的抱负，历史的经验教训与《周易》的解释结合，再加上前人对此的积极探索，集中出现以史解易，以此为依托抒发其政治思想和政治抱负，并为他们所处的王朝政权统治提供理论根据，也就顺理成章了。反观南宋文化，继承与革新并举，争鸣与切磋互随，经世致用成为主流，忧患意识、经世意识成为主体，不仅推动了《春秋》学的繁荣，也推进了史学的发展。正是在这样的文化背景之下，历史事实大踏步地走进《周易》，经史紧密结合，成就了南宋易学的史事宗，从而成为时代之骄傲。

二、 杨万里以史解易成就

如前所述，南宋“史事宗易学”以“三李一杨”为代表。其中比杨万里早的李

光（1078—1159），单就各爻观之，其《读易详说》引史者则仅占全书三分之一，与杨万里《诚斋易传》、李杞《用易详解》二书之“卦卦有史，爻爻亦几无不有史者”似逊色不少。而稍后于杨万里的李杞，著《用易详解》，里面倒是大量的刻意“引史证易”，达到了卦卦有史、爻爻有史的地步，然而由于又间以老庄说易，终不入儒学正流，只是一个“史事宗”与“老庄宗”的杂糅系统。李中正《泰轩易传》也是“引史证易”，但对一些卦象解释本依象数理论，为后世风水学及养生理论张目，故而也不算是正宗而典型的“史事宗易学”。

所以说杨万里应是“史事宗易学”这一学派的典型代表。论者认为，杨万里之易学研究，作为“史事宗易学”的代表无疑充分彰显了义理学“明体达用”的功能，将天理论引向了“史之理”，并充分释放了其中正通变观，从而形成了一种新的易学范型、作出了新的学术贡献。所以在此以杨万里易学成就为例加以分析，以企见证“史事宗易学”引史证易的路数和家法。

杨万里（1127—1206），字廷秀，号诚斋，人称诚斋先生，吉州吉水（今江西省吉安市吉水县）人，南宋著名诗人、学者、思想家和政治家。于绍兴二十四年（1154 年）中进士，从地方官员到中央官员，从政近 40 年，后致仕在家。受其师张浚的影响，对易学有较深的研究和极高的造诣。

在其晚年，杨万里用近 20 年的时间完成了《诚斋易传》的创作。《诚斋易传》是其用 17 年的心血写成的，“平生精力，尽于此书”，可以说是其学术思想和治易成果的代表作。《诚斋易传》原名《易外传》，顾名思义，从书名上就可知是一部“传注”（注疏解释）《周易》的著作。此外，他的《庸言》《诚斋集》等，对《周易》经传也有零星的解释和阐发。

（一）杨万里对易学与历史的认识

杨万里认为，易学与历史有关，产生于历史过程中，“《易》，六经之首种也。天谷之，羲播之，文王芽之，周公、仲尼申拆之。”（杨万里《诚斋集》卷九五）所以易学与《春秋》等一样，也是历史学著作的一种，“《易》者萧何之律令，《春秋》者汉武之决事也。《易》戒其所当然，《春秋》断其所以然。圣人之戒不可违，圣人之断不可犯。故六经唯《易》与《春秋》相表里。”（《诚斋集》卷九二）这是《诚斋易传》以史解易的学理基础。

杨万里“引史入易”“以史证易”，本质上就是要用一种历史的眼光来诠释《周易》，藉此找到一种能够洞察和解释那些制约着人类文明的历史发展之普遍历程的基本规律。用历史的观点来研究现实，就是把历史视为一个整体、一个发展过程，从历史本身找出现实的答案。

杨万里身处南宋金兵南下之乱世，政治局势的危难，自然能够引起和唤醒这位儒家高官的忧患意识和担当精神，而《周易》这部儒家经典本身就具有天然的刚健入世理念。杨万里的政治目的注定了他要“引史入易”“以史证易”，并以史为鉴，寄托自己的政治理念和理想抱负，为南宋政权的统治稳固着想打算。历史不仅是现实的镜子，可以引起人们的警戒，避免重蹈覆辙，而且也是解决现实问题的资鉴宝典。故其《诚斋易传·说卦》云：“以已往之微，知方来之著”“以已往之盛，知方来之衰”，就是要以历史为源泉来寻找那些规整今日行为的范例，以儒家政治思想观念为旨归，用历史人物和事件来印证《周易》经典中的形而上哲理，并为现实中的治国之道、统治之术作建设性的分析，使《周易》中的经世致用思想得到充分的发挥。用现代人的说法就是，用学术的形式为当时的政治统治提供一种历史借鉴，如此而已。

（二）《诚斋易传》以史治易的做法

《诚斋易传》作为史事宗易学的代表作，援史入易、以史解易就成了它的主要特色。与其他易学研究论著偶尔一用的零散做法不同，几乎每一卦爻都毫无例外地援引史事加以说明，大面积地成系统地使用以史解易方法，达到了数量上的绝对高地。首先，《诚斋易传》引用的史事，时间跨度自殷周以至于唐代。按照古代后朝作前朝史的惯例，杨万里引用的史事涵盖了他之前的整个时间跨度。其次，《诚斋易传》引用史事的数量也大大超越了之前的史事易学，几乎在六十四卦辞和三百八十四爻辞下都有史事的引用，在《文言》《系辞》等处也多有所引用，据统计，《诚斋易传》引用史事材料以解易处达400次之多。《诚斋易传》解易模式结构大约分为三种形式：其一，是先列《周易》原文，然后作卦象位变的易理解释，最后引用史事加以补充，采用“某人以之”“某人是已”“某人是也”等字眼；其二，先引述卦象爻象或加以卦爻辞以说易理，然后引入史事，并加以说解，然后再回到易理方面加以明确；其三，直接援引前贤易学研究的史事，阐述易理并附以自家的观点和见解。这样的引史解易多种结构模式体例，使得作者在发挥自己的易学见解之后有更充分的论据做支撑，更加具有说服力。可以说《诚斋易传》在史事易学上起着继往开来的作用。

例如，在解释《周易》第一卦乾卦卦象时，《诚斋易传》说：

☰乾下乾上。乾……故亡汉不以成哀而以孝元，亡唐不以穆敬而以文宗，皆不刚健之过也。然强足拒谏，强明自任，岂刚也哉？

历史上，汉元帝“柔仁”，唐文宗“寡断”，两者皆居阳位而行阴事，故为亡汉亡唐之真正责任者。将卦爻象之形式围绕“阴阳刚柔”这一根本理论，利用相类似的历史故事以相比附，达到了解易的目的。

在解释乾卦卦辞“乾：元亨利贞”时，说：

此卦辞。说者曰：文王之辞。至高曰天，天之健曰乾，天言其象，乾言其性，

元亨利贞言其德。象而后有性，性而后有德，德之名四其实一。一者何？元而已。元出而亨物，始而通也。时春而夏，日旦而昼，人幼而壮，物萌而荣，皆元亨之迹。利入而贞，物成则复也。时秋而冬，日昳而夕，人强而耄，物实而陨，皆利贞之迹。故周子曰：……

在解释初九爻辞“潜龙勿用”时，云：

此爻辞。说者曰：周公之辞。……干宝谓文王在羑里之爻，非也。羑里圣人之不幸也，非潜也。程子谓舜之侧微是也。或曰舜穷而在下，未尝欲自用，孔子穷而在下，未尝欲勿用，何也？曰：治则圣体其常，乱则圣通其变。舜、孔子易地皆然。

在解释九二爻辞“见龙在田，利见大人”时，云：

初九在下，君德之隐，故曰潜龙。九二居中，君德之章，故曰见龙。见龙在田，物被其泽也。利见大人者，天下以见九二之大人为天下之利也。程子谓舜之田渔时也。

在解释九三爻辞“君子终日乾乾，夕惕若，厉无咎”时，云：

乾之六爻皆龙德也，故曰六龙。……曰有蚩尤、后羿、莽、卓在上而骄其下，在下而忧其不为上。骄则有懈心，何德之勤？忧则有觎心，何位之惧？故终亦必亡而已矣。或曰：不有操、懿乎？曰：汉一变而为魏，盖三世希不失矣，魏一变而为晋，盖再世希不失矣，使魏晋不足徵，则乾乾夕惕之戒妄矣。

在解释九四爻辞“或跃在渊，无咎”时，云：

九四之与九三，位若同而异，情若异而同……此其情所以若异而同也。程子以为舜之历试时也。安定胡氏以此爻为太子之位，其说尤切。盖懦于跃则为汉之惠元，仅为得之。躁于跃则为商臣、为元凶，其咎大矣。或曰：晋之申生、汉之荣强，非以跃而咎也，何如？……至泰伯、仲雍、伯夷、叔齐，则跃与否，无咎与否，皆所不能囿也。所谓贤者过之者与。

在解释九五爻辞“飞龙在天，利见大人”时，云：

九天德也，龙象也。五天位也，飞而在天之象也。德而不位，仲尼以之虚天下之望也；位而不德，癸辛以之失天下之望也；德与位并，二帝三王以之慰天下之望也。……

在解释上九爻辞“亢龙有悔”时，云：

五者位之极，上者极之极，故为亢。居君位而又上焉，将何之乎？此益戒舜以罔淫于乐，禹戒舜以无若丹朱之时也。若志与位俱亢，则有悔矣。梁武帝、唐明皇晚年是已。

不仅乾卦的卦象之解，而且乾卦的卦辞和每爻之辞，均引述历史人物故事证易解易，不惮其烦，贵在征信于世人，《周易》之卦义是有历史根据的。

通读《易传》可以发现，像这样广泛援引历史事件和历史人物之言行来比附卦爻象、辞的例子俯拾皆是，随处可见。

（三）《诚斋易传》之君臣之道

《诚斋易传》一书通过大量的历史事物来解释和证明《周易》经传的卦爻辞，这是其表面现象，而其真正目的就是用来说明君臣之道，也就是他的治国之术。

如他对《屯》卦卦辞“元、亨、利、贞。勿用有攸往，利建侯”的解释，引述汉高祖刘邦的天下与知天下的故事，同样也可以作类似的解读：……

物屯求亨，时屯亦求亨。然时屯求亨，其道有三：惟至正为能正天下之不正，故曰利贞；惟不欲速为能成功之速，故曰勿用有攸往；惟多助为能克寡助，故曰利建侯。汉高帝平秦项之乱，除秦苛法，为义帝发丧，得屯之利贞；不王之关中而王之蜀汉，隐忍就国而不敢校，得屯之勿用有攸往；会固陵而诸侯不至，亟捐齐梁以王信越，得屯之利建侯。二帝三王亨屯之三道，高帝未及也，而亨屯之功如此，而况及之者乎？（杨万里《诚斋易传》卷二）

也就是说，杨万里所采用的史事材料，不独为了学术上的注易解易，而是有其政治抱负的，都是为其“君刚臣柔”的治国之术服务的。杨万里认为易中所蕴含的道就是二帝三王所传下来的治国之道，在《诚斋易传》中他前后 7 次专门论述这个治国之道。

杨万里《诚斋易传》中最重要的内容就是他提出的“君刚臣柔”的治国之术。杨万里主张君主应当刚健有为，为了说明这点，他援引了因不刚健而带来更大负面影响的史事来解释君主应当具有刚的君德：

君惟刚，则勇于进德，力于行道，明于见善，决于改过，主善必坚，去邪必果，建天下之大公，以破天下之众私，声色不能惑，小人不能移，阴柔不能奸矣。故亡

汉不以成哀而以孝元，亡唐不以穆敬而以文宗。皆不刚健之过也。（杨万里《诚斋易传》卷一）

应当说，杨万里对因汉元帝的不刚健带来后世逐渐衰微及唐文宗的柔弱加速唐代灭亡的认识是很深刻的，尤其是他引用这两则史事来解释乾卦的阳刚品德更是具有警示意义。又比如，他对臣道贵柔的论述，也是采用具有警示意义的史事：

坤，地道也，阴道也，母妻臣道也。皆欲以阴从阳，不欲以阴从阴，阴从阴则造化消，阴从阳则造化息。母妻臣自从则乱且危，母从子、妻从夫、臣从君则治且安。故阴盛阳微，月壮日亏。吕武专而汉唐倾，懿裕强而魏晋亡，此阴不从阳之灾也。（杨万里《诚斋易传》卷一）

以历史上吕后及武则天的史事来说明女不从男的危险性，以司马懿和刘裕的史事来说明臣不从君的危害性，虽说有传统三纲五常理论的羁绊，但作为解释其易学主张“臣道贵柔贵顺”是非常成功的。

再如杨万里在《诚斋易传》中曾引用诸葛亮治国事迹达 14 次之多，大部分是高度赞扬其对先主、后主的忠诚及治国能力，但在对《未济》一卦的解释中却是引用六出祁山的史事，用来解释“同志之臣相辅”的意义，而且将张飞、关羽之死看作是诸葛亮因失去辅佐而不能济难的原因：

故九二视初九可以为难矣，自非九二以刚健坚贞之才，居大臣中正之位，受九五孚信之知，安能以一身莫助之力，而独济大难之险，以底于中正之吉乎？一萧何而助者二人，一邓禹而助者二十有七人，一玄龄而助者十有七人焉，马曳轮也。羽既死，飞又死，而孔明自将以出祁山，身曳轮也。哀哉！（杨万里《诚斋易传》卷十六）

《诚斋易传》所引多条史例里面，有一些是重复使用的，比如对唐文宗故事的引用竟达 11 处之多，反复援引唐文宗的故事旨在说明《周易》隐含的渐变质变道理：汉、唐之覆亡不是亡在其末代皇帝，而是亡在前朝的汉元帝、唐文宗手上，即二朝均在其手上埋下了严重的祸根，终至覆亡。

（四）《诚斋易传》的中正思想

在《诚斋易传》中，杨万里根据阴阳爻位象数情况提出了一个具有标志性的概念，即所谓“中正”的标准，从而实现象数分析与义理说解的结合。而这一解易方法也给后世的史事易学提供了参考标准。以“中正”为其易学纲领的核心，将“中正”提到“易之道”的位置。杨万里认为，《周易》的中正之道既是君臣治国的方法，也是君臣应有的品德，做到了中正可以解决一切问题：

斯道何道也？中正而已矣。唯中为能中天下之不中，唯正为能正天下之不正，中正立而万变通，此二帝三王之圣治，孔子颜孟之圣学也。（《诚斋易传·自序》）

对于什么是中正，杨万里有个精辟的论述：

不杂者，金之纯；不杂而良者，金之粹；良而百炼者，金之精。精者，不杂之至。故夫正者，道之纯粹也，精则未也，中者道之精也。盖正犹有偏也，楚、燕，南北之正也，非中也。洛师，天地之中也。夷、惠，吾道之正也，非中也。孔子，吾道之中也。正者，中在其外。（杨万里《诚斋易传》卷一）

这样，作为不偏不倚中庸之义的“中正”，就成为作为判断国家的治乱及个人品德的标准，也成为杨万里采用史事的标准。在《诚斋易传》中，杨万里对于史事的选择，如果阳爻处在一三五位，那么要么按正的标准引用史事来褒扬，要么按不正的标准引用史事警示。如果阳爻处于二四六位，那么要么按照中的标准引用史事褒扬，要么采用不中的标准引用史事警示。阴爻则相反。如果一卦中，阳爻在五位，阴爻在二位的话，就用中正的标准引用史事。杨万里用确定的标准去引用史事解易，使其易学思想具有严密的逻辑性，同时，也对后世的史事易学产生了很大的启发。

比如，《姤卦·卦辞》：“女壮，勿用取女。”彖曰：“……刚遇中正，天下大行也。姤之时义大矣哉！”《诚斋易传》解曰：

阴阳之相为消长，如循环然。剥者阳之消，然剥极为复，不旋踵而一阳生；夬者阴之消，然夬极为姤，不旋踵而一阴生。……此圣人所深忧也。文王之卦辞云尔，而仲尼释之曰姤，遇也，柔遇刚也，言五刚不幸而与一柔相遇也。一阴方壮，而五阳遇之，其势岂可久长哉？壮而不已，必至于剥也。姤遇之时，若是其大，可不戒哉？然则相遇之道遂可废乎？曰：柔遇刚，不可长也。若天地相遇，刚且中正，何可废也？天地不相遇则物不生，君臣不相遇则道不行。五阳，乾也，一阴，坤也，故曰天地；二、五皆刚且中正，故曰刚，曰中正，遇之义若是其大，其可废哉？不以一柔五刚之相遇而不戒，不以一柔五刚相遇之可戒，而废天地君臣之相遇，此易之贵于变也。（《诚斋易传》卷十二）

在杨万里的易学体系中，“中正纯粹精，乾之道”（《诚斋易传》卷一），作为“天之道”的“中正”，还包括以下几个方面的内容：

其一，“中正”是人的一种德行资质。《蒙卦·彖辞》有“中正之志”“刚明中正之人”（《诚斋易传》卷二）；《同人卦·六二爻辞》有“赞其德之中正也”（《诚斋易传》卷四）；《同人卦·九四爻辞》有“今六二秉大臣中正之德”（《诚斋易传》卷四）；其中“中正之德”的说法，在《诚斋易传》中出现最多，古人认定其为人的一种基本素质。杨氏称“中正之德”的卦还有：《同人卦·九四爻辞》《大有卦·九二爻辞》《姤卦·九二爻辞》《姤卦·九四爻辞》《萃卦·九五爻辞》《困卦·上六爻辞》《井卦·九五爻辞》《渐卦·九五爻辞》《涣卦·彖辞》《涣卦·九五爻辞》《既济卦·六二爻辞》等。另外，说《比卦·六二爻辞》有“中正之臣，应九五中正之君”（《诚斋易传》卷三）；说《贲卦·彖辞》就干脆把“质刚”“质柔”同“中正”联系起来，云：“文虽柔而质刚，又中正；……文虽刚而质柔，又非中正”（《诚斋易传》卷六）。说《萃卦·六三爻辞》则更直接地提出了“中正之资”“六阴柔也，三不中不正也。挟阴柔不中正之资，其谁纳我”（《诚斋易传》卷十二）。

其二，“中正”是一种人生态度。“上以中正比其下，下亦以中正比其上，非使之使也。”（《诚斋易传》卷三）即君主以中正的态度对待臣下，臣下也以中正的态度对待君主。不仅如此，杨氏还以晋文公亡秦、楚的故事以史证之：“晋文公之奔也，见秦伯则拜，见野人亦拜，不曰柔顺以下人乎？文而有礼，好学而不贰，凡十九年，守志弥笃，不曰中正以立己乎？广而俭怀，安而通迁，不曰怀其资而不露乎？其贞正如此，故至楚，楚飨之，楚送之至齐秦，齐秦妻之，秦纳而归之，可谓旅即次矣。”（《诚斋易传》卷十五）晋文公所有的美德都涵括在“中正”之中，晋文公的好人缘也全靠“中正”文明而拥有，而全非亡命天涯的落魄之状。是的，“中正”是文明，更是一种态度。杨万里当然知道“中正文明”的意义，于是，在《革卦·六二爻辞》中他解说道：“以六二中正文明之臣，遇九五阳刚相应之君。……中正文明而济之以阴柔故也。”（《诚斋易传》卷十三）因为，“持盈以中正，则为天下之利。”（《诚斋易传》卷十三）晋文公虽落魄为“旅人”，由于心怀天下而无所羁绊。“持盈以中正”，才有利于天下。

其三，最重要的是：“中正”是一个适合的度。杨氏在解《丰卦·六五爻辞》时说：“我是以用之于先，知六二之中正孚信，虽疑疾而不改度也。”（《诚斋易传》卷十二）于《中孚卦·九五爻辞》又说：“九五以刚健、中正、诚实之德，来天人万物之应，方且惕然如拘挛而不少肆，歉然自敛退而不敢居，若不足以受天人万物之归己，而不足以当天下之正位者。此九五有孚之至也。”（《诚斋易传》卷十六）在解《丰卦·六五爻辞》时谈到了“中正”而“度”，是古人思维上的一个进步，也使人们对“中正”通变有一个把量的尺码。《中孚卦·九五爻辞》是说九五之尊，只有“刚健、中正、诚实”，才能虚怀若谷，海纳百川。于《涣卦·九五爻辞》又说：“九五以刚明中正之德，谦抑卑巽之度，为一卦之主。用群臣之贤，将何以大慰天下之望、尽散天下之难乎？不有大号令，大建立，大更革，未见其可。”（《诚斋易传》卷十五）这里又给人们指出了“中正”由“刚明”到“谦抑卑巽之度”的交替，实际上，虚怀大度者才能做到“大号令，大建立，大更革”，也才能“大慰天下之望、尽散天下之难”。“中正”之度，由尺码“量度”进至恢宏“大度”，完成了对“中正”之度的大概描述。

其四，“中正”之度是为万变立法而作出的，所以“中正立而万变通”。“中正”之用能够应对现实变化，才能成为一个普遍原则。因为世界是物质的，物质是运动的。阴阳消长，动静相涵，未有已也。易变需要一个度来把衡，否则变无所适，世界无序，将陷入混沌一片。“中正”作为易变大法（或曰：万变大法），进入内学，则为心性“常德”。故杨万里说道：

幽则至静而不可动，贞则至坚而不可渝。皆刚阳中正之常德而不变者也。（《诚斋易传》卷十四）

杨氏对《观卦·彖辞》的注解，可以看成是其对“中正”之论的总结性发言：

教莫大于观感，而政令为下，故曰“大观”。孰能大观？九五是也。何大乎九五？以中正也。九五之圣人，以刚阳之资，体中正之德，形于上，观于下，而天下之不中者中，不正者正矣。孰不内顺而外巽、心服而身化哉？何其神也。观天之神道而法之耳，天之神道安在哉？中正而已。“四时不忒”，是天之中正也。运四时而无形者，莫如风，此天之神也。谓巽也，感天下而无形者，莫如诚。此圣人之神也。谓九五之中，实也。惟天下之至诚，为能立天下之中正。惟天下之中正，为能化天下之不中不正。故既曰：“中正以观天下。”又曰：“有孚颙若。”“孚”，诚也。《中庸》曰：“至诚如神。”故曰：“圣人以神道设教，而天下服。”（《诚斋易传》卷六）

在这里，“中正”可以大于九五至尊，明确突出了“中正”作为通变原则的超越地位。“中正”可以合内外之道，形、观于上下，能令“天下之不中者中，不正者正”，又有“内顺而外巽、心服而身化”之功，而秉“中正”之德的“圣人”就是“中正”原则的化身和代名词。在“圣人”—“九五”—“中正”—“天之神”（中正）—“圣人之神”（诚）—“至诚”（九五之中）的序列里，“至诚”来自“九五之中”，而“至诚”又是“中正”之基，“惟天下之至诚，为能立天下之中正”。“中正以观天下”，则是说应以“中正”设教，以让人们达于“至诚”之境，当然也是达于“九五之圣人”之境。显然，这里有一种既普适又终极的追求。

（五）对杨万里易学的评价

对于以史证易学派（“史事宗易学”），在学术史上曾被一些所谓的正统文人轻视，如《宋元学案》里有所谓“诚斋为小宗”的说法。元代易学巨擘吴澄既有“诚

斋杨先生易解版本行天下久矣”(《吴文正集》)的感慨，但他为杨万里《易传》作跋时“亦有微词”。这应该是那些反对将学术实用化或政治化的学者的一种看法。

有鉴于此，《四库全书总目提要》对于杨万里《诚斋易传》的评价，还算是比较公允的：“是书大旨本程氏，而多引史传以证之。初名《易外传》，后乃改定今名。……然圣人作《易》，本以吉凶悔吝示人事之所从。舍人事而谈天道，正后儒说易之病——未可以引史说经病万里也。”与此相类，清儒沈廷劢《身易实义》对杨万里及其著作的评价，则可以看作有识之见：“若夫《易》而禅者，慈湖也；《易》而史者，诚斋也，而考镜古今得失，俾《易》可见诸实用，则吾于诚斋有取焉。”这种观点应是平实允当的。易学到汉代以后，形成了专门研究天道的象数易学，相对来说忽视了人道；而后来的义理学派又疏于理论的枯燥，对现实人生直接减少关注，不接地气。杨万里等人的“史事宗易学”，以历史上真实发生的故事演说《周易》，读来令人亲切有味，感同身受。把《周易》当作了经世致用的经典来使用，对这种易学研究局面有所突破，有所纠偏，这正是其贡献所在。

现当代学人对于杨万里易学的关注，也自不乏人。最有影响的朱伯崑在其《易学哲学史》中，就杨万里易学设立专门章节，首开今人研究史事宗易学的先河。朱伯崑认为：“引史证经”的学术活动“反映了一种易学观”。“所谓引史证经，无非是引用历代统治阶级的政治历史，特别是封建时代王朝兴替的历史，以附会《周易》的卦爻象和卦爻辞。这种附会反映了一种易学观，即把《周易》看成是封建统治者治理国家的一部教科书。这样，就更增强了《周易》一书在经学中的地位。”朱伯崑对于“引史证易”的界定，肯定了杨万里等人引史证易的学术意义，虽多少带有一些老一代学人经历过那些时代的烙印和特色，但也是无可厚非的。

台湾学者黄忠天对杨万里和“史事宗易学”有专门的研究，他认为，《四库全书总目提要》将易学分成“两派六宗”，就今看来“惟此派易学在研究方法上仍有讨论之空间”，并认为以史证易学派直到清代方才下世，也算是切中肯綮之论。

近年来，曾华东也戮力于此，他的说法则更为具体，也更能令人信服：杨万里易学“以史证易”的价值在于它的实践理性，他不是空谈易道、易变，而是在“易以道阴阳”的同时倾注了对人间世的关注和对社会的救治之方。诚斋易学作为“史事宗”的代表，其“以史证易”还在于它的“中正”“通变”观所折射的深层次的“易之道”，这是诸家“以史证易”所不具备的、不明显的，杨万里还以此表明他的“古今一也”的历史观，给我们呈现了一个历史发展的矢量，这个历史矢量即：在“治少乱多”的历史进程中，我们如何在“究天人之际，通古今之变”的学术道路上引出历史的教益。因此，其史证体系之上的，是社会救治安排与历史价值体系的双重建构。作为程门后学，诚斋易学的理论贡献还在于它将天理论引向了实理——史之理，并提出了变通之道的“中正立而万变通”的中正通变观。

参考文献

[1] 黄忠天. 杨万里易学研究. 高雄师范大学国文研究所1988年硕士论文.

[2] 廖名春. 帛书《缪和》《昭力》简说//陈鼓应. 道家文化研究. 第三辑. 上海：上海古籍出版社，1993.

[3] 山东省图书馆. 易学书目. 济南：齐鲁书社，1993.

[4] 黄忠天. 宋代史事易学研究. 台湾高雄师范大学博士学位论文，1995.

[5] 朱伯崑. 易学哲学史. 第二卷. 北京：华夏出版社，1995.

[6] 陈松长. 马王堆帛书《缪和》《昭力》释文//陈鼓应. 道家文化研究. 第六辑. 上海：上海古籍出版社，1995.

[7] 邓球柏. 帛书周易校释. 长沙：湖南人民出版社，2002.

[8] 傅贤荣. 略论"参证史事"的杨万里易学. 周易研究，1997（03）.

[9] 廖名春. 帛书《缪和》释文//朱伯崑. 国际易学研究. 第四辑. 北京：华夏出版社，1998.

[10] 林忠军. 论以史治易. //朱伯崑. 国际易学研究. 第五辑. 北京：华夏出版社，1999.

[11] 黄忠天. 清代史事易学初探. //台湾中山大学清代学术研究中心. 第七届清代学术研讨会论文集，2002.

[12] 张文修. 诚斋易传的历史与意义的世界. 湖南大学学报，2004（05）.

[13] 吴怀祺. 易学与史学. 北京：中国书店，2004.

[14] 刘大钧. 读帛书《缪和》篇. 周易研究，2007（04）.

[15] 刘大钧. 再读帛书《缪和》篇. 周易研究，2007（05）.

[16] 郭彧. 帛书《周易》以史解经刍议. 周易研究，2007（05）.

[17] 黄忠天. 史事宗易学研究方法论析. 周易研究，2007（05）.

[18] 曾华东. 以史证易与诚斋易学. 周易研究，2011（06）.

[19] 黄庆萱. 魏晋南北朝易学书考佚. 上海：华东师范大学出版社，2012.

[20] 续晓琼. 南宋史事宗易学兴盛原因探析. //张涛. 周易文化研究. 第4辑. 北京：社会科学文献出版社，2013.

第五章

以易为史

《周易》是一部先秦历史时期的著作，不可避免地，它本身就带有那个时代的烙印和特色。《周易》的易经之卦爻辞及易传，在借卜筮指示吉凶祸福时，几乎涉及了当时或者在此之前的政治、军事、经济、文化、外交乃至婚丧嫁娶等日常家庭生活等的各个方面，为加强说服力，作者还经常援引了历史上曾经发生过的事以作例证，从而使《周易》或明或暗、或多或少地反映了一些上古社会的历史状况。所以说，《易经》本身就是商周史料库，《易传》是春秋战国乃至秦汉时期的思想史料集。这正是《周易》具较高史料价值的原因所在。

《易经》卦爻辞中就有不少以历史事件说明卦象爻象的辞例，正如《四库全书总目提要》说："圣人作《易》，本以吉凶悔吝示人事之所从，箕子之贞、鬼方之伐、帝乙之归妹，周公明著其义，则三百八十四爻可以例举矣。"比如《升卦·六四爻辞》"王用亨于岐山"，《晋卦》卦辞"康侯用锡马蕃庶，昼日三接"，《明夷·六五爻辞》"箕子之明夷"，《归妹·六五爻辞》"帝乙归妹"，《既济·九三爻辞》"高宗伐鬼方"等，都记录了殷周之时发生过的重大事件。

而《易传》中，则更多地引用历史说明《周易》所蕴含的天人之道。比如，"有天地然后有万物，有万物然后有男女，有男女然后有夫妇，有夫妇然后有父子，有父子然后有君臣，有君臣然后有上下，有上下然后礼义有所错。"（《序卦》）从历史的眼光来看，这段话简略地描述了人类社会初期的发展过程：由天地而万物、而男女，符合地球上生命初期的进化；由男女而夫妇、而父子，符合从原始群到父系氏族社会的发展；由父子而君臣、而有上下，符合阶级、国家的产生，由有上下而有所错。

同样，"古者包牺氏之王天下也……作结绳而为网罟，以佃以渔……神农氏作，斫木为耜，揉木为耒，耒耨之利以教天下……日中为市，致天下之民，聚天下之货，交易而退，各得其所。……黄帝、尧、舜氏作……垂衣裳而天下治……刳木为舟，剡木为楫，舟楫之利，以济不通，致远以利天下……服牛乘马，引重致远，以利天下……重门击柝，以待暴客……断木为杵，掘地为臼，杵臼之利，万民以济……弦木为弧，剡木为矢，弧矢之利，以威天下……上古穴居而野处，后世圣人易之以宫室，上栋下宇，以待风雨……古之葬者，厚衣之以薪，葬之中野，不封不树，丧期无数，后世圣人易之以棺椁……上古结绳而治，后世圣人易之以书契。”（《系辞下》）这一段文字，首先它简略地描述了中国早期历史的社会经济发展历程：由“以佃以渔”到“耒耜之利”“日中为市”，反映了原始社会由渔猎发展到农耕，进而到简单商品交换的情况，两次社会大分工讲得十分明白。舟楫、车马、杵臼、富室、棺椁，又反映了当时社会物质生产的进步。其次，它描述了社会政治的发展过程。由“垂衣裳”到“重门击柝”“以待暴客”“弧矢以威天下”，反映了原始社会民主政治到阶级社会国家机器的形成这一客观历史进程。再次，由结绳而文字，由“不封不树”到“易以棺椁”则反映了社会文化典制随着生产力的提高而发展。

应该说，这样的描述非常接近客观历史的发展实际。这就是《周易》的历史观，朴素的历史发展进化思想同时也给我们提供了极有价值的珍贵史料。

所以，自司马迁著《史记》以来，历代史学家对《周易》非常重视，或以《周易》的变化理念为史学思想，或以《周易》文辞评价历史人事。而历代易学家也非常重视历史，或以易理解释历史上的人物事件，或引历史人事说解易理等，历史与《周易》的关系可谓非同一般。

更有甚者，有些易学家在研究《周易》时，认为《周易》不是什么卜筮之书，也不是哲理之作，而是直接把《周易》看作历史书，即所谓“以易为史”，认为《周易》经传作者就是要通过易卦爻象与卦爻辞文字来隐蔽地记述某段或每一时期的历史。

第一节　胡朴安的易学研究

如上所述，杨万里、李光等人的以史解易，都表现了以《易》为本，《易》本史实、《易》含史理，所以以史解易成为可能。“易本史实”是指《周易》原本含史、以史为本，比如杨万里曾在《诚斋易传》卷四注解《序卦》时说：“乾坤，开辟之世乎？屯蒙，鸿荒之世乎？需养，结绳之世乎？讼师，阪泉涿鹿之世乎？畜履，书契大法之世乎？泰通，尧舜雍熙之世乎？”但他仍然是以《周易》为本体，以历史来解说。

而近世以来胡朴安等人的“以易为史”，是把整部《周易》经传都看作一部历史学著作，而不是别的什么，不是卜筮之书，也不是哲理之作。这是把以史解易的方法做到了极致，达到其极端而已。所以，在考察历史与《周易》的关系时，有学者将胡朴安等人的以史解易称为“以易为史”，而不包括在典型的“史事宗易学”范畴里，这无疑是正确的。

有鉴于此，我们把胡朴安等的易学研究，单独作为一章加以综述和评析。

一、胡朴安的以易为史

胡朴安（1878—1947），安徽泾县溪头村人。近现代著名文字学家、训诂学家、

革命家和南社诗人。本名有忭，学名韫玉，字仲明、仲民、颂明，号朴安、半边翁；以号行世。曾先后任教于上海大学、持志大学、国民大学和群治大学等。

著有《文字学 ABC》《中国文字学史》《中国训诂学史》《俗语典》等，并有《中国言语变迁的痕迹》《汉碑在文字学上之价值》《中国文字之发生与变迁》《声韵略论》《从文字学上考见中国古代之声韵与语言》《文字学之价值》等论文，在文字学和训诂学史上，有很高的地位和很大的影响。

胡朴安接触易学研究，是在 1940 年左右其患脑瘫之后，先后著有《周易古史观》《周易人生观》《周易学》等。其中尤其以《周易古史观》为其代表作。

胡朴安《周易古史观》，于 1942 年写成并自行印制发行。这部书全面地解读六十四卦，“无一字不解，无一句不说”地注解《周易》，而且将每一卦都说成是历史的记载，于是正式形成了《周易》古史系统。从此，在《周易》卜筮说、《周易》哲理说之外，正式出现了《周易》古史说。

《周易古史观》于六十四卦之卦辞、爻辞、《彖传》、《象传》，一概视为记事之史，一字一句都落实到史上。整个《周易》六十四卦三百八十四爻成为一部古代史书。《乾》《坤》两卦是绪论，它不是记事的，而是发凡起例。《既济》《未济》两卦是余论，言社会已定，当思患豫防，以未济之道处既济。

胡氏以古史说《易》，根据是《序卦》。《序卦》确实已有叙述古代社会发展历史之意。胡氏则将六十四卦之卦辞、爻辞、《彖传》《象传》连贯一起，字解而句说之，所反映之史实与《序卦》吻合。上经自《屯》卦至《离》卦，为草昧时代至殷末之史。下经自《咸》卦至《小过》卦，为周初文王、武王、成王时代之史。一卦反映一时代之大事，卦卦前后相连，绝无凌越颠倒，大体井然成序。六十卦之六十件划时代的大事依次连接成一个完整的远古历史系统。六十卦反映的六十件大事是：

《屯》卦，是草昧时代建立酋长之事。《蒙》卦，是酋长领导民众而教诲之事。《需》卦，是教导民众耕种之事。《讼》卦，是民众争夺饮食而讼之事。《师》卦，是行师解决两团体互相械斗之事。《比》卦，是开国之初建万国亲诸侯之事。《小畜》，是建国以后会猎之事。《履》卦，是以履虎决定履帝位之事。《泰》卦，是履帝位以后巡狩朝觐之事。《否》卦，是天子失德，诸侯不朝之事。《同人》卦，是民众聚会，谋覆共主之事。《大有》，是推一人为之长，组织民众之事。《谦》卦，是会合民众，教以稼穑之事。《豫》卦，是建侯行师，检阅军队之事。《随》卦，是大有之民众，随豫之侯以行征伐之事。《蛊》卦，是征伐归来，教民以孝之事。《临》卦，是君主登位临民之事。《观》卦，是以神道设教之事。《噬嗑》卦，用狱治民之事。《贲》卦，是男女会聚，结为夫妇之事。《剥》卦，是洪水为灾，庐舍剥毁之事。《复》卦，是因水灾迁徙，复其故业之事。《无妄》，是新居始定，未甚安宁之事。《大畜》卦，是以田猎济耕种之事。《颐》卦，是以耕种自养之事。《大过》卦，是改土穴为房屋，建筑房屋之事。《坎》卦，是因建筑房屋掘土所成之坎，蓄水设险以守之事。《离》卦，是坎上置篱，以巩固防御之事。《咸》卦，是男女正式婚姻之事。《恒》卦，是夫妇正居之事。《遯》卦，是择邻迁徙之事。《大壮》卦，是努力生活之事。《晋》卦，是扩充国力之事。《明夷》卦，是文王蒙难之事。《家人》卦，是组织家庭之事。《睽》卦，是一夫多妻之家庭乖睽之事。《蹇》卦，是诸侯皆来决平之事。《解》卦，是文王决平诸侯讼狱之事。《损》卦，是文王节俭自损之事。《益》卦，是损己益人，文王得民心之事。《夬》卦，是文王分决一切之事。《姤》卦，是婚媾往来之事。《萃》卦，是会聚众家建立祖庙之事。《升》卦，是萃功告成，民众上升为国尽力之事。《困》卦，是南征受困之事。《井》卦，是推行井田之事。《革》卦，是周革殷命之事。《鼎》卦，是周革殷命以后，正位之事。《震》卦，是正位以后，自治以治民之事。《艮》卦，是迁徙殷顽，使之各安其土之事。《渐》卦，是殷顽迁徙之后，教以组织家庭之事。《归妹》卦，是殷贵族之女，归于男家之事。《丰》卦，是扩大殷顽组织家族之事。《旅》卦，是殷顽不安其居，散而羁旅于外之事。《巽》卦，是羁旅于外之殷顽，顺时而入之事。《兑》卦，是殷顽来归，说以劝之之事。《涣》卦，是教殷顽立祖庙之事。《节》卦，是立祖庙以后，教以礼文有节制之事。《中孚》卦，是会聚殷顽田猎示信之事。《小过》卦，是顽民自猎之事。

二、 胡朴安的易学体例

胡氏既认为《周易》是史书，就对该书结构作了自己的解读，他认为《周易》全书是一个自足的史学论著系统，有绪论，有正文，还有余论。为首的《乾》《坤》两卦当然是该书的绪论，自《屯》至《小过》六十二卦是全书的主体部分，为记事之史，而末尾的《既济》《未济》两卦当然是该书的余论了。绪论不记事，所言相当于发凡起例。余论也不记事，所言相当于全书记事以外的总结与论赞。

胡氏之《乾》《坤》两卦为绪论说大意是：

> 六十四卦有同辞者，旧时说《易》者皆参互错综，以卦画说之，无论其通否如何，皆是阴阳玄妙之谈。余以古史说《易》，凡六十四卦有同辞者，虽所记之事实不同，皆是同一文字记载。

他这里说的是六十四卦中有不少是事不同而文同者，这些文字的基本含义在《乾》《坤》两卦里首先表现出来，所以可以说《乾》《坤》两卦是起例的。《乾》《坤》既有起例的作用，故谓《乾》《坤》是绪论。《乾》有元亨利贞，《坤》有西南东北，各有一定含义，别的卦用时，皆本此以为说。

《乾》“元、亨、利、贞”。《文言》曰：“元者，善之长也。亨者，嘉之会也。利者，义之和也。贞者，事之干也。君子体仁足以长人，嘉会足以合礼，利物足以合义，贞固足以干事。”胡氏说：“《文言》所解乾之四德，皆言人事之理，以后各卦有元、亨、利、贞字者，皆可本此以说之也。”又说：“六十四卦中，有此四字，或三字，或二字，或一字，皆不能出此意义之外。此《乾》《坤》两卦所以为《周易》之绪论也。”据统计，六十四卦辞中含有“元、亨、利、贞”四字者共有七卦：《乾》《坤》《屯》《随》《临》《无妄》《革》。胡氏说：“元、亨、利、贞四字俱备者，皆有始之意。除《乾》《坤》两卦外，一《屯》卦，草昧初开，建侯为酋长，人类团体之始也。二《随》卦，《豫》卦建侯行师以后，民众随之，统一之始也。三《临》卦，君主登位之始也。五《革》卦，周受命维新之始也。此外无有备四德者矣。此《周易》卦辞记事之例也。”

六十四卦中，只有《乾》卦以“元、亨、利、贞”四德发其端，另无一字。再有就是《大有》卦言“元亨”外，另无他字。胡氏说：“《大有》是组织国家之卦。”再就是《大壮》卦言“利贞”外，另无他字。胡氏说：“《大壮》是个人奋斗之卦。”再就是《兑》卦言“亨利贞”外，另无他字。胡氏说：“《兑》是民众心悦诚服之卦。此外无有如此之卦辞。”而《随》之“元亨利贞无咎”，多“无咎”二字。《遯》之“亨小利贞”，多一“小”字。《明夷》之“利艰贞”，多一“艰”字。《家人》之“利女贞”，多一“女”字。《鼎》之“元吉亨”，多一“吉”字。胡氏说：“此《周易》记事之例，读各卦辞之解说自明也。”又，胡氏解《随》卦辞说：“元亨利贞俱备于《随》，可谓大吉。而仅无咎者，以民众不知其故而随之也。”解《遯》卦辞说：“小利贞者，《咸》为取女吉之利贞，《恒》为男正位之利贞，永久之利贞，常道也，《遯》为迁徙之利贞，一时之利贞，时宜也，故曰小。”解《明夷》卦辞说：“《明夷》之利贞，加一艰字，以见处明夷之时，最宜谨慎。《诗·大明》篇：‘维此文王，小心翼翼’是也。”解《家人》卦辞说：“家内之事，以女为主，女主中馈，故曰女贞。”解《鼎》卦辞说：“《鼎》元吉者，《鼎》是《革》卦后周革殷命，为诸侯长而吉也。”胡氏解此诸卦辞，显然不同于旧说者有二：第一，皆以史事为说，不言其他。第二，元亨利贞四字之解，一依《文言》，外加之字，据事为解。

《坤》卦：“元亨，利牝马之贞。君子有攸往，先迷后得主，利。西南得朋，东北丧朋。安贞吉。”胡氏解之以史事云：“先迷后得主利者，言原始之人，茫然而进，毫无团结，是先迷也。以历久之经验，逐渐进步，而有中心，是后得主也。先迷后得，是以利也。此上经之绪论也。”又说：“《坤》之西南得朋，东北丧朋，言文王之国在西南，往西南必得朋。殷纣之都在东北，往东北必丧朋也。《蹇》之利西南，不利东北，亦谓西南是文王之国，东北是殷纣之都，《解》利西南亦如是也。”又解《蹇》之“利西南，不利东北”说：“利西南者，文王之国，在诸侯之西南，利往而诉之也。不利东北者，殷纣之都在诸侯之东北，不利往而诉之也。”

解《解》之“利西南。无所往”说：“《解》，文王决平诸侯讼狱之卦也。利西南者，即《蹇》之利西南。无所往者，即《蹇》之不利东北，无所往也。”

胡氏认为，《文言》之释“元、亨、利、贞”四字，是不易之解。《乾》之“元、亨、利、贞”四字包罗万象，囊括一切，为《周易》卦辞记史记事之创例；《坤》之先迷后得，涉及上经记事。西南东北，涉及下经记事。总之，胡氏以《乾》《坤》二卦高屋建瓴，提纲挈领，为《周易》的开篇绪论。

最末的《既济》《未济》二卦多谈理论，非如其他六十卦为记史记事也。《既济》，言治平已成，社会稳定，而欲保其不昃不亏，则必小心谨慎，思患预防以处之也。穷则变，变则通，通则久，久则又穷又变，政治与社会时时在变之中，故《易》终以未济。《未济》者，以未济之道处既济，即时时有未济之惧，不稍有既济之安也。所以，胡氏因以《既济》《未济》二卦升华提要，总结道理，为《周易》系统的总述余论。

三、 胡朴安解易的方法

胡氏的《周易古史观》，站在古史的立场解说六十四卦，把六十四卦说成记事的史书，最大的理论障碍是《易传》。《易传》是解释《易经》的，向来人们认为《易传》哲理性很强，可谓一部哲学著作。胡氏为了建立《周易》古史体系，不得不把《周易》经传统统说成古史。具体说，有以下几点：

第一，联结卦辞、爻辞、《易传》中的《彖辞》《象辞》为一体，通统站在古史立场加以解说。卦辞、爻辞是古史，解释卦辞、爻辞的易传《彖辞》《象辞》也都是古史。

第二，胡氏书每讲一卦，都从《序卦》开头，这一点很像程颐《易传》，而用意有不同。程颐从《序卦》讲义理，胡氏从《序卦》讲史。例如《谦》卦，二书都引《序卦》“有大者不可以盈，故受之以《谦》”，理解不大一样。程颐着眼在“其有既大，不可至于盈满，必在谦损，故《大有》之后，受之以《谦》也”。强调《谦》卦之义在于以崇高之德，而处卑之下。胡氏书不言谦以崇高处卑下之义，而强调谦是教民稼穑之事，云：“有大者不可以盈者，言人民归以后可谓有大，然不可以一己之生活满足而已无事。故曰不可以盈，而必谋人民之生活满足，故受之以谦焉。”以为谦不是德不是义，而是史是事。

第三，《系辞》讲哲理讲得多，卦爻、象数也在不少处讲哲理，这对胡氏的古史说不利，故胡氏书涉及甚微。《说卦》讲卦象与义理处很多，显然无助于古史说，故胡氏也很少提到。

第四，《彖辞》由天道推及人事，解释卦名卦义。胡氏则直接讲成人事，字字句句落实到史上。例如刚与柔，本有适应于各卦之普遍含义，而胡氏认为辞虽同而义因卦而异。《彖辞》讲柔与刚，胡氏书于各卦释义不同。在《剥》卦说：“柔是

水，刚是床与庐。”在《姤》卦说：“柔，女。刚，男也。”在《鼎》卦说：“柔谓火，则谓所烹饪之物。”在《旅》卦说：“柔，羁旅中之众人。刚，羁旅中之首领。”在《涣》卦说：“刚，殷与其他诸国之宗子。柔，殷与其他诸国之族人。”在《节》卦说：“刚，礼之质。柔，礼之文。”在《小过》说：“柔谓民，刚谓君。”在《既济》说：“柔谓臣，刚谓君。”在《升》卦说：“柔谓民众，刚谓武王。”

《彖辞》往往讲当位不当位的问题。胡氏书谓位是人之位，不是爻之位。如《渐卦·彖辞》言：“进得位，往有功也；进以正，可以正邦也。”胡氏书说：“位，男女之谓。正，正男女之位。”又如《既济卦·彖辞》言“刚柔正而位当也”。胡氏书说“刚谓君，柔谓臣。君臣各正职守而当位也”。

第五，易传《象辞》句式很规范，上句讲一卦之象决定一卦之名义，属于天道。下句讲人应当根据此卦之象之义注意什么和怎样注意。胡氏书则把上句下句都讲成具体的史实。例如《大畜卦·象辞》：“天在山中，大畜。君子以多识前言往行，以畜其德。”胡氏书说，“天在山中”者，讲“深山之中，四围皆山，天在其中”，是人们田猎的好地方。“前言往行”者，讲的是过去田猎之言语和行事，即关于田猎的知识。君子关于田猎的知识比一般民众多。“以畜其德者”，德是得，田猎所获得之禽兽，带回来加以畜养。至于《象辞》中言及君子小人，胡氏书也不认为是道德意义上的。如《遯卦·象辞》：“天下有山，遯。君子以远小人，不恶而严。”胡氏书说，“遯之迁徙，当是逾垣远墙窃马牛之小人而迁徙也”，谓小人是不过正当生活的寇盗之辈。又如《明夷卦·象辞》：“明入地中，明夷。君子以莅众，用晦而明。”胡氏书说：“君子谓文王。”《蹇卦·象辞》：“山上有水，蹇。君子以反身修德。”胡氏书说：“君子，谓服从文王之诸侯，如虞、芮之君。”等等。

第六，《杂》卦向称难读，胡氏书配合《序卦》，一并从古史角度讲解，使《杂》卦也成为史书。如《杂》卦“屯见而不失其居”，胡氏书说，“动物中之人类，居人类之所，而不凌乱。即不失其居也”。又如《杂》卦“蒙杂而著”，胡氏书谓“由杂居而定居也”，“俗称土著，即此意也”。又如《杂》卦“需，不进也”，胡氏书谓“耕种生活，居处固定，不必再进而别求水草之处，如游牧生活也”。又如《杂》卦“讼，不亲也”，胡氏书谓“不速之客，虽是窃米而来，要是平日认识之人，至争讼时而不亲矣”。胡氏书于《杂》卦皆如此一一作解，一字一句都落到实处，这与其整部书以易为史的体系相一致。此不赘引。

四、胡朴安解易的特点

传统易学皆以为卦讲究时变，一卦代表“一时”，卦时不同，反映之时变不同。王弼说：“卦者时也，爻者适时之变者也。”程颐说：“易，变易也，随时变易以从道也。”都认为卦象是反映时变的，时变有道。胡氏则认为卦象是反映事的，爻辞是依次记载一件大事中的不同阶段，不以为卦爻之中还有道。

例如《履》卦卦辞："履虎尾，不咥人，亨。"王弼《周易注》说："履虎尾有不见咥者，以其说而应乎乾也。不以说行夫奸佞，而以说应乎乾，宜其履虎尾不见咥而亨。"程颐《易传》说："以柔履藉于刚……人之履行如此，虽履至危之地，亦无所害。"把"履虎尾"看作一个象，其实质是"柔履刚"，即"说而应乎乾"，这其中蕴含一个道理：能处理好柔与刚的关系，即使踩了老虎尾巴（刚），也无妨。胡氏认为"履虎尾"不是象，而是事实。他说："履虎尾不咥人亨者，以履虎之咥人不咥人，而为履帝位之决定也。《小畜》会田猎以后，推一人为共主，以履虎决之。有智勇兼优者，履虎而不受虎之咥，群奉以为君也。"又如《谦》卦初六："谦谦君子，用涉大川，吉。"前人无不以谦卑自处释谦，王弼释《谦》卦初六说："处谦之下，谦之谦者也。能体谦谦，其唯君子，用涉大难，物无害也。"程颐说："初六以柔顺处谦，又居一卦之下，为自处卑下之至，谦而又谦也。"胡氏不以德而以事释谦，他说："谦谦君子者，教民稼穑曰谦，日以稼穑教民为事曰谦谦。此谦谦之君子，率人民涉大川以耕种，吉之事也。"谦是实事，涉大川也是实事。依胡氏意，《谦》卦不是讲谦之德，原来是讲教民稼穑的史实。

胡氏解释卦名含义，也是从史的角度考虑问题。如《大过》《小过》《大畜》《小畜》大小相对应的四卦，胡氏说："小过之过，与大过之过同。大过，易穴居为交覆深屋，其变更大，故曰大。小过，易会猎为自猎，其变更小，故曰小。""小畜，是游牧时代之田猎，虽专以田猎为生活，其田猎之规模尚小，故曰小畜。大畜，是耕种时代之田猎，虽不专以田猎为生活，其田猎之规模已大，故曰大畜。"与前人解释之"大""小""畜""过"之义迥然不同。

胡氏以古史说《周易》，解卦大多前后连续，后卦接着前卦说，与前人的说完一卦是一卦、后卦不与前卦牵连的做法颇不相同。《中孚·上九爻辞》："翰音登于天，贞凶。"《小象》："翰音登于天，何可长也。"胡氏解云："所获之禽飞去，其音上至于天，其事凶也。有飞去之禽，须谨慎以防之，不可长有此事。"后一卦《小过·初六爻辞》："飞鸟以凶。"《小象》："飞鸟以凶，不可如何也。"胡氏以为两卦所记事相连续，乃解云："飞鸟以凶者，飞鸟即《中孚》上九飞去之鸟。获鸟以归，飞戾于天，是以凶也。此真无可如何之事，故《象》曰不可如何也。此猎前民众相谓之语。"胡氏以为"飞鸟"是记事不是设象，故可以视为一事。

以古史说《周易》，最大的障碍是卦象爻象问题。与象数派易学家不一样，也与综合象数派和易理派易学家的做法不一样，胡氏的办法是完全抛开卦爻象不讲，只是依次讲卦爻文辞。为了抛开卦爻象不讲，胡氏提出以下理据：①卦是远古未有文字以前的记事符号。八卦可为记录一切之符号，其作用与文字相当。未有文字之前，人们只能用卦画作记事之符号。有时一卦一爻可表达数十事物，此相当于文字之假借。有时同一事物用许多卦爻表达，此相当于文字之转注。②六十四卦卦名用两个八卦的联合结构表达，如云雷屯，震下坎上，不过是个符号，表示它是屯而已，

《屯》卦中各爻并无云雷之义。初、二、三、四、五、上，是记事之先后次序，并无上下内外之意义。其他各卦皆如此。就是说，“《周易》是有文字以后之记载，其用卦为符号者，犹今日卷册之标记，无他义也”。胡氏以记事之史书视《周易》，自然要彻底抛开卦爻说。

胡氏精通古文字学与训诂学，因此他在解易过程中非常注意文字音韵训诂考释，往往通过训释文字的初义而考见上古社会的文化习俗，将《周易》古史研究建立在文字训诂之上。胡氏自述：“兹著《周易古史观》，凡与文字学有关者，皆得其初义，而与从文字学考见古代之社会，互相参证也。”又云：“本卦辞、爻辞、彖辞、象辞，字解而句说之，确然知其不可易也。训诂一本文字学，除与训诂有关系外，不采用汉宋易学家一字。即有采用者，皆是借其说以就我义。”又云：“以分析言之，八卦为文字之祖，固有文字学之范围，即《易经》之用字用韵释义，亦当丽于文字学焉。”

胡氏释卦辞、爻辞、彖辞、象辞，多从《说文》求字本义，而后引申讲到古史上。例如屯，《说文》：“屯，难也。象草木之初生，屯然而难。从中贯一，一，地也。尾曲。”胡氏引申之解释《屯》卦为人类生活之始，云：“以草木初生之难，形容人之初生，须奋斗而后可以存也。”又云：“《易》专记人事，屯者，人类之始生也。”又如需，《说文》：“需，须也。遇雨不进，止须也，从雨而声。”胡氏引申而释《需》卦云：“耕种生活，居处固定，不必再进而别求水草之处，如游牧生活也。”再如小畜，《说文》：“畜，田畜也。”即田而有所获，畜之也。胡氏引申而释《小畜》卦云：“牵引所获之禽，归而畜之也。此野禽所以变为家畜也。郑玄注：‘畜，养也。’言养禽于家也。养禽于家，以备他日之食，养禽即所以自养。谓之小者，所畜不多也。故《杂卦传》曰：‘小畜，寡也。’”再如谦，《说文》：“谦，敬也。从言，兼声。”又“兼，并也。从又，持禾。兼持二禾，秉持一禾”。胡氏引申之以解《谦》卦云：“秉之义，引申为握权。是握一团体之权，谓之秉；握众团体之权，谓之兼。”又云：“谦，教民稼穑之事也。谦，从言，教之也。从兼声，稼穑之事也。谦训敬者，敬其事也。古者田猎耕种，多以车行，人君教民稼穑，当乘车也。故《杂卦传》曰：‘谦轻。’《说文》：‘轻，轻车也。’教民稼穑，乘车涉川而行，故轻车，轻而便利也。又《系辞》：‘谦，德之柄也。’言握稼穑之柄也。”是胡氏根据《说文》从言兼声，引申出谦为教民稼穑之事，与前人对谦的训释根本不同。等等。

胡氏《周易古史观》释卦名义，皆从《说文》所解字之本义出发，除《乾》《坤》《既济》《未济》外，胡氏说易惟以古史，汉宋易家之象数说、图书说、义理说，一概不取。但是，汉宋易家如郑玄、虞翻、王弼、孔颖达、程颐、朱熹等人之有关《易》文训诂，其有助于胡氏古史说者，则一概采用。几乎每卦都有引用。如于《乾卦·彖辞》“大哉乾元，万物资始，乃统天”，引郑玄解：“资，取也。统，本也。”于《坤卦·六二爻辞》“直方，大，不习，无不利”，引王弼语：“任其自然，而物自生，不假修营，而功自成，故不习无不利。”于《颐卦·六二爻辞》“颠颐，拂经于丘颐，征凶”，引王肃语：“拂，违也。经，常也。丘，小山也。”于《离卦·象辞》“明两作，离。大人以继明照于四方”，引王弼云：“继，谓不绝也。明照相继不绝旷也。”于《恒卦·上六爻辞》“振恒，凶”，引郑玄云：“振，摇落也。”于《晋》卦卦辞“康侯，用锡马蕃庶，昼日三接”，引马融云：“康，安也”；引郑玄云：“康，尊也”；引程颐云：“康侯，治安之侯”。于《家人卦·象辞》“风自火出，家人”，引张载云：“家道之始，始于饮食，故曰风自火出。”于《夬》卦卦辞“扬于王庭”，引孔颖达云：“王庭，是百官所在之处。以君子决小人，故可以显然发扬决断其事于王者之庭，示公正而无私隐也。”于《夬卦·象辞》“泽上于天，夬”，引陆绩云：“水气上天，决降成雨，故曰夬。”于《既济卦·六四爻辞》“繻有衣袽，终日戒”；引虞翻云：“枷，敝衣也。”于九五爻辞“东邻杀牛，不如西邻之禴祭，实受其福”，引王弼云：“牛，祭之盛者也。禴祭之薄者也。”

以上所征引，胡氏皆云：“此说可用。”所谓“可用”，其条件显然有二：一有利于以古史说《易》，二是文字训诂，不涉象数、图书、哲理。总之，胡氏解易，或依《说文》求《易》文本义，或引前人《易》文训诂，根本用意在于运用文字学方法完成以古史说《易》的总目标。

五、 胡朴安易学研究的评价

胡朴安的易学研究，纯以古史眼光看《周易》，摒弃传统的象位术数与义理哲思等解易方法，不蹈空而就实，不虚言而证史，自谓乃古今第一位通篇以古史观解易者，洵非虚言。胡朴安此等读易法并非空穴来风，所自必有由来。内中所言六十事，皆可作社会史看。《周易》产生时代的社会生活有意无意地隐含其中，自然可以用历史的眼光来看待。

然而事情总有其两面，要一分为二地看待。把事情做到了极端，真理也就离谬误不远了。说《周易》含有历史的素地，有些卦爻辞也可以作为历史研究的史料，都无可厚非，但是说《周易》就是一部史学著作，其写作目的就是要记录某段历史，则未免偏颇。《周易》的原本形态毕竟是以卜筮著作出现的。与《周易》几乎同时代的历史学著作相比，比如记言的《尚书》、记事的《春秋》、反映社会民风的《诗经》等，《周易》毕竟是另外一个性质的文本。这无论如何都是不可讳言的。

正如吕绍纲所云，第一部把《周易》作为史书解读的著作，是胡朴安的《周易古史观》。《周易古史观》的特点概言之有三：第一，所说《周易》是古史，充其量是一部社会发展史。第二，《周易》经传为一体，既认定《易经》是古史，必证明《易传》也是古史。第三，用文字训诂取代卦爻象。这三个特点，其实也是胡氏欲把《周易》讲成古史所必须面对的三个问题。这三个问题，至少不能说胡氏已经

解决。

第一个问题，说《周易》六十四卦是记事的史书，应当从史中找到“时”的痕迹，然而胡氏书却没有找到。他只是说穴居野处、田猎游牧、定居农耕、饮食迁徙、争讼战争等逻辑上的先后次序，不免流于泛论，极似社会发展史。即使下经所谓自殷末至周成王时的历史，也只是逻辑次序，没有时间先后，同样很难说是史。说《周易》中有史的内容，可以理解。若说作《易》者本意就是要作史，不是为了阐发哲学道理，至少胡氏书未能提供令人更为信服的论证。

第二个问题，胡氏书视经传为一体，不把经传分开讲，固然有一定道理，但他把《易传》说成记事之史或有史的意味，实难自圆其说。说《序卦》有史的意味（也是社会发展史）尚可接受。《彖辞》与《象辞》分明讲一卦爻象，由卦爻象讲到人间伦理道德。一定要说它是平铺直叙，据事讲史，岂非强词以夺理？至于《系辞》《说卦》《杂卦》，只能说是讲义理讲卦爻象的。

第三个问题，以为《周易》是记事史书，把注意力全用在文字训诂上，不讲卦爻象，与《周易》实情难副。胡氏既然承认《易传》可信，却又简单地抛开《系辞》《说卦》《象辞》中反复讲的卦象、爻象不顾，终究不能算古史说已成立。想把《周易》以象表意这一点否掉，尚须做的工作实在太多太难。

我们赞同吕绍纲对胡氏评价的中庸态度，尽管目前不能接受胡氏《周易古史观》古史说的观点，但是胡氏献身学术、刻苦钻研、开拓创新、独立思考的精神是值得赞扬的。《周易古史观》是20世纪《周易》古史派的代表作，固然它有问题尚须继续研究，然而仍然必须承认它是20世纪《周易》研究领域的一块丰碑。

第二节　沈竹礽、章太炎的以易为史

我们说，胡朴安的以易为史研究是以史解易方法的极致。其实，以易为史的解易方法，不是胡朴安的发明创造，在他之前，已经有人这样做了。

从史学的角度研究《周易》，在古代已形成了以宋代杨万里《诚斋易传》等为代表的“史事宗易学”。到了清代，由于受到章学诚“六经皆史”学说的影响，学术界把传统学术分类中的经史子集都看作是历史或者是研究历史的史料。《周易》是经典中的一部分，自然也就可以当作历史学著作了。但前人所走的都不过是以史证易的路子，而进入20世纪以来，一批现代学者不约而同地集结成一支与传统易学卓然不同的古史易学派，他们先自《周易》经文中寻觅古迹史影，进而发展到试图运用古史知识复现出《周易》一书的原初面貌。虽各家创设的门径和体系互不相关，但他们得出的结论却是惊人的一致：《周易》是一部史书。

据胡朴安在其《周易古史观》自序中言，在他之前把《周易》看作史书的，应该说是清末著名易学家沈竹礽和著名学者章太炎。

一、沈竹礽的易学研究

沈竹礽（1849—1906），原名沈绍勋，字竹礽，浙江钱塘人，清时著名的风水师、堪舆学家，为玄空风水学的重要人物。沈氏穷一生精力，将历来视之若秘之玄空风水学苦心研究，更不吝传授于后人，功德无量，可以说是对近代风水学研究影响至大的人物之一。

沈氏殁后，长子沈祖绵与其他跟随沈氏的门人将沈氏生前留下来的手稿结集辑录成《沈氏玄空学》，此书亦成为玄空风水学研究者必读之书籍。

沈氏博学多通，尤精象数之学，毕生专注于易学研究，成就斐然。先后著有《周易易解》十卷、《周易示儿录》三编、《周易说余》一卷，在易学发展史上也有较大影响。沈竹礽从象数派的角度解读《周易》，国学大师马一浮谓沈氏“称心而谈，尽廓汉末门户之见，独明先后天同位之义，推京氏世位以说卦序，皆能发前人所未发，盖有见于赜动而不失易简之旨”。所谓象数学，是中国古代把物象符号化、数量化，用以推测事物关系与变化的一种学说。沈氏在书中注重卦象分析，着眼于卦的取象，以卦象为出发点，比拟宇宙万事万物，启发义理。他对爻位的分析，则着眼于爻的取数，爻位作为一种特殊的数，它的上下往来、变化进退代表了万事万物运动变化规律。沈氏在《周易易解》书中旁征博引，尽取象数理三家之长，而不堕于穿凿附会之弊，唐文治称：“兹读竹礽先生《周易易解》十卷，兼象理数三者之长，而不堕于凿虚诬三者之弊，易知易能，独标新谛，可谓易学家难得之书矣。”故此书当为易学研究史上的又一部优秀著作。

20世纪20年代，沈竹礽著《周易余说》一书。在该书中，沈氏一改其象数学易学家的做派，借鉴了易理学派中的“史事宗易学”，用商周之际的史实解读《履》《家人》《睽》三卦：

释《履》云：《大传》曰，《易》之兴也，其当文王与纣之事耶？是故其事危。危莫危见虎，九卦处忧患，故以《履》为首。此以纣为虎。人，即文王自谓也。故初九，素履往无咎，似微子。九二，履道坦坦，幽人贞吉，似伯夷。六三，眇能视，跛能履，履虎尾，咥人，凶。武人为于大君，似文王。文王三分天下有其二，纣之不善，去之易易耳。必强效眇之能视，跛之能履，而囚于羑里。如虎咥人之象，乃文王以服事殷，冀纣之迁善改过，德之盛也。否则如武人为于大君，以兵去而已矣。此文王之所不为也。九四，履虎尾，愬愬，终吉，似箕子。九五，夬履，贞厉，似比干。上九，视履考祥，其旋元吉。旋者，似文王之归岐。变兑，兑位乎西，岐在商之西，兑之位也。

释《家人》《睽》云：《家人》一卦，似指周室。文王囚于羑里，幸其家齐，赖以不亡。不若纣之罪，在悦妇人，惟妇言是听而已。《睽》卦似指纣事。初九，

此爻似指纣之性乖，故以恶人目之。九二，此爻似指妲己入宫之初。六三，此爻似指纣无人君之度。九四，此爻孤，似指纣。元夫，似指文王。六五，此爻似指纣之不道。上九，此爻似指纣之所为，天怒人怨也。

在这里，他认为《履》卦中的“虎”是指殷纣王，“人”是周文王自称。初九“素履往无咎”似指微子；九二“履道坦坦，幽人贞吉”似指大隐士伯夷；六三“眇能视，跛能履，履虎尾，咥人，凶。武人为于大君”似指文王之事，文王三分天下有其二，要推翻殷纣王是很容易的事，但周文王却有意装成眇之能视、跛之能履的体残者姿态，被殷纣王拘囚在羑里，就像即将被老虎吃掉一样，这是周文王忠心臣服于殷、希望殷纣王改过向善的盛德的体现，至于诉诸武力赶走殷纣王，是周文王不愿干的事；九四“履虎尾，愬愬，终吉”似指箕子；九五“夬履，贞厉”似指比干谏殷纣王而被杀；上九“视履考祥，其旋元吉”似指周文王从羑里脱险而归岐山。沈竹礽认为《家人》一卦似指周室，周文王被囚于羑里，文王臣属齐心协力积极营救，因此能够脱文王于困厄之中。与《家人》相对应的是《睽》卦，该卦似指殷纣王之事，殷纣王一味取悦妲己，惟妇言是听。初九爻似指殷纣王性格乖戾，所以称为“恶人”；九二爻似指妲己入宫之初；六三爻似指殷纣王缺乏人君应有的风度；九四爻孤立无援，似指殷纣王，其中的“元夫”似指周文王；六五爻似指殷纣王荒淫无道；上九爻似指殷纣王所作所为达到天怒人怨的地步。

沈竹礽将殷周之际文王被拘羑里、比干剖心、箕子佯狂、伯夷归隐以及殷纣王嬖爱妲己这些历史故事一一落实到《履》《家人》《睽卦》爻辞之中，但沈氏不能坚定他的看法，多用“似指”疑词以表揣度。他所解释的仅限于三卦，尚有六十一卦无解，这表明他的《周易》古史研究只是片断性的感想，尚未构成一个完整的体系。还有，他对卦象以及卦象与卦爻辞之间的联系未作解释。尽管如此，沈竹礽的《周易》研究仍有不容忽视的意义，因为他所遵循的是一条不同于前人的研究思路，开始将《周易》看作一部古史。

沈竹礽如此以史解易，当是受到了《易传·系辞下》所谓“《易》之兴也，其当殷之末世，周之盛德邪？当文王与纣之事邪”的影响，故以商周之际殷纣王、周文王以及当时的微子、箕子、比干等人事来解释这几个卦爻辞。这与胡朴安的《周易》上经是上古草昧时代至殷末之史，下经是周初文、武、成王之事有所不同。然而沈竹礽也只是用这段历史人事解释了这三个卦爻辞，其他的没有如此解释。故其体系不如胡朴安以易为史学说那样系统。不过，胡朴安在《周易古史观》自序中明言，自己是受了沈竹礽与章太炎的启发和影响，才有了自己系统的周易古史观的。

二、 章太炎的易学研究

章太炎（1869—1936），浙江余杭人。原名学乘，字枚叔，以纪念汉代辞赋家枚乘，后易名为炳麟。因反清意识浓厚，爱慕顾炎武（本名顾绛）的为人行事而改名为绛，号太炎。故世人常称之为“太炎先生”。早年又号“膏兰室主人”“刘子骏私淑弟子”等，后自认“民国遗民”。清末民初著名学者、思想家、史学家、小学大师、朴学大师、国学大师、民主革命家。研究范围较广，涉及小学、经学、历史、哲学、政治、佛学、医学等，著作等身，成就巨大。著有《訄书》《文始》《国故论衡》《齐物论》等数十种，均收入陆续出版的《章太炎全集》中。

章太炎是近代著名的经学大师，长期以来，学界对他的易学研究却未予以足够重视。身兼清代学术“正统派”的殿军和现代学术的拓荒者，他的易学研究并不乏特色。

胡朴安曾指出，章太炎“素不研易”，只举了章氏 1931 年为沈竹礽《周易易解》所做序言云：“余少尝遍治诸经，独不敢言易。”又云：“余尝取八卦方位观之，知古之布卦者，以是略识中国疆理而已。”又举了章氏一次讲座：“二十二年，在无锡师范学校演讲《历史之重要》，始有《周易》实历史之结晶云云。是太炎先生并未研究《周易》，不过根据《序卦》证明历史之重要而已。”

实际上，章太炎的易学研究绝不止于此。比如，除了收入《膏兰室札记》和《诂经札记》的《自述学术次第》《易论》《历史之重要》《需于郊不犯难行也》《需不进也》《天下之动贞夫一者也》《其人天且劓》《化益》《壮于顺解》等篇目，属于研究《周易》的范畴，另外还有《八卦释名》《与吴检斋先生论易书》《孔子作易驳议》《说象》等单篇文字成果。凡此，都是可以用来综述考察章太炎治易的素材。

章太炎易学的主要特点有二：一是摒弃了过去视《周易》为卜筮之书的神学色彩，以《易》为史学、哲学，从而作出了较为客观的评价；二是解易手段多样，多角度、跨学科，视角新颖，且不乏创见。如训诂解易、援佛解易、科学解易、社会学解易等方法与手段，常能掘发新意，度越前规，已明显体现出《周易》研究的近代学术特征。

《八卦释名》是章太炎以文字学解易的代表作。他从文字学角度切入对八卦进行释名。先说《乾》卦，据《说文》：“乾，上出也”，指草木冤屈而出，从“倝”声，并无“天”的意思。但“乾”意为“旧始出光献戟也”，语转为“界”。界者，元气界界，称天者多言界。“界”即指“天”。所以说，“乾为天”。“乾行健”，则是由“象声而为训”所来。次言《坤》卦。“坤从土、申，土位在申，为地易明。象声而训，故言顺。”再说《震》卦。震者，乃指霹雳震动者也。因此，震象为雷，震训为动。再下是《巽》卦。他对《巽》卦的释名颇费心思。巽遥声类同，他先是广引《广雅》《说文》《尧典》《五帝纪》《列女传》证得“遴”含“人”意；又训逻为遣，从《春秋传》《荀子·儒效》篇掘发出“纵”意，对证《释名》“风，放也”，“纵”“放”义旨相合，水到渠成，得出“巽为风”。他对其他四卦的解释也

皆是如此，以训诂字义类推其理，旁征博引，言出有征，发人未发，确实能自圆其说，阐明道理。

关于《周易》的性质，章氏持“六经皆史”说，以《易》为上古史料，意义同于史书。他在《易论》篇中说：“六十四序虽难知，要之记人事迁化，不越其绳，前事不忘，故损益可知也。夫非徽记历序之挤。”正因为他把《周易》当作“前事不忘，故损益可知”的鉴往知来之史籍，所以说“《易经》也是史”。

章太炎除从传统学术角度考证易学源流与发展历史，还积极运用近代社会学理论、新史学理论阐释《周易》。这从《自述学术次第》《易论》《历史之重要》对《序卦传》的解释可见一斑。

在《历史之重要》中，他以《序卦传》为例作了论证：

至于《周易》，人皆谓之研究哲理之书，似与历史无关，不知《周易》实历史之结晶，今所称“社会学”是也。乾坤代表天地，《序卦》云：有天地然后有万物。故《乾》《坤》之后，继之以《屯》。屯者，草昧之时也。即鹿无虞，渔猎之征也。匪寇婚媾，掠夺婚姻之征也。进而至《蒙》，如人之蒙童，渐有开明之象矣。其时取女，盖已有聘礼，故曰见金夫不有躬，此谓财货之胜于掠夺也。继之以《需》，则自游牧而进于耕种，于是有饮食燕乐之事。饮食必有讼，故继之以《讼》。以今语译之，所为面包问题，生存竞争也。于是知团结之道，故继之以《师》。各立朋党，互相保卫，故继之以《比》。然兵役既兴，势必不能人人耕种，不得不小有积蓄。至于《小畜》，则政府之滥觞也。然后众人归往强有力者，以为团体之主，故曰：武人为于大君，履帝位而不疚。至于《履》，社会之进化，已及君主专制之矣。《泰》者，上为阴，下为阳。上下交通，故为《泰》。《否》者，上为阳，下为阴，上下乖违，故为《否》。盖帝王而顺从民意，上下如水乳之交融，所为《泰》也。帝王而拂逆民意，上下如冰炭之不容，所为《否》也。民为邦本之说，自古而知之矣。自《屯》至《否》，社会变迁之情状，亦已了然。故曰《周易》者，历史之结晶也。

在其《易论》中，就《序卦传》初始部分有关“人事”“相因”“相反”等门类的卦进行分析，再次阐述了这样的历史发展观点。认为《屯》卦记述的是人类初始阶段的情形。在这一阶段，人类处于蒙昧野蛮状态，“草昧部落之酋，鹑居彀食”“民如野鹿”，过着渔猎生活；“婚姻未定，以劫略为室家”，正如《屯卦·六二爻辞》所说“匪寇婚媾”，还没有形成较稳定的夫妻制。《蒙》卦所记婚姻状况稍见进步，“始有婚女，而艾称‘内妇’、‘克家’”。《需》卦载“君子以饮食燕乐”，说明了人们生活状况的改善。《讼》《师》《比》《小畜》卦则反映了私有财产的出现以及当时的社会冲突。“农稼既兴，民之失德，乾雄以僉，而争生存、略土田者作，故其次讼。”为争生存、争饮食，“小讼用曹辩，大讼用甲兵”，聚众而起，所以行师。《比》卦则说明了因互相争讼，出现了相对稳定的有纲纪、城郭都邑的诸侯国邦，但其首领仅为“假王”，有了国邦、“假王”，赋调所归，故有“比”必有“蓄”。《履》《泰》《否》三卦则表现了国家建立的情形。“讼以起众，比以畜财；军在司马，币在大府。”有了军队与财富，万国亲和，规威不用，“帝位始成，大君以立”，此为履。帝王的出现，国家的建立，既是社会矛盾的产物，又是社会发展的必然。国家安定，“其道犹泰”。“泰者，通也”“物不可以终通”，泰“浸以成否”。同理，“物不可以终否，故受之以同人”。“同人”，简言之就是“君子以类族辨物”，有道之君宗盟其族，繁荣国家。经此一番解释后，章太炎得出结论说：从《屯》到《同人》十卦，乃“生民建国之常率，彰往察来，横四海而不逾此”。通过这一论证，章太炎基本证明了他以《易》为“记人事迁化”“非徽记历序之济”的观点。

这种把历史学、社会学结合起来阐释《序卦》的指导思想，在其《自述学术次第》中表现得更加系统明了。他以《屯》《蒙》说人类历史的初始，以《需》说酒食实乐的初始，以《观》说宗教的初始，以《噬磕》说刑罚的初始，以《贲》说文明及婚礼的初始，一一举证，力图说明《易》乃“开物成物，其大体在兹矣”。他举《屯》《比》《豫》《晋》言行政制度的变化，举《咸》《恒》《姤》《归妹》言婚姻方式的变化，举《屯》《蒙》《需》《讼》《师》《比》《畜》《履》《泰》《否》言人类社会的发展变化，以为“道古今人事之变化，可谓深切著明突”。他还以《蛊》《随》《观》《乾》诸卦堪能“穷理尽性”，说明人生哲理。综此三者，章太炎论证“《易》者，藏往知来之学、开物成务之书，所叙古今事变，不专为周氏一家”的观点，自然就顺理成章了。

第三节　其他学者的以易为史

受到胡朴安以易为史研究的影响，现当代易学研究者中也陆续出现了一些以易为史的学者，诸如黎子耀、谢宝笙、黄凡、李大用、高文策等人，各有其论著，并且意见分歧，各有特色。

一、黎子耀的易学研究

当代建立《周易》古史体系较早的易学工作者，当属杭州大学历史系的黎子耀教授。

黎子耀（1907—2005），学名明浩，湖南汉寿县人。幼读私塾多年，后赴常德入湖南第二师范附小。1923 年，入长沙明德中学。1935 年，毕业于武汉大学史学系。先后任教于苏州女师和贵阳女中。1941 年起，任浙江大学史地系讲师、副教

授。新中国成立后，历任浙江师范学院、杭州大学历史系副教授、教授。

黎子耀学识渊博，治学勤奋，勤耕不辍，著作等身，相关论著计有：《补后汉书食货志》《刘知几思想述评》《史学在魏晋南北朝时期的新地位》《魏晋南北朝时期的历史编纂学》《魏晋南北朝史学的旁支——地记与谱学》《中国古代史学史简编》《中兴小历李氏考异类辑》《〈系年要录〉引用史料目录》和《〈系年要录〉引用史籍叙录》《〈三朝北盟会编〉李氏考异》《〈诗经清庙之什〉中所见西周礼制考》《〈洛诰解〉献疑》《〈诗经〉韵部通检》《老子秘义》《论语秘义》等著作。晚年困而读《易》，以历史学思维研究《周易》相关学术问题，别具只眼，颇有创获。其易学论著有：《阴阳五行思想与〈周易〉》《周易秘义》《易林秘义》《周易导读》《周易黎氏学》等。

关于《易经》的哲学思想，黎氏首先断言八卦中包含阴阳五行思想。后来他发现《乾》《坤》两卦的内容就是阴阳五行思想的具体化。《乾》卦讲天道，即太阳的运行规律；《坤》卦讲地道，即月亮的运行规律。日月运行，乃有宇宙，故《系辞传》说："乾坤其《易》之缊邪？乾坤成列而《易》立乎其中矣。"《乾》《坤》两卦分别象征日月的运行规律。在六十四卦中有三十二卦属于《乾》卦系统，另三十二卦属于《坤》卦系统。他由《遇》卦、《之》卦而求其会通，"遇卦"是"简易"，"之卦"是"变易"，两者结合便是"不易"。

关于《易经》的写作方法，他提出《易经》是一部谜语集。他认为儒家经典多用隐语，以《易》《诗》为尤著。先秦注经亦以隐语释隐语，《彖辞》《象辞》是如此，《毛传》释《诗》亦复如此。这种注经的传统至汉魏之际而中断。因此他深有感慨地说："王注行而《易》义失，郑笺作而《诗》义亡。"《周易》是以象征文学的手法反映西周社会阶级矛盾的。子曰："书不尽言，言不尽意。"（《系辞传》引），正是这种写作方法的特点。

黎氏著《周易秘义》，历时十年，精思附会，三易其稿，为其易学研究的代表作品。在该书中，黎氏以辩证唯物主义和历史唯物主义作为治学理论研究《易经》，发现《易经》原来是一部西周社会史，更具体地说，它是一部西周社会阶级斗争史。

黎氏以为《周易》是一部披着宗教外衣而掩盖其革命内容的不朽著作，为了掩饰真实内容，不得不采用谜语、隐语、象征方法。他根据卦象的正、反、奇、偶，将《易经》的内容分为"万物的天生""四季的变化""一切事物发展的基本规律""国家""历史""婚姻与家人""经济生活""养生与仿生""道德教育""人生哲学"十个单元，将《周易》视作一部反映自宇宙天生至殷周时代广阔社会生活的百科全书。

黎氏以为《需》《晋》《讼》《明夷》四卦记述了商朝灭亡史；《需》记述奴婢为生存需求而斗争，《晋》记述周人进军、商纣因戍卒倒戈而灭亡的历史，《讼》意为斗争,《明夷》记述商朝亡国。《革》《鼎》《屯》《蒙》为西周建国史,《革》指周人革命,《鼎》记周初定鼎,《屯》载周封建诸侯,《蒙》记平定奴婢叛乱。黎氏还以为《序卦传》是一页殷周奴婢起义史,《杂卦传》是一篇奴隶起义赋。

他的另一部易学著作《易林秘义》是整理焦氏《易林》的成果。以焦氏《易林》作为旁证解经,收录其诗四百余首,丰富了注文的内容。他认为《易经》不仅仅为占卜之书,其实也是一部绝妙的古典文学作品。《易经》既然是阶级斗争史,《易林》解经当然是阶级斗争诗,具有浓厚的人民性。其《周易导读》也是持这样的观点,认为《周易》是阶级斗争史。

对于黎氏的《周易秘义》,王驾吾教授在致黎氏函件中评价说:"凿破鸿濛,自成一说,为读《易》者开辟一条崭新的道路。就奴隶社会阶级斗争来说,有凭有据,信非唯心逞臆之谈。《易》无达占,故《易》注较他经为多,然尚无如尊兄所说者,盖得助于马列主义为多也。"

黎子耀所建立的《周易》古史体系确有个人心得,见解独特。但也毋庸讳言,这个体系内明显含有"一切人类社会的历史都是阶级斗争的历史"的内容,明显受到了那些年头以阶级斗争为纲的影响,打上了那些年斗争哲学的时代烙印。尽管易学研究也是向无达诂,但要分清时代和历史的可能性。因为我们知道,说商周时期奴隶起义不合史实,当时的被统治阶级主体是农民。作者用"阶级斗争"观点解读《周易》,难免贻笑大方。

二、 谢宝笙的易学研究

谢宝笙,加拿大理工学院机械工程学士、清华大学历史学硕士、中山大学哲学博士。中华智慧管理学会副会长、香港气功太极社顾问、香港现代易学研究会会长、国际青年易学会副会长、香港中华文化促进中心理事。曾任香港特别行政区文化委员会顾问研究员、中华人民共和国中央人民政府驻香港特别行政区联络办公室副主任秘书。

谢宝笙潜心研究易学,著作丰赡,计有:《中国哲学、气功养生与长生不老》《易经之谜打开了》《龙——易经与中国文化的起源》《中国文化与香港哲学》《周易哲学与现代管理思想》《相对融合论——二十一世纪的思考艺术》《易经与孔子的蝉蜕龙变》《道德经中英白话对照》《金刚经注释》《道——中华道论与得道、波浪哲学与彼岸》《金刚经解注》《心经白话翻译》《周易智慧》等。

谢氏在《周易原著精神真相大白》《易经之谜打开了》及《易经之谜是如何打开的》等论著中,以为《易经》的主题思想是通过人生经历阐明易道:波浪起伏原理、事物发展的因果性以及世界是变易的。《周易》记载了商末周初发生的诸多历史事件。

谢氏摒弃历代易家诸说,专研《周易》本文,从马王堆出土文物、周原甲骨

文、金文、《诗经》和《尚书》中搜集资料，深究卦画排列、统计吉凶判断辞、探讨用字习惯，凭“悔亡”等语词出现的证据，将武王伐纣事件与《易经》相结合，证实上经三十卦是周克殷的历史，下经三十四卦是作者的自传。他以为《易经》作者是周朝开国元勋南宫括，是其一人所为，《周易》的写作时间是在周克殷后二年，写作目的是在周武王病重、群臣恐惧的特定背景下，以周兴殷亡的历史教训和毕生的工作经验告诫下一代官员，以保证新建立的周朝得以延续。

谢宝笙以为《乾》卦是上经总纲，《坤》卦为自传大纲，《既济》《未济》为全书总结。指出《周易》上经中的《临》卦是了解全书的关键，“临”意为来临，是指周伐殷成功、武王登基大典的历史时刻即将到来。《临》卦前有《同人》《大有》《谦》《豫》《随》《蛊》等卦，记述周文王会盟诸侯伐犬戎、三分天下有其二、对商明臣服暗作征伐的策略、武王观兵孟津以及商纣王征伐东夷等史事。《临》卦后《观》《噬嗑》《贲》《剥》《复》等卦，记述作者南宫括旁观武王登基大典、克殷后制定刑法弹压顽殷、周兵入商后的财物收获、周朝的早期腐化以及其后纪律恢复等史实。

谢氏指出，上经除乾坤二卦外，坎离之前其余二十八卦，为“周克殷”之历史机理，前十四卦是周文王“时区”，并且以周文王为主角，卦中的“君子”是也；后十四卦是周武王“时区”，其中头三卦随、蛊、临是记述以武王为主角的伐纣过程，卦中的“王”“子”是对武王的称呼。咸、恒之后三十二卦，乃作者自传，全属周文王时区。

谢宝笙在《易经之门是如何打开的》中称：“《周易》的作者南宫括是周代的开国功臣，周文王的四友之一，文王、武王两代的元老重臣。”南宫括作《周易》“已经有三千年了，直到今天才能将荣誉归还于他，实在令人感慨万千”“南宫括是中华民族最伟大的思想家和政治家之一，是一位贤人中的贤人”。并且说《周易》是“反映周朝代替商朝的历史和作者仕途经历之哲理的书”。谢氏宣称，“能对四千九百多字的原文逐字逐句地加以微观的论证”“原文中几乎每一个字都可以找到足够的资料加以论证”。

谢氏将《周易》解作商末周初历史记载，显然也是受了《系辞》的影响。《系辞下》：“《易》之兴也，其于中古乎？作《易》者，其有忧患乎？”又曰：“《易》之兴也，其当殷之末世，周之盛德邪？当文王与纣之事邪？”《系辞》虽未明言《周易》作者是谁，但以其成书时代为殷末周初，实具识见。后代易学研究者，将《周易》作者属之文王，或以卦辞属之文王，爻辞属之周公。谢氏则认为《周易》作者是南宫括，则实属创新观点。

三、 黄凡的易学研究

黄凡（1950—　），广东揭西人，民间易学家。原在揭西县糖厂从事统计工作。

1990 年中山大学函授中文本科毕业，爱好汉语考据学。

他用业余时间写成 80 万字巨著《周易——商周之交史事录》，经专家审定后，由揭阳市政府拨款资助，于 1995 年出版。该书从考据学、史学角度对《周易》本体即“经”的部分进行了全新的发掘和解说，几乎全部推翻了孔子在《易传》中对六十四卦卦名、卦象、爻象、卦辞、爻辞的解说，所论系统全面，并与考古相印证，殊有价值，可以说大有“振聋发聩”“石破天惊”之势。可惜，这部书在易学界至今影响甚微，没有引起专家学者和广大读者的注意和重视。

据黄氏自己介绍，他写这部巨著完全出于偶然。他原来在从事经学考据时涉及《周易》，八卦奇异的符号引起他的深思。出于统计职业习惯，他将六十四卦逐一展开相加，算出六十四卦的总数是 2 880，均匀每八卦是 360，这接近一年的天数。他怀疑这两者之间是否有联系，卦爻是否表示天数。于是他就对卦爻辞进行研究，他将卦爻辞中有明显史实内容和时间可供比较的东西，例如箕子往朝鲜、武王封诸侯、武王伐纣、武王观兵等，依次进行排列比较，终于发现八卦符号是上古纪年历数形式。

黄凡在该书中不仅广征博引各种古今文献，查考 400 多种典籍，而且运用了历史学、文字学以及数术、历法等多门学科的知识和方法，发现《易经》反映的内容多与商周之际的史事相合，从而认定《周易》为一部商周之交史事录。

黄氏的《周易》古史研究是从八卦入手，他从古代典籍、历史文物和民俗传说等多角度证实，八卦原来是上古纪年历数符号。其中阳爻“—”代表 9 天，阴爻“--”代表 6 天，一个八卦卦象符号记载 45 天左右的史事，八个卦象符号大约记载一年史事。八卦实际上是上古将一年按 45 天左右分为立春、春分、立夏、夏至、立秋、秋分、立冬、冬至八个节候的历法形式。《周易》是周王室按这种纪年形式隔 6 天或 9 天占筮一次而记录下来的问辞和占辞，它如同殷商甲骨卜辞一样是一种筮辞编集。《周易》爻辞中的“初九”表示起初的九天，“九二”是第二个九天，其余以此类推。同样，“初六”是起初的六天，“六二”是第二个六天，其余以此类推。《周易》六十四卦是周文王受命七年（公元前 1058 年）五月丁未日至周公摄政三年（公元前 1050 年）四月丙午日共 2 880 天的编年日记体筮占记录，其中包括商周之交的主要历史。

黄氏在书中逐一解释了各个卦名的历史含义。例如“乾”即“干”字，当时周国干旱，故周王以此筮问吉凶，并以龙求雨。“坤”为土、申二字合文，当时筮问周土夏历七月的吉凶。“震”指大雷电，是对《尚书·金滕》所载大雷电及风暴的筮占记录。“巽”即“选”字古文，当时周公选将练兵，预备讨伐武庚反叛。“坎”是地名，即坎窖，其地在今河南巩县以西。“离”是指黄鹂鸟，当时武王兴师伐纣，旗上画黄鹂鸟，并以鹂筮问伐纣吉凶，“王用出征，有嘉，折首”，便是武王斩下纣王首领的记录。“艮”记管蔡反叛事。“兑”应为“诰”之讹字，当时周师将伐叛

商而作《大诰》。其他如《师》卦及《同人》卦记伐崇侯虎之事；《观》卦记武王观兵孟津事；《颐》卦有哈雷彗星经过的记录；《晋》卦即大封诸侯事；《明夷》卦记武王往东隅、箕子往朝鲜事；《革》卦记成王加冠礼事；文王崩于《豫》卦，即受命九年；武王崩于《升》卦，即受命十二年；唐叔虞封于《中孚》初九，“先甲三日，后甲三日”“先庚三日，后庚三日”即武王观兵孟津和成王向叛商发动进攻的日期，等等。

为了判定这一古史研究的可信性，黄氏还进一步按照历法进行推算，看《周易》某一爻辞是否恰好就是历史上某一事件的发生日期。比如，《师》卦第一爻到第四爻是第271至303天，黄凡以为爻辞“师出，以律否臧”“在师”“师或舆尸”“师左次”“长子帅师，弟子舆尸”系指周文王第一次伐崇侯虎。参照《左传》僖公十九年所载：“文王闻崇德乱而伐之，军三旬而不降。”从第271天到303天正好是33天，正近《左传》“三旬”之说，《师》卦四爻所载与《左传》相合。又如《豫》卦四、五两爻是第709至720天，爻辞是“贞疾恒不死”“冥豫”。《竹书纪年》载：“春三月，西伯昌薨。”《竹书纪年》或用夏历，与《周易》所用周历相差两个月，所以《豫》卦所载“冥豫”正好是《竹书纪年》所载文王的死期。再如《离》卦上九爻为第1 332至1 338天，爻辞为“王用出征，有嘉，折首”。参照《尚书·泰誓序》所载：“惟十有一年，武王伐殷，一月戊午，师渡孟津。”历谱戊午为十仲春三十，这是商周历法不同所致。这一爻记载周武王渡黄河至牧野与殷纣王决战、斩纣王首级这一历史大事。诸如此类不再列举。黄凡以为，商周之交的历史大事件由于缺少史料而无法具体判定日期的，可以根据《周易》卦爻辞进行推断。

与近世以来《周易》古史研究相比，黄氏的易学研究体系完整，又具体而微，还能自圆其说，尤其是很好地解释了《易经》“九”和“六”的概念，他将卦爻辞、卦象与先秦古籍互证，不是从社会史的角度说《周易》，而是将其看作商周之交8年的改朝换代史。《周易》与其他史籍的不同之处就在于它以每隔9天或6天占卜一次的形式来记述商周之交的历史大事，这很好地解释了《周易》既是一部筮辞编集同时又是一部古史这一特殊文化现象。

所以有专家在审读意见中评价道：“此书别开门路，突破二千多年来前儒对《周易》的传统说解，而把《周易》作为编年日记体的周室占筮记录进行论证，从而揭开了《周易》的秘密。本书立论新奇，论证严密，已自成体系，可为一家之言。因此，本书是一部布满创见的优秀著作，将给近年出现的《周易》热注进新的活力，推动《易》学研究。……本书据《周易》所排年表对古历法研究也很有价值。此外，对文字训诂学、古籍校雠学也很有价值。”著名历史学家李学勤为这部巨著写了一篇热情洋溢的序言，其中说：“大家看他这部《周易——商周之交史事录》，不仅广征博引各种古今文献，而且运用了历史学、文字学以及数术、历法等多门学科的知识和方法，视野宽广，论述详明，原原本本地提出自己的见解，恐怕很少人想到，几十万言大书竟出于一位业余作者之手。古人以焚膏继晷形容治学的勤勉，我们在看到他的学术成果之余，更要肯定他寻找打开疑谜之门的精神。相信《周易》的研究，由于这部书的出版，会得到新的促进。”

但也有持不同意见者，比如吕绍纲就认为：“近年有人著书说卦中之九，是九天卜筮一次，六是六天卜筮一次。《周易》六十四卦是周文王受命七年（前1058）五月丁未至周公摄政三年（前1050）四月丙午共2 880天的编年日记体筮占记录。视胡氏书前进一步，但是更难置信。说古人九天卜筮一次，六天卜筮一次，有什么根据，九天、六天有什么区别，为什么不五天、十天卜筮一次。说《周易》中有史的内容，可以理解。若说作《易》者本意就是要作史，不是为了阐发哲学道理，我仍然不悟。”

四、 李大用的易学研究

李大用（1931—　），北京人，中央民族学院哲学系副教授。主要研究《周易》及西周史。曾参与朱伯崑主编的《周易知识通览》一书的编写，发表易学论文《〈周易〉思想新探——兼论孔子与〈周易〉的关系》等易学论文多篇。易学代表作为《周易新探》。

据称李大用的父亲李世繁是北京大学哲学系教授，1932年入北大哲学系，1936年毕业。一年后，历任本校助教、讲师、副教授。1938—1940年，在燕京大学哲学研究院学习，获硕士学位。1948年来辅仁大学任教授，讲授《孔孟荀哲学》《程朱陆王哲学》《美学》。1949—1951年兼辅大哲学系主任。1952年院系调整，调北京大学哲学系逻辑教研室任教授。后被选为全国逻辑学会理事，辩证逻辑研究会顾问。著有《评冯著中国哲学史》《形式逻辑讲话》《论形式逻辑思维规律对思维形式和证明的应用》《大众逻辑》《辩证逻辑纲要》等。

李世繁早在新中国成立前就形成了《周易》周史观，惜乎草创未就，于1982年遽尔辞世。李大用发愤继承先志，著成《周易新探》，该书可以说是李氏父子两代人共同研究易学的心血结晶。

李大用《周易新探》认为，《周易》卦爻辞是周文王、武王、周公、成王兴周灭商的历史进程及其成败因由的记录。但书中并没有按照卦序叙述历史，而是按照有关历史事件撷取有关别卦来加以说明。本书虽然有肢解《周易》之嫌，然不可忽视其引用古代文献和考古资料的价值。

李大用认为此前治《易》者均未跳出汉《易》象数、宋《易》义理的老路，近人胡朴安、高亨、李镜池亦未能摆脱“《易》为卜筮而作”之说或《易传》的束缚。他运用甲骨文、铜器铭文的实物资料和研究成果，参以古代典籍，旁及诸家解说，对《周易》进行探本溯源的研究。他根据西周甲骨卜兆的六种排列形式，发现

《周易》的卦画结构并不神秘，乃是周人利用龟卜兆纹一、--两种基本形式，在殷人“卜用三骨”“习卜”的基础上，演变为“卜用三兆”“重卜三兆”而成为八卦、六爻、六十四卦、三百八十四爻的。

李大用认为《周易》卦爻辞是在东土既定、殷民未靖的情况下，周公、召公为了使其警惕天命、德治保民的方针贯彻执行下去，永保周王朝的长治久安，而指导史巫根据历年存放于“金縢之匮”的命龟之辞和其他文献整理、编写而成的周文王、武王、周公、成王兴周灭商的历史进程及其成败因由的记录，以便成王、康叔及其后嗣子孙牢记商灭的教训和周兴的经验。

李大用认为《周易》各卦爻辞均主题明确，前后一贯，并非一些缺乏逻辑联系的筮辞的堆砌。例如，《乾》卦是周文王确定的隐忍待时、蓄积力量方针的要点；《坤》卦是周文王伐商失败后确定隐忍方针之事；《屯》卦是周文王在国内建诸侯、访贤才、屯粮以蓄积力量之事；《蒙》卦是东土既定后周公确定的对待殷遗民的政策；《需》卦是周文王前往西北、西南争取部落首领之事；《讼》卦是周文王伐商失败后认识“作事谋始”之事；《师》卦是周武王观兵孟津之事，等等。

作者认为，“六十四卦爻辞之记事，井然有序，毫无前后凌乱之处；且每卦爻辞均主题明确、前后连贯。而所序之观点或史事，皆与《尚书》《诗经》等先秦文献、两汉古籍和《史记》相合或接近，又为西周甲骨文、青铜器铭文和考古资料所证实，断非偶然之事也。”

历史上，殷人、周人都信奉天命、从事占卜，但在对待天命、使用占卜方法上却不完全相同。从总体上来说，殷人是比较迷信天命、信奉龟卜的，无论大事小事，诸如风雨的有无、旬夕的安否、出入的吉凶、疾病的轻重、年岁的丰歉、战争的胜负等，几乎无事不卜、无时不卜，好像他们是完全按照天命、神意行事。而周人原来并不用龟卜，后来虽然使用龟卜，但从一开始就别有用心，而不像商人那样虔诚、迷信。在周人那里，龟卜充其量只是验证人意的一种手段，如李大用指出，周人“其始不用龟卜，使用龟卜是从殷人那里学来的”“之所以学习殷人，一方面是利用‘宝龟’的神秘性，统一周人意志，坚定信心，为自己的行动提供‘天意’依据；一方面是因殷人迷信，乃假手占卜，玩弄玄虚，麻痹殷人，为兴周灭商制造舆论”。这无疑是一种合理的推测。

张岱年为该书作序，肯定李大用关于卦画结构的观点：“此说取材广博，论证明晰，言之成理，持之有故，达到了较高的水平，具有比较重要的学术价值，对于解决八卦起源问题有重要贡献。”又说：“多年以来，大用同志从事历史教学，熟悉殷周史迹，故能有此成就。”

除以上各家外，还有一些易学研究也属于以易为史范畴的。平心把《易经》看作是一部以谐隐文体写成的特殊史书（《〈周易〉史事索隐》）。刘先枚则强调《易经》是商周政治斗争的产物（《周易经传注译解》）。再比如高文策曾发表《试论易的成书与发源地域》，认为《周易》中的乾象天，记殷末安阳地区的天象；坤象地，记殷人主要农作物的成长；乾坤爻辞，乃是殷末月令。等等。但这类研究多是只言片语，不成系统，也不是专门之作，属于研究易学别的什么问题带出来的副产品。且此说响应者寥寥，又受到其他学者的质疑争论，故此不一一赘举。

第四节　以易为史评述

我们知道，《周易》本身是历史发展的产物，《易经》产生于殷周之际，《易传》产生于战国，象数易学产生于两汉，玄学易产生于魏晋，义理易产生于宋明，朴学易产生于清代，易学的产生与发展都取决于当时一定的历史背景。因此，《周易》体系中含有历史的素地，不可避免地带有某个时代的烙印，而且作为抽象的、具有普遍性的易学理论与历史的发展息息相关，即其讲究变化、变易的哲理，正与历史发展的规律相一致。

所以说从古到今，都出现了从历史学的角度来研究《周易》的学者和论著。从古代的以史解易和以史证易，到近现代的以易为史，都是在此逻辑基础上发展而来的。尤其是近代以来的以胡朴安等人为代表的以易为史研究，则是从发掘《周易》中的历史故事到视《周易》为史书，从片断感想发展到完整体系，逐步走向成熟，将这一治易方法发挥到了极致。

确切地说，尽管《周易》与历史有如此亲密的关系，有牵扯不断的纠葛，但《周易》与历史毕竟是两个性质不同的学术概念，易学与史学毕竟是两个不同的研究领域。正如林忠军所言："以卜筮作为神秘外壳的易学，反映的是自然、社会发展总的规律（阴阳之道），内涵丰富而又深刻的抽象思维，因而它作为经学哲学凌驾于诸学科之上。相对而言，史学是一门具体的科学，它通过描述制度的严格、社会的变迁及重要历史人物的活动，揭示历史发展的过程和规律（理和势）。因此，易学与史学的关系是一般和个别的关系。"所以两者不能画等号，不能将易学等同于史学，不能将《周易》说成是历史书籍。

而且与同时期的史学著作如《尚书》《春秋》等相比，《周易》的卦象、卦爻辞等文本形式，就决定了它只是一种占卜书籍，不可能是历史的实录。以易为史的诸家考论在方法上都有偏颇之处，对于卦象、卦爻辞以及《彖辞》《象辞》的合理疏解，大都欠缺功夫，论证易失于严密，所得结论也就难免牵强。比如章太炎在《自述学术次第》一文中对《晋》卦的解释就存有这方面的问题。《晋》卦卦文"康侯用锡马蕃庶"，明明是指武王之弟卫康叔受封为康侯的史事。章氏为说明行政制度的变化，训"康"为"空"，释"康侯"为"虚置爵位"，认为"秦汉之关内侯，唐以来之虚封侯"，甚至其后的"罢侯置守，改土归流"等行政制度改革，均已在《晋》卦中作了"隐示"。其他诸家为了说明自己的观点，在一些细节的考证

上往往也都有这样的毛病。限于篇幅，兹不一一论及。

汪双六提出，“根据《周易》经文对事件的构成要素所采取的不同的文字处理形式，可以将全部经文分成四大类：①省略事件或行为的主体；②动、植物充当事件或行为的主体；③以对人的职位或品行的专门称谓充当事件或行为的主体；④历史人物充当事件或行为的主体。”只有第四类历史人物充当事件或行为主体的经文，可以看作是对历史事实的记录。而这类明显的史实在《周易》中仅有 10 条经文，占《周易》全书的 2.2% 。因此仅凭这 2.2% 的史实内容来推断全部易学经传体系都是史实以及《周易》是记载历史的史书，显然是缺乏证据的。

当然，尽管以易为史的研究有些问题，但是作为学术研究的一个流派，也要一分为二。对于近代以来的以易为史的易学研究，陈桐生的话可以看作是较为中肯的评价：“本世纪的《周易》古史研究的意义不仅在于拓宽易学领域，而且对商周古史研究有一定的参考价值。特别是李大用、黄凡建立的《周易》古史体系如能与地下考古发掘相与印证，则对目前正在开展的‘夏商周断代工程’不无参考意义。待到商周古史疑难问题逐渐澄清之后，再回头看本世纪的《周易》古史研究，就会更清楚地认识它们的学术价值。”

参考文献

[1] 胡朴安. 周易古史观. 上海：上海古籍出版社，2005.

[2] 吕绍纲. 导读：论胡朴安《周易古史观》//胡朴安. 周易古史观. 上海：上海古籍出版社，2005.

[3] 陈桐生. 20 世纪的《周易》古史研究. 周易研究，1999（03）.

[4] 林忠军. 论以史治易//朱伯崑. 国际易学研究. 第 5 辑. 北京：华夏出版社，1999.

[5] 汪双六. 史实在《周易》中的分量及作用——兼与古史易学派商榷. 安徽史学，2005（02）.

[6] 黎子耀. 阴阳五行思想与《周易》. 杭州大学学报，1979：1 - 2.

[7] 黎子耀. 周易秘义. 杭州：古籍出版社，1989.

[8] 黎子耀. 周易导读. 成都：巴蜀书社，1990.

[9] 黎子耀. 易经解谜——周易黎氏学. 西安：陕西人民出版社，2000.

[10] 谢宝笙. 周易原著精神真相大白. 周易研究，1993（02）.

[11] 谢宝笙. 易经之谜打开了. 北京：北京出版社，1995.

[12] 谢宝笙. 易经之谜是如何打开的. 北京：北京出版社，1995.

[13] 黄凡. 周易——商周之交史事录. 汕头：汕头大学出版社，1995（12）.

[14] 李大用. 周易新探. 北京：北京大学出版社，1992.

[15] 高文策. 试论易的成书与发源地域. 光明日报，1961 - 06 - 02.

第六章

古史辨易

古史辨派的易学研究，按理说也应该归在以史治易的大范畴之中，但古史辨派易学与传统的“史事宗易学”和近世的“以易为史”均有很大的不同。这不仅表现在具体的易学观点上的差异，而且在治学理念和治易方法上都有相当大的距离。再加上它和同时代的社会史研究路数同样也大异其趣，特点明显。因此，我们在此将古史辨派易学研究作为专章，加以综述，以见其易学研究的特殊地位和学术贡献。

第一节　古史辨与易学研究

20 世纪 20 年代，在五四运动和新文化运动掀起的思想解放潮流中，产生了一个以顾颉刚为代表的、以疑古辨伪为特征的史学、经学研究的学术流派——“古史辨派”，又称“疑古派”。该学派号称 20 世纪易学研究中的“显学”，对中国传统易学的研究影响巨大。

一、　古史辨派的形成与学术成就

五四运动后，顾颉刚等开始以西方现代科学方法来更新自己的治学方法，用“历史演进方法”研究古代历史，使历史上已被遏抑的几次评击伪书的运动复苏起来，逐渐掀起了一个新的辨伪浪潮。

1923 年，顾颉刚在《努力周报》附刊的《读书杂志》上发表了《与钱玄同先生论古史书》一文，在该文中，顾颉刚大胆地提出了“层累地造成的中国古史”的观点。他说：

我很想做一篇“层累地造成的中国古史”，把传说中的古史的经历详细一说。这有三个意思：第一，可以说明“时代愈后，传说的古史期愈长”。如这封信里说的，周代人心目中最古的人是禹，到孔子时有尧、舜，到战国时有黄帝、神农，到秦有三皇，到汉以后有盘古等。第二，可以说明“时代愈后，传说中的中心人物愈放愈大”。如舜，在孔子时只是一个无为而治的圣君，到《尧典》就成了一个“家齐而后国治”的圣人，到孟子时就成了一个孝子的模范了。第三，我们在这上，即

不能知道某一件事的真确的状况，但可以知道某一件事在传说中的最早的状况。我们即不能知道东周时的东周史，也至少能知道战国时的东周史，我们即不能知道夏商时的夏商史，也至少能知道东周时的夏商史。

顾颉刚这一观点的指出，传统所谓的中国古史并非客观真实的历史，而是后人一代代垒造起来的历史。此说一出，马上引起了史学界众多学者就相关问题持久的考辨论议，在史学界产生了深远的影响。以此为契机，中国近代史学上著名的古史辨派逐渐登上了历史舞台。

1923 年，古史讨论及紧随其后的辩论古史论文，到 1926 年，顾颉刚把这次古史论战中双方的文章汇编起来，编成《古史辨》第一册，北平朴社印行出版。《古史辨》第一册，主要由胡适、钱玄同、顾颉刚等人讨论辨伪书的来往信函汇编而成。他特意为该书写了一篇很长的《自序》，阐明了自己研究古史的方法和所以有这些见解的原因，将自己自幼接受经学、稍长接受新学影响、进大学后接受师友影响、终受五四运动反传统思潮的激荡，最后形成具有自己体系的古史思想的心路历程，作了详尽的叙述。而其中顾颉刚著《与钱玄同先生论古史书》等文，集中阐述了“层累地造成的中国古史”的观点，推翻了由“盘古开天”“三皇五帝”等观念构成的旧的古史系统。在社会上和学术界所产生的影响和作用居七册之首，是现代疑古思潮与古史辨派的形成标志。

其后的 1926 年至 1941 年间，顾颉刚等人先后编辑出版了历年学术界研究、考辨中国古代史的论文集，编成《古史辨》系列，共有七大册九本之多。第一至三册和第五册由顾颉刚编辑，第四、六册由罗根泽编辑，第七册由吕思勉、童书业合编。共收入二十世纪二三十年代史学界研究中国古代史、考辨古代史料的文章 350 篇，计 325 万字。其涉及的内容包括对《周易》《诗经》等经书的考辨，对儒、墨、道、法诸家的研究，对夏以前有关古史传说、“阴阳五行说”的起源、古代政治及古帝王系统的关系的考辨和研究，等等。

顾颉刚在古史辨论战的开始阶段，在《古史辨》第一册中，就提出了著名的“层累地造成的中国古史”的观点。他着重地考察了中国古代思想文化的源头，认为：“时代愈后，传说中的古史期愈长”“时代愈后，传说中的中心人物愈放愈大”；虽然“不能知道某一件事的真确的状况，但可以知道某一件事在传说中的最早的状况”。据此，他提出要打破“民族出于一元”“地域向来一统”“古史为黄金世界”等根深蒂固的传统观念。

除先秦历史的考辨之外，古史辨派对儒家经学涉及的内容也很多。比如关于孔子与“六经”的关系：认为“六经”是周代通行的几部并不相干的书，它们既不是如古文经学家所谓的“六经皆周书之旧典”，也不是如今文经学家所说的“六经皆孔子之作品”，孔子没有删述或制作过“六经”，“六经”的配成当在战国后期。关于经今古文学：在《古史辨》中，发表了钱玄同、钱穆、周予同、王伯祥等人的论文，对这个问题展开了十分热烈的讨论。其中最重要的当推钱玄同的《重论经今古文学问题》。关于专经的研究：在《周易》方面，顾颉刚、李镜池、余永梁、容肇祖等发表论文，对易学范围的诸多问题进行研讨，肯定了《周易》是一部卜筮之书，主张孔子与易传没有多少关系等观点，并考证了其中所涉及的相关历史问题。在《尚书》方面，较多地讨论了《今文尚书》各篇如《尧典》《禹贡》《盘庚》《金縢》等的时代及其真伪诸问题。在《诗经》方面，《古史辨》第三册下比较集中地讨论了《诗经》和《毛诗序》的问题，发表了胡适、钱玄同、顾颉刚、刘大白、郑振铎、周作人、俞平伯、朱自清、钟敬文、魏建功等许多学者的文章，他们各抒己见。主调是否认《诗经》即所谓圣贤的"遗教"之说，认为它不过是民歌而已；也否认孔子删《诗》之说，以为《诗》与孔子无关。在《春秋》方面，着重讨论的是《春秋》的性质、孔子与《春秋》的关系，此外还有关于《左传》的考辨问题。在其他诸经方面，有关于今古文《孝经》的真伪、差异及作者的讨论；有关于《论语》的考订；有关于《大学》和《中庸》的年代问题的讨论；等等。

其中争论双方，对顾颉刚学说表示赞成者有钱玄同、胡适、魏建功、容庚、罗根泽、童书业、杨向奎、杨宽等先生，反对者是刘掞藜、胡堇人、柳诒徵、张荫麟等先生，还有王国维、傅斯年、钱穆、冯友兰等人也都参与了讨论，他们为把中国古史研究从传统的迷雾中解放出来作出了巨大的贡献。

《古史辨》第一册的出版，标志着在史学界中正式形成了一个以"疑古"为旗帜、以顾颉刚为首的"古史辨派"。该系列论集体现了20世纪20年代以来在中国史学界崛起的"古史辨派"的疑古辨伪的精神，展示了"古史辨派"采用中西结合的"历史演进的方法"在古史研究中作出的成绩，是中国近代史学史上一部有影响的著作。

应当指出的是，《古史辨》是"古史辨派"研究成果的汇集。顾颉刚特别具有历史意识，在《古史辨》第一册《自序》，强调他倡导、组织古史辨运动的心路历程，由此他开创了古史辨派；当然不能否认，到了第三册以后，古史辨演化成古书辨，器局日渐促小而琐碎。在古史辨派的研究中，也夹杂着一些武断和片面的东西。后来顾颉刚在编《古史辨》时也承认"我的野心真太高了""我真成了夸大狂了"。鲁迅曾谓"其实，他（指顾颉刚）是有破坏而无建设的，只要看他的《古史辨》，已将古史'辨'成没有。"

《古史辨》主要是对中国古代史上关于古史的传说进行讨论，其打破了三皇五帝的古史传说，将其归结于神话传说。《古史辨》是关于古史的讨论集，其对于中国古史上的一些重大问题进行讨论，虽然没有得出统一的结论，但其对建立科学的古史具有重要意义。

因此，对于古史辨派的学术成就与学术贡献，学术界给予了高度评价。胡适在

发表于《古史辨》第2册《介绍几部新出的史学书》评论说："这是中国史学界一部革命的书，又是一部讨论史学方法的书。此书可以解放人的思想，可以指示做学问的途径，可以提倡那'深澈猛烈的真实'的精神。"以后，郭沫若于1929年《禹的问题》中评价顾氏的"层累说""的确是个卓识"，"他的识见委实是有先见之明"。1957年，徐旭生在《中国古史的传说时代》中评价说，"古史辨派"的治学方法虽存在有问题，但是取得的成绩很大。"最大的功绩就是把古史中最高的权威，《尚书》中的《尧典》《皋陶谟》《禹贡》三篇的写定归还在春秋和战国的时候。……由于疑古学派（广义的）历史工作人及考古工作人双方的努力，才能把传说时代和狭义历史时代分开。"此外，尹达、杨向奎、白寿彝等历史学家也都对此有过较高而中肯的评价。

自从顾颉刚发起古史大讨论以后，再也没有人糊里糊涂地将"盘古氏，开天地"的传说作为真实的历史讲起，启发人们审慎抉择将传说材料，结合考古发现，仔细考辨其中的"史影"，从而逐步"重建"科学的古史体系，这是中国史学近代化的一项重要成果。由于臆造的旧史体系，是与一千多年来束缚人们头脑的封建"道统"相一致的，因此，古史辨伪工作就具有扫荡长期毒害人们思想、根深蒂固的封建意识的意义，与五四运动反封建的伟大潮流相一致。

古史辨派萌生于中国传统学术的母体，饱受了新时代丰富的精神滋养，并最终成为一个勇于打破传统的圣贤崇拜、廓清附会杜撰的古史迷雾的学术流派，破除长期存在的"唯古是信"的传统观念，将经典作为历史文献来进行实事求是的科学研究，震动了当时的学术界，对20世纪史学的发展产生了深远的影响，起到了积极的作用。古史辨派的许多研究成果，至今仍是研究中国古代史和儒家经典方面很有参考价值的学术文献。

二、　古史辨派的易学研究

就易学研究而言，自汉代《周易》被奉为六经之首后，中国历代经学家都十分重视对它的研究。1912年的辛亥革命推翻了清王朝，为中国漫长的封建社会画上了句号。但旧时代的学术思想以及传承这种学术思想的方法和手段——经学，却没有马上退出历史的舞台。

直到五四新文化运动，一些接受了新思想的学者以史学的观点重新看待传统经典，才真正打破了传统经学的僵局，动摇了传统经学的根基。他们开始用新的方法、从新的角度研究《周易》，使20世纪的中国易学研究发生了重大变化：《周易》经传神圣不可取代的学术地位动摇了，它不再被视为"大道之源"；易学研究的视野与方法、易学研究的识见也随之大异于传统的易学研究。学者们的学术视野大为拓宽，能够以一颗平常心而不是以"读《易》见天心"的仰视态度，将《周易》作为一个学术研究的对象，进行尽可能客观的研究，并借助新的学科划分理念和新的知识体系、新的学术视野，多角度地审视和剖析《周易》与易学，逐步确立起易学学术研究的客观、公允。在这些易学研究队伍中，以顾颉刚为首的古史辨派就是其中的重要一支。

1929年，顾颉刚在《燕京学报》发表《〈周易〉卦爻辞中的故事》一文，对《易经》的成书年代及《易传》中涉及上古史的部分材料进行了考辨，引起广泛的关注。钱玄同、胡适等纷纷撰文与之讨论。顾颉刚的弟子李镜池也沿着顾氏的思路，对《易传》的成书进行了全面的探讨，于是形成了一股易学研究的热潮。

1931年，顾氏将1926年12月至1929年12月间有关易学讨论的文章，与有关《诗经》的讨论文章合编为《古史辨》第三册出版。下编为《诗经》论文集，上编是《易学》论文集，其中收录了有关易学研究的8位学者的15篇论文：顾颉刚《〈周易〉卦爻辞中的故事》《论〈易·系辞传〉中观象制器的故事》，疑古玄同《论观象制器的故事出京氏易书》，马衡《汉熹平石经周易残字跋》，疑古玄同《读汉石经周易残字而论及今文易的篇数问题》，胡适《论观象制器的学说书》（附顾颉刚《跋》），钱穆《论〈十翼〉非孔子所作》，李镜池《易传探源》《论〈易传〉著作时代书》，顾颉刚《论〈易经〉的比较研究及〈彖传〉与〈象传〉的关系书》，李镜池《答书》，余永梁《易卦爻辞的时代及其作者》，李镜池《左、国中易筮之研究》《周易筮辞考》，容肇祖《占卜的源流》等。顾氏在该书“自序”中指出，这些文章的编纂，目的是要“打破汉人（指汉代经学家——引者）的经说”，“破坏其伏羲神农的圣经的地位而建设其卜筮的地位”，“辨明《易十翼》的不合于《易》上下经”。总之一句话，就是“从圣道王功的空气中夺出真正的古文籍”。可见，这些辨证都是针对着传统易学而来的。

在新的学术视野下，古史辨派打破经学，使传统经学的种种“不刊之论”均遭到怀疑，易学研究领域也产生了不同于传统易学的新问题。譬如：八卦是否伏羲所画？六十四卦是否文王所重？卦、爻辞是否文王、周公所系？《周易》究竟成书于何时？孔子是否读过《周易》?《易传》是否孔子所作？《周易》是否如历代经学家所说的那样包含了深刻的哲理?《周易》究竟是一部什么性质的书?《易传》对《周易》的解释是否合乎《周易》本义？历代易学家为解释《周易》经传所创设的种种体例是否符合经传的精神？等等。这些在传统经学中本来不成问题的问题，在20世纪都成了问题。

为了解决这些易学新问题，古史辨派又引进了不同于传统易学的新方法。传统易学，就方法论的意义说，不过象数、义理两种。象数学的方法以象、数为《周易》经传之基础，注重探求卦爻象、卦爻数与卦爻辞之间的内在逻辑关系。义理学的方法以舍象取义、得意忘象为特征，注重阐发《周易》经义名理、哲学思想以及宇宙中的普遍常存之道。这些方法在易学发展史上都曾起过相当重要的作用。它们

既是传统易学的研究方法，又是传统易学的核心内容。虽然古史辨派易学研究在宏观上属于传统的易理之学，但是他与传统易学还是有本质区别，具体地说，是与新史学思潮颇相符合的一些讲究实证的新的研究方法。

古史辨派为了更客观、准确地理解《周易》一书，在“疑古”态度和“求真”精神的指引下，承续了以史治易的传统，明确了实现“从圣道王功的空气中夺出真正的古籍”的研究目标，确立了“破坏而建设”的研究立场，开出了一条视《周易》文献为折射古代社会历史影子的史料，从考辨《周易》一书中的作为真史或伪史的文献材料入手对《周易》进行实证研究的“外在”研究路向。

古史辨派主张易学研究要“破坏其伏羲、神农的圣经的地位而建设其卜筮的地位”。他们所持的这一“破坏而建设”的研究立场，充分体现了“求真”的科学精神。为了完成“破坏而建设”古史的工作，他们选择了以辨古书来建设古史，认为古书是研究古史的重要材料，是古史整理工作的基础性工作。成书于殷周之际的《周易》历来被儒家尊奉为大道之源，顾颉刚和李镜池等首先将这部经书还原为一部古书，然后分别从“故事”与“编纂”入手，以卦爻辞作为易学研究的重点，展开了对《周易》卦爻辞的考证和厘定工作。顾颉刚先后考证出了王亥丧牛羊于有易、帝乙归妹、高宗伐鬼方、箕子明夷、康侯用锡马蕃庶以及《易传》观象制器几个故事，李镜池则从占卜体例、诗歌韵语、贞兆迭反、筮占原则、对称式阶升式的爻辞排列以及卦爻辞内容等诸方面，论证了《周易》是编纂而成的观点。

余永梁《易卦爻辞的时代及其作者》一文认为，商人有卜无筮，筮法为周人所创，以代替或辅助卜法，卦和爻相当于龟卜之兆，卦辞爻辞相当于甲骨卜辞。兆象难辨，卜辞繁多，故难；卦爻有数，其辞有定，以其较龟卜简易，故称之为《易》。因此断定《周易》是周朝人继承了殷商龟卜所造的简“易”的筮法。余永梁还从风俗制度和史事两个方面研究《周易》，他认为《屯》《睽》卦反映了商周时期的掠婚风俗，遯、损卦记述了古代臣妾奴隶制度，《损》《益》卦中“或益之十朋之龟”反映了东周以前的货币制度。此外在卦爻辞中还可以找到周代郊祀礼、丧礼、聘礼、朝礼、宾礼以及宗法制的礼俗。关于《周易》中的史事，余永梁指出《泰》《归妹》卦中的“帝乙归妹”是指商王嫁女给周文王，《随》《升》卦中的“亨于西山”是指周文王在岐山宴亨，《震》卦“震惊百里”记文王开国情形，《既济》卦中的“西邻”是指西周，“东邻”则指殷朝，以上均为卜官记文王之事。其他如《师》卦中的“大君”疑指周公，《蛊》卦中的“不事王侯，高尚其事”疑指伯夷叔齐之事，《屯》卦“利建侯”系指周初封建诸侯。卦爻辞所记史事皆在周初，最晚是《晋》卦中的康侯，因此卦爻辞应该作于西周成王之时。

在《周易》古经方面，古史辨派主要围绕古经的成书时代与作者以及古经的性质与结构问题，通过梳理《周易》卦爻辞中的故事，对《周易》筮辞与甲骨卜辞的比较，对《周易》一书的编纂过程的研究，揭示了其卜筮的本来面目，提出了“西周初叶”“西周末叶”等成书年代说；此外，他们还通过研究卦爻辞结构，辨明卦画、卦名与卦爻辞没有多大关联，剥离了传统易学卦爻象与卦爻辞统一的结构，走出了一条不同于传统象数派与义理派的易学研究之路。这些研究实现了“从圣道王功的空气中夺出真正的古文籍”，为建设一部真实的《周易》发生史进而更客观、准确地理解《周易》奠定了坚实的基础。

在《易传》方面，古史辨派主要围绕易传与古经、易传与孔子的关系、易传的著作年代等问题，提出了《易传》成书“最早不能过战国之末，最迟也不能过两汉之末”的说法。他们对孔子与《易传》关系的考察，彻底“打破汉人的经说”，剥夺了传统易学赋予“三圣”的《周易》制作权，对 20 世纪中国易学发挥了重大影响。

众所周知，传统易学向来有“人更三圣，事历三古”之说，所谓伏羲画卦、文王重卦、孔子作传。在其看来，《周易》（包括经传）成书于多位圣人之手，渗透了多位圣人的心血。因此，在经学史上，它始终稳居思想学术的核心地位，受到历代经学家的尊崇和维护。但古史辨派认为，古人的这种观点证据不足，值得怀疑。“打破汉人的经说”，无疑是要剥夺传统易学赋予“三圣”的《周易》制作权。“破坏其伏羲神农的圣经的地位”，则使传统的八卦起源说重又成为一个悬而未决的问题。“建设其（指《易经》——引者）卜筮的地位”，则意味着历代经学家从卦爻辞中发挥出来的微言大义都是毫无根据之谈。“辨明《易十翼》的不合于《易》上下经”，则无疑于宣布，两千多年来经学家所遵循的“以传解经”的研究模式从一开始就误入了歧途。可见，古史辨派的研究使传统易学中本来都有定论的成说均成为不足凭信的东西，也使本来不是问题的问题都成了问题。对于传统易学而言，这种“破坏”无疑是毁灭性的。

古史辨派在易学研究领域所呈现的新视野、新课题、新方法，深深影响了 20 世纪的中国易学，以致其对中国传统易学所进行的研究，被称为 20 世纪易学研究中的“显学”。

第二节　顾颉刚的易学研究

顾颉刚是古史辨派的领军人物。顾颉刚本人对于古史辨伪和古书辨伪作了范围广阔的考辨工作，涉及许多历史问题和各种重要典籍，积累了一批有价值的研究成果，推进了学术研究。他的研究，涉及先秦历史、古代礼制、民族沿革、历史地理和古代神话、历史传说等多方面的学术问题。其主要学术思想和学术观点奠定了古史辨派的学术体系框架，他可以说是古史辨派的一面旗帜。多年来，许多研究《诗经》《尚书》的论文都每每引用顾氏等人的论著，即因为这些论著具有极高的学

术价值。

同样，在易学研究方面，虽然不是他的专门研究强项，但他大破大立，颇有建树，是一位颇具影响的近代易学家，更是古史辨派易学的典型代表人物。

一、　顾颉刚生平与学术成就

顾颉刚（1893—1980），原名诵坤，字铭坚，江苏苏州人。顾出身书香世家，从小就培养起了对传统文化的浓厚兴趣，为其日后从事古史研究打下了基础。他3岁时其母教他读《三字经》《千字文》等书籍，6岁时进私塾较系统地学习经史知识，接受正规的传统教育。14岁时进入长元吴公立高等小学校，16岁时进入苏州公立第一中学堂。同时在祖父指导下学习古典经籍，这为他打下了较为扎实的国学基础。1913年考入北京大学预科，1920年北京大学本科哲学门毕业。以后留任教于北京大学、厦门大学、中山大学、燕京大学、云南大学、齐鲁大学、中央大学、复旦大学、社会教育学院、兰州大学等，并任北平研究院历史组主任、“中央研究院”院士、齐鲁大学国学研究所主任，主编《中山大学语言历史研究所周刊》《燕京学报》《禹贡》《边疆周刊》《齐大国学季刊》《文史杂志》等。中华人民共和国成立后，任中国科学院历史研究所研究员，中国民间文艺研究会副主席，民主促进会中央委员，第二、三届全国政协委员，第四、五届全国人大代表。

顾颉刚受胡适在新文化运动中倡导的“整理国故”思想的影响，从20世纪20年代起即从事中国历史和古代文献典籍的研究和辨伪工作。主张用历史演进的观念和大胆疑古的精神，吸收近代西方社会学、考古学等方法，研究中国古代的历史和典籍。与钱玄同等发起并主持了古史辨伪的大讨论，又广集当时的研究成果编成《古史辨》七册，形成了“古史辨”派。顾颉刚在其研究中提出了“层累地造成的中国古史”的观点，认为时代越后传说的古史期越长，周代时最古的是禹，到孔子时有尧、舜，到战国时有黄帝、神农，到秦朝有三皇，汉代以后有盘古，古史系统的形成，主要出于战国到西汉的儒家之手。他以疑古辨伪的态度考察了孔子与六经的关系，指出孔子的“正乐”与社会上没有关系，批评梁启超把孔子说得太完美；断定六经决非孔子“托古”的著作，六经没有太大的信史价值，也无哲理和政论的价值；否定了儒家利用六经（尤其是利用《尚书》）编成的整个古史系统。又提出，必须打破中国古代民族只有一个、地域向来一统的观念，以及古史人化、古代是黄金时代等观念。这些观点今天看来虽不尽正确，但在当时却具有反封建、反对经学偶像的意义。

这场“古史革命”赢得了时人和后人的广泛赞誉：“层累说”“替中国史学界开了一个新纪元”（胡适语），并被认为“是一切经传子家的总锁钥……颉刚是在史学上称王了”（傅斯年语），“我们不能不承认顾先生是中国史学现代化的第一个奠基人”（余英时语），齐思和则认为“古史辨运动在中国近世史学史上的地位与十九世

纪初年西洋史家如尼布尔（Niebuhr）等人同垂不朽”。正是在上述意义上，邓广铭曾总结说：“在新文化运动中，在哲学史、思想史方面，胡适开创了一个新时代；而在历史学方面，真正开创了一个时代、代表新思潮的，应当是顾颉刚。”

今天看来，作为现代中国史料批判运动的发起人、领导人和主要推动者，顾颉刚对历史学最为不可磨灭的贡献，就是他奠定了历史考据或史料批判作为现代史学基本纪律的地位。现代史学的铁则是“拿证据来!”只要这个铁则还不过时，只要历史研究还需要审查证据，顾颉刚和“古史辨”派的工作就不会过时。中国历史上最需要严格审查的一批证据，就是关于上古史的文献，不管是传世的还是出土的，因这批文献多出自后人的追述和传说，其中几乎没有任何为现代史学所认可的“一手材料”或“原始文献”可言。顾颉刚和“古史辨”派的不朽业绩，就是按照现代史学的规范，启动了对这批文献的审查程序。应该说，这一审查迄今并未完成，甚至还会一直进行下去。

实际上，领导古史辨派的疑古运动，也仅仅是顾颉刚终生学术的一个侧面而已。严格说来，顾学是一座结构宏富、深邃莫测的庞大宫殿，中国现代史学、历史地理、民俗学、现代经学、古籍整理等都是这座宫殿的有机组成部分。正是在这些领域的开拓与创辟之功，使顾颉刚成为中国古典学术的终结者和现代学术的先驱。

他是中国现代历史地理学的奠基者。将传统的沿革地理推进到现代历史地理学，是顾颉刚对中国现代学术史的又一不朽贡献。在清理《尚书》的《尧典》《禹贡》时，顾感到问题复杂，几乎牵涉到中国古代全部地理，遂移师历史地理，于是有了《禹贡》杂志的创办及禹贡学会的成立。《禹贡》英文译名为 *The Chinese Historical Geography*，即中国历史地理，可以说，从名称到研究内容，中国现代历史地理学的奠基，都与禹贡学会密切相关，顾本人则在这个过程中，成为中国现代历史地理学、边疆史地研究的创始人。顾氏在培养历史地理人才方面的成就尤其辉煌，中国现代历史地理学中的大家名家全部出身于顾氏家门（杨向奎语）。并称为中国现代历史地理学“三驾马车”的谭其骧、侯仁之和史念海，都曾是顾颉刚的学生。

他还是中国现代民俗学的“开路人”。20 世纪中国民俗学始终伴随着一个名字，那就是顾颉刚。他以现代史学家的眼光和手段，使我国民俗学在发端与奠基之时，即获得了一个很高的起点，并为民俗学提供了一系列研究范本：《吴歌甲集》提供了区域民间文学的研究典范，《妙峰山的香会》提供了田野作业的典范，而《孟姜女故事研究》则提供了研究故事传说的典范。

他更是当代古籍整理的新典范。古籍整理始终是古史辨派致力的重心。顾颉刚的疑古事业，承绪古人的辨伪传统及乾嘉以来的考证风气，由辨伪书而辨伪史，为辨伪史而考古籍，古史辨与古书辨就这样二位一体，而所谓的古书辨就是古籍整理。在启动了一场全面颠覆经学古史系统的“史学革命”的同时，顾颉刚还开启了古籍整理事业的崭新时代。顾氏不但提供了古籍整理“范式”，他还以丰富的古籍整理

实践，为学界提供了现代古籍整理的最佳样本。在《〈尚书·大诰〉译证》中，他调动了几乎所有的古文献与相关的“传”“注”材料，会通汉魏以后各类专家的学说的精华，结合考古、古文字学材料，从语言方面寻出头绪，译成今语，作成考证。杨宽认为顾已做到“著为定本”，许冠三则说，这是顾颉刚“合疑古、辨伪、考信为一”之作。后来他与弟子刘起釪先生合著的《尚书校释译论》，更是这样一部《尚书》整理研究专著，该书专释今文尚书二十八篇，以唐开成石经本为底本，参以唐以前的文献、出土文物及石刻中所涉及的相关资料，兼采段玉裁、陈乔枞、皮锡瑞诸家的研究成果，对《尚书》文本详加比勘校订而成。每篇均分校释、今译、讨论三项，几乎巨细无遗地汇集了有关《尚书》文字考释和专项问题研究方面的成果，堪称今文《尚书》注释的集成之作和有关《尚书》问题的百科全书。

顾颉刚一生著述颇丰，成就巨大，除所编《古史辨》之外，重要的尚有《汉代学术史略》《秦汉的方士与儒生》《尚书通检》《中国疆域沿革史》《史林杂识初编》等。顾先生一生著作结晶——《顾颉刚全集》（中华书局2011年出版），全集2 500万字，分《顾颉刚古史论文集》《顾颉刚民俗学论集》《顾颉刚读书笔记》《顾颉刚书信集》《顾颉刚日记》《宝树园文存》《清代著述考》和《顾颉刚文库古籍书目》8集，记载着他的学术历程、学术遗产和治学精神，值得史学界重视，同时也值得从事古代文学和古代哲学的研究人士认真学习。

无论赞成还是反对，以顾颉刚为领袖的“古史辨”派，实际上已成为20世纪中国史学界、古典学界不可绕过的巨大存在。在中国现代学术的开创者中，顾颉刚是最后一位离世的大师。顾颉刚和“古史辨”派一起，将与“乾嘉学派”及乾嘉诸老一样，作为古典学史上一个特殊段落的标识，永远载入中国学术史中。

二、　顾颉刚的易学研究观点

正如有学者指出的那样，顾颉刚先生不是研究易学的专门家，但作为著名史学家、“古史辨”派的创始人，他在二十世纪二三十年代提出的一些易学观点对近现代乃至当代的易学研究影响巨大。

顾氏易学方面的研究成果，主要包含在4篇论文之中，即：1929年的《〈周易〉卦爻辞中的故事》，1930年的《论〈易·系辞传〉中观象制器的故事》以及《论〈易经〉的比较研究及〈彖传〉与〈象传〉的关系》（均载《古史辨》第三册）。这三篇论文打破了传统经学的种种旧说，开拓了诸多易学研究新领域，其中的一些观点至今仍很有价值，乃至于后来有些论著沿着顾文的方向有所补充，但其结论仍不能超过顾先生的论断。还有一篇近两万字专门论述观象制器问题的重要文章，即《答适之先生论观象制器书》，在该文中，顾颉刚对胡朴安所说“《系辞传》中观象制器的故事不出于后人孱作”的五点理由逐一进行了考辨，再次申述了所谓圣人观卦象制器说不能成立的观点。

顾颉刚以及以他为首的古史辨派的易学研究，基本上继承了以史治易的传统，主要是以易为史的传统，但他又不完全同于杨万里等人“史事宗易学”的路数和章学诚“六经皆史”的观点以及胡朴安等人“以易为史”的做法，他把易学完全置于史学当中，用史学及其方法研究易学，以扎实的史学功底，对《周易》进行了全面考辨，指出《周易》卦爻辞反映了当时的社会生活，记录了当时的历史故事，以此为据，对《周易》部分卦爻辞进行阐释。

（一）“易中有史”的新考察

作为一个著名的历史学家，顾颉刚对易学的研究也是从历史学的角度介入并深入开展的。他站在史学家的立场上，首先爬梳整理了《周易》卦爻辞中的历史故事。

传统易学对《周易》卦爻辞的解释向来存在着种种分歧，但由于他们都毫无例外地坚持此书系出自圣人（文王或周公）手笔，所以无不认为其中包含了许多神秘的微言大义。而顾氏则认为，《周易》中有些卦爻辞，实际上说的是一些《周易》制作时代十分流行的故事（或者说历史事件更准确些）。在《〈周易〉卦爻辞中的故事》一文中，顾氏旁征博引，重点爬梳了5项在历史上曾经发生过的真实故事：王亥丧牛羊于有易的故事；高宗伐鬼方的故事；帝乙归妹的故事；箕子明夷的故事；康侯用锡马蕃庶的故事。对这五条含义晦涩注解纷纭的爻辞逐条加以考辨，揭示了其所涉及的历史事件和背景，弄清了这些故事的来龙去脉。

除此之外，顾氏认为，“王用亨于岐山”（《升卦·六四爻辞》）；“拘系之，乃从维之，王用亨于西山”（《随卦·上六爻辞》）；“东邻杀牛，不如西邻之禴祭，实受其福”（《既济卦·九五爻辞》）；“伏戎于莽，升其高陵，三岁不兴”（《同人卦·九三爻辞》）等十多条爻辞，似乎也都隐含了那个时代的人们所熟知的故事，只是随着时代的变化这些故事都已隐没无闻，才使后人得不着它的真实面目，乃至于一些经学家曲为之解。

如王亥丧牛羊于有易的故事，《周易》中有两条爻辞：“丧羊于易，无悔”（《大壮卦·六五爻辞》）、“鸟焚其巢，旅人先笑后号咷，丧牛于易，凶”（《旅卦·上九爻辞》）。顾氏说，这两条爻辞，从来的易学大师不曾懂得，《象传》的解释空洞含糊，使人索解不得。玄学家的王弼解“易”为“轻易”，理学家的朱熹注“易”为“容易之易”，也都不着边际。顾氏利用近代学者王国维名文《殷卜辞中所见先公先王考》中的研究成果，认为这两条爻辞是指说殷先祖在有易这个地方的一段遭遇。爻辞中的“易”即“其国当在大河之北，或在易水左右”（王国维说）的“有易”。“旅人”即殷先祖王亥，“丧牛”即“王亥托于有易，河伯仆牛。有易杀王亥，取仆牛”（《山海经·大荒东经》），亦即“殷王子亥宾于有易而淫焉，有易之君绵臣杀而放之”（郭璞《山海经》注引《竹书纪年》）。顾氏说，这样的故事在周初人们还十分熟悉，爻辞于该故事后加上“无悔”“凶”之类的断语，无非是利

用这个故事中“王亥在丧羊时尚无大损失，直到丧牛时才碰着危险”的情节作占卜的签诀罢了。

又如箕子明夷的故事，《周易》《明夷》六五爻辞说：“箕子之明夷，利贞。”顾氏说，“箕子明夷”中的“箕子”实际上就是殷末的仁人箕子。以前的经学家从来不把“箕子”二字当作人名，如汉人训“箕”为“荄”，训“子”为“兹”（《汉书·儒林传》）。清人惠栋训“箕”为“亥”，以“箕子”二字为十二辰之名（《周易述》）。清人焦循《易通释》则释“箕”为“其”，认为“箕子”即《中孚》九二“鸣鹤在阴，其子和之”，《鼎》初六“得妾以其子”中的“其子”。顾氏认为，经学家们之所以这样解说，是由于他们囿于文王作卦爻辞的成见。而“箕子明夷”的事是在武王之世，文王不及见，所以经学家们就不敢把“箕子”认作人名。实际上，“箕子之明夷”这句话，“仿佛现在人说的‘某人的晦气’而已”。这很有些“等于现在的签诀”和《牙牌数》一类的“隐语”。

再如对于康叔分封故事，顾颉刚根据《康侯鼎》铭文“康侯封作宝尊”，指出《晋》卦卦辞“康侯用锡马蕃庶”的“康侯”，即《尚书·康诰》“小子封”。《书传》：“封，康叔名。”《书序》：“封康叔于卫。”马注：“康，国名。”《书传》：“康，畿内国。”《世本》：“康叔居康，从康徙卫。”“康侯用锡马蕃庶”讲的是，“封国之时，王有锡马，康侯善于畜牧，用以蕃庶。”顾氏指出，“康侯”即卫康叔，封于卫，乃武王之弟，称康叔，其事迹在武王之后，故卦辞非文王所作。而《易经》中没有引用周成王以后的故事，据此，《易经》当成于西周初叶。

顾氏这种对于《周易》卦爻辞的爬梳，就卦爻辞本身而言，算是还了它一个本来的面目；就对整个《周易》而言，也可以说是揭示了它占卜的性质，戳穿了其被尊为经书以来历代经学大师给它编织的层层神秘面纱，让人们看到了它朴朴实实占卜的本然样象。这对于固守传统旧说，曲为缝合乃至望文生义的旧式解经方式无疑是一种破坏性的打击。

（二）对卦爻辞作者年代的研究

顾颉刚考辨《周易》卦爻辞中的历史故事，目的是要“看这里边说的故事是哪几件，从何时起，至何时止”，再以此为根据，“试把它的著作年代估计一下”，并进而“从这些故事里推出一点它的著作时代的古史观念，借了这一星的引路的微光，更把它和后来人加上的一套故事比较，来看明白后来人的古史观念”，以对《周易》“各部分的著作人问题”作一初步的解决。

顾氏说，《周易》这部书，“用了汉以后人的眼光来看它，其是最古的而且和道统最有深切关系的一部经书”。因为在他们看来，演卦的是伏羲，生卦的是神农（又有伏羲、文王重卦二说），作卦爻辞的是文王（又有周公作爻辞说），作《十翼》的是孔子，“所有的经和传都出于圣人的亲手之笔，比了始于唐虞的《尚书》还要古，比了‘三圣传授心法’的《尧典》和《禹谟》还要神圣”。

汉人的这种观点，其证据主要来自《易传·系辞传》。如关于伏羲画卦，《系辞传》曰："古者包牺氏之王天下也，仰则观象于天，……于是始做八卦……"关于神农重卦曰："包牺氏没，神农氏作，斫木为耜，揉木为耒，耒耨之利以教天下，盖取诸《益》。"关于文王做卦爻辞曰："易之兴也，其当殷之末世，周之盛德邪？当文王与纣之事耶？是故其辞危。"除了《系辞传》之外，还有《左传》《周礼》《史记》等书中的部分材料，也向来被当作《周易》"人更三圣，事历三古"的证据。

但在顾氏看来，这些证据，好比是筑在沙丘上的房子，没有根基。因为他们所根据的《系辞传》《左传》《史记》《汉书》等都是"战国秦汉间书"，而"战国秦汉间人的说话是最没有客观的标准的，爱怎么说就怎么说，所以大家在这种书里找寻著作《周易》的证据，说来说去，总不免似是而非"。汉及其以后的人用了战国秦汉间的材料造起一座从三皇直到孔子的易学体系，自然就更靠不住了。实际上，神农是到了战国之末才被历史学家造出来的，伏羲则更在其后，"简直是到了汉初才成立的"。所以"当初画卦和重卦的时候，他们这些人连胚胎都够不上，更不要说出生了"。因此，所谓的伏羲画卦，神农重卦云云都不过是后人的附会罢了。

如果说顾氏驳斥伏羲、神农画卦的证据主要是来自他的"层累地造成的古史观"，那么文王是否作卦爻辞的证据，便主要来自他对《周易》卦爻辞中故事的爬梳。经过这样的爬梳，顾氏发现，有些卦爻辞所指说的故事是发生在文王之前，如"王亥丧牛羊于易"等（见前）；有些故事是发生在文王之世，如"帝乙归妹"（顾谓与《诗经》中的"文王迎亲"系指一件事）；有些故事则是发生在文王之后，如"康侯用锡马蕃庶"。"康侯"即卫康叔，武王之弟，因封于康，故曰卫康叔。文王之世尚无封建之制，他的被封是在周初。如果卦爻辞系文王所作，那文王以后的故事何以能出现在爻辞中呢？所以顾氏得出结论：

"作卦爻辞时流行的几件大故事是后来消失了的……它里边提起的故事，两件是商的，三件是商末周初的，我们可以说，它的著作时代当在西周的初叶。著作人无考，当出于那时掌卜筮的官，著作地点在西周的都邑中，一来是卜筮之官所在，二来因其言'岐山'，言'缶'，都是西方的色彩。这一部书原来只供卜筮之用，所以在《国语》（包括《左传》）所记占卜的事中引用了好多次；但那时的筮法和筮辞不止《周易》一种，故《国语》所记亦多不同。此书初不为儒家及他家所注意，故战国时人的书中不见称引。到战国末年，才见于《荀子》书，比了《春秋》的初见于《孟子》书还要后。《春秋》与《易》的所以加入《诗》《书》《礼》《乐》的组合而成为六经的缘故，当由于儒者的要求经典范围的扩大。"

顾氏的这个结论，否定了文王作卦爻辞的旧说，割断了圣王与《周易》著作权的联系，同时也就打碎了套在历代经学大师脖子上的枷锁。历代的解易经师囿于文王作卦爻辞的成见，不敢越雷池一步，或者曲为之解，或者极尽附会之能事。如解

“康侯”之“康”为“美之名也”（王弼、孔颖达）；解“康侯”为“安国之侯”（朱熹）；解“箕子”为“亥子”，为“其子”等。真可谓巧说滋甚，不着边际。顾氏把《周易》从传统的经学大师手中解放出来，并基本确定了《周易》卦爻辞年代的范围，是极有贡献的。

（三）《易经》与《易传》关系新论

在爬梳《周易》卦爻辞中的故事时，顾氏发现如果离开《易传》单看《易经》，几乎见不到“三圣”和“三古”的痕迹。于是他在《论〈易经〉的比较研究及〈彖传〉及〈象传〉的关系书》一文中作出推论说：“《易经》的著作时代在西周，那时没有儒家，没有他们的道统的故事，所以它的作者只把商代和商周之际的故事叙述在各卦爻辞中。”而《易传》著作时“上古史系统已伸展得很长了，儒家的一套道统的故事已建设得很完整了，《周易》一部新书加入这个‘儒经’的组合里，于是他们便把自己学派里的一幅衣冠罩了上去了”，因此《易经》与《易传》的历史观念是处于“绝端相反的地位”的。具体而言即“《易经》中是断片的故事，是近时代的几件故事；而《易传》中的故事都是有系统的，从邃古说起的，和战国、秦汉以来所承认的系统、所承认的这几个古人在历史中所占有的地位完全一致”。

为了证明这一推断，顾氏运用了他所擅长的“把每一件史实的传说，依先后出现的次序，排列起来”的手法，对比了《易经》《易传》及年代比较确定的《易林》的材料，指出：《易林》虽然是汉人所作的与《易经》同其作用的一种占卜之书，但由于它的著作时代在道统的故事和三皇五帝的故事建设完成之后，所以虽不免汉代神仙家的气味，而在历史观念方面与《易传》是相同的。如《易传》中提到的伏羲、黄帝、尧舜、禹、汤、文王、武王等故事，在《易林》中完全涉及了：“黄帝所生，伏羲之宇。兵刃不至，利以居止。”（《屯》之《萃》，《履》之《家人》）“紫阕九重，尊严在中。黄帝尧舜，履行至公。冠带垂衣，天下康宁。”（《讼》之《贲》）“尧舜禹汤，四圣敦仁。允施德音，民安无穷。”（《复》之《大过》）“天所祚昌，文王为良。笃生武王，姬受其福。”（《临》之《旅》）

这里除了没有提到神农，其他的圣王都提到了。顾氏认为，没有提到，并不意味着他不知道，只是没有提到而已。可见，《易林》和《易传》是在同一种历史观念的指导下完成的。相反，如果拿《易经》与《易传》《易林》相比较，就会发现一个很大的不同点。如《易经》卦爻辞中只说及王亥、高宗、帝乙的故事，这和《尚书》所记武王与周公等人谈话中所及的人物比较接近，即仅记得近代的几个王，不及较古的唐虞。“但一到《易传》，就必得说出‘黄帝、尧、舜垂衣裳而天下治，盖取诸《乾》《坤》’来了。”真是“时代愈后，传说的古史期愈长”。

又如《易经》有一句“箕子之明夷”的爻辞，《易林》中竟演化为数十句：“泉枯龙忧，箕子为奴。干叔陨命，殷破其家。”（《家人》之《革》）“日出阜东，山蔽其明。章甫荐履，箕子佯狂。”（《贲》之《屯》）“三手六身，莫适所闲……箕子佯狂，国乃不昌。”（《大畜》之《履》）……

《易林》关于箕子说得这么详细，但关于王亥、高宗、帝乙、康侯这些同样著名的人物却只字不提。顾氏认为“《易林》的时代与《易经》的时代相差太远，它们的历史观念就无法相同；王亥和康侯则不知道，高宗与帝乙则忘记了；只有箕子的故事经历周秦不但没有枯死，并且比原有的还要生动矫健。所以《易林》里也就特别地多提了。说得严格一点，便是《易林》里的箕子也何尝即是《易经》中的箕子，他乃是战国秦汉间的箕子呵！”因此顾氏得出结论，应该把“时代意识不同，古史观念不同的两部书——《周易》和《易传》分开”。

在此，虽然顾氏对于《周易》与《易传》的关系没有再作更多的说明，但毫无疑问，他是否定《易传》对《易经》解释的可靠性的，是反对利用《易传》理解《易经》的。这对于传统易学同样是一个破坏性的打击。传统易学向来把《易传》看作是《易经》的标准解释，看作是认识《易经》的唯一路径，汉代学者干脆把原本单行，不与经文相杂的《彖传》《象传》分附于卦爻辞之下。乃至于“这种经传合编本《周易》汉以后两千多年来，学人演习既久，遂成通行文本”。现在顾氏用他的“层累地造成说”判定《易经》与《易传》系两种“绝端相反”的历史观的产物，应该经传分观，无疑是说两千多年来的易学研究根本就走错了路。这个判决，对于21世纪的易学研究影响至大，不少当代学者分经传而治之，可以说是受了顾氏的影响。

（四）“观象制器”说与《易传》时代

在《论〈易·系辞传〉中观象制器的故事》一文中，顾颉刚对于《系辞》中将古代各种日用器物的制作、农商交通的发展以及天下的治理，归之于古代传说的伏羲、神农、黄帝、尧、舜等圣人观察六十四卦卦象而制作出来的说法，很不以为然，认为这种把伏羲、神农、黄帝、尧、舜拉入《周易》范围的做法，目的在于破坏旧五帝说而建立新五帝说。

顾氏在《答适之先生论观象制器书》一文中，对胡适提出的五条论据，逐条加以考辨，逐一说明他“不敢赞同”“不敢以为然”的道理。顾氏通过与胡适的论辩，再次申述了所谓圣人观卦象制器说不能成立的观点，彻底批驳了“观象制器”这个千疮百孔的假故事。

正统旧说向来以为孔子作《易传》，但自北宋欧阳修作《易童子问》对这种观点提出不同看法以后，一些具有怀疑精神的学者对孔子之是否作《易传》便持怀疑态度。顾氏引证了欧阳修的《易童子问》、康有为的《新学伪经考》和近人冯友兰的《孔子在中国历史中之地位》等论著中的论证，作出判决说：“孔子决不是《易传》的作者，《易传》的作者也决不是一个人。”在否定了孔子的著作权之后，顾氏对《易传》的成书年代及作者问题作出了大致的估计：“最早不能过战国之末，最迟也不能过两汉之末，这七种传（指《彖传》《象传》《文言传》《系辞传》《说卦

传》《序卦传》《杂卦传》等）是公元前3世纪中逐渐产生的；至于其著作的人，则大部分是曾受道家暗示的儒者。”

顾氏的这个“估计”基于这样一些证据：一是他认为《易传》中带有较强的道家自然主义的倾向，而提倡自然主义的道家“是发生于战国而极盛于汉初的”；二是“《周易》加入儒家的经典是战国末年的事”，而当它“进了《经》的境域，于是儒者有替它作传的需要”；三是史书上有“孝宣帝之时，河内女子发老屋得逸《易》《礼》《尚书》各一篇”（王充《论衡·正说》）和“及秦焚书，《周易》独以卜筮得存，唯失《说卦》三篇，后河内女子得之”（《隋书·经籍志》）的记载。把这些材料综合起来，正好形成一个自战国末至西汉末的跨度。

除以上证据外，顾氏更从《易传》内部找到了其成书时间及作者的线索，这就是他对《易传》中“观象制器”说的剖析。《系辞传》中说：

“古者包牺氏之王天下也，……作结绳而为网罟，以佃以鱼，盖取诸《离》。包牺氏没，神农氏作，斫木为耜，揉木为耒，耒耨之利，以教天下，盖取诸《益》。日中为市，致天下之民，聚天下之货，交易而退，各得其所，盖取诸《噬嗑》。神农氏没，黄帝、尧、舜氏作，通其变，使民不倦；神而化之，使民宜之。黄帝、尧、舜垂衣裳而天下治，盖取诸《乾》《坤》……”

这就是著名的先圣王“观象制器”说。顾氏认为，圣人的观易而制器，“照《系辞传》中的话推测起来，是把许多东西分配在卦之下，再把重叠的两卦看作这两件东西合在一起时的样子，如果从此得到一个解悟，一件新器具就可以产生出来了。”因此，制器的关键首先在于了解作卦之象。恰好《说卦》就是记述八卦之象的，据此可以知道所谓“舟楫之利，……盖以诸《涣》”者，乃是因为涣的卦象是上巽下坎，巽为木，坎为水，木在水上，便是舟楫。

但顾氏发现，仅仅懂得了卦象还不足以完全说明圣人观象制器的方法，还必须懂得“互体”和“卦变”。“互体”即六爻之二至四，三至五两体交互各成一卦，这样一卦之中便含有四卦。如“重门击柝，以待暴客，盖取诸《豫》”，《豫》卦上震下坤，二至四为艮，三至五为坎，《九家易》说：“《豫》……下有艮象，从外示之，震复为艮，两艮对合，重门之象也。柝者，两木相击以行夜也。艮为手，为小木，又为持；震为足，又为木，为行；坤为夜；即手持二木夜行击柝之象也。坎为盗暴，水暴长无常，故以待暴客。既有不虞之备，故取诸《豫》矣。”“卦变”即一卦六爻，掉换其中的两爻就会变作别一个卦。如“斫木为耜，揉木为耒，……盖取诸《益》。”益卦上巽下震，其互体为坤艮，如果把初爻和四爻互易，即成为上坤下乾的《否》。虞翻解释说：“否四之初也。巽为木，为入；艮为手；乾为金，手持金以入木，故斫木为耜。……艮为小木，手以挠之，故揉木为耒。……坤为田；巽为股进退；震足动耜，艮手持耒，进退田中，耕之象也。”对于这种解经方式，顾氏不无讥讽地评价道：“八卦是怎样一件神妙的东西！这阴阳的卦画会得把宇宙间的东西全部收了进去，还不算，更会从互体和卦变上把各种东西的相互关系阐明详尽至此，伏羲氏真不愧为首出御世的圣王了！”

然而，当顾氏用他的排列文献的方法把圣人“观象制器”的传说进行了研究之后，不无惊叹地发现：“所谓‘以制器者尚其象’本是莫须有的事。”于是他进一步考证了这章文字的产生时间。

顾氏认为，最早用“象”去解释《易》卦辞的是《象传》，它以乾为天，以坤为地，意义甚为简单，所取之象都是自然界中最重大的几件东西，不像《说卦传》那样细碎复杂。“这可见《象传》为原始的《说卦传》，而《说卦传》乃是进步的《象传》，其间时代相差颇久。”但《系辞传》中圣人“观象制器”之说，除了建基于《说卦传》之外，还离不开互体卦变之说。因此，问题的关键就在于：“互体和卦变之说是什么时候起来的？”顾氏说，这个问题虽然古书上没有提起，但由唐李鼎祚的《周易集解》及《汉书·儒林传》可知，互体和卦变乃是东汉易学家所擅长的，这一派又是以京房为宗师，所以互体卦变之说的来源也就不难指定了。顾氏得出结论：

“《系辞传》中这一章（指‘观象制器’章），它的基础是建筑于《说卦传》的物象上的，是建筑于《九家易》的互体和卦变上的。我们既知道《说卦传》较《象传》为晚出，既知道《说卦传》与孟京的《卦气图》相合，又知道京房之学是托之于孟氏的，又知道京房是汉元帝时的人，那么，我们可以断说：《系辞传》中的这一章是京房或是京房的后学们所作的，它的时代不能早于汉元帝。”

顾氏的这个结论，尤其是他的关于“观象制器”说系出于孟京及其后学之手的观点显然是受了康有为《新学伪经考》的影响的。如康氏云：“《说卦》与孟京卦气图合，其出汉时伪托无疑。”顾氏在这里不过是作了进一步的说明罢了。

时至今日，《易传》的年代问题仍然没有定论。但随着易学和史学研究的深入，人们在孔子与《易传》的关系方面又有了新的发现和见解，所以我们不能不说在这个问题上，顾氏似乎是有点疑古过勇了。

（五）《周易》与先秦史研究

顾氏作为一个疑古的历史学家，其兴奋点和出发点主要是在古史的证伪方面。他的证伪方法的核心就是前已提到的“层累地造成说”。用顾氏在《与钱玄同先生论古史书》中的归纳，约有三个要点：“第一，可以说明时代愈后，传说的古史期愈长；第二，可以说明时代愈后，传说中的中心人物愈大；第三，我们在这上，即不能知道某一件事的真确的状况，但可以知道某一件事在传说中的最早的状况。”

顾氏爬梳《周易》中的古史，判定《周易》和《易传》的著作年代，都是按这些原则进行的。由《周易》的研究得出的古史方面的结论是：

第一，没有尧舜禅让的故事。顾氏发现，成书于西周初叶的《周易》，其卦爻辞中只说起过殷先祖王亥、高宗、帝乙等人，而不及尧舜一类的著名圣王。可一到

了成书战国末至西汉末的《易传》，便出现了“黄帝、尧、舜垂衣裳而天下治，盖取诸《乾》《坤》”的话。但考乾、坤二卦的卦爻辞，却“不肯漏出一个‘舜’字来”，即使是像《大畜》和《履》这样“尽有说出禅让的故事的可能”的卦，其卦爻辞也“只说了一些不相干的话”。顾氏由此认定“没有尧舜禅让的故事”。

第二，没有圣道的汤武革命的故事。顾氏认为，汤武革命，无疑是史实，但不一定有什么了不得的理由，也不一定是出于“救民于水火之中”的不忍之心（《孟子·滕文公下》）。其所谓“革命”，也不过是指“前代的君不尽其对于上帝的责任，所以上帝便斩绝他的国命，教别一个敬事上帝的人出来做天下”而已。《彖传》谓：“天地革而四时成，汤武革命，顺乎天而应乎人，革之时大矣哉！”但革卦却对此一字不提，其他如师、同人、谦、豫、晋诸卦，都曾说到行师攻伐，也均不及汤武征诛之事。结论只能是“没有圣道的汤武征诛的故事”。

第三，没有封禅的故事。据《史记·封禅书》，封禅是古代的一个大典，凡受命之君均举行这个典。但“纣在位，文王受命，政不及泰山；武王克殷二年，天下未宁而崩”（《封禅书》）。所以周室受命之后直到成王时才得以举行封禅。顾氏认为，“文王武王虽然没有举行这个典礼，他们对于这个邃古以来的定制是一定知道的。卦爻辞无论是文王作，或是周公作，总应当提起一声。何以‘圣人以神道设教’的观卦里竟毫无封禅的痕迹？又何以《益》六三言‘王用亨于帝’，《升》六四言‘王用亨于岐山’，《随》上六言‘王用亨于西山’，都不提起封禅？”结论也只能是“没有封禅的故事”。

第四，没有观象制器的故事。顾氏指出，讲古圣贤创作的专书是《世本》的《作篇》。《系辞传》中所谓圣人观象制器的记载，在《世本》中应该有所体现。但事实上《世本》虽然也记载了“制器”之事，但制作者的名字却与《系辞传》很不相同。如《系辞传》谓“庖羲作网罟”，《世本》却道“句芒作罗”；《系辞传》谓“神农氏作耒耜”，《世本》却道“垂作耒耜作耨”；《系辞传》谓“神农氏作市”，《世本》却道“祝融作市”……顾氏因此提出了两个假定：①《系辞传》的话是错误的，故不为《世本》的作者所承认；②作《世本》时尚无《系辞传》，亦无类于《系辞传》的说话，故《世本》的作者只记其自己所传闻的。顾氏认为，第一个假定是不能成立的。《世本》所记多半系根据传说而来，小半则出于作者的附会，其对所引之材料拉来就算，“绝不曾做过一番精密的考据功夫”。而《系辞传》则不同，其所谓圣人观象制器，既说得冠冕堂皇，又十分切合百姓的日用，若被《世本》作者见到，一定会全盘承受的。“现在他不说，足见他没有看到”。不惟“时代够后了”的《世本》没有看到，就是司马迁撰《史记》时也未必见到。因为司马迁虽然曾经引用过《系辞传》中的话，但对这段圣人观象制器的与古史极有关的文字却未予以理会。那么，圣人观象制器的故事是从哪里来的呢？顾氏认为，它源于《淮南子·泛论训》。《泛论训》云：“古者民泽处复穴，冬日则不胜霜雪雾露，夏日则不胜暑蛰蚊虻，圣人乃作为之筑土构木以为宫室，上栋下宇以蔽风雨，以蔽寒暑，而百姓安之。"《淮南子》的这段论述，文字较《系辞传》略嫌繁琐，且没有易卦的根据。顾氏说，淮南王是一个信仰易学的人，曾聘善为易者九人，作成一部淮南道训。就是《淮南子》中引用《易》文之处也不少。"假使他们那时的《易传》里已有这章文字存在，他们为什么不把它引来作自己立说的佐证呢？为什么说到创作的人只言'圣人'而不言神农黄帝，只言'后世'而不言'后世圣人'呢？可见《淮南子》中写这段文字的意思只要说明时代愈后则器物愈完备，困难愈减少的一个观念；一到了《系辞传》中那一章的作者手里，便借他来说明卦象的神奇，以为一切文明皆发源于卦象。"

顾氏的这一关于古史的见解，与他的"层累地造成说"是十分符合的，但与史实究竟有多符合，是一个颇为复杂的问题。

第三节　李镜池的易学研究

李镜池作为顾颉刚的学生，在古史辨派研究易学队伍中可谓独树一帜，成绩显著，建树颇多，影响较大，至今仍然受到易学界人士的好评与认可。

一、 李镜池生平及学术成就

李镜池（1902—1975），字圣东，广东开平金鸡镇横岗村人，现代著名周易研究专家。早年就读于广州协和神学院，20 世纪 20 年代中期赴燕京大学，在国学研究所师从陈垣，亦从许地山、顾颉刚、陈垣等先生学"道教史""古史研究"等课程。25 岁的他选读知名学者许地山的中国礼俗、佛教文学，选《周易》作为专题研究，这属于许地山的"道教史"课的课题。课外多请教中国历史学家、民俗学家顾颉刚等名家。29 岁的他遵照顾颉刚嘱托，开始编辑《周易五书》。自 1931 年起，先后任教于广州协和神学院、燕京大学、岭南大学等高等院校，讲授"中国文学史""中国学术思想史""中国古代宗教研究"等课程。1952 年中国大学院系调整之后，在华南师范学院（现华南师范大学）中文系任教授，20 世纪 50 年代末因染脊髓灰质炎退休，20 世纪 60 年代末后寓居广州北郊银河乡董理旧著，直至逝世。

受乃师顾颉刚等学人的影响，当时年轻的李镜池积极参加了古史辨派的易学论争。在《古史辨》第三册上编专门收录易学研究争论的专辑中，收有古史辨派人物争论易学论文 15 篇，其中就有李镜池的 5 篇论文：《易传探源》《论〈易传〉著作时代书》《答书》《左、国中易筮之研究》《〈周易〉筮辞考》等，比顾颉刚和钱玄同两位学派领袖（各有 2 篇）的论文还多，是当时古史辨派中研究易学成绩最突出的学者。而且他在以后乃至 1949 年后，仍能不受政治的干扰，一直坚持易学的深入研究，先后在《光明日报》等报纸杂志上发表了一系列文章，如《周易筮辞续考》

《关于〈周易〉的性质和它的哲学思想》《关于〈周易〉几条爻辞的再解释》《〈周易〉的编纂和编者的思想》《〈周易〉卦名考释》《〈周易〉思想的历史发展》《谈〈易传·大象〉的体例》《古代的物占》等，这在古史辨派学者中也是绝无仅有、一枝独秀的。

李镜池是古史辨派中唯一一位一生致力于《周易》研究的学者，与顾氏以《周易》试验其“层累地造成说”不同，他更侧重于《周易》本身的具体问题的研究。如殷商卜辞与《易经》筮辞的比较，《周易》筮辞的编纂，《周易》筮辞的分类、卦名，《易传》各篇的著作年代、思想等。因此，其成就巨大，而且也在某种程度上超越了古史辨派的易学研究范畴。

终其一生，李镜池先生的易学研究著作，计有《周易探源》《周易通义》《周易通义简编》《周易类释》《周易校释》《周易选释》《周易选》《周易简论》等。他对《周易》的编纂和编者思想的研究，《周易》的性质和他的哲学思想分析，以及《易传》的思想体系及变化发展过程等研究成果，都有较高的参考价值。

李镜池先生早期以古史辨派学术观点进行易学研究，从社会发展史观点推勘典籍史料，从语言学以及《周易》与殷商甲骨卜辞之比较，推断《周易》为周王朝卜史之官所编卜筮之书，成书于西周晚期。《易传》则为战国末年至西汉中叶儒生经师所作，所说与《易经》原意大有出入，其主要成果见《周易探源》。后期主张从详尽分析各卦卦爻辞之全面组织结构来理解《周易》内容与思想，主要成果见《周易通义》。

《周易探源》（中华书局 1978 年）是李镜池先生研究《周易》经传的论文结集，其中最早的论文完成于 1930 年，最晚的论文写于 1963 年，集中反映了李镜池先生对《周易》经传的一系列重要学术见解。该书出版后多次重印，在国内外学术界产生了广泛的影响，成为当代《周易》研究者必备的参考著作。书中重要论文有《周易筮辞考》《〈周易〉筮辞续考》《〈周易〉的编纂和编者的思想》《〈周易〉卦名考释》《〈易传〉探源》《〈易传〉思想的历史发展》《左、国中易筮之研究》等。

《周易校释》是李镜池先生的另一部易学著作。该书共疏解了 219 条卦、爻辞中 327 处历来聚讼不已的地方。在这 327 处的疏解过程中，易学史上历代有影响的易家易著均在其征引范围之内，真可谓是旁征博引、气势磅礴，对我们今天研究《周易》，《周易校释》实可以起到一个按图索骥、事半功倍的效果。作者曾自言，在文中“间申鄙见，略显简略”，但事实上，李镜池在陈述自己的见解时，更是引经据典，言之凿凿。其扎实的考据功底不能不令人心悦诚服，他得出的结论也不由得让人颔首称是。这不管是对于初学易者还是对于易学专家来说，都不失为一个很好的资料索引。

《周易通义》（中华书局 1981 年）是李镜池先生晚年研究《周易》的专著，基于多年对《周易》的探索，他继承和改进了《周易校释》中的研究成果，由其弟子曹础基整理完成。该书出版后亦深受专家重视和一般读者欢迎，曾被列为香港商务印书馆1985年夏季十大畅销书之一。《周易通义》着重发掘卦爻、辞所反映的时代特征，就古经六十四卦的卦、爻辞进行注释和解说，先训诂，后通义，层次分明，体例严谨，而且其注释简明扼要，解说浅白易懂，既博取古今注释之优长，又反映了作者长期探索的成果，可谓雅俗共赏，是当代一本很有影响的易注。

作为古史辨派的主要学者之一，李镜池当时还是一位年轻的学者，但他已经接受了他的老师顾颉刚疑古、求真的思想，能够不囿成见，大胆创新。他早期以古史辨派的学术观点进行易学研究，从社会发展史观点推勘典籍史料，从语言学以及《周易》与殷商甲骨卜辞进行比较，对卦的起源、《周易》的成书过程和作者、《易传》的成书时代等一些有关易学源头的问题进行了探索，主要研究成果集中体现在论文集《周易探源》中。《周易探源》集中反映了他对《周易》经、传的一系列重要学术见解，是当代《周易》研究者必备的参考著作。他的研究结论新颖独特，对易学的发展做出了历史性贡献。

至晚年时，李镜池更是潜心研究易学，补充或更新自己的学术观点，成就巨大。他对《周易》的研究，代表了当时一代学人对《周易》的苦苦探索。他后期的易学研究，主张从详尽分析各卦、爻辞的全面组织结构来理解《周易》的内容和思想，主要成果在《周易通义》。

总的说来，李镜池留下来的易学专著不多，但在国内外都有很大影响。世界著名学者李约瑟在《中国科学技术史》中引用过李镜池关于《周易》的论述。20世纪80年代后期，哈佛大学杜维明教授还带着李镜池的《周易探源》来华南师范大学讲学。

二、 李镜池易学研究的方法

综合观察李镜池的易学研究，其方法或者说路数，尤其是对卦、爻辞的解读，主要有以下两点：一是抛开象数，专注义理；二是经传分观，传不解经。

（一）抛开象数，专注义理

易学研究的传统，一向有“两派六宗”之说，两派即象数派、义理派，六宗即占卜宗（象数宗）、禨祥宗、造化宗（图书宗）、老庄宗（玄学宗）、儒理宗、史事宗。六宗中的前三者属于象数派，后三者属于义理派。历史上解易之人，或宗象数，或宗义理，但也有两派打通，兼顾象数与义理的。

受顾颉刚古史辨思想的影响，李镜池的治易路数也属于义理派家法。即完全抛开象数派不管，而专以义理派中的史事宗为主，力图还《周易》以历史的本真面貌。

象数在《周易》中占有很重要的地位，从《易传》起，就有了从象数的角度去解释《易经》的先例。在《易传》的作者看来，象和辞是《易经》一书的两个基

本组成要素，其中“象”指卦爻象，由“—”“--”两种符号构成；“辞”即卦、爻辞，共四百五十条。不管是《易传》也好，传统易学也好，都认为象、辞之间存在着一种对应关系，都是以“打通象辞之间的逻辑关系为己任”。“以象明经”从《易传》开始就一直被认为是重要的解易方法之一。

而李镜池研究《周易》，认为象、辞之间不存在前儒所谓的逻辑关系，二者之间没有关联。他说：“卦的构成，汉儒以为包含了很大的道理在里面，他们要把宇宙万象都装在里面。近人的意见，又以为是生殖器的记号（如钱玄同、李石岑、郭沫若三位都有这样的看法）。但我以为或许是用蓍草做占卜时偶然的发明。……这些图式之构成，起初是没有意义的；就是在《周易》里也不见得有什么意义。卦，不过是一种符号，它与卦、爻辞的内容没有关系。”后来李镜池进一步指出：“由八卦演成六十四卦，只是八卦的重叠，而没有意义上的关联。说它有意义关联，甚至进一步说它有辩证思想，恐怕很难说得通。个别地谈，可以附会，全面地说，就有问题。我看，八卦演为六十四卦，已经走向形式主义的道路，只在卦画上玩一套图案，作为符号标志，没有什么深意。”在《周易通义》一书中，李镜池又明确指出：“卦画其实没有什么实际意义，与卦爻辞也没有必然的联系，只是一些符号，和抽签的号码差不多，是为占筮时揲筮数策而设的。”总之一句话：卦爻象不过是为卦、爻辞排序的一种符号而已，与卦、爻辞本身没有内在的联系。既然卦爻象和卦、爻辞之间没有关联，解易时排斥象数便是顺理成章的事情。

此外，李镜池认为，“我们现在讲《易》，目的在求真，希望能够拨开云雾而见青天；整理旧说，分别的归还他各自的时代；使《易》自《易》，而各派的学说自各派的学说，免致混乱掺杂，失其本真。换句话说，我们以历史的方法来讲《易》，不是以哲学伦理来注释。我们以客观的态度来讲《易》，不是以主观的成见来附会。我们要求《易》的真，不讲《易》的用。”也就是说，象数是作为筮书的《易经》固有的内容，象数是判断一卦一爻吉凶悔吝的依据。但是我们现在研究《周易》的目的，不是要学习它的卜筮功能，而是“首先要恢复卦、爻辞的原始意义”，是要发现《周易》的历史真实面目。

所以李镜池认为，我们研究《周易》，应该从卦、爻辞内容入手，而不应该从卦象、卦位等去推求。鉴于此，李镜池在注解《易经》的过程中，极少讨论卦爻象位，而多就卦、爻辞内容演绎《易经》时代的社会现实。

由于采取了“力排象数”的注易方法，抛开了“以象明经”的传统，李镜池对卦、爻辞的解释，也有很多不同于传统易学的地方。他根据卦、爻辞的内容，把六十四卦分为物质生产、社会生活和科学知识三类。在《周易通义》一书中，李镜池更把六十四卦细分为农业专卦、政治专卦、军事战争专卦、行旅专卦、家庭专卦和行为修养专卦等各种类型，并结合当时的相关情况进行注解，明显具有在前人“史事宗易学”的基础上发展变化而来的特点。

比如关于蒙卦卦辞中“蒙、亨”两字的解释，《彖传》仍然是惯用的取象说和爻位说：“蒙，山下有险，险而址，蒙。蒙，亨，以亨行时中也。”《彖传》认为，蒙卦上面是艮卦，下面是坎卦。而艮为山，坎为险，象征“山下有险”。艮又为“止”，所以“蒙”含有“险而止”之意。蒙之所以能亨通，是因为九二与六五相应，是刚柔得中之象，阴阳相和，所以能亨通。李镜池完全不顾这些象数解说的迂远与牵强，只是认为蒙卦是一个农业专卦，“蒙”本义是指丛生冢上的草木，引申有“蒙昧、蒙蔽”之意，简明扼要，明白如话。

再如对需卦九五爻辞“需于酒食，贞吉”的解释。《小象传》解释为：“‘酒食贞吉’，以中正也。”这里采用的还是爻位说，是象数解易的一种。这里的“中正”，指的是九五得中正之位，故“需于酒食”而“贞吉”。而李镜池认为这是一个行旅专卦，九五爻辞说的是旅途的情况之一。意思是旅途中得到好客的主人的帮助，酒肉款待，食饱喝足，连衣服都弄湿了。

由这两个例子可以看出，李镜池注《易》，主要是透过对卦、爻辞的含义的说明，揭示其所反映的时代生活。他认为，卦、爻象和卦、爻位等不必考虑，甚至连参考的价值也没有。

（二）经传分观，传不解经

历史上的易学研究家向来视《易传》对《易经》的解释为经典而不敢有丝毫的背离，“以传解经”是各个时代解易的法宝。但各个时代的易学家又都喜欢借《易经》来发挥自己的哲学和伦理思想，他们对《易经》的解释，都不可避免地打上了时代的烙印，从而实现了“解经补传”的学术贡献。

李镜池先生通过研究发现，传统的“以传解经”解易路径是有问题的，“以传解经”的成果也是应该被质疑的，因此他转而采用“经传分观”的解易思路。

李镜池认为，《易经》和《易传》是分属于时代不同、性质不同的两种著作，二者固然有一定的联系，但经是经，传是传，不可把《易传》的理解视为《易经》的本义，也不可根据《易传》的解释来理解《易经》。“不要以为《传》所说的就是《经》所本有。”就是说，我们研究《周易》，要把经、传截然分开，把它们放到各自成书的时代加以区别对待。研究《周易》，应当“以经观经，以传观传”。李镜池在他长达三十多年的易学研究中，也多次表达了同样的看法，并把“经传分观”作为他注解《周易》的一个基本原则。

李镜池不迷信《易传》或传统易学家的旧训，而主要是采用训诂字义、考据历史的方法注解卦爻辞。比如对乾卦卦辞“元、亨、利、贞”四字的解释就是一个典型的例子。

“元、亨、利、贞”四字，本是占筮之辞，原无哲学含义。然而《文言传》将其解释为：“元者，善之长也；亨者，嘉之会也；利者，义之和也；贞者，事之干也。君子体仁足以长人，嘉会足以合礼，利物足以和义，贞固足以干事。君子行此

四德者，故曰：乾，元、亨、利、贞。”《左传》襄公九年载，穆姜释随卦卦辞，读“元、亨、利、贞”，以元为仁，亨为礼，利为义，贞为正，称为“仁、义、礼、正”“四德”，赋予道德规范的含义。这种“四德”说，在《易传》中被一再强调，后人认为是不刊之论，两千年来不敢有丝毫的怀疑。

李镜池受殷墟甲骨文中卜辞形式与字句的启发，对卜辞和《周易》卦爻辞进行了详细的比较研究，拨开了《易传》千百年来训“贞”为“正”的迷雾。他认为《易经》中出现频率极高的“贞”字，与甲骨卜辞中的“贞”字一样，应该训为“卜问”之意，认为“贞”训“正”不符合《周易》的本义，并由此认定《周易》并“没有高深的道理存乎其中”，而不过是整编了的卜辞或筮辞的总汇罢了，即“由卜筮而成，为卜筮而作”。也就是说，《周易》是一部占筮书。

而“元、亨、利”当然也不再像《易传》所认为的那样是三种美德，“元”应该训为“大”，“亨”应该训为“亨通”，“利”则为动词，应该训为“利于……”。无独有偶，同时期的易学名家高亨先生也持这样的观点，可见二人此道不孤。

鉴于对“元、亨、利、贞”四字的不同理解，李镜池注解《周易》卦、爻辞，也和《易传》不同。他认为《周易》卦、爻辞有“贞事辞”“贞兆辞”和“象占辞”三类。而“亨”“元亨”“吉”“利贞”“无咎”等都属于此种占卜用语，而解作他义，明显不能自圆其说。

再如随卦卦辞“随：元亨，利贞，无咎”。《彖传》解释为：“随：刚来而下柔，动而说，随。大亨贞，无咎，而天下随时。随时之义大矣哉。”随卦上卦是属于阴柔的兑卦，下卦是属于阳刚的震卦，是刚居柔下之象。《彖传》认为，以刚下柔，而其动又能有所悦，这就叫“随”。在这里，《彖传》仍是用卦象和卦位说来解释经文。而李镜池不采用《易传》的解释，认为“随”是“相随”之义，指商人结伴出门做生意。“元亨，利贞，无咎”是贞兆辞，说明结伴经商是大好事，有益无害。

总之，在李镜池看来，经、传虽有联系，但区别才是本质上的，二者所包含的思想不具有同一性，应当把“经”的思想归之于“经”，“传”的思想归之于“传”，区别对待，分别研究，不能把二者混为一谈。研究《周易》经传分观，解释易经不守《易传》，这是李镜池治易的一个重要方法。

三、　李镜池的易学观点

20 世纪的易学，尤其是古史辨派的易学研究，提出了许多传统易学所没有的问题，比如八卦是否是伏羲所画；六十四卦是否为文王所重；卦、爻辞是否为文王、周公所系；《易经》究竟成于何时；孔子是否读过《易经》；《易传》是否为孔子所作；经、传之间有没有关系；传统易学以传解经的思路是否可取等。古史辨派学者对于这些问题基本上形成了一致的看法。比如《周易》是占筮书；《周易》不是成于一时，也不出于一人之手；《周易》经、传分属不同的时代；研究《周易》应该采取经、传分观的态度，等等。

而关于易学源头方面的一些问题，李镜池进行了精深的研究，形成了自己的独特见解。李镜池对有关易学源头诸问题的探索，主要有蓍占先于卦画说、爻题后起说和《周易》编纂说。

（一）蓍占先于卦画说

关于蓍和卦谁先产生谁后产生的问题，在《易传》中就有两种不同的说法，其一是卦画先于蓍占说。根据在《系辞传》。《系辞传》中说："古者包牺氏之王天下也，仰则观法于天，俯则取法于地，观鸟兽之文与地之宜，近取诸身，远取诸物，于是始作八卦，以通神明之德，以类万物之情。"也就是说，是先有了包牺氏观物取象作成八卦，后才有"通神明之德"的蓍占功用。但宋欧阳修对此提出了怀疑，因为《说卦传》中说："昔者圣人之作《易》也，幽赞于神明而生蓍，参天两地而倚数，观变于阴阳而立卦，发挥于刚柔而生爻。"这就是蓍占先于卦画说，即先有以筮草探求神旨的活动，后才有服务于这个目的的卦画。那么，到底哪种说法正确呢？

李镜池经过大量的研究，认为"蓍生于卦，卦由蓍作"。"据我想，卦爻不过是一种记号，它的有无，在原始的蓍筮是无关重要的……筮辞之来源，当是用蓍草占的结果。周民族之用筭，正如殷民族之用龟，楚民族之用琼茅与筳篿……所用的占具虽不同，而视这占具为神物则一样。《周易》之占筮，其始也如龟卜蓍占，没有其他的神灵的东西为之辅佐；换言之，用蓍就够了，卦书恐怕还未发明。"

卦的构成，在李镜池看来，并不像汉儒以为的那样包含了很大的哲理在里面，它或许就是用筮草做占筮时"偶然的发明"，而且这些图式起初是没有意义的；就是在《周易》里也不见得有什么意义。"卦，不过是一种符号，它与卦、爻辞的内容没有关系的。"说卦书有意义的，当是后起的附会。卦书既然和卦、爻辞没有干连，为什么它们会联在一起呢？李镜池认为，这是编纂散漫的筮辞为整套《周易》的人所用的一种方法。"编纂者大概发生一个'因来知往'的思想，所以想把以前所有的筮辞归聚起来；但是归聚起来而没有一个系统还是不成，所以他就用了这套图案来分配上去，仿佛后人编纂字典用子丑寅卯等干支字母一样。《易》之蓍筮，犹如后世之筮占、筮辞，等于签诗。签诗以数目字排列，数目字与签诗没有必然的次序，也没有意义的连系。"在李镜池看来，卦是用筮草占筮过程中的发明，卦的构成并没有什么高深的哲理蕴含在其中。

（二）爻题后起说

李镜池研究认为，原始的《周易》，并没有"九""六"之类的名目，用"九""六"来称呼爻，应当是后人的创作。证据就在《左传》和《国语》。因为据李镜池统计，在《左传》和《国语》中共有近20处有关筮占的记载，但是统观这些筮辞，只见到"某卦之某卦"的话，如："陈侯使筮之，遇观之否，曰，是谓'观国

之光，利用宾于王’。”（庄公二十二年传）“毕万筮仕于晋，遇屯之比。”（闵公元年传）等。这近二十条筮辞中，全没有“九”“六”的说法。若“九”“六”之类的名目果真存在的话，则直接说“观之六四”或“屯之初九”要比说“观之否”或“屯之比”更方便明白。李镜池由此推断说：“所以我想，‘九’、‘六’二字，在原始的《周易》是没有的；它的插入，当在战国末、秦汉间，为的是便于应用；创作的人物，当是作《易》、《象传》、《文言传》等儒生。”

（三）《周易》编纂说

在20世纪疑古思潮的影响下，《周易》的成书和作者也成了易学研究的新话题。《周礼·春官》中说：“占人……凡卜筮，既事则系币以比其命，岁终则计其占之中否。”李镜池就是从这几句话得到启发，认为所占一定有一爻数占的，《周易》卦、爻辞就是这种汇集在一起的筮占记录，从而提出了《周易》编纂说。卦、爻辞中这些前后意思很不一致的情况，说明它不是一次筮占的结果，而是多次筮占的拼合。卦、爻辞的记叙体例可以分为六种，一是纯粹的定吉凶的占词；二是单叙事而不示吉凶；三是先叙述而后吉凶；四是先吉凶而后叙述；五是叙事，吉凶；又叙事，吉凶。六是混合的：或先吉凶，叙事；又吉凶。或先叙事，吉凶；又叙事。通过比较，他发现，这六种记叙体例中，“前三种比较单纯，大概是一次筮占的记录。”“卦、爻辞中其著作体例与卜辞相同的，为一次的筮辞；其繁复异于卜辞者，为两次以上的筮辞的拼合。”本证和旁证以外，李镜池还比较了甲骨卜辞和《周易》筮辞的文体形式，发现《周易》卦、爻辞中还有类似于《诗经》中“比”“兴”类的诗歌。如《明夷》初九爻辞“明夷于飞，垂其翼。君子于行，三日不食”；《中孚》九三爻辞“鸣鹤在阴，其子和之。我有好爵，吾于尔靡之”。而这种现象在甲骨卜辞中绝未出现过。李镜池认为，《周易》之前的甲骨卜辞是一种很简单的散文，只是把占卜之事老老实实地记录下来，不加任何雕饰。诗歌引入卦、爻辞，说明《周易》的卦、爻辞不是成于一时，而是经过了“卜辞时期”和“诗经时期”之间一个漫长的过渡时期，最后由一个编者整理汇集而成，由于受时代的影响，编者在整理过程中不单是汇集旧筮词，还进行了自己的创作。“从卦、爻辞的著作体例及其中的格言及诗歌式的句子，可以看出《周易》是编纂而成的。”《周易》卦、爻辞“不但汇集资料，而且是出于编者的匠心编著；不少地方，不特是编者有意识地组织编排，而且还有哲学意义和艺术性。”

四、 李镜池由易考史体系

古史辨派易学研究，大多数是属于对易学某一方面问题的具体考证。但李镜池先生却做深入的观察与思考，形成了易学研究的历史方法论，也逐渐构建了易学考史的理论体系，形成了自己独特的“易即古史”观点。

李镜池认为，《周易》是一部古占筮书；作者是当时的一位筮官；卦、爻辞是当时占筮内容和结果的记录。而占筮的内容涉及当时社会生活的方方面面，所以《周易》的卦、爻辞，很多是当时社会生活的实录，是研究西周社会的珍贵史料。《周易》反映了周民族从太王迁于岐山，中经周武王克商、周公东征，到王室东迁之前这一奴隶社会由极盛而衰落的变化史迹，甚至还保存了文献上罕见的原始社会遗风，多方面地展现了西周社会的生产、阶级斗争、思想和风俗情形。

其中有许多卦、爻辞记录了当时发生的重大历史事件，如《升卦·九四爻辞》"王用亨于岐山"；《晋卦·卦辞》"康侯用锡马蕃庶，昼日三接"；《明夷卦·六五爻辞》"箕子之明夷"；《归妹卦·六五爻辞》"帝乙归妹"；《既济卦·九三爻辞》"高宗伐鬼方"等。这些是已经被顾颉刚考定了的故事，另外还有几条爻辞，如《升卦·六四》"王用亨于岐山"；《随卦·上六》"拘系之，乃从维之，王用亨于西山"；《既济卦·九五》"东邻杀牛，不如西邻之禴祭，实受其福"等，也向来被认为是文王的故事。李镜池认为，"虽然这些话说的未必一定是文王的故事，但总是有个故事隐藏在里面。"也就是说，周易卦、爻辞内容本身具有一定的史料价值。而且李镜池认为，卦、爻辞是当时用蓍占筮时的记录，而这些记录在当时都有某件故事做其背景，在写定这些卦、爻辞的当时，理解是不成问题的。但在后人看来，随着时代推移，景随世迁，时空悬隔，就有些莫名其妙。所以我们现在要想解通卦、爻辞，就必须考虑当时的社会背景，联系当时的历史史实，也就是说，应该采用历史的方法。"正是由于卦爻辞的编定根植于当时的社会生活……从某些方面记录着当时历史演变过程及发生的重大历史事件。故要解读和诠释《周易》卦爻辞之本义，絜会和驾驭《周易》所固有的思想和精神，史学及其方法是最为重要的工具。"

同时，易学史的研究昭示，易学本身就是一个发展的过程，也是一个不断扬弃的过程。易学的发展受当时社会条件的影响和制约，和当时的社会状况相适应，易学原有的一些内容随着社会发展，相应的发生了诸多改变：①从有到无：有些随着社会的发展而逐渐退出了历史舞台，比如原始的揲筮之法。②从无到有：还有的是顺应社会历史的发展的需要而创新提出，比如纳甲说、飞伏说、卦气说、爻辰说等。③由旧到新：有的则因为时代的需要而被赋予了新的含义，如"元、亨、利、贞"，在《易传》中被解释成君子"四德"，是那个时代的政治或社会需要；而今根据新的资料（甲骨文）对比，则需要还原其文本的原始意义。也就是说，易学是一个发展的系统，各个时代的易学家们都是在自觉不自觉中按照自己时代的要求，为易学增添了各个时代的内容，所以要解读易学的脉络，离不开各个时代具体的社会历史条件，研究也必须从历史的角度入手。

由于是从现代意义上的历史研究角度入手，以考证历史的眼光来审视《周易》经传和易学发展过程，所以李镜池注解《易经》时，既不同于历史上从哲理的阐发来解易的义理派，也不同于从象数的角度来解易的象数派，而是紧密结合《易经》时代的社会历史史实，包括生活习俗、政治制度、历史要事等，去注解每条卦、爻辞的具体含义，"就是要明了《周易》所反映的时代以及它所产生的时代，然后根

据历史唯物主义的观点，把其中所记叙的材料、所表述的思想，放到当时的具体历史条件下去理解和分析。”从而在一定程度上为我们还原了《易经》时代的社会生活面貌，为我们展现了当时社会生活的一幅生动自然的历史画卷。

比如《大壮卦·六五爻辞》“丧羊于易，无悔”。《象传》的解释是：“丧羊于易，位不当也。”用爻位说来解释“丧羊于易”，认为之所以会“丧羊”，是因为六五阴居阳位，位不当而招致灾祸。象数爻位解释是通了，但是对于究竟为何“丧羊于易”，根本就没有任何解释，读来仍是一头雾水，不明就里。李镜池的解释则是从文字训诂的角度入手，作社会历史背景的分析：

易：即狄，声通。这是因饲羊而联系到周人的一件历史大事。周人居豳时，被狄人侵迫，太王以皮巾、犬马、珠玉送给狄人而求和。但狄人不肯，一定要占领周人的土地。太王只好带领周人迁居岐山。在避狄迁居中，狄人抢掠了大批牛羊。无悔，属贞兆辞，也说明虽然丧失了许多羊，但迁岐后生产更加发展了，弥补了损失。《旅·上九》和《诗·緜》都说到这一历史事件，可相参看。

在这里，李镜池完全不考虑所谓的爻象和爻位，而是联系当时的历史史实去注解。虽然这一解读与顾颉刚等人关于此“丧羊于易”的解释不通，顾先生认为是商族先公王亥前往有易氏部族贸易，丧命于彼的故事，但李镜池的历史解读也颇能文从字顺，自圆其说。

再如《泰卦·六五爻辞》：“帝乙归妹，以祉，元吉。”《象传》没有解释“帝乙归妹”，只解释“以祉，元吉”：“‘以祉，元吉’，中以行愿也。”用的是“爻位说”中的“中位说”，认为六五阴柔，居中，有中德，而乐意顺应下体之九二，所以才会有“元吉”的好结果。而李镜池的解释仍然是联系爻辞所记叙时代的社会历史来注解：“帝乙：殷代最后第二个王。归妹：嫁女。妹，少女。帝乙曾把女儿嫁给周文王。《诗·大明》歌咏其事。以祉：有福。这是殷周联姻的大好事。说明泰。”

再如《归妹·上六爻辞》：“女承筐，无实；士刲羊，无血。无攸利”。《小象传》的解释为：“‘上六无实’，承‘虚’筐也。”认为之所以筐里空无一物，是因为上六居上位而无应。这仍然是爻位说。而对“士刲羊，无血。无攸利”根本没有任何解释。李镜池的解释是：承筐：捧着盛祭品的器具，如后代之托盘。刲：割杀。《仪礼》：“妇入三月，然后祭行。”“妇入三月，乃奠菜。”《少牢馈食礼》：“主妇设黍稷，祭则司马刲羊，司士击琴。”说明婚后三个月，祭祀时主妇参加助祭，奉筐装着祭品如粢米等进行祭奠；士宰羊献牲。但现在说妇女所奉的筐里没有东西，士宰羊而没有血，表明不是真的，是梦境。这是梦占辞。“无攸利”，筮占兆辞，与噩梦相应。在这里李镜池把卦、爻辞和当时的婚姻风俗及礼仪制度相联系来注解爻辞，显然比象数爻位的解释更为切近实际，更能令人欣从。

像这样的联系历史史实注易解易的例子，在李镜池的《周易通义》中比比皆是，用历史的方法来注解《周易》卦、爻辞，可以说是李镜池治易的一个基本的方法，一个根本的原则，也是其治易的特点所在。

第四节　古史辨派易学研究评价

古史辨派的易学研究主要集中在《古史辨》第三册上编中。但在这里，这些《周易》的研究并非成于一人之手，体例并不严谨，论证未必严密，常有试探性的观念提出，彼此之间的论点亦有扞格，然而顾颉刚气度过人，乃一并收入，所为的是造成一股讨论的学术风气，如《自序》中所言，许多人看书为的是获得智识，所以常喜在短时间内即见结论。但古史辨中提出的问题多数是没有结论的，这是学术研究自然正常的现象，不必强求统一的结论。

综观古史辨派的易学研究，他们涉及的问题虽然很多，但归结起来主要有四个方面：其一，《周易》经传的成书年代和作者；其二，《周易》经传的性质及关系；其三，孔子与《周易》经传的关系；其四，《周易》一书的结构。

古史辨派的易学研究，目的是要“打破汉人的经说”“破坏其伏羲神农的圣经的地位而建设其卜筮的地位”“辨明《易十翼》的不合于《易》上下经”。一句话，就是“从圣道王功的空气中夺出真正的古文籍”。应该说，他们的研究基本上实现了自己的目的。对《周易》卦爻辞中的故事的梳理，对《周易》筮辞与甲骨卜辞的比较，对《周易》一书的编纂过程的研究，揭示了其卜筮的本来面目；对《经》《传》性质的探讨，对《经》《传》两种古史观的比较，辨明了《易传》的不合于上下经；对“圣人观象系辞”说的考证，破坏了伏羲神农的圣经的地位；对于《易传》成书年代的考证，剥夺了孔子的《易传》著作权。总之一句话，在古史辨派看来，《周易》经传与传统所谓的三位圣人没有什么关系，真可谓是“从圣道王功的空气中夺出真正的古文籍”。

古史辨派对传统易学的这种无与伦比的“破坏”，影响是十分巨大的。从某种意义上说，20 世纪的中国易学，基本上是在消化他们提出的问题。同意也好，反对也好，这些问题都不能绕过。就此而言，古史辨派提出的问题也可以说是击中了传统易学的要害。然而，这里所谓的“要害”，与其说是传统易学本身，不如说是传统易学赖以存在的观念信仰。换句话说，古史辨派所击中的是圣经的地位、圣经的信仰，而并非“经”之本身。所以，在 20 世纪的易学研究中，不管哪一流派，都可以而且都必须把古史辨派提出的问题当作问题来研究。即或你不同意他们的考证结果，但你必须认同他们的考证精神。这种精神及与之俱有的思想解放就是古史辨派留给本世纪易学研究的最大财富。

总体来看，顾颉刚等人的古史辨易学研究本着破坏而建设的立场，打破了《易

经》的神圣地位，围绕考辨《周易》卦爻辞来建设古史，以考辨和厘定卦爻辞的故事为切入点，详细研究了卦爻辞的内容，充分彰显了其对于建设古史所具有的史料价值，确定了《周易》卦爻辞以及《易传》的成书年代范围，从而为恢复古史的真相奠定了基础。

不过，在肯定其成绩的同时，我们也要看到古史辨易学研究在一定程度上存在着不足之处：首先，它割裂了卦爻辞与卦爻象的内在有机联系，弃易学中的象数之学于不顾；其次，即使是在卦爻辞研究中，他们只对其里面的故事进行研究，而对其中所内蕴的天人之学、通变思维等哲学思想重视不足；再次，其大胆假设、小心求证的实证方法自身也存在不足，由于囿于从书到书，史料相对有限，从而有假设过于大胆的问题，在小心求证环节，又由于过多运用默证，容易产生偏颇的结论。

所以，古史辨派的易学研究，其结论大有可商量之余地。前面提及的四方面问题，除《易经》的成书年代和《周易》经传性质的讨论尚能部分地经得起时间的考验外，其他几项则很难说有令人心悦诚服的证据。如孔子与《周易》经传的关系问题，古史辨派的考证显然有失偏颇。如他们依据《鲁论》，释《述而》的“五十以学易，可以无大过矣”中的“易”字为“亦”，并断句为“五十以学，亦可以无大过矣”，就很值得怀疑。著名历史学家、古文字学家李学勤先生指出：“‘易’‘亦’音近而讹，从古音上来看，只能是两汉之际以后的事。《史记》既然作‘易’，作‘亦’的异文是没有多少价值的。”（《周易溯源》）这样看来，古史辨派怀疑孔子与《周易》的关系，这条证据是失效了。

当然，有些是由于当时学者所处时代地下出土材料有限，再加上他们的工作更多局限于从书到书，在运用考古成果上，显然不如王国维等先生更为自觉。是故，有的学者认为其“对古书搞了很多冤假错案”。比如就孔子和《易传》的关系来说，古史辨派坚持认为孔子与《易传》没有关系，或者说关系不大。但是后来出土的马王堆帛书《周易》的《要》篇，记载孔子同子贡的问答，说到“夫子老而好《易》”，并且孔子还自陈道：“后世之士疑丘者，或以《易》乎？”李学勤认为，这句话的口吻和《孟子》所载孔子所说“知我者，其惟《春秋》乎？罪我者，其惟《春秋》乎？”是很类似的。“孔子说知我、罪我，其惟《春秋》，是因为他对《春秋》作了笔削，所以他与《易》的关系也一定不限于是个读者，而是一定意义上的作者。他所作的，只能是解释经文的《易传》。”

此外，古史辨易学研究指出、纠正了《周易》经学解易的泛道德化倾向，这是其进步之处所在。但《周易》经传中也确实有很多关于品德修养的内容，这些内容仍然是一个不可忽视的事实。例如，《易经》的谦卦赞美了谦虚的品德，《无妄》卦反对邪妄之行。《恒》卦九三爻辞云：“不恒其德，或承之羞。”也就是说，人若不坚守道德，就可能落到羞耻的困境。《涣》九三爻辞云“涣其躬”，是以洗浴比喻增进品德；九四爻辞云“涣其群”，是进一步比喻以优秀的品德教育广大人民，相当于《尚书·康诰》中的“作新民”。从“涣其躬”到“涣其群”，也就是儒家修、齐、治、平的思想路线。《既济》九五爻辞云“东邻杀牛，不如西邻之禴祭，实受其福”，意思是说品德的重要性远远超过祭祀，品德才是生命的本质，它与人类的境遇有着直接的关系。《易传》中品德修养的内容俯拾皆是，乾、坤两卦的《大象传》所言“君子以自强不息”“君子以厚德载物”，大家更是耳熟能详。值得我们注意的是，《大象传》用“君子以”的句式，将某种自然现象与品德修养联系起来，也就是说将物质世界和精神世界统一起来。凡此种种，都是需要指出来的，不能矫枉过正。

参考文献

[1] 顾颉刚. 与钱玄同先生论古史书//顾颉刚. 古史辨. 第一册. 上海：上海古籍出版社，1982.

[2] 顾颉刚. 古史辨（第三册）. 上海：上海古籍出版社，1982.

[3] 李镜池. 周易通义. 北京：中华书局，1981.

[4] 李镜池. 周易探源. 北京：中华书局，1978.

[5] 杨庆中. 二十世纪中国易学史. 北京：人民出版社，2000.

[6] 杨庆中. 论顾颉刚的易学研究. 人文杂志，1998（01）.

[7] 杨庆中. 论古史辨派的易学研究. 首都师范大学学报：社会科学版，2001（02）.

[8] 陈桐生. 20世纪的《周易》古史研究. 周易研究，1999（03）.

[9] 斯满红. 古史辨派易学研究——以顾颉刚和李镜池为例. 山东大学周易研究中心2008年博士论文.

[10] 斯满红. 论顾颉刚易学研究的进路. 周易研究，2008（02）.

[11] 斯满红. 论顾颉刚走出经学羁绊语境中的以史治易. 周易研究，2009（03）.

[12] 张桂叶. 李镜池易学思想研究. 湖南师范大学中国哲学系2008年硕士论文.

[13] 黄惠香. 古史辨周易研究评议. 台湾师范大学国学系2007年硕士论文.

第七章
易社会史

近现代以来的易学古史研究，包括胡朴安等人以易为史的研究，应该说属于广义上的社会史范畴。但是真正意义上的易学社会史研究，则是在系统的西方历史学和社会学理论指引下，将《周易》经传卦爻辞中所涉及的历史资料，当作社会史史料进行研究的结果。

五四新文化运动，一些接受了新思想的学者，特别是历史研究领域中古史辨派的学者，以史学的观点重新看待六经，才真正动摇了传统经学的根基，使《诗》《书》《礼》《易》等所谓的经典，从传统的经学壁垒中被解放出来而面貌一新。因此，这一时期的易学研究呈现出一种新旧并存、新旧对垒、除旧布新的复杂局面。五四运动以后，随着马克思主义学说、辩证法和历史唯物主义等西方学术理论传入中国，对中国历史研究与中国学术文化的发展都产生了重大影响。学者们以新的眼光，重新审视古代历史、古代经籍，挖掘古代文化遗产中的珍贵宝藏。在这一社会背景下，中国易学研究也发生了崭新的变化。

到了20世纪30年代初期，中国文化思想界和学术界就中国社会性质、中国社会史等问题展开了一场持续长久、规模盛大的学术论战。关于中国社会性质论战的焦点是当时中国的社会性质是封建社会、资本主义社会，还是殖民地半封建社会。其后关于中国社会史问题的论战主要有三：亚细亚生产方式问题；中国历史上有无奴隶社会；中国封建社会的特点及其发生、发展和没落的过程问题。其实质是：中国历史的发展是否与人类社会一般的历史发展规律基本相同，马克思主义是否适用于中国？许多历史学家都以具有创见的论著对这场争论作出了重要的贡献。这些问题的争论在当时并没有形成统一认识。直到20世纪80年代，历史学界对这些问题仍在进行激烈的争论。

虽然中国社会性质和社会史论战是由中国向何处去的政治方向探索而引发的，但是其学术意义并不孱弱，尤其是发端于此的中国社会史研究，引导了后来真正意义上的中国社会生活史的研究，是其最有学术价值的结果，这恐怕是当时的论战学者所始料未及的。

当时以及后来的社会史研究都是多种视角的，其中从《周易》来研究社会史的论战尤其显眼。无论对后来的易学研究还是社会史研究也都是一种视角的开新和方法的开创。

第一节　郭沫若的社会史易学研究

唯物史观派也是五四新文化运动以后产生的一种新学派，它的理论基础是马克思主义的唯物史观。唯物史观在中国社会史论战中发挥了巨大的作用。用马克思主义的哲学观点和唯物辩证法研究《周易》，五四以后成为新方向，实为以科学方法研《易》的拓荒期。与古史辨派仅仅把经书还原为古史资料不同，唯物史观派则注重于揭示史料背后所隐藏着的当时社会的政治经济结构，以及史料本身所包含着的哲学思想。郭沫若《周易时代的社会生活》是用马克思主义理论研究《周易》的开山之作，在学术界颇具影响。其后，苏渊雷《周易会通》（1934）、金景芳《易通》（1941）亦相继以唯物史观、唯物辩证法分析《周易》哲学思想，弘扬传统文化思想精华，宣扬民主精神与社会革新思想。可以说，唯物史观派的易学研究使传统的经学研究一变而为文化的和哲学的研究。

无疑，郭沫若的易学研究，是这一方面最有影响的代表。

一、　郭沫若生平与学术成就

郭沫若（1892—1978），原名郭开贞，号尚武，乳名文豹，笔名郭鼎堂、麦克昂。幼年、少年在家乡读书，1914 年赴日本留学。1919 年，五四运动爆发，在日本福冈发起组织夏社，开始投身于新文化运动，积极从事文学创作。1923 年在日本九州帝国大学医科毕业后携眷回国，弃医从文。1926 年，郭沫若到广州任广东大学（后改名中山大学）文科学长（即文科学院长）。不久，郭沫若参加北伐战争，先后任北伐军政治部宣传科长、政治部秘书长、政治部中将副主任等职。1927 年，“四一二政变”，参加南昌起义，任起义军总政治部主任，起义后参加中国共产党。南昌起义部队被打散后，遭国民党通缉，被迫流亡日本。在十年流亡生涯中，郭沫若除了文学创作外，写作历史剧、历史小说等作品，进而从事中国古代史和古文字学的研究工作，写下《中国古代社会研究》《甲骨文字研究》《殷周青铜器铭文研究》等重要学术论著，奠定了他在甲骨文、青铜器研究领域的学术地位。1937 年抗战全面爆发，别妻离子，只身回国，出任国民政府军委政治部第三厅厅长和文化工作委员会主任，负责有关抗战文化宣传工作。抗战中，郭沫若团结进步文化人士，投入抗日救亡运动。此间，他一方面写下大量政论性文章，宣传坚持抗战，另一方面继续学术研究，写出《屈原研究》《青铜时代》《甲申三百年祭》等作品，同时创作了如《棠棣之花》《屈原》《虎符》等大量历史剧。抗战胜利后，以社会名流身份坚持反蒋独裁，坚持争取民主与自由斗争。1948 年赴东北解放区。中华人民共和国成立后，曾任中央人民政府委员，国务院副总理兼文化教育委员会主任、中国科学

院院长，担任全国文联一、二、三届主席，为中国共产党第九、十、十一届中央委员、第一至第五届全国人大常务委员会副委员长和全国政协常务委员、副主席等职。1978 年 6 月 12 日，在北京逝世，享年 86 岁。

郭沫若是现代著名作家、诗人、剧作家、历史学家、考古学家、古文字学家、政治家和社会活动家，他是中国新诗的奠基人之一、中国历史剧的开创者之一、著名的“甲骨四堂”之一、第一届“中央研究院”院士。他在新中国成立后长期从事科学文化教育事业的组织领导工作，对发展中国科学文化教育事业做出了不可磨灭的贡献。他学识渊博、才华横溢，在多个学科都有不俗的建树，成就斐然，著作等身，是继鲁迅之后“我国文化战线上又一面光辉旗帜”（邓小平语）。他一生写下了诗歌、散文、小说、历史剧、传记文学、评论等大量著作，还有许多史论、考古论文和译作，对中国的科学文化事业做出了多方面的贡献。他的著作结集为《沫若文集》17 卷本（1957—1963），1982 年起陆续出版《郭沫若全集》，分“历史编”8 卷、“考古编”12 卷、“文学编”20 卷、“译著编”12 卷。他的作品被译成日、俄、英、德、意、法等多种文字。

二、 郭沫若的易学研究成果

在上举的社会史论战中，郭沫若积极投入其中，在研究大量卜辞、金文等出土文献和考古学资料的基础上，写出《中国古代社会研究》，肯定西周是中国的奴隶制时代，春秋到鸦片战争是封建制时代。在这一体系中，郭沫若自然涉及了与甲骨文、金文大致同时代的《周易》的研究，并利用《周易》资料来研究中国古代社会史。

郭沫若关于《周易》的研究主要有两篇专门的文章：一篇是作于 1927 年的《〈周易〉的时代背景与精神生产》，人民出版社 1982 年再版时改名为《〈周易〉时代的社会生活》；另一篇是作于 1935 年的《〈周易〉之制作时代》。（文中凡引文未标明出处的，皆引自郭沫若著《〈周易〉时代的社会生活》《〈周易〉之制作时代》，人民出版社 1982 年版《郭沫若全集·历史篇》第一卷，第 32 ～ 89 页，第 377 ～ 404 页。）

《〈周易〉时代的社会生活》一文企图打开《周易》这座神秘的殿堂，看见那“泰古时代的木乃伊的尸骸”。该文分上、下两篇，上篇讨论《〈周易〉时代的社会生活》，他利用卦爻辞中的材料分析了《周易》时代的“生活的基础”“社会的结构”“精神的生产”；下篇讨论《〈易传〉中辩证的观念之展开》，作者结合《周易》经传，论述了《周易》“辩证的宇宙观”“辩证观的转化”“折中主义的伦理”“《大学》《中庸》与《易传》的参证”等问题。这些问题多为以前的学者所不曾涉及，郭沫若的工作是具有开拓性的，所以影响很大，引起了众多学者对这些问题的探讨。

而集中反映郭沫若《周易》研究创新学术观点的，主要集中在《〈周易〉之制作时代》中。该文凡十二部分，论题依次是："序说""八卦是既成文字的诱导物""《周易》非文王所作""孔子与《易》并无关系""《易》之构成时代""《易》之作者当是馯臂子弓""《易传》之构成时代""《彖传》与荀子之比较""《系辞传》的思想系统""《文言传》与《彖传》之一致""《易传》多出自荀门"和"余论"。两篇文章集中反映了郭沫若的《周易》研究成果。

郭沫若提出了一些令人信服、能自成一家的观点，解决了易学研究史上一些极为重要的问题，这主要表现在：

（一）对易学史的重新考订

郭沫若否定"易历四圣"说，尤其是伏羲画卦、文王演易、孔子作传等，指出《易经》是古代卜筮的底本。郭沫若认为所谓的"易历四圣"说只不过是为了增加其神秘性而已，认为伏羲画卦说、周公重卦说都是不可靠的。他认为："《易经》是古代卜筮的底本，就跟我们现代的各种神祠的灵签符咒一样，它的作者不必是一个人，作的时期也不必是一个时代。"

他在《周易之制作时代》中指出："所谓文王把八卦重为六十四卦，再系以卦辞爻辞的说法，不用说完全是后人的附会。"其理由是：文王在其祖父太王的一代，周人还是穴居野处的原始民族，并没有怎样进步的文化。就是文王自己，尽管身为一族的王长者，却还亲自在看牛放马，种田打谷。因此，他说："以这样一位半开化民族的酋长，要说他作出了一部《周易》，那在道理上是怎么也讲不过去的。"

郭沫若在《〈周易〉时代的社会生活》中断定："孔子和《易》并没有关系，在孔子当时《易》的经部还没有构成，他的话被采用了，也正是一个确实的证据。"（《〈周易〉之制作时代》）不仅如此，郭沫若甚至断言"孔子并不曾读过《易经》，'假我数年，五十以学《易》，可以无大过矣'那句话，《鲁论》'易'字作'亦'，经古文家窜改，故造出孔子晚年读《易》的传说。"既然孔子连《易》都未读过，孔子作"十翼"之说，也就成了无稽之谈。

郭氏认为，"总之孔子是研究过《易经》的，他对于易理当然发过些议论，我们在《易传》中可以看出不少的'子曰'云云的话，这便是证据。大约《易传》中的产生至少是如象《论语》一样，是出于孔门弟子的笔录罢。"这样的观点是令许多人信服的。然而，后来在修改和重版《中国古代社会研究》时，郭氏的加注完全与原来的观点相反，果断认为："这是错误。孔子并不曾读过《易经》……《易传》中的'子曰'的'子'，可能就是荀子。"这也是郭氏《〈周易〉之制作时代》一文得出的主要结论。

对于《周易》的作者问题，郭沫若在《〈周易〉之制作时代》里，竭力证明来自南方的馯臂子弓是《易》的制作者。根据是：首先认定汲冢所出的《周易》及《易繇阴阳卦》都是孔子以后（即战国初年）的东西。可以知道在襄王二十年时，《易传》的"十翼"还完全没有形成。《易经》虽已构成，但不止一种，在《周易》

之外还有和《周易》约略相似的《易繇阴阳卦》（杜预的阴阳说疑即指此）。同样的东西有两种，正是表明那种东西还在试作时代，这由伴出品的《纪年》与《师春》也可得到证明。接着郭沫若又从《易繇阴阳卦》（又名《归藏易》）颇具浓厚的南方色彩出发，推想“是著了《易繇阴阳卦》的同一的南人到了魏，为迎合北方人的趣味起见，又另外著了一部繇辞不同的《周易》来”。在分析了史书记载的两种儒学传统之后，认定《易》的制作者当是大约与子思同时、比墨子稍后的楚人馯臂子弓。

（二）八卦符号阴阳爻为男根女阴说

郭沫若认为八卦之所以神秘，是由于它得着二重的秘密性：一重是生殖器的秘密。郭沫若认为：“八卦的根柢，我们很鲜明地可以看出是古代生殖器崇拜的孑遗。画━以象男根，分而为二以象女阴，所以由此而演出男女、父母、阴阳、刚柔、天地的观念。”

这与钱玄同所说“原始的易卦，是生殖器崇拜时代的东西。‘乾’，‘坤’二卦即是两性地生殖器地记号”不期而同。章太炎先生也曾提出了男根女阴说，但与郭沫若的出发点不同。章太炎是从阴阳两种性质的观念（玄学）出发，而郭沫若则是从唯物论出发，指出了卦画的物质根据。

另一重是数学的秘密。易学史上的许多论著就是从数学的角度去研究《周易》问题的，虽然我们不能把现代的高科技或数学知识强加于《周易》，但《周易》中的数学知识却不能被简单地否定。郭沫若的二重论断彻底揭开了八卦的神秘外衣，这一说法不仅得到了人类考古学的证明，也为许多易学研究者所认同，是以科学的态度研究《周易》的著名论断。在《〈周易〉之制作时代》中，他又根据一些发现和心得，果断得出“八卦是既成文字的诱导物”的结论。

（三）阐述了易经易传中的辩证观

郭沫若在《〈周易〉时代的社会生活》一文中，较为详尽地分析了《易经》《易传》中朴素的辩证观。他认为从《易经》中可以找出不少相互对立的文字和概念，如吉凶、祸福、远近、出入、进退、往来、上下、得丧、存亡、生死、泰否、损益等，是阴阳爻矛盾在具体条件下的表现。八卦中的乾、坤、震、巽、坎、离、艮、兑等象征着天地、风雷、水火、山泽，是四对对立的事物，八卦相重而为六十四卦，由此出发，演绎出大千世界的图式，表示矛盾组成了世界。《周易》中也有人们总结出来的“小往大来，大往小来，无平不陂，无往不复”等观点，事物的运动升降、往来、平陂、分合、成毁是矛盾的运动，矛盾是运动的根据。“辩证法就是要认出事物的内在矛盾。”这些都是古代人从生活经验中总结出来的辩证观，是《易经》作者从自然现象中观察得出的。

“天地睽而其事通，男女睽而其志通，万物睽而其事类也。”（《睽卦·彖辞》）“天地革而四时成。”（《革卦·彖辞》）“日中则昃，月盈则食，天地盈虚，与时消息。”(《丰卦·彖辞》) 等。郭沫若说这种辩证法观念是“于事物中看出矛盾，于矛盾中看出变化，于变化看出整个的世界”。郭沫若通过《周易》阐发辩证法的活泼的思辨精神，说明世界是一个盛衰变动的有联系的整体，世界整体又是建立在矛盾运动上面的。

在分析《易经》的基础上，郭沫若进一步分析了辩证观在《易传》中的展开情况：辩证的宇宙观；辩证观的转化；折中主义的伦理；《大学》《中庸》与《易传》的参证。郭沫若的这一分析是极具创新特色的。

尽管我们不能说《周易》《易传》的作者心目中就有唯物辩证法，但在其中所包含的朴素的辩证观是不能否定的。《周易》在“仰则观象于天，俯则观法于地，观鸟兽之文与地之宜，近取诸身，远取诸物”(《系辞下》) 的活动中获得了自然界原本存在的辩证法认识。关于辩证法的特征，郭沫若作了阐释：①自然界中一切都是进展着的，一切的万事万物都有发生、成长、死亡；辩证法就是要在动态中观察事物。②事物运动有升有降，有平有陂，有成有毁，运动的成因是对立矛盾的变化，辩证法就是要认出事物内在的矛盾。③万事万物是整个相关联的，辩证法就要在这整个性上去观察事物。郭沫若把《周易》辩证观念的思维定式归纳为三点：第一，“天下同归而殊途，一致而百虑。”第二，“阴疑于阳必战。”第三，“刚柔相推而生变化。”就是说，《周易》蕴含对立统一、矛盾斗争、转化运动观念。而这也更是此前易学研究者所无法企及的。

三、 郭沫若易学研究的方法与特点

郭沫若研易的方法独特，与前人不同，值得总结和借鉴。主要表现在：

(一) 辩证法和历史唯物主义理论

这是郭沫若易学研究的科学方法之一。郭沫若在评价自己的研究时说：“是‘用科学的历史观点研究和解释历史’的草创时期的东西。”正是用科学的方法作为指导思想看待和研究《周易》中的一些问题，才使他的研究成果令人信服，如男根女阴说。《周易》非一时一地一人所作及其对《周易》时代的社会生活和社会结构的分析。通过唯物主义的历史分析，使人们对《易经》时代的社会形态、生产生活状况及上层建筑情况有了较为深刻的认识。这也是我们在今后的易学研究中应当借鉴和吸收的思想精华。

也正是运用了科学的历史观，郭沫若才开辟了新的研究角度，取得了科学的结论。这一点再一次说明唯物史观的科学方法是我们进行研究时所必须遵循的方法。

(二) 经传分治的方法

郭沫若在研究中还贯彻了经传分治的思想，这使他的研究更为清楚和科学。比如在对《周易》进行社会分析时，他指出：“让《易经》自己来讲《易经》，揭去后人所加上的一切神秘的衣裳，我们可以看出那是怎样的一个原始人在作裸体跳

舞。”“《易经》的卦名次第，那简单的程度也不过如像杜鹃的叫声一样。……我们可以说《易传》的观念是传《易》人自己的观念，他以自己的观念输入那卦序里面……”他明确地认识到了经、传是不同的，他们代表了各自不同的社会背景和思想，以传解经是靠不住的。

经传分治的观点是很了不起的，只有经传分治，我们才能更清楚地认识经传的性质，才能进行更科学的研究，这是我们在易学研究中应当坚持和遵守的方法。时至今日，仍有不少学者将经传合治，这使易学中许多本来很简单的问题变得更加复杂起来，这应当引起我们的高度重视。

（三）科学治易方法——去其卜筮成分而取其哲学内核

在《〈周易〉的制作时代》一文中，郭沫若认为《易传》主要出自荀子门徒，并注意到了《易传》思想的复杂性。他指出作《易传》的人是无法确定的，但那些作者和馯臂子弓不同的地方是存心利用卜筮以掩盖自己的思想色彩。并提出研究《易传》，应该抛撇卜筮的成分，而专摀取它的思想精华，为以后的《易传》研究指明了道路。现代的易学研究中的一些观点与郭沫若的看法是一致的，如李镜池认为：“‘传’虽然是解‘经’的，但作者们从卦画和卦爻辞分析综合、引申发挥，研究宇宙问题和人生问题……很清楚，《易传》是哲学书。”（李镜池《周易探源·周易筮辞考》第154页）朱伯崑的《易学哲学史》也指出：“同《易经》相比，《易传》的显著特点是将古代的卜筮之书哲理化。”

他把《周易》与古代社会联系起来，作为古代社会的反映、作为时代大变革的产物，同时努力挖掘《周易》辩证法的精髓、剔除其中的糟粕。他揭示了这样一个道理，即使在马克思主义的辩证唯物主义传入中国以后，我们传统的历史文本《周易》也仍然是有其重要价值的，这种研究可以揭示我们民族思想的丰富性、我们思维的特点，通过这种研究，又可以丰富我们对辩证法的认识。所以郭沫若对《易》的认识，于我们研究中国易学与史学关系、研究易学在近代学术文化史上的地位，是十分重要的。

四、郭沫若《周易》社会史研究

郭沫若的易学研究，是作为他的中国古代社会历史研究的组成部分之一而出现的。其历史学名著《中国古代社会研究》，就是中国学者首次使用马克思主义的辩证法和历史唯物主义等理论与方法，对中国古代社会历史重新进行审视的一个结晶。首先就是从“文籍考订”入手，打开“层累地造成”的《周易》这座神秘殿堂，其第一篇《周易的时代背景与精神生产》（后定名为《〈周易〉时代的社会生活》），“让《易经》自己来讲《易经》”。因此，郭沫若成为用《周易》打开认识“古代真实”大门的第一人。

（一）《周易》是中国古代社会大变革的产物

郭沫若认为，《周易》之所以能够反映中国古代社会历史，首先就是因为它是中国古代社会大变革的产物之一。郭氏在《中国古代社会研究》一书出版前，于1928年就提出自己的看法，说："《易经》是由原始公社制变为奴隶制的产物。第一个变革在殷周之际完成，第二个变革的完成，是在东周以后。"这一看法后来有了变化，郭沫若在1935年3月写《〈周易〉之制作时代》一文中，对《周易》的作者及其时代，"算给予了一个通盘的检定。"论写《易经》的作者是楚人馯臂子弓，《易传》的作者情况不一样，其写作时间在《易经》以后，《易传》的作者不一样，郭沫若对此作出了具体的分析。1944年，他回顾自己的研究，还是肯定了自己过去的见解。1954年，他在为《中国古代社会研究》新版写的补注中再次申述自己的看法。1966年，郭沫若在给李镜池的信中说：

看来《易》之制作是由长期积累所成，其中有西周时代的原始资料，但也有春秋时代的资料。原始资料积累得多些，故显得很古。孔子读《易》的传说是有问题的。《周易》的完成应当在春秋末年或战国初年。

这封信发表在1979年，可说是他晚年的看法。郭沫若前后看法有变化，但各种见解有相通的方面。概括起来说，《周易》的制作是经过一个相当长的历史时期，最初完成在春秋末或战国初年，这正是中国古代社会的"礼崩乐坏"社会大变动的时期。尽管郭沫若的看法前后不同，有些看法也还要讨论，但他的思路给人以启迪。正如他在检点《周易》研究时说的那句话："在思想分析上无甚错误，只是时代的看法须改正。"

最初他提出从《周易》中发现出古代社会的两个变革时期，后来他的见解变化了，集中在春秋、战国的大变革中讨论《周易》的问题。把《周易》作为一部反映时代特征的作品来研究，按照这条思路分析《周易》，《周易》的产生和大变动的历史背景确切地联系在一起。

天地革而四时成，汤武革命，顺乎天应乎人。(《革卦·彖辞》)

日中则昃，月盈则虚，与时消息，而况于人乎，况于鬼神乎。(《丰卦·彖辞》)

是故君子安而不忘危，存而不忘亡，治而不忘乱，是以身安而国家可保也。(《系辞下》)

《易传》的十翼即《彖上》《彖下》《象上》《象下》《文言》《系辞上》《系辞下》《说卦》《序卦》《杂卦》，这七个部分形成的时间不一样，但都反映大变革的时代特点。《易传》多出自荀门，《说卦》《序卦》《杂卦》应该是秦以前的作品。《彖》《系辞》《文言》三种为荀子门徒在秦统治时期写成的。《象》在《彖》之后，由另一派人写出来的。从战国到秦，这是一个历史大变动的时期，大变革的历史孕

育出这样的著作。

因此，《易经》《易传》的思想反映了这个时代的特征是可以理解的。郭沫若说："从《易》的纯粹思想上来说，它之强调着变化而透辟地采取着辩证的思维方式，在中国思想史上的确是一大进步。"而《系辞》把神、天、道当成一体，体现战国时期变动中儒、道、墨派鼎立又互相渗透的特点。

（二）《周易》反映了古代社会生活

郭氏《〈周易〉时代的社会生活》全面阐述了《易经》时代的社会生活。他认为，"《周易》的六十四卦、三百八十四爻，卦有卦辞，爻有爻辞，合《乾》卦的'用九'，《坤》卦的'用六'，一共有四百五十项文句。这些文句除强半是极其抽象、极简单的观念文字之外，大抵是一些现实社会的生活。这些生活在当时一定是现存着的。所以如果把这些表示现实生活的文句分门别类地划分出它们的主从，我们可以得到当时的一个社会生活的状况和一切精神生产的模型。让《易经》自己来讲《易经》，揭去后人所加上的一切神秘的衣裳，我们可以看出那是怎样的一个原始人在作裸体跳舞。"正是以这样的历史眼光，郭沫若揭示出《周易》反映的中国古代的各个层面，从而为人们认识中国古代社会提供了可能。

郭沫若以新的理论方法，从社会史的角度入手，通过对中国古代文献、典籍的阐释，对《周易》的价值重新进行估定，《周易》作为古代社会的文化成果，全面反映了那个时代的社会历史面貌，中国古代社会生活内容的各个方面都可以在其中找到线索。他是把《周易》作为古代中国社会的全面反映，从经济生产到社会结构、再到精神生产，也就是从经济基础、上层建筑与意识形态三个方面，而不只是当作一些古史材料、古史影子来看待，进而透视出中国上古历史的进程与特点。

郭沫若由《序卦传》一段文字，总结出《序卦传》作者的进化观念，这对我们很有启发。《序卦传》说："有天地然后有万物。有万物然后有男女，有男女然后有夫妇，有夫妇然后有父子，有父子然后有君臣，有君臣然后上下，有上下然后礼仪有所错。"郭沫若指出："上文叙述人类社会的进化。人类社会的进化就是由这样相反相成的两极对立物先先后后产生出来的。在母系社会，只有夫妇，没有父子关系；在父系社会，国家未成立以前，只有父子，没有君臣的关系。所以国家是逐渐产生出来的，礼仪也是逐渐产生出来的。"

关于古代社会生活的基础包括有：渔猎、牧畜、商旅（交通）、耕种、工艺（器用）等。这里可以举一些例子作一说明。如屯卦的"六三"爻辞"即鹿无虞，惟入于林中"等内容，可以看出古代渔猎生活的状况。他对爻辞中"黄金"一词作出解说，认为这是处在铜器时代的反映。《无妄卦·六三爻辞》"无妄之灾。或系之牛，行人之得，邑人之灾"等，反映出古代社会牧畜的状况。《旅卦·六二爻辞》"旅即次，怀其资，得童仆"，《震卦·六二爻辞》"亿丧贝"等内容，探索了古代社会商旅的起源，原始货贝的情形，又从一些爻辞中分析当时交通工具的情形。其他对古代社会生活的各个层面都有这样的特点。

比如在“渔猎”部分，引述噬嗑卦九四爻辞“噬干胏，得金矢”、六五爻辞“噬乾肉，得黄金”等辞例。郭沫若根据这些辞例判断：“肉中得矢当然是从畋猎得来，黄金当即金矢，此处所谓金即是铜。铁的发现一般在铜后，全经中并无铁字。”而后又引《剥卦·六五爻辞》《大畜卦·九三爻辞》等，指出：“象这样可以列于渔猎一项的文句最多，然猎者每言王公出马，而猎具又用着良马之类，所猎多系禽鱼狐鹿，绝少猛兽，可知渔猎已成游乐化，而牧畜已久经发明。惟此有可注意之事项：猎具系弓矢，矢是黄色的金属，当时还是铜器时代。无网罟之类的文字，这与后列耕植一项相印证，疑是桑麻之业尚未发达的缘故。《大壮卦·九三》“小人用壮，君子用罔”的“罔”字可训作“网”，此条存疑。”由一些字眼和词语之有无，来判断当时所处的时代与环境等，有分析，有断制，真可谓目光如炬，独得确释，这些史学识见是前人读易鲜能道其内涵者。

再比如在“商旅”（交通）部分，引述了《旅卦·六二》《九三爻辞》及《震卦·六二爻辞》“亿丧贝”后，指出：“亿同《论语》‘亿则屡中’。”这些当然是商贾的起源，从这些文句中可以得到几个注意：①当时的商贾还多是行商；②童仆是商品之一种，当然是人身买卖；③资贝是当时的货币，资字亦从贝，金属的货币还未产生。又云：“商贾既是行商，那交通是很重要的，交通的工具是用马牛车舆。例如‘乘马班如’（《屯》），‘大车以载有攸往’（《大有》九二），‘见舆曳，其牛掣’（《睽》六三）之类，但奇异的是没有舟楫的文字。经文中‘涉大川’字样或利或不利凡十二见，这可见涉的重要，但涉的工具没有一处说及，而从反面来说：‘包荒，用冯河。’（《泰》九二）‘过涉，灭顶，凶。’（《大过》上六）‘曳其轮，濡其尾。’（《既济》初九）‘濡其首，厉。’（《既济》上六）这是证明涉不用舟楫，好像是全凭游泳，或用葫芦（包荒）或用牛车。由此我们可以揣想到舟楫在当时尚未发明——至少是尚未发达——所以涉川的事才看得那么重要。”同样也是这样的路数和眼光。虽然由字词语句判断当时的社会状况和时代背景有些危险——说有易，说无难——但这种读易的独特角度和犀利眼光，是一般读易人所不具有的，因此也是颇具开创意义的。

当然，郭沫若在分析古代社会的结构时，一个重要的方面，不是简单地从一些爻辞中作出说明。他还进一步分析出“先史民族进化阶段”有原始、蒙昧两个大阶段，每一个阶段又有上段、中段与下段。另一点是他更进而透视古代社会的家族关系、政治组织。在论述行政事项时，实际上是涉及中国古代国家起源、早期国家职能的问题。对《周易》的有关条文进行归纳，论说了古代阶级的结构，认定当时的结构有四种形式：所谓大人、君子是支配阶级，小人、刑人是被支配阶级。

比如在“工艺”（器用）部分，印证辞例分别说明了宫室、服饰和器用情况后，由物而论及社会结构状况：“象以上所述关于宫室、衣履、器用有不少的名物，然

而在全部的经文中找不出一处关于工艺的字样来。我们在这儿所得出的推论是:(一)人类还在自给时代,工艺是人人所必为,还未成为独立的生活手段。(二)这些工艺是让奴隶童仆专攻,不为君子(当时的贵族)所挂齿。我看这两个推论是并行不悖的。”

再如,在“政治组织”一节中,郭氏印证大量辞例,分别说明了天子、王公——大君——国君、侯、武人——师、臣官、史巫等项之后,指出:“以上是当时的政治上的位阶,国家的雏形是约略具备了,但是我们要知道那仅是雏形,那和氏族社会相隔并不甚远。所谓‘王假有家’‘王假有庙’(《萃》象辞),这是表明王的职掌是管家政和祭祀的。所谓‘利建侯行师’‘康侯用锡马蕃庶’,这是表明侯的职掌是管军政和战争的。所谓‘不事王侯,高尚其志’,王侯的连文正表明王与侯的对立。而且侯是临时设置,因为在经文五处侯字之中三处都称‘建侯’。这样的关系正刚刚表明王是酋长而侯是军长。我们中国古时候的所谓国,其实仅仅是一个大宗或小宗,所以动辄便称万国万邦。《易经》中的所谓国,当然也不外是这样了。所谓王所谓侯不外是些大宗或小宗的酋长、军长,所谓天子所谓帝当然也不外是一个大族的最高头目……”以小见大,见微知著,这是一个学者应有的学术品质。郭沫若于此有之矣。

通过《周易》的内容,郭沫若吸收时人研究的成果,对古代风习作出了论述。顾颉刚在《周易卦爻辞中的故事》一文中把甲骨和《周易》互证,又结合《诗经·大明》篇,考定“帝乙归妹”这件事是《诗经》“文王迎亲”的事,郭沫若进而透视出在《易经》中没有群婚的遗习,但对偶婚的痕迹则俨然存在。残存母系制度外,当时家族制度确是存在的。

另外,通过《周易》研究,郭沫若凭借文学家的敏锐思维看得更深、更仔细,分析出生活风俗和道德风习的状况。如他据《周易》中《中孚》之“鸣鹤在阴,其子和之。我有好爵,吾与尔靡之”则被他看作是“一首有趣的恋歌”。而归妹卦上六爻辞“女承筐,无实。士刲羊,无血”,在他眼中则是“一幅优美的图画”,“我觉得这是牧场上一对年青的牧羊人夫妇在剪羊毛的情形,刲字怕是剪剔之类的意思,所以才会无血。(古人训作刺字,实在讲不通。)剪下的羊毛,女人用竹筐来承受着,是虚松的,所以才说无实。我想我这种解释是合乎正轨的。那末我们看,这是多么一幅优美的图画呢!假使你画出一片碧绿的草原,草原上你画出一群雪白的羊,在那前景的一端你画出一对原始人的年青夫妇,很和睦地一位剪着羊毛,一位承着篮子。这怕会比米勒的‘牧羊少女’还要有风致罢?这首诗虽然很简单,但就是这样一个白描的世界。”

郭沫若的《周易》古史研究较之古史辨派则更胜一筹,他揭示了史料背后所隐藏的当时社会的经济基础、政治制度和社会思想,迈向了“考古证史”一派的领域,从而对《易经》有了较为深刻的认识。郭沫若本着“让《易经》自己来讲

《易经》”的原则，从卦爻辞出发，从生活基础（渔猎、畜牧、商旅、耕种、工艺等五方面）、社会的结构（家族关系、政治组织、行政事项、阶级等四方面）、精神的生产（宗教、艺术、思想等三方面）等角度，条分缕析，系统阐述了《周易》时代的社会生活，揭示出《周易》所反映的中国古代社会的各个层面，为人们认识古代中国提供了新的门径，并突破了以往徘徊于象数、义理的老路，也不同于仅作文字上的解释，更不同于以传解经的做法，使易学研究深入到了古代思想文化的层面，使传统的经学研究一变而为社会的、文化的、思想的研究，使后人的易学研究有了更为广阔的视野。

由此，我们可以看出，郭沫若审视《周易》不是停留在《周易》表面的文字上，从《周易》的卦、爻辞上找到一些历史故事、传说，发现古代历史的影子，也不仅仅是从《周易》内容中说明古代社会的生活现象。他是以《周易》内容思考古代社会生活状况和“一切精神生产的模型”。从社会形态上、从基础到上层建筑、意识形态认识中国古代历史。郭沫若以全新的观点解易，在中国古代史的研究是一个重大的贡献，对中国易学的发展也做出了贡献。有的人把近代易学分成注释派、考证派、论述派和创新派，无可怀疑，郭沫若的易学研究为他的古史探索开辟出一条途径。

第二节　闻一多的《周易》社会史研究

郭沫若和与其几乎同时代的闻一多都是中国近现代史上的著名诗人学者、通才大家。他们也都涉及《周易》研究，而且路数颇为接近，都属于《周易》研究的现代易学范畴，他们的《周易》研究既存在密切关系，又有着鲜明的区别。

闻一多在研究先秦文化和甲骨文字的过程中，形成了对中国古代历史认识的主要观念。他多次强调古代“巫史一体”“卜史不分”，这是他能够在传统的“史事宗易学”基础上，从《周易》来继续研究古代历史的一个基础。闻一多在治学方法上主要接受了乾嘉考据学影响，同时也受到了章学诚“六经皆史”学术思想的熏染，而郭沫若研究《周易》早于闻一多，其研究理路、研究观点和研究方法，特别是郭沫若以《周易》为证而探索中国古代社会的学术范式，即现代“以《易》证史”的典范，对闻一多《周易》研究造成影响则是不容忽视的事实。实际上，闻一多在《周易新论》中，将郭沫若的《周易的构成时代》列为主要参考书，直接参考了郭沫若的《〈周易〉时代的社会生活》和《〈周易〉之制作时代》的观点，但以其开创性的研究与郭沫若同列于现代易学名家之列。

因此，闻一多的《周易》史学研究已经不属于传统史事派，而更接近郭沫若的研究路径。相比而论，闻一多的《周易》研究比郭沫若的中国古代社会研究更具有现代社会史研究的某些特性，其社会史史料编纂的成果为后世社会史研究奠定了坚

实的基础，并指明了学科发展努力方向。这也是我们将两个学者的易学研究放在一章中加以叙述的缘由所在。

一、 闻一多生平与学术成就

闻一多（1899—1946），原名闻家骅，后改名多，字友三，亦字友山，“五四”以后再改名一多。湖北黄冈蕲水（今浠水县）人，著名学者，新月派代表诗人，中国现代伟大的爱国主义者，坚定的民主战士，中国民主同盟早期领导人。

闻一多出身于一个书香家庭，家学渊源，自幼爱好古典诗词和美术。1912 年以复试鄂籍第一名考入北京清华留美预备学校（清华大学前身），在清华度过了十年学子生涯。其间，他学习刻苦，成绩优异，兴趣广泛，喜读中国古代诗集、诗话、史书、笔记等。1922 年 7 月，他赴美国留学，先后在芝加哥美术学院、珂泉科罗拉多大学和纽约艺术学院进行学习。1925 年 5 月回国后，先后任教于北京艺术专科学校、第四中山大学、武汉大学、青岛大学、政治大学，曾任北京艺术专科学校教务长、南京第四中山大学外文系主任、武汉大学文学院院长、青岛大学文学院院长。1932 年秋，他回到母校清华大学任中国文学系教授，从事中国古典文学的研究。1937 年抗战爆发后，清华、北大、南开三所大学迁往湖南组成长沙临时大学，他到临大任教。1943 年以后，闻一多积极投身于反对国民党政权的独裁统治、争取人民民主的斗争的洪流。1946 年 7 月 11 日，民盟中央委员李公朴惨遭暗杀，闻一多的处境十分危险，但他置生死于度外。7 月 15 日，他义无反顾地前往参加李公朴先生的追悼会，面对国民党特务，他拍案而起，慷慨激昂地发表了著名的《最后一次的讲演》。追悼会后，又出席了民盟在《民主周刊》社为李公朴被暗杀事件举行的记者招待会。当天下午在回家途中即遭到国民党特务杀害，时年不满 48 周岁。

闻一多是近现代中西文化大交汇、大碰撞中成长起来的一位学贯中西、博古通今的大家，他首先以独具特色的诗作闻名于世，代表作诗集有《红烛》《死水》等。其次，他更是一个潜心研究古典学问的大学者。从武汉大学开始，闻一多开始致力于中国古代文学研究。学术著作有《神话与诗》《唐诗杂论》《古典新义》《楚辞校补》等。他从唐诗开始，继而上溯，由汉魏六朝诗到《楚辞》《诗经》，由《庄子》而《周易》，由古代神话而史前文学，同时对古文字学、音韵学、民俗学也下了惊人的功夫，涉猎之广，研究之深，成果之丰，郭沫若叹其“不仅是前无古人，恐怕还要后无来者的”。

二、 闻一多易学研究成果

从闻一多的生平经历来看，其《周易》研究工作大约是 1932 年 8 月他到清华大学做教授以后开始的。当时，闻一多在经历南京中央大学、武汉大学、青岛大学人事纠纷之后，来到自己的母校，决定“向内转”，即不再担任行政职务，潜心治学。当时的清华大学中文系有朱自清、俞平伯、陈寅恪、杨树达、刘文典等名家学者，而闻一多以新派诗人的姿态跻身于这些著名教授行列，其学术路径自然要向中国主体学术——史学、文学上面靠拢，而要研究史学、文学，就不得不一方面继承乾嘉以来考据学的传统，另一方面及时吸收运用社会学、符号学、解释学等西方理论与方法。这时候，闻一多少年时代良好的家庭教育，与后来的留美西洋教育之完美结合，知识结构的传统与现代相融，方法论的古典与西洋联袂，必然要造就一代新型的学术大师。

闻一多一向以治学执着、勤奋闻名。1937 年 10 月，由于日寇侵华，清华大学、北京大学、南开大学在长沙组成临时大学，闻一多继续《周易》研究工作。冯友兰曾回忆说：“清华在南岳麓山的校舍只建成了很小一部分……大家都展开工作。汤用彤写他的中国佛教史，闻一多摆开一案子的书，考订《周易》。学术气氛非常浓厚。”当时，闻一多常与汤用彤讨论《周易》。后来，学校迁至昆明，1939 年暑期在晋宁休假，闻一多继续批阅此书。他发现《周易》许多内容实为上古社会史史料。1942 年还曾为学生们讲授过《周易》研究的课程。由于常年专心研究《周易》等古典学问，闻一多总不下楼，被同事教授们戏称为“何妨一下楼主人”。

可以说闻一多《周易》研究的准备工作开始于清华，《周易》社会史史料学研究进行于西南联大，《周易》研究伴随了他的后半生。可惜的是，目前我们看到的闻一多《周易》研究六种成果，似乎都是未完稿。他关于《周易》研究的理想还未实现，便于 1944 年被特务枪杀了。

经过整理，闻一多《周易》研究的成果很多，计有《周易义证类纂》《周易新论》《周易杂记》《周易字谱》《周易分韵引得》《易林琼枝》等六种。依内容不同，大致可以分为三类。第一类《周易义证类纂》《周易杂记》是关于《周易》的社会史史料研究，是闻一多《周易》研究成果的核心部分。第二类，《周易新论》《周易字谱》《周易分韵引得》，这三种都是为研究《周易》社会史史料做准备的。《周易新论》是理论方法上的准备，后两种是文字音韵训诂方面的资料准备。第三类，《易林琼枝》，是研究《易林》诗学的。

关于《周易义证类纂》《周易杂记》，我们下面详谈。

《周易新论》也是闻氏一部重要的易学著作，集中反映了他对易学史、易学体系的理论与观点。内容包括：（一）传说中的《周易》作者；（二）伏羲与八卦；（三）何谓“周易”；（四）孔子与《易》；（五）《周易》的成长：①卦爻，②卦爻辞，③说卦、序卦、杂卦；（六）数卜与字卜；（七）“易学”之兴起（象、系辞、彖、文言）；（八）易学的流变——经学与纬学。附录：《周易》版本考略，古籍论《易》，古籍引《易》，古籍引《易传》，古籍引逸《易传》文，古籍中类似《易传》之语，《周易》与《太玄》，汉人用“卦”字为动词，参考书目。这实际就是闻一

多为研究《周易》社会史所作的“说明背景”的工作。

在其中，多有一些具体问题的考证。比如关于卦画的起源与卦名关系的问题，闻一多接受了郭沫若之说，亦认为先有卦名，由卦名的文字诱导而产生出卦画。不同处是，郭沫若仅仅认为八卦的卦画是文字所诱导而出，闻一多则进一步认为八卦之外的另五十六卦的大部分卦画都是其“字形的便化和诱导物”；再如，关于《易经》的构成时代，闻一多说：“卦辞、爻辞是周代史官长时期占辞的积薪式的记录。”“约始于殷周之际，止于西周。”再如对于孔子与《易》的关系，指出孔子见到《易》必然会发生兴趣而似未以教人，当然也就对孔子作《十翼》之说表示了怀疑。对于《十翼》易传的先后顺序，认为最先出现的是《说卦传》《序卦传》《杂卦传》，因为《周易》本占筮之书，这三篇多关系占验方法，初学者须以此为参考，所以这三篇的产生时期不能太后于卦爻辞；至于《彖传》《象传》《系辞传》《文言》，闻一多将之归入“‘易学’之兴起”，严格说已经是属于“易学”范畴了，等等。

《周易字谱》《周易分韵引得》两部著作，前者是把《周易》用字按古韵23部的排列，后者是把《周易》相关的句子排列在古韵23部中，实际是《周易》词汇资料的分韵长编。而《周易分韵引得》又是《周易》语句的分韵索引。闻一多研究《诗经》曾想编一部《诗经辞典》，以作文学研究的基础。这两项成果，就是闻一多为着词汇的声训，为着资料的拣选，为着比较的进行，而为自己编的分韵资料库。

关于闻一多研究《周易》社会史史料学的方法，虽然更多的是从名物训诂角度对《周易》经卦爻辞和易传作出新解，但总体上他还是建立了自己的易学体系。他在《周易新论》中批评刘师培循拉克伯里对《周易》解释的“语汇说”时认为：“语汇说之批评原则甚是（别详）。应用之范围与方法大有问题。只可解释卦爻辞之一部分。”接下来，闻一多提出了一系列原则，反映了他的研究方法：“解释一字时当顾及全句文义”“释字义当有卜辞、金文或先秦古籍的证例，《说文》以下之训诂尤当慎审用之”“释句义当于古代礼俗有证”。这既是对刘师培的批评，也是对自己研究提出的课题。在闻一多的著作中，我们常见到“社会学”“民俗学”“符号学”“人类学”“美学”“语义学”“解释学”一类的学科概念，这每一种“学”，其中都包含着精辟深邃的学理与方法。可是，在闻一多的著作里，我们不大见先引一段古人怎么说或西方人怎么说，再发表自己意见的两张皮的行文方式。他是把这些深刻的学理融化在脑髓中，化为一种境界，体现在出手不凡的实践中、成果中。

闻一多的《周易》社会史史料研究成果与方法论，是中国学术史和周易研究史上宝贵的遗产，值得后人学习和敬仰！

三、闻一多《周易》社会史研究

中国有着两千多年的史学传统，有着汗牛充栋的纪传体、编年体、纪事本末体、典制体等历史文献。但是，凡读过古代历史著作的都有这样的体会：留下的正史系统，就是一部帝王将相的家谱和系传。而有关经济、民生、婚姻、家庭等的社会内容却很少看到。显然，这是传统史学在内容上的巨大局限性。那么，“社会史”史学应包括哪些内容呢？这是当时社会史论战中没有多少人真正关注的。闻一多的这一研究无疑具有学术前瞻性：“社会史研究的社会现象，是最常见、最大量、最生动、最富变化、最具人情”的那一部分，“侧重于社会下层的社会生活部分及一些基础制度部分”。虽然“社会史”研究的对象和内容至今仍是一个见仁见智的问题，但是它的广泛性、科学性以及真正的学术意义，无疑是远远超过传统史学的。闻一多的《周易》社会史研究，在尚无社会史框架和体系可供借鉴的情况下，无疑具有提供《周易》社会史结构框架和社会史内容的双重作用。

在20世纪初期社会史大论战中所讨论的一些问题，比如：“中国社会历史是否经过奴隶制阶段问题”的研究，就直接涉及上古史史料问题。所以闻一多《周易》社会史研究，从总体上说是为着研究中国古代社会背景出发的，也正适应了中国现代史学建设的急需。闻一多认为，“掌握正确的科学的历史观点非常必要，这是先决问题。但有了正确的历史观点，假使没有丰富的正确的材料，材料的时代性不明确，那也得不出正确的结论。关于中国古代社会的史料苦于不多，而这苦于不多的史料却又苦于包含着很多困难的问题，这就限制了我们所能获得的应有的成果。”闻一多的《周易》研究，正是在做科学的中国古代社会史史料学的搜集与整理的工作。

闻一多对《周易》社会史史料学研究下了惊人的功夫。在《周易义证类纂》引言中宣称：“以钩稽古代社会史料之目的解《周易》，不主象数，不涉义理，计可补苴旧注者百数十事。”不仅强调了此书社会史史料的内容范畴，而且也指出了对这些资料进行整理、分类的方法与路径。

闻一多在《周易义证类纂》中把社会史史料分为4大类21小类。第一，有关经济事类，包括：①器用；②服饰；③车驾；④田猎；⑤牧畜；⑥农业（雨量附）；⑦行旅。第二，有关社会事类，包括：①婚姻；②家庭；③宗族；④封建；⑤聘问；⑥争讼；⑦刑法；⑧征伐（方国附）；⑨迁邑。第三，有关心灵事类。包括：①妖祥；②占候；③祭祀；④乐舞；⑤道德观念。第四，余录。“余录”一项是不便于归入以上三类的内容。闻一多自注说：“以下无类可入者如（若）干条，亦足补充旧注，今并录之务参览焉。”

闻一多所谓四大类，其核心实际是“经济事类”“社会事类”“心灵事类”三大类。大类之下的小类是该类的具体方面，也是《周易》本身固有的内容。这样，便构成了“中国古代社会史”3大类（经济、社会、心灵）21小类（器用、服饰、车马、田猎、牧畜、农业、行旅等）的三级体系，形成了“中国上古社会史”学科意义上的基本结构、基本内容、基本体系。这是闻一多借《周易》社会学的研究对

中国古代社会史研究的重要贡献。这个结构展示的是商周之际社会的整体性。这种历史整体性是通过采用社会史研究途径与角度才获得的。

闻一多《周易义证类纂》所构拟的社会史史料内容非常丰富，共分4大类，21小类，118条，基本上反映了殷周之际到西周时期人们社会生活的历史面貌。他主要采取了汉学的名物训诂方法，以传统小学的音韵学、训诂学、文字学方法解读和诠释所钩稽出的卦爻辞，力求关键字词的原始本义，特别在考释过程中常证以甲骨卜辞和金文字形字义，更能见出《易经》中字词的原始意义。

第一类，“有关经济事类”，也就是人们的经济生活史史料。经济生活是人们的根本生活，是社会发展的基础。我们以“器用”“车驾”“农业（雨量）”三类为例。

“器用”指食器、农器、兵器等日用物品。《周易》泰卦九二有：“包荒用冯河不遐遗”句，历来众说纷纭。闻一多释“包”为“匏”的借字。姤卦九五“以杞包瓜”，《经典释文》引《子夏传》和正义并作“匏瓜”为证。从而认为“包荒”是“匏瓜”之转语。“匏瓜”就是今天所说的大葫芦，既指这种植物，也指这种植物的果实。“冯”是徒步涉河。“不遐”，不至。“遗”是“隤”的借字，意思是坠溺。“包荒用冯河不遐遗”，当读为“包荒，用冯河，不遐遗”，是说大葫芦可以用来渡河，不会沉溺水中。于是举了《诗·匏有苦叶》曰：“匏有苦叶，济有深涉”。《国语·鲁语》下曰：“叔向……曰：‘夫苦匏不材，于人共（供）济而已，鲁叔孙赋《匏有苦叶》，必将涉矣。”《说文》“匏”“瓠”互训，故又或言“瓠”。《庄子·逍遥游》曰：“今子有五石之瓠，何不虑（络）以为大樽而浮于江湖？”字亦写作“壶”。《淮南子·说林篇》曰：“尝抱壶而渡水者，抱而蒙火，可谓不知类矣。”《鹖冠子·学问》曰：“中流失船，一壶千金。”（《刘子·随时篇》作“瓠”），崔豹《古今注·音乐》曰：“有一白首狂夫，披发提壶，乱流而渡”为证，说明上古这种葫芦用作渡河的漂浮器的事实。

“车驾”泛指古代车上的用品、包装饰品。《周易》革卦九五有“大人虎变”，上六有“君子豹变”。闻一多认为“䜌”与“变”是古今字，而“䜌”与“㒼”古字通。《牧簋》《塱盨》中的“朱虢”在《毛公鼎》作“朱㒼”，由此推知“㒼”与“虢”同义。而“虢”经传作“鞹”，如《诗经·齐风·载驱》“簟笰朱鞹”，就是金文的“朱虢”。“变”与“㒼”同，“虢”与“鞹”同，那么，“虎变”“豹变”就是“虎鞹”“豹鞹”的意思。这是第一层。第二层，新出土《熹平石经》中革卦九五“大人虎变”，上六“君子豹变”，“变”作“辩”，而“辩”又通“辬”，《说文·文部》：“辬，驳文也。”也就是杂色的花文。《广韵》“辬”同“斑”。《文选·上林赋》：“被斑文。”李善注：“斑文，虎豹之皮也。”《七启》：“拉虎摧斑。”李善注：“斑，虎文也。”虎豹的花文，字也作“斑”。春秋楚国“斗谷于菟”字“子斑”。“于菟”就是楚国方言“老虎”的意思。《汉书·叙传》说：“楚人谓虎文斑。”金文文献的异文，传世文献的通假，都证明“大人虎变”就是《礼记·玉藻》说的国君车上的虎皮装饰，“君子豹变”就是大夫士（上士）车上的豹皮装饰。

《革卦·上六》有“小人革面”。闻一多经过复杂的考证认为，“面”通“鞔”。《说文》无“鞔”字。玄应《一切经音义》引《仓颉篇》：“鞔，覆也。”“革鞔”就是车上覆盖的革制的装饰品。这里的“小人”指下士。“小人革面”就是下士车上的革制的装饰品。从国君到下士，车上都用虎皮、豹皮、革做装饰，证明时代距游猎生活不会太远。

“农业”，这里主要说明一下闻一多发现的《周易》中记载的下雨问题。下雨与农业关系极大，因为上古是靠天吃饭的时代。《临卦·六三》有：“甘临无攸利既优之无咎。”闻一多认为，“临”是“瀶”的假字，“瀶”与“霖”同，指久下不停的雨。“甘”是“厭”（今简化为“厌”）的假字。《说文》“厭”从“猒”声，“猒”从“甘”声。《诗·伯兮》：“甘心首疾。”毛传：“甘，厭也。”“厭”的意思是足，足够。于是举了大量的例子说明古代“甘雨”“甘露”都是雨水充足的意思。六三中的“甘霖”是同义词复用，指充足的雨水。雨水充足称为“厌”，雨水过量也称为“厌”。六三“甘临，无攸利”是说雨水过大了，没有好处。闻一多还通过大量的例子说明“优”是“耰”的借字。引《庄子·则阳篇》郭注曰：“耰，锄也。”又以《管子·小匡篇》曰：“深耕、均种、疾耰，先雨芸耨，以待时雨”，《国语·齐语》：“深耕而疾耰之，以待时雨”。说明久雨伤农，但是在下雨之前锄好地，下起雨来也就不足为害了，所以说“既忧（耰）之，无咎”。

另外，《临卦·卦辞》：“临……至于八月有凶。”表示雨水下到八月，有危险。这是黄河流域的气象。又临卦六四有“至临”，六五有“知临”，上六有“敦临”。闻一多通过文字音韵训诂考证，“至”通“蛰”，“蛰”训大，“知”训疾，“敦”训暴。那么，“至临”就是大雨，“知临”就是疾雨，“敦临”就是暴雨。

以上，以大葫芦渡河，以虎皮、豹皮饰车，有大雨、疾雨、暴雨、下得过分的雨，但是如果先锄好了地，雨下得大一点也不足为害……闻一多通过这些内容的研究，构成了上古社会的自然生态环境与原汁原味的生活画卷。

第二类，有关社会事类，也就是人们的社会组织、社会关系。闻一多首先从“婚姻”讲起，由此出发，于是有：家庭、宗族、封建、聘问、争讼、刑法、征伐（方国附）、迁邑等，构成了上古人们立体的动态发展的社会组织和关系。

我们仅举“宗族”中的例子加以说明。在《屯卦·六二》《睽卦·上九》》《贲卦·六四》有“匪寇婚媾”，《屯卦·六四》有“求婚媾”，《震卦·上六》有“婚媾有言”。对“婚媾”一词，旧注一般释为嫁娶。但自梁启超以来，又多释为抢婚、劫掠婚，并认为是远古婚俗的遗留。闻一多引用许多铜器铭文和传世文献中的例子证明“婚媾”即指亲戚。并认为屯卦六四“乘马班如，求婚媾”，说的是驾着四马拉的大车，去求他的亲戚家。《屯卦·六二》《睽卦·上九》《贲卦·六四》中的

“匪寇婚媾”，则说的是不是仇家，是亲戚。如果我们按照劫掠婚去理解，会有很多难以讲通的地方。更何况商周之际是个婚姻颇为自由的时代，何来劫掠婚呢？闻一多的解释发意新颖，使人耳目为之一明，为“婚媾”这个词义、为含有“婚媾”的相关句子定了案，同时对商周婚俗提出了自己独特的认识。

第三类，有关心灵事类，是精神生活方面的内容，有妖祥、占候、祭祀、乐舞、道德观念等几个方面，闻一多也讲得精义纷呈，如乾卦“潜龙”“见龙在田”“或跃在渊”“飞龙在天”“亢龙”“见群龙无首”，闻一多认为都是指“龙星”，也就是东宫苍龙之星等，并证明中国古代占星术产生甚早。

这就是上古社会现象中，“最常见、最大量、最生动、最富变化、最具人情的”的那一部分，“侧重于社会下层的社会生活部分及一些基础制度部分”。

我们从闻一多的这个《周易》社会史体系中，可以看出对郭沫若《中国古代社会研究》的继承与发展。郭沫若《中国古代社会研究》的第一篇就是以《周易》为基本史料考察《周易》时代的社会生活，分为“生活的基础”“社会的结构”和“精神的生产”三个层面进行考察，其中，“生活的基础”包括“渔猎”“牧畜”“商旅（交通）”“耕种”“工艺（器用）”，“社会的结构”包括“家族关系”“政治组织”“行政事项（享祀、战争、赏罚）”“阶级”，“精神的生产”包括“宗教”“艺术”“思想”。闻一多在《周易义证类纂》中按照史料性质分为“经济事类”“社会事类”和“心灵事类”，其中，“经济事类”包括了“器用”“服饰”“车驾”“田猎”“牧畜”“农业”“行旅”；“社会事类”包括了“婚姻”“家庭”“宗族”“封建”“聘问”“争讼”“刑法”“征伐”“迁邑”；“心灵事类”包括了“妖祥”“占候”“祭祀”“乐舞”“道德观念”。两相对照，虽然名称略有差异，但可以看出，闻一多所考察的事项和郭沫若的分类基本上是相对应的，闻一多的“经济事类”对应着郭沫若的“生活的基础”，闻一多的“社会事类”对应着郭沫若的“社会的结构”，闻一多的“心灵事类”对应着郭沫若的“精神的生产”，各大类中的具体小项亦大致相同。

这说明，闻一多《周易》研究基本是遵循着郭沫若所开辟的研究理路而展开。但他举证更为具体、深入和翔实，虽然疏于理论思辨而重在朴学考证，在客观上正好“补苴”了郭沫若的《周易》社会史论体系。在丰富古代社会史料的同时，对《易经》本身的卦爻辞更烛幽洞微，一方面恢复《易经》本来面目，另一方面常发前人之所未发，在分门别类地提供了《易经》时代的社会史料的同时，对《易经》本身的研究也有所推进，从而在易学史上自成一家。

因此，对闻一多的《周易》研究，郭沫若在1948年开明版《闻一多全集》序言中给予高度评价，称赞闻一多道：“他对于《周易》《诗经》《庄子》《楚辞》这四种古籍，实实在在下了惊人的很大的工夫。就他所已成就的而言，我自己是这样感觉着，他那眼光的犀利，考索的赅博，立说的新颖而翔实，不仅是前无古人，恐怕还要后无来者的。这些都不是我一个人在这儿信口开河，凡是细心阅读他这《全集》的人，我相信都会发生同感。”郭沫若对闻一多《周易》研究的评价自是知人之论。

参考文献

[1] 郭沫若.《周易》时代的社会生活//郭沫若. 中国古代社会研究：郭沫若全集·历史编. 第一卷. 北京：人民出版社，1982.

[2] 郭沫若.《周易》之制作时代//郭沫若. 中国古代社会研究：郭沫若全集·历史编. 第一卷. 北京：人民出版社，1982.

[3] 闻一多. 闻一多全集第十卷. 武汉：湖北人民出版社，1993.

[4] 闻一多. 周易义证类纂//闻一多. 古典新义. 上海：上海古籍出版社，2013.

[5] 杨庆中. 二十世纪中国易学史. 北京：人民出版社，2000.

[6] 谢金良. 郭沫若易学研究的主要特色. 郭沫若学刊，2013（01）.

[7] 罗建中. 郭沫若与《易经》研究及其他. 乐山师专学报，1992（03）.

[8] 吴怀祺. 近代易学的发展和郭沫若的《周易》研究//中国郭沫若研究会. 郭沫若百年诞辰纪念文集. 北京：社科文献出版社，1994.

[9] 刘殿祥. 论闻一多和郭沫若《周易》研究的联系——从郭沫若的“易学”史学观到闻一多的“易学”观//郭沫若纪念馆. 中国社会科学论坛论文集：郭沫若与文化中国. 北京：中国社会科学出版社，2013.

[10] 周晓瑜. 闻一多的《周易》社会史史料学研究. 周易研究，2006（01）.

第八章
史易探索

因为本人弃文从史后的学术路径，是从古文字（主要是甲骨文）习先秦史（尤其是殷商史），所以对于先秦史重要史料的《易经》《易传》，也曾一度认真反复研读，而且秉承前贤所为“六经皆史”的古训，也主要是把《易经》《易传》当作史料来读的，故而不大懂易学中的象数之学（我想这与自己的数学基础差和脑子不聪明很有关系）。不敏如我，在数十年的学易过程中，虽然没有孔老夫子“韦编三绝”那样的用功，但愚者千虑，也偶有一得，陆陆续续写了几篇易学考史和以史解易的论文，有的发表了，有的则没有机会发表。因为与这本书的内容关系切近，故敢借此机会加以编辑，附在末尾，以供当世易学界师友批评指正，匡我不逮，则吾之幸也。

第一节　《易经》中关于殷周之际的婚姻制度

目前学术界一般认为，《易经》基本成熟于殷周之际。《易经》虽是一部卜筮之书，但它对殷周历史研究也具有一定的史料价值。顾颉刚先生著《周易卦爻辞中之故事》所列《易经》中爻辞内容皆是关于殷周史事。

《易经》反映当时的政治、经济、军事、宗教信仰、思想意识、风俗习惯等内容是多方面的。其中关于婚姻、嫁娶方面的记载近20条，虽然多是片言只语，记述简略，却涉及了婚嫁多方面的细节和风俗时尚。参证以其他文献，就可为我们研究殷周之际的婚姻形态、家庭制度提供难得的资料。

一、　婚姻礼仪

统观《易经》全文，我们可以大体地排列出当时婚嫁的一般礼节和仪式或者说是成就婚姻的程序步骤。包括求婚（议亲）、相亲（见面）、纳征（送财礼）、择吉期（定好）、斋戒（祭祀）、迎娶、庙祭（新人献礼）等，与《礼记·士昏礼》所言大同小异。后世婚礼仪式的繁文缛节，当是《易经》时代婚仪的逐渐增益和发展。

（一）求婚（议亲）

求婚议亲是婚姻过程的第一步。《屯卦·六四爻辞》：“乘马班如，求婚媾，往吉，无不利。”男方家人到女方家中求婚乘马而来，以显示富有，抑或是当时的风尚。男女求婚，女方或应允之，或不许嫁，要看女方家人愿意与否。如《屯卦·六二爻辞》：“女子贞不字，十年乃字。”大概是女家遇有求婚者，占卜得知不便许嫁，或者因女子年龄尚小，不便当下允配，婉言推迟几年（此处“十”字依顾先生为虚指数字）再允嫁也不为晚。

（二）相亲（见面）

相亲是指亲事议定之后，婚姻男女双方谋面，互相观看长相如何。《观卦·六二爻辞》：“闚观，利女贞。”闚，窥也，窥视之意。从断占之词“利女贞”可知，可能是女方对其夫婿的窥视。《易经》中言某事吉某事凶多代表了当时人们对此事的态度和风俗习惯，合乎人情则吉则利则贞，悖于常理则凶则吝则咎。既然认为“窥观”是吉利的，说明此一举动在当时符合风俗习惯。也就是说，当时婚俗中，有女方暗中窥视男婿观其容貌、举止之可否的见面仪式。由此可知，古代男女婚姻还不尽是父母之命、媒妁之言，男女青年婚前不能谋面，且不自主。此当是西周以后或者更晚的事情。至于男方是否也看女方，女方看男方时男方知道与否，则不可考知。

（三）纳征（送财礼）

顾名思义，纳征是收纳（财物）作为纳信之礼，犹如当今农村婚姻中男方送女家财礼、聘礼。《贲卦·六五爻辞》：“贲于丘园，束帛戋戋，吝，终吉。”《序卦传》：“贲者，饰也。”丘园，盖女家居处，“贲于丘园”是指女家门庭结彩装饰。束帛，古代用为婚姻纳征礼物。《仪礼·士昏礼》：“纳征玄纁束帛儷皮。”《周礼·媒氏》：“凡嫁子娶妻，入币帛无过五两。”戋戋，少、微小也。此爻辞大意为：纳征之日，女方家中结彩装饰，男方送来了一束帛布的财礼，而女方嫌财礼太少。所以判辞为“吝”，即很少的财礼对于婚姻的成就是很不相当的，要顺利成亲就很艰难。但可能又经过了一番讨价还价，或亲友从中调解劝说，最后还是和谐了，故又曰“终吉”。

（四）择吉期（定好）

当议婚、相亲、送收财礼之后，一桩亲事就定下来了。何时完婚呢？就需要双方商定，卜择吉日良辰。《易经》中没有辞例直接表明这一步骤，但有一处从侧面可看出这一程式的存在。这就是《归妹·九四爻辞》：“归妹愆期，迟归有时。”其中“愆”，《说文》：“过也。”从后一句中的“迟归”可知，“愆期”即延期。此“期”就是事先商定好的嫁娶日期。“时”，此处借用为“待”，“时”“待”二字不仅字形相近，而且也属于之部叠韵，禅、定准旁纽双声，为音近通假字。《谷梁传》隐公七年范注引此句作“迟归有待”是证。待，即等待，有准备之意。此爻辞大意为：出嫁女子的日期推延了，所以如此，是因为还要有所准备。《诗经·氓》：“匪我愆期，子无良媒，将子无怒，秋以为期。”选延期，再起他日，可与易之《归

妹·九四爻辞》相参证。可见，殷周之时，婚前卜日择期之仪确有其实。

（五）斋戒（祭祀）

议定婚期之后至佳期之前，女方家中还有一次很重要的仪式，就是嫁女之祭。可以说这是少女出嫁前的妇言、妇德、持家本领的学习和洁身静养的心理准备阶段。《坎卦·六四爻辞》："樽酒簋，贰用缶，纳约自牖。终无咎。"樽，尊祭也。贰，副也，再也，益也。即先用簋后以缶盛酒尊祭祖先。"纳约自牖"，意为献所祭之酒于窗牖。《诗经》中也有此礼稍与之相参差。如《诗经·采蘋》："于以采蘋？南涧之滨；于以采藻？于彼行潦。于以盛之？维筐及筥；于以湘之？维锜及釜。于以奠之？宗室牖下；谁其尸之？有齐季女。"《毛传》云："古之将嫁女者，必先礼之于宗室，牲用鱼，芼之以蘋藻。"《礼记·昏义》："古者妇人先嫁三月，祖庙未毁，教于公宫；祖庙既毁，教于宗室。教以妇德、妇言、妇容、妇功，教成祭之，牲用鱼，芼之以蘋藻，所以成妇顺也。"《易经》之"牖"即《诗经》之"牖下"。《毛诗郑笺》："牖下，户牖间之前，祭不于室中者，凡昏事于女礼设几筵于户外，此其义也。"盖女子终将为外人，所以，有关出嫁的女礼之祭不在宗庙室内，而在屋外窗前。只不过《易经》之祭用器（簋、缶）盛酒，《诗经》之祭以草（蘋、藻）献于窗前，稍有不同，于礼则大同小异。

（六）迎娶

到了吉日，男方则出动人马，前来女方家中把新人接走。关于迎娶的场面，《易经》中描写得很精彩。如《屯卦·六二爻辞》："屯如邅如，乘马班如。匪寇，婚媾。"屯，屯聚也；邅，转行也；班，盘桓也。众多的人马拥然而至女家门前；接着新娘后，又熙熙攘攘乘着马迅速返回男家。热闹、激烈的场面让旁人看了，还以为这是一伙强盗来抢劫呢。但这不是强盗，而是男方来迎娶呢。迎亲场面的突然和紧张，被人怀疑是贼寇的骚扰，当是原始社会抢婚制的孑遗。野蛮时代的某些部落、氏族，婚姻也不免带有恃武逞强的色彩而盛行抢婚。随着人类进入文明社会，抢婚制之实已不复存在，但作为婚礼中的一种传统的习惯礼俗，仍然保留着，《易经》中的此句就是这种假抢婚风俗的反映。再如《睽卦·上九爻辞》："睽孤见豕负途，载鬼一车，先张之弧，后说之壶，匪寇，婚媾。"意为：睽孤（人名）打猎途中，见有一辆车载着一伙张牙舞爪、凶神恶煞的人而过，以为是行劫的寇贼，于是拉弓搭箭欲射，可车子到了近前一看，才知是人家迎亲的车马，就又放下了弓箭。又如《贲卦·六四爻辞》："贲如皤如，白马翰如，匪寇，婚媾。"贲，色白而稍杂者，盖灰白也；皤，白色也。翰，依高亨先生注言也指马毛颜色之白。此爻辞大意是：迎亲的人马队伍来了，远看一片白光，人穿白衣，骑白马，飞驰而来，让人怀疑是山上的盗贼来打劫。这不是盗贼，而是男方的人来迎亲。另外，从此辞中知，迎亲人穿白衣服，骑白马，就连纳征之日女方门庭也以白贲之色为彩饰，与后世办婚事以红色取吉庆喜气之意不同，这是彼时婚姻中的时尚。

（七）庙祭（新人献礼）

新娘被接到男方家中以后，于男家宗庙之中举行婚礼，行献礼致祭。《归妹·上六爻辞》："女承筐无实，士刲羊无血，无攸利。"《左传》僖公十五年也记有此辞，稍有异文："初，晋献公筮嫁伯姬于秦，遇《归妹》之《睽》，史苏占之曰：不吉。其繇（即今之言易卦之爻辞——作者按）曰：士刲羊，亦无衁也；女承筐，亦无贶也。……"嫁女得此占卦，知此卦爻所记之事与婚嫁有关，士刲羊、女承筐当是男女结婚礼仪。杜注："衁，血也；贶，赐也。"刲，《说文》："从刀圭声，刺也。"此爻辞意为：新娘所持筐中无实，新郎刺羊无血，这对婚姻不吉利。那么时之常礼，当是筐中有物，刺羊见血。疑此礼当于宗庙之中，新娘子持竹筐，以筐中所盛之祭品献于神主之前；新郎以刀刺羊，洒其血而祭之。此礼于三礼文献中无载，当是殷周之际婚礼之实况。

至此，婚礼告成，青年男女合卺而为夫妻，生儿育女，开始他们的新生活。

二、 婚姻制度

殷周之际，虽然奴隶制社会已步入发展阶段，但社会习俗的演变却不像政治、经济那样变化迅速，就是有变化也是被动的、消极的。从《易经》中反映的殷周之际的婚姻制度也正是这样，随世而迁，有其紧随时代发展的一面，但还保留了前期奴隶社会甚至是原始社会父系氏族时代婚姻家庭形态的某些成分，从而构成了殷周之际社会婚姻制度的独特性：一方面是与奴隶制度相适应的一夫一妻制的建立与巩固；另一方面又是对偶婚甚至抢婚习俗的孑遗。

殷周之际一夫一妻制的家庭婚姻形态已经建立，这种婚姻形态是以男子为主导地位的，这是父系社会家长制家庭的继续和发展。反映在婚嫁方式上，它表现为男娶、女嫁。《易经》中男方结婚称"取（娶）女""纳妇"，如《蒙卦·九二爻辞》："包蒙吉，纳妇吉，子克家。"《蒙卦·六三爻辞》："勿用取女，见金夫不有躬，无攸利。"《咸卦·卦辞》："亨，利贞，取女吉。"而女方婚嫁则称"字"（许嫁）、"归"（出嫁），如《屯卦·六二爻辞》："……女子贞不字，十年乃字。"《渐卦·卦辞》："女归吉，利贞。"《泰卦·六五爻辞》中的"归妹"等，这些都说明，婚姻以男方为主，男士娶少女为妻称"纳"与"取"，直同自家物件当拿应取一般，天经地义。女子离开母族嫁往男家称"归"，如同找到了她的归身之所。对这种婚姻形式，《易经》持以肯定、赞许的态度，如《泰卦·六五爻辞》："帝乙归妹以祉，元吉。"《归妹卦·初九爻辞》："归妹以娣，……征吉。"及上举咸卦辞。以"取女""纳妇""归妹"为吉祥，说明当时的风俗时尚即是这样；反之，则为背逆时俗，就不会吉祥无咎了。恩格斯指出："一夫一妻制是建立在丈夫的统治之上的，其明显的目的就是生育确凿无疑的出自一定父亲的子女，而确定出生自一定的父亲之所以必要，是因为子女将来要以亲生的继承人的资格继承他们父亲的财产。"一

夫一妻制这一重要特点，从《易经》中也可以清楚地看到，如《蒙卦·九二爻辞》："包蒙吉，纳妇吉，子克家。"《蛊卦·初六爻辞》："干父之蛊，有子，考无咎。"父子关系很明确。另外，《渐卦·九三爻辞》："夫征不复，妇孕不育，凶。"说丈夫出外不在家，而妻子在家怀孕，是件凶乖之事。《蛊卦·初六爻辞》及《蛊卦·九二爻辞》："干父之蛊""干母之蛊"以及《小畜卦·九三爻辞》："舆说辐，夫妻反目。"《困卦·六三爻辞》："入于其宫，不见其妻。"等等，都强调了一个家庭中夫妻对应的关系，也反映了一夫一妻制的外在表现形式。

但是，也正是恩格斯所说："奴隶制与一夫一妻的并存，正是完全受男子支配的年轻美貌的女奴隶的存在，使一夫一妻制从一开始就具有它的特殊性质，使它成为只是对妇女而不是对男子的一夫一妻制。"殷周时代一夫一妻制也不是绝对意义上的一夫一妻制，而只是对女子而不是对男子（指统治阶级奴隶主男子和较富有的平民阶层男子）。《易经》中的记载也体现了这一点，如《渐卦·九五爻辞》："鸿渐于陵，妇三岁不孕，终莫之胜。吉。"言一妇人结婚数年竟没有怀孕，如同水鸟落于丘陵一样不相宜，但也不是完全不吉利的事，可以再行娶妻、纳妾。故有《鼎卦·初六爻辞》："得妾以其子，无咎。"奴隶社会的婚姻实质就是为其财产生育合法继承人，以续宗祧，娶一妇不得子可以再娶，还不仅如此，男性统治阶级奴隶主为了满足他们的淫乐生活，他们可以多娶，一夫多妻；为了多子多孙，他们也可以一娶再娶，繁昌子嗣。不过，在众多的妻妾之中，只有一个是其法定的嫡系配偶，其他皆是媵、妾之类的名分，以维持尊卑的宗法关系。而大多数平民百姓则是真正意义上的一夫一妻制。至于男性奴隶，则没有婚娶的权利和自由。这就是殷周之际一夫一妻制婚姻形式的真正含义。从这种有条件的一夫一妻制婚姻中，也表现了男女之间地位、权利的极不平等，男子有相对的性自由，而妇女只能同丈夫一人过夫妻生活。如《恒卦·六五爻辞》："恒其德，贞妇人吉，夫子凶。"言操节守德，保其贞洁，是女人的事，男子大可不必"恒其德"，而可以"二三其德"。"恒其德"对妇女来说是吉利的，而对男子来说反倒是不吉利的凶事。相反，如果妇女二三其德的话，就被认为是不贞不洁，大逆不道，如《渐卦·九三爻辞》："夫征不复，妇孕不育，凶。"这样，妇女就会为世不齿，为夫所弃。《易经》中有《蒙卦·六三爻辞》："勿用取女，见金夫不有躬，无攸利。"《姤卦·卦辞》："女壮，勿用取女。"这是男子对未婚女子的挑剔、选择。而《易经》中未见女子对未婚男子选择的自由，也可见这种婚姻形态中男女地位悬殊的明显特征。

殷周婚姻形态中，一夫一妻制不像今天一夫一妻制家庭婚姻这样严格，另外一个重要因素是尚未绝迹的原始社会对偶婚姻的影响。这主要表现为当时的媵从现象。此时的媵从不是臣仆从主的陪嫁，而是姊妹相媵从，同嫁某一个男子。这种媵从关系不仅可以是亲姊胞妹，而且可以是远疏的庶姊宗妹，可以是其姪女，也可以是同族其他女子。如《归妹卦·初九爻辞》："归妹以娣……"《归妹卦·六三爻辞》：

“归妹以须……”《泰卦·六五爻辞》：“帝乙归妹以祉……”妹，少女也，帝乙归妹即殷王帝乙嫁女于周文王故事。娣，女弟也，犹今之称妹。须，即为姊也。祉，姪之同音相借也。是言帝乙嫁女于文王，以女儿之姊（须）、妹（娣）以及姪女（祉）为媵从。《诗经·韩奕》：“韩侯取妻……诸娣从之，祁祁如云。”《公羊传》庄公十九年：“诸侯娶一国，则二国往媵之，以姪娣从。诸侯一聘九女。”媵者之数可谓众矣。那么用文王尚娶大邦殷王之女，一聘三女，亦当不为过分之事。文王尚聘帝乙之女，史书未载，《易经》此记，正可补正史之缺。《诗经·大明》似亦此事之史诗，可相参补。诗曰：“文王初载，天作之合。在洽之阳，在渭之涘。文王嘉止，大邦有子。大邦有子，伣天之妹。文定厥祥，亲迎于渭……”

《易经》中还有一处反映了当时的一种婚姻形式和习俗，很是独特有趣。《大过卦·九二爻辞》：“枯杨生稊，老夫得其女妻，无不利。”《大过卦·九五爻辞》：“枯杨生华，老妇得其士夫，无咎无誉。”《易经》中“女”指未嫁之妇，“妇”为已婚之女；“夫”为已娶之男，“士”指未婚之男。前者意为老头子娶了一个少女为妻，为老夫少妻；后者为老年妇女嫁一个少男为夫，为老妇少男。这种现象“无不利”及“无咎”，都没有什么不可以。可知当时已有这种婚姻现象存在，虽不普遍，但从某种意义上考虑，如经济条件、政治地位，是被世俗承认的婚姻。

总之，《易经》所反映的婚姻制度，基本上代表了那个时代婚姻家庭制度的情况，一方面是一夫一妻制的建立和完善，另一方面也还没有完全摆脱旧有的婚姻制度影响的过渡时期。但由此我们也已经看出后世封建社会婚姻形态的雏形了。

（原为1991年8月河南洛阳“夏商文明研究国际学术研讨会”提交论文，发表于《殷都学刊》1991年第3期）

第二节　“河图洛书”神话产生真相新探

“河图”“洛书”是历史悠久的中国易学史上重要的一部分。它们与《周易》之间的关系，吸引了历代学者的目光，不断地解读、解说、解析，各种学术体系，各种具体观点，可谓汗牛充栋，卷帙浩繁，成为易学研究中最重要也最有分歧的内容。在此，我们仅从历史研究的角度，拟对“河图洛书”产生的真相做一新的解析，以企对这一重要课题研究做出自己的微薄贡献。

一、“河图”“洛书”的记载及变迁

“河图”“洛书”大约从西周春秋之际就在古代典籍中开始出现，到战国秦汉之际演说为盛，终于造就了千古流传的河洛神话。各种典籍不但分别详记了上古之时河图洛书出现的具体场景，而且还对河图洛书本身的形态、大小、色泽、包装、纹饰、内容、字数等作了描述。

关于“河图”“洛书”的记载，名称既不尽相同，如河图，又或称“龙图”，或称“马图”，或称“绿图”；洛书又或记“丹书”，或记“龟书”，或记“雒（洛）服”。所托上古帝王也各不相同，或言伏羲，或言黄帝，或言帝尧，或言帝舜，或言大禹，甚至或言商汤，或言文王。注疏更是无所由依，解说各异，或以为祥瑞，或称以符玺，或说是天书，或解作水图。历相演说，逐渐增益。大约到战国秦汉之际，已经神秘玄奥，蔚成河洛神话大观。尤其汉魏以后，谶纬之风盛行，以此比附衍演，河洛纬书达数十种之多。宋代之后，河洛神话愈演愈烈，越说越玄，与原始记载相去甚远，甚至相互抵牾。林林总总，头绪繁杂；亦真亦幻，且信且疑，遂成一桩千古难解之讼案。

个人认为，只有结合史实考察河洛神话的流变历史，分析它在每一个发展阶段上的情状，在此基础上才有可能弄清楚其产生的本来面目。

“河图”之名最早见于《尚书·顾命》。此时，只有河图，而且文献记载本身也没有言明“河图”究为何物。到《论语·子罕》《墨子·非攻》《礼记·礼运》等典籍，也只言“河图”而不及“洛书”。但此时“河图”的意义所指似乎比《顾命》更明朗些，河图是从河中而出，故名“河图”。而且是把它作为一种盛世的灵异之物看待的。《尚书·洪范》只言“洪范九畴”，并未说到河图、洛书，是汉儒注疏时才将“洪范”与“洛书”牵扯到一起。况且《洪范》一篇的成书年代，学者们多不信为周初箕子所传，而是成书于战国末年秦统一中国之前。可以说，战国以前的典籍之中，尚没有关于洛书的记载。

“洛书”之名，始见于战国中晚期文献，而且一开始出现时，并不直称“洛书”，也并不出于水中，如《庄子·天运》：“天有六极五常……九洛之事，诏成德备，监照下土，灭下载之，此谓上皇。”王先谦《庄子集释》引杨慎注语：“九洛之事，洛书九畴之事。”又如《吕氏春秋·应同篇》：“及文王时，天先见火，赤乌衔丹书集于周社。”正如《淮南子》称“丹书”、《大戴礼》称“雒服”一样，此时所谓的洛书名称尚未统一，意义仍不大明确，似乎仍指某种灵异祥瑞。洛书已见端倪，只是尚未与河图相对而言。

到战国晚期和秦汉之际，才出现了河图、洛书并举的记载，如《易·系辞》《管子·小匡》《史记·孔子世家》《大戴礼》以及扬雄、张衡赋等。《易·系辞》相传为孔子弟子或孔门再传弟子所作，向为学者所怀疑。可信的说法是：《周易》“十翼”均非孔子所作，而是战国以来陆续形成的解易作品的汇集，但对于“十翼”各篇的形成年代，仍有不同意见。如有学者认为《系辞》与《文言》是汇集前人解经的残篇断简，年代当在史迁之后、昭宣之间。即令是汉代以前形成，经汉儒、唐宋学者的传授讲解，也难保不被篡改。如前所列，司马迁这样严肃的学者引用《论语》时，也有增改（添加洛书）讹传，可知一般汉儒及后世学者对古代典籍的转注、传授、引用时，当不乏篡讹之处。管子其人为春秋时人，但《管子》一书的著成时代，一般学者认为当在战国中晚期，更有人认为当晚至汉代，且其中各篇所作成年代又不一。我们同意《小匡》篇为汉人所作的说法。至于《大戴礼》以及《尚书》孔传等为汉儒所作更不待言。所以说，“洛书”的出现及与“河图”并举，当不会早于西汉多久。

到孔安国、刘歆注疏古籍文献时，才将河图、洛书进一步指实了：将河图一事托言伏羲，指为八卦所本；将洛书一事托言大禹，指作《洪范》原型。于是便产生了河洛神话，而且越传越玄。而另一方面，其他汉代学者不同意这种比附，如郑玄、蔡邕等人，则创下了“河洛书籍”说，所谓“河图有九篇，洛书有六篇”是也。《隋书·经籍志》著录《河图》二十卷、《河图龙文》一卷，谓皆出于西汉，当由“河洛书籍说”演化而来。

由此可见，汉儒推演的河洛神话与以前出现的河图、洛书是两码事。不仅增加“洛书”，而且它们被赋予了一种具有特定意义的神话色彩。

二、“河图”“洛书”真伪的争论

对于河图、洛书的研究，学术界历来有两种截然不同的观点。一种观点认为，河洛之说纯属虚妄，决不可信。自北宋欧阳修《易或问》《易童子问》发难始，明代归有光《易图说》继其绪，清代黄宗羲《易学象数论》总其成，皆力斥河洛神话之妄。以后又有黄宗炎《易学辩惑》专辨河图洛书之伪，毛奇龄《河图洛书原舛编》详叙河洛源流错讹，胡渭《易图明辨》也指其宋后附会图像之不经，更有近世古史辨派学者尽驳其谬，谓其倒坠。关于汉儒将“洛书”附为《尚书·洪范》，也历有学者专论其荒诞不实，如归有光《洪范传》、阎若璩《尚书今古文疏证》、胡渭《洪范正论》、崔述《上古考信录》、刘节《洪范疏证》等。

另外一种观点认为，河图之说事出有因，不应一概否定。如苏轼《苏氏易传》卷七认为：“山川之出图书有时而然也”，河图洛书不足为怪。甚至有些学者认为河图洛书神话可信，并竭力为之辩护。如江永著有《河洛精蕴》，是一部很费心力、从正面肯定河图洛书的专门著作。至于一些盲从比附者，更是难计其数，不胜枚举。

但是也有不少学者能够大致分清河图洛书流变的历史，对原始的河图记载与后世的河洛神话能区别对待，并力求对原始河图作一解释。如胡渭《易图明辨》《洪范正论》否定宋人所传的图书形数，但不否认原来图书的存在，认为“天地之间，耳目之所不及，未可断以为必无……河图，象也，故则之以画八卦；洛书，文字也，故则之以成系辞。河图非必八卦也；洛书，不尽九畴也。”黄宗羲《易学象数论》反对后人的穿凿附会，但对河洛本身则认为：“谓之河图，山川险易，南北高深，如后世之图经是也。谓之洛书者，风土刚柔，户口扼塞，如夏之禹贡，周之职方是也。谓之河洛，河洛为天下之中，凡四方所上图书皆以河洛系其名也。”顾颉刚、杨向奎《三皇考》认为“河图不知是什么东西，也许是黄河的地图，也许是河中找

出来的一块玉石，上面有些图画的纹理”。高亨注易传时认为河图是黄河之图，洛书是洛水之图，把它们看作是古代地理之书。总之，都承认原始河图的存在，且想把它指实，故有方志说、黄河地图说、地理书诸说。不过，他们中的一些人把洛书与河图等同起来，认为原有其物，并作出了勉强的解释，这是他们仍未明白河图洛书流变发展历史的表现，是不足取的。

近年来，一些学者在肯定原始记载的河图洛书的基础上，作了进一步的研究，取得了一些新的成果。如杨柳桥认为，河图是岩画，洛书是甲骨文，他是将文献记载与考古学材料及民族学材料相结合比照得出结论，观点新颖。但他也是将先秦、秦汉的河图、洛书记载混为一谈，未言明其演化过程。将河图指为岩画，有些牵强。因为严格意义上的原始岩画多发现于西南和西北的边远地区和东南沿海的山岩上，如青海、内蒙古、甘肃、云南、四川、江苏、台湾等地有岩画遗存，而产生所谓河洛文化的中原地区，目前尚未发现岩画遗迹。故此说缺乏一定的考古学根据。把洛书指为甲骨文，似乎有些道理，惜乎作者未能举出证据进一步论证这一结论。又如韩永贤认为，“河图是游牧时期的气候图；洛书是游牧时期所用之罗盘。”皆创自“以记号为纪录工具”的伏羲时代，发现于大禹治水之时。其对原始河图洛书的阐解，可备一说。但他以《易·系辞传》中“天地之数”合于宋道士陈抟所传河图图形，便认为为伏羲所创。《易经》《书经》所记及陈抟所传的河图洛书为一物，既要解释原始的河图洛书，又要迁就汉人的河洛记载，还要照顾宋人的河洛象数，强为说解，未免牵强。而且作者也未明白《尚书》中只有河图而未有洛书、《周易》与《易·系辞传》是时代完全不一致的文献等历史事实。所以说观点尚属新颖，论证有些草率。再如苏洪济认为，河图洛书是“远古结绳记事时代的数字组合”。上古人们以为它具有娱乐消遣作用、教育后代启发智力的作用，于是便打凿在平滑的青石上流传下来。他还说解了河图如何演为八卦，洛书如何演成统治工具，治国大法，河图之数为十，其形为圆，洛书之数为九，其形为方。虽然对于河图洛书演变提出了自己的新见解，但仍是对河洛传统学说的辩护，将宋人的易图、两汉的河洛之学、河洛传说与原始的河图混为一谈，认作一体，其解释终有些牵强附会，尤其将晚出的洛书也认作远古时代的产物，更不符合历史事实。

1993 年在河南洛阳召开的“中华炎黄文化与河洛文明国际学术讨论会”上，又有一些学者对河图洛书进行了新的考证和解释。有学者推测，水中身带自然花斑或鳞甲的两栖动物鳄和龟身上对称而规整的图案，给人以启迪，进而有了河图洛书之说。也有学者推测，洛水清，黄河浊，二水交汇处相撞击形成漩涡，伏羲受到启发，依此画出太极图，进而画出八卦。还有人认为，现在人们看到的河图洛书是宋代的东西，原始的河图洛书真面目已不为人所知，不能把它们估计得过高，等等。有的是老调重弹，有的是别出心裁，或否定，或肯定，不一而足。

三、 河洛神话产生的真相

汉代是一个产生了大量神话的时代，河洛神话正是那时众多神话中的一个典型。

所有传说的流传都有其历史的影子，任何神话的产生都有其现实的根基。河洛神话虽然玄虚，但其产生也不会完全凭空捏造，而是当有所本。那么，促使河洛神话产生、汉儒赖以根据而演义的背景事件是什么呢？

从多方面的资料综合分析，我们认为河洛神话产生的背景真相是当时人们偶然发现了商代的有字甲骨，其文不识，遂加以推演，成为神话。

甲骨占卜之风渊源久远，发展到商代达到鼎盛。到西周初年，也有甲骨占卜的遗俗，多龟卜少骨卜，但不管从质量上还是数量上看，已是甲骨占卜末流。西周甲骨卜辞字体微细如发，后世难继其绪。到春秋战国时代盛行易卜、筮卜，但仍有一些甲骨占卜，多龟卜少骨卜。可能此时的龟卜不刻文字。《诗·大雅》所云："爰契我龟"，不是在龟甲之上刻契卜文，而当同《荀子·王制》中的"钻龟"和《韩非子·饰邪》中的"凿龟"一样，是指对龟甲施以刻挖钻凿，以待灼卜。此时也是有占卜之辞的，如《诗·定之方中》的"卜云其吉"，《韩非子》的"兆曰大吉"，《左传》庄公二十二年的"其妻占之日吉"，《国语》的"史苏占之曰，胜而不吉"，等等，都是根据龟甲上呈现的卜兆形态而作出的判断之词，且极简单。但都未言有刻契卜语之举。可见已与商代卜辞刻于甲骨之上的占卜风俗有别。从《左传》等先秦典籍中从未见到过对商代卜辞的记载，即可证明至少到春秋时人们对商代的甲骨卜辞已极生疏。否则，孔子也不会有商代文献不足征之慨。这种文化断层现象恐怕与当初西周统治者为防止殷遗民的反抗而彻底摧毁殷商文化的措施以及商周时代学在官府而文化于民间不得流传的文化教育制度有很大关系。

到了汉代，人们就更不知甲骨卜辞为何物了。我们知道，甲骨文的质料多是龟甲、牛骨、鹿头骨等。如果这时人们见到了甲骨片漂浮于水中，且这些甲骨片上刻有文字，不认其字，则很可能视为怪异，并把牛骨、鹿头骨当作神龙，把龟腹甲、龟背甲当作灵龟。神龙、灵龟背书文字图画出水，又上溯托言上古圣明君主，遂演成河洛神话。

所以这么说，有如下一些证据。其一，殷墟甲骨文被确认发现之前，甲骨刻片一直被认作"龙骨"，作为一味中药而治病。明李时珍《本草纲目》中即有龙骨记载，认为可治小儿、妇科疾病和男子虚弱等症，其粉末可以医创止血、化腐生肌，俗称"刀尖药"。因"龙骨"为贵重药材，且不易得，故殷墟小屯一带村民在甲骨文被科学发掘以前，曾大规模私自挖掘"龙骨"卖到中药铺中换钱。清末民初安阳殷墟一带的中药房和集市上，常有"龙骨丹""龙骨粉"出售。其二，后世文献中有不少记载，说明已经发现了商代甲骨文，但不认识而误作别物，并加以演义、神话。如《三国志·魏志》："明帝青龙四年，张掖有宝石负图，状象灵龟，文字告

命，粲然著明。”《水经注》引车频《秦书》：“苻坚建元十二年，高陵县民穿井，得龟，大二尺六寸，背负八卦古字。”《述异记》：“陶唐之世，越裳国献千岁神龟方三尺余，背上有文科斗书记，记开辟以来。帝命录之，谓之龟历。”《拾遗记》：“帝尧在位，圣德光洽，河洛之滨，得玉版方尺，图天地之形，又获金璧之瑞，炳刻记天地造化之始。”虽然这些记载或识作别物，或托言上古，但从其记载对照甲骨文出土情况来看，所发现的当是商代甲骨文。

所以名之曰“河洛”者，可能是汉人见甲骨于河洛地区一带的水系中，河洛地区在商代前期也曾为都城，如偃师商城，被学术界公认为是商都西亳。从商代后期都城安阳殷墟所出土的甲骨文字来看，文字已极系统，不类文字萌芽初态，推想当有几百年的发展历史，即商代前期也有甲骨文，当埋藏于前期都城之地。而且，正像安阳殷墟都城被洹水泛滥时冲刷损毁了宫殿区的一部分一样，河洛地区的偃师商城由于靠近洛水，可能也是洪水泛滥时的冲刷损毁缘故，发掘时南城墙已不复见。既然城墙（包括地下的墙基）都能被冲走，那么都城附近的包括甲骨片在内的商代前期的文化层，更可能被冲入洛河水中。自偃师商城洛水流经不远即注入黄河，洛水所携龟甲兽骨也可能被卷入黄河水中漂流。而龟甲兽骨经长期埋于地下后，由于水分脱离和胶质分解，会变得很轻，很容易漂浮在泛滥的大水中。这就是说，汉时人很可能见到了“洛水”和“河水”中漂出的甲骨片，因为《尚书·顾命》中有“河图”的记载，又有孔子视“河图”为圣君太平盛世的瑞兆，当时人们不识甲骨片上之文字，遂联想这一新发现为上古“河图”，故演义成了河图、洛书的神话故事。

汉儒所以将河图托言伏羲八卦，其原因很可能是看到了甲骨片上有类似八卦符号的刻划。殷墟甲骨片上除有占卜刻辞外，也有对八卦符号的刻契。这种八卦符号不类周易卦符以阴（⚊）、阳（⚋）两爻为表现手段，而是以奇数、偶数字形来表示阴阳，偶数为阴，奇数为阳，即所谓的“数字易”。常用的数字有一、五、六、七、八。这很可能就是仅载其名但已失传的商代的《归藏》易。商代前期的甲骨文上当也会有《归藏》易的刻契。汉人见到甲骨文字而不认识，而对有些片上的数字卦符却能认识，这是因为一方面古文字中的数字很简单，与汉代流行文字无大差别，另一方面是与已经很熟悉的周易相比较，故可能会认识出来。但这些数字卦符因不同于周易，故遂指为伏羲八卦之所本，这是极可能的事。

又汉人所以将“洛书”托言“天乃锡禹洪范九畴”，是因为所见“神龟负文于背，有数至于九”。这很可能是看到龟甲版上的占卜序数而产生的附会。因为商代人迷信占卜，一日多卜，一事多卜，每卜一次即刻划序数。所以，殷墟甲骨片上常有序数字的刻划，或杂于文字之间，或整版全是序数。龟甲上的兆序有一、二、三、四、五、六、七、八、九、十，至十以后仍由一起，绝不用十一、十二等合文。但也有人认为殷人占卜一事，最多只到十次而已。一般来说，大多数兆序多至六、七，少则一、二，到十者很少。商代前期甲骨占卜的兆序也当是如此。可能汉人见到的是一片契有一至九兆序数字的龟甲，遂演绎成神龟负书出水，背纹有“数至于九”的神话，托言大禹之事，比附而成洪范九畴。

中国广义上的考古学史往往要追溯到汉代，因为汉代时曾发现大量古代文物，如许慎《说文解字》叙：“郡国亦往往于山川得鼎彝，其铭即前代之古文。”人们多认为这是“地不爱宝，山川献灵”。虽然一些优秀的学者已能认识其中的一些古物、古文字，如《汉书·郊祀志》载汉宣帝时，张敞已能考释出西周中晚期青铜器的尸臣鼎铭文。又如《后汉书·窦宪传》记载，出土于漠北的“仲山甫鼎”并记其铭文。但是这些器物出土之初，均作为灵异祥瑞，献给朝廷，因而受到统治者的重视。最典型的例子，就是汉武帝时“得鼎汾上”，以为是天赐宝物，故改元为“元鼎”（事见《汉书·武帝纪》）。汉人所以能识铜鼎、金文者，是因为青铜器冶炼到了汉代虽非盛业，但毕竟还有制造，学者可迹而推古。而甲骨文早已不流其绪，故汉人莫之知也。汉代学者能识别青铜器及其铭文，知其时代与用途，尚且有如许众多的附会，更不用说汉人之于甲骨文已不辨时代和用途、不识其为何物了，宜其被视为灵异瑞兆而上托古人。

汉代所以能产生河洛神话，除了此时人们见到了商代刻字甲骨的偶然契机外，主要还是因为当时之人受春秋战国以来盛世现瑞的灵异祥兆观念的影响极深。《吕氏春秋·应同篇》：“凡帝王之将兴也，天必先见祥乎下民。”孔子看到他所钦慕的西周制度礼崩乐坏，故有“凤鸟不至、河不出图”的感叹。汉人完全继承了这种传统的社会观念。所以当有古物发现时，总作为一种异兆加以渲染、夸大，如前面所说的鼎彝器物的发现即是如此。于是当他们发现了商代甲骨文时，由于不认识这种古物，遂认作是孔子时代已视为反映世道兴衰的征兆物河图，又加上洛书，根据发现甲骨时的情景，将他们演绎成初具规模的河洛神话。河图、洛书成为神话后，仍被汉人认作是一种清明盛世才出现的社会兆征，如王充《论衡·实知篇》：“亡秦者胡，河图之文。”郑玄注《尚书·顾命》：“河图，图出于河，帝王圣者之所受。”蔡邕注班固《典引》：“河图、洛书，皆存亡之事，尚览之以演祸福之验也。”这当是河洛神话产生并发展的社会思想基础。

四、余论

综览河图、洛书的发展历史，似乎可以得出这样的结论：《尚书·顾命》所记的当是原始的河图，是周代以前流传下来的一件珍贵遗物，故周康王即位时，将它陈列于皇室储藏宝物、典籍的档案库中，西序列大训，东序摆河图。但究竟所指何物，已不可考。到春秋之后，人们把河图的出现当作一种盛世祥瑞，演化成为一种龙、凤一样的虚幻之物。到战国之时，这种祥瑞观更加盛行，一直影响到汉代。而汉代又一次发生变化，不仅多出了洛书，而且上托古人，把河图认作八卦之源，洛

书当成洪范之本。虽然也当作盛世灵异，却进一步指实了汉人之所以这样做，是因为他们发现了甲骨文而不认识，但又不能不作出一个解释。于是就认作古代河图，并根据甲骨文发现时的情状，将发现于河水中的骨卜片说成“龙马负图出河”，把龟卜片说成“神龟负文出洛”，逐渐演幻成了千百年间人们梦想一见的河洛神话。

同时，考古发现已经说明，汉代人已有了开始创作河洛图像的活动。如1977年安徽阜阳双古堆西汉汝阴侯墓中出土了一只“太乙九宫占盘”，盘正面按八卦位置和五行属性排列，九宫名称和各宫的节气、日数与《灵枢经·九宫八风篇》首图完全一致，小圆盘上的刻划则与后世所传的河洛图像大致符合。这一发现表明，汉代人们已经结合当时流行的五行、八卦和阴阳学说去创作河洛图形，作为占卜吉凶、勘验风水的工具，并在一定阶层中流行起来。相比而言，图形的创作要比神话的炮制有更大的实际意义和积极作用。当然这是同一时代之中可能并行不悖的两码事，后人将它们联系起来，使河洛神话更加丰满、完整了。进一步地推断，似乎可以说，宋代陈抟的河洛象数之学，并不一定是闭门造车的产物，或许当有所本，其来有自。

宋人陈抟所传河洛易图历来为世所重，也遭到了一些学者的无情批驳。其实，宋人的象数之学有其存在的合理之处和一定的学术价值，如它对于古代宇宙思想、天体理论、哲学原理、数学知识等的总结、保留、传播和发展，都有其不可低估的作用和贡献。虽然他们也上托古人，故弄玄虚，但究其用意，不过是想借助早已成形的河洛神话比附其中，构建理论，传其学说而已。

倒是汉代的学者对这场令人头疼的历史讼案难辞其咎。如果说汉儒不为当时的谶纬之风所惑，见到出土古物不视为祥瑞，不托言上古圣人，而以实事求是的精神、阙疑求真的态度，考其名物时代，研其性质用途，像当时有些学者如张敞等人辨识西周铜器铭文一样，像魏晋学者考释、翻译《汲冢古书》一样，那么，甲骨文的发现当会提前两千年，也不会出现那么多比附而成的河洛神话了。

（原题为《河洛神话产生真相新探》，发表于《齐鲁学刊》1995年第6期；转换成ppt课件《“河洛”猜想》，2009年广东潮州淡浮院砚峰书院“09国际易学沙龙”大会提交并宣读论文，并在2011年4月21日晚于“南开大学博导论坛”上作专题学术报告）

第三节　《周易·系辞传》“制器尚象”说评议
——兼及上古车驾发明相关问题的探讨

一、　所谓的“制器尚象”说

《易经·系辞传下》曰：“古者包牺氏之王天下也，仰则观象于天，俯则观法于地，观鸟兽之文与地之宜，近取诸身，远取诸物，于是始作八卦，以通神明之德，以类万物之情。作结绳而为网罟，以佃以渔，盖取诸《离》。包牺氏没，神农氏作，斫木为耜，揉木为耒，耒耨之利，以教天下，盖取诸《益》。日中为市，致天下之民，聚天下之货，交易而退，各得其所，盖取诸《噬嗑》。神农氏没，黄帝、尧、舜氏作，通其变，使民不倦，神而化之，使民宜之。《易》穷则变，变则通，通则久。是以自天祐之，吉无不利。黄帝、尧、舜垂衣裳而天下治，盖取诸《乾》《坤》。刳木为舟，剡木为楫，舟楫之利，以济不通，致远以利天下，盖取诸《涣》。服牛乘马，引重致远，以利天下，盖取诸《随》。重门击柝，以待暴客，盖取诸《豫》。断木为杵，掘地为臼，臼杵之利，万民以济，盖取诸《小过》。弦木为弧，剡木为矢，弧矢之利，以威天下，盖取诸《睽》。上古穴居而野处，后世圣人易之以宫室，上栋下宇，以待风雨，盖取诸《大壮》。古之葬者，厚衣之以薪，葬之中野，不封不树，丧期无数。后世圣人易之以棺椁，盖取诸《大过》。上古结绳而治，后世圣人易之以书契，百官以治，万民以察，盖取诸《夬》。"

这就是著名的"制器尚象"说。"制器尚象"，似乎就是《周易》中指导发明创造的系统哲理。尚者效仿也，象就是易经的诸种卦象，包括周易系统中的阴阳两爻、八卦、六十四卦等符号之象。正像上述《系辞》所讲的那样，"制器尚象"，就是仿照乾、坤、离、益等易卦之象所表现、揭示出的原理与意境去创造生产工具、生活器具以及自卫武器。

在《易经·系辞传》中，"制器尚象"是与其他三项并列而论的，曰："《易》有圣人之道四焉：以言者尚其辞，以动者尚其变，以制器者尚其象，以卜筮者尚其占。"可见，"制器尚象"是以《易经》提倡的圣人之道出现的，因此备受世人关注。古往今来，许多著名易学家都为此作注，阐释这一"以制器者尚其象"的观点。

唐李鼎祚《周易集解》引汉荀爽曰："结绳为网罟，盖取诸《离》，此类是也。"肯定了《系辞传下》所列举的十三卦，即制造某些器物取象于易卦之象。唐孔颖达《周易正义》对"制器尚象"有所解释并有所发挥："象卦制器者，皆取卦之爻，象之体。""以制器者尚其象者，谓造制刑器，法其爻卦之象。若造弧矢，法《睽》之象；若造杵臼，法《小过》之象也。"孔氏也认可了古人所制造出的某些器物是从《周易》的卦象而来的观点。宋杨万里《诚斋易传》云："《易》之既作，圣人复取诸《易》以制器。"同样也是承继孔说，但对易象功用的看法比孔氏更加夸张，以为古人制造器物，必得从《易》象中来。

对于"作结绳而为网罟，以佃以渔，盖取诸《离》"等章句的具体解释，韩康伯注释曰："《离》，丽也。网罟之用，必审物之所丽也。鱼丽于水，兽丽于山也。""《噬嗑》，合也。市人之所聚，异方之所合。设法以合物，《噬嗑》之义也。""《涣》者，乘理以散通也。《随》，随宜也。服牛乘马，随物所之，各得其宜也。"

“《睽》，乖也。物乖则争兴，弧矢之用所以威乖争也。”“宫室壮大于穴居，故制为宫室取诸《大壮》也。《夬》，决也。书契所以决断万事也。”这是离开了卦象而从卦义解释网罟取象于《离》的意义。为此，孔颖达《周易正义》批评道：“诸儒象卦制器，皆取卦之爻象之体，今韩氏之意，直取卦名，因以制器。案上《系》云：‘以制器者，尚其象’，则取象不取名也。韩氏乃取名不取象，于义未善矣。”孔氏所言甚获人心，后世学者多赞同之，如李光地《周易折中》曰：“孔氏所议韩氏是也，且六十四卦名，是文王所命，包牺之时，但有八卦名象而已，黄帝尧舜，不应便取卦名。”

离开卦象而以卦名、卦义说解这些名物的创造发明，这虽然有悖于“制器尚象”的易象之道，但总算是对经典文本作了他们自认为合理的注解了。所以会出现如此状况，很可能是因为纯粹以《易经》卦象的形象，不可能完全准确地阐释“制器尚象”这一学说，故不得不如此曲意解释。后来的注易者，也大多是这种离开卦象而以卦义的联系说解之。这方面的注解可谓汗牛充栋，不胜枚举。

二、对“制器尚象”说的争论

近人胡朴安有鉴于此，一欲力矫此弊，著文《易制器尚象说》纯以卦象说解，无奈本卦卦象说解之不足，更以取象于本卦之外，又于“旁通”“反复”之卦卦象求之。如嫌离卦不足以解说网罟之所取象，更以《离》之旁通为《坎》卦、反复又为离卦说之；嫌益卦不足以解说耒耜发明的取象，更以益卦之旁通恒卦、反复亦为恒卦说之；等等。为了证明古代的发明创造物都取象于易卦卦象，可谓费尽脑筋，不遗余力。

更有革命派易学家杭辛斋著文感慨国人崇尚“形而上的”儒学之“道”，而不齿于“形而下的”“奇技淫巧”之“器”，故圣人“制器尚象”由十三卦象成器之后，中国更无别样发明，言之愧对先贤。“乃三千年来，《易》学晦塞，讲汉学者溺于训诂，宗宋学者空谈性理，视制器尚象之一道，以为形而下者，不屑深究。于是网罟仍为结绳，不能易之以新法。耕稼仍为耒耜，不能易之以机器。日中为市，仍守虚集之旧，不能易之以通商。舟楫仍刳木剡木，不能易之以机轮。引重致远，仍赖牛马，不能易之以汽机。重门击柝，不能易之以警察。臼杵之利，不能易之以滚轮。弧矢之威，不能易之以枪炮。种种利器，古圣既尚象作之于先，吾人乃不能变通改进以后，而一一皆让西人占其先着，我更学他人之步，尚不免邯郸之诮，其昧古圣设卦垂象之深意，负孔于谆谆指示之苦心，呜呼，虽百喙不能自辞其咎矣!”而西人发明飞机火车、坚船利炮，以易卦之象析之，无不合乎圣人“制器尚象”之道。“小过艮下震上之卦也，雷在山上”，而《象》曰：“飞鸟遗之音。”古今说者语焉不详。或云：“内外四阴爻如羽，故似飞鸟。”……今飞机之形，宛然飞鸟，而遗音亦正相类。“小过两象，震得乾金之初气，故轻而能举。”“他如来复线之制备于复，螺旋机之制出于姤，制器尚象，象固无不备也。西人无象之可尚，乃能因果之坠地而得重学，因蒸水之冲动而创汽机，读孔子尚象之训，能无愧哉。”以易学发展重义理而轻象数的易学史来说明中国何以在科技方面落后于人，言语沉痛，似乎也不无道理。然而以西人发明创造，也合于中国传统的“制器尚象”理论，未免强词夺理，授人以柄。

当然，在易学研究历史上，也有一些心思细密的学者曾经看出破绽，对此进行别解而弥缝其失。如元吴澄《易纂言》云：“制器谓创物，以利用象谓所拟物形之肖似。”以为所创制事物的形象与卦象有相似之处。又对“盖取诸”字眼作出解释：“盖者，不敢决定之辞。圣人非必模仿此卦以制此器，其象相类尔。”承认卦象对创物的启示意义，但不是决定意义。明来知德《周易集注》亦云：“制器者，结绳网罟之类是也。尚象者，网罟有《离》之象是也。”“盖取诸《离》，言绳为网罟，有《离》之象，非睹《离》而始有此也。”清李光地《周易折中》引胡瑗亦云：“盖者疑之辞也，言圣人创立其事，不必观此卦而成之，盖圣人作事立器，自然符合此之卦象也，非准拟此卦而后成之。”也是认为某些器物的形象与卦象有与卦象相类者，但不是因为观卦象而制造出来的。这种解释已经打破了完全迷信《系辞》所说的“制器尚象”学说，开始有些别样的说解而使其较为符合实际情况，试图修补这一学说理论的不足。

近代学人由于受疑古思潮的影响，对《易经》的“制器尚象”理论更多的是大胆地质疑和批判。如蔡介民在《周易源流考》中也认为：“所谓观象制器者，即将世界万物，分配于八卦之下，如《说卦传》所云者；再将二卦相重，合在一起，能于其卦象之中，悟出一件新器具来……其说极属穿凿，非观象制器，乃观器而言象也，倒因为果，可笑之甚。”

但对这个问题作了最为详细的考证，并给予彻底否定的是“古史辨派”大师顾颉刚。顾颉刚有《周易卦爻辞中的故事》及《论〈易·系辞传〉中观象制器的故事》两文，认为《系辞传》把制器都归于圣人看了卦象而制作的，这不合逻辑。这等于把一切文明都归于易卦，而易卦又归于圣人所画，圣人由卦形而悟出新器具，这是莫须有的事。造船一定是看了木头浮在水面而想起的，不是看了涣卦的结果。两篇文章主要是从以下几方面对“观象制器”说提出质疑：其一，易道中既有这样重大的事，为什么卦辞中竟一字不提，为什么在离卦中不提网罟，在益卦中不提耒耜，在随卦中不提服牛乘马……？其二，记载古人发明创造的专书《世本·作篇》，与《系辞传》所记制作的东西大致不差，而制作人则全异。而《淮南子·氾论训》有与《系辞传》颇为相合的一段文字。熟悉易学的《淮南子》主持人淮南王刘安，似乎不大可能引用已有的《系辞传》而不明言，相反《系辞传》这一段袭用《淮南子》的可能性更大一些。其三，伏羲画卦重卦之说在《史记》和《淮南子》中都有所见，而伏羲、神农、黄帝、尧、舜依据了卦象而制作器物这样重大的事情，何以

在先秦乃至秦汉典籍失载？尤其是司马迁《史记》，凡是经书里所有的材料，他总是尽量地使用。《系辞传》又是他看见的材料，他曾在《自序》里引过“天下一致而百虑，同归而殊途”（《系辞传下》）。为何对于这一段与古史极有关系的文字竟忘记了呢？就算他不愿把伏羲、神农列入《本纪》，但黄帝、尧、舜是他尊信的，如何他不把他们观象制器的故事记入了呢？其四，对“十三卦”只有从互体和卦变说才能解释得圆融，互体和卦变说起子京房一派，京房是汉元帝时人。由此断定，《系辞》中制器所尚的十三卦这一章，是京房或京房的后学所作，后伪窜进来的，时间不会早于汉元帝时期。

然而无独有偶，针对顾颉刚的质疑，胡适著《论观象制器的学说书》一文，对顾所质疑的问题一一作解：其一，《世本》所据传说，必有一部分是很古的，但《世本》是很晚的书，《系辞》不会在其后。《系辞》说制器，尚不过泛举帝王，《世本》则一一列举，更“像煞有介事”了。此亦世愈后而说愈详之一例，不可不察。其二，《淮南子·氾论训》所说必是依据《系辞》而稍加发挥。其所以不明白引用《系辞》者，正为《系辞》所重在观象制器，而《淮南》主旨在制器应用，同为制器，而解释制器之因根本不同，故《淮南》作者不能引用《系辞》“来证实自己的说话”。其三，至于司马迁为什么不引用《系辞》此段的黄帝、尧、舜制器的事呢？此一点不难明白。《系辞传》只是说理之书，太史公从不曾把此书当作史实看，故不把这些话收入《五帝本纪》中去。然“伏羲作八卦……而天下治”，《日者列传》中有之，此则出自司马季主口中，由他信口开河，不妨让它存在，后世读者必不会以为太史公认此言为史实看。其五，《系辞》此文出现甚早，至少楚汉之间人已知有此书，可以陆贾《新语·道基篇》为证。《道基篇》里述古圣因民人的需要，次第制作种种器物制度，颇似《氾论训》，而文字多与《系辞》接近。至于顾颉刚对古人“如《系辞传》所言，看了‘巽（木）上坎（水）下’的《涣》会造出木头船，为什么看了‘乾（金）上坎（水）下’的《讼》想不出造铁甲船？为什么看了‘离（火）上坎（水）下’的《未济》想不出造汽船？又为什么看了‘离（火）上坤（地）下’的《晋》想不出造无线电？为什么看了‘坤（地）上震（雷）下’的《复》想不出造地雷？”的责问，胡适先生更是直言不讳地指出了，这不是史学家所应有的态度。胡适认为：观象制器是一种文化起源的学说。所谓观象，只是象而已，并不专指卦象。卦象只是物象的符号，见物而起意象，触类而长之。若不依据历史上器物发明的程序，乃责数千年前的人见了火上水下的卦象何以不发明汽船，这是违背历史发展程序的。瓦特见水壶盖冲动，乃想到蒸汽之力，这就是观象制器，牛顿见苹果落地，乃想到万有引力，这也是观象制器，同样是有象而后制器。胡先生完全同意了“制器尚象”的说法。由此可以看出，这一学说的复杂性以及在学人心目中的地位可谓根深蒂固。

近代著名易学家高亨虽然也注意到了“制器尚象”这一说法的牵强，指出：

“将传说中原始社会人物视为历史上之帝王，将劳动人民之创造发明记在此辈帝王圣人名下，将劳动人民之智慧与实践归功于卦象之启示，纯是唯心主义之历史观。”认为“此乃由于作者之阶级立场与历史局限也”，但在其《周易大传今注》中疏解这些《系辞》章句时仍是按照传统解释为“网罟取象于《离》”、耒耜取象于《益》等。

今人易学家金景芳、吕绍纲著《周易全解》，在序言中金景芳坦承原来是相信“制器尚象”说的：“1939 年我写《易通》时就相信这种说法。新中国成立后，经过深入研究，始知这种说法不足据。理由如下：①这种说法与上文‘《易》有太极，是生两仪，两仪生四象，四象生八卦’的说法不一致。②下文有‘以体天地之撰，以通神明之德’乃是在八卦重为 64 卦，已有了《易》，并且是 64 卦的序列以乾坤两卦居首的时候。‘始作八卦’怎么就能‘以通神明之德，以类万物之情’呢？③司马迁说：‘百家言黄帝，其文不雅训，缙绅先生难言之。’所谓‘包牺氏’只见于《庄子》《管子》《淮南子》，不见于孔氏之书，以此可知《系辞传》包牺氏始作八卦之说不足据。④《易》卦有井，有鼎，皆于实物取象，今曰‘作结绳而为网罟，以佃以渔，盖取诸离’，颠倒本末，于事理说不通。⑤《易大传》提到作《易》者时，只泛称‘圣人’，从不确知何人。而此处名言包牺氏始作八卦，可见不可信。基于上述五点，我敢断言这一大段文字，是后世好事者所窜入，不是《系辞传》原文。”可见，金先生的观点与顾先生一样，认为《系辞》不可能有这样的论说，而是后人的作伪窜入，似有为《系辞》经典文本辩护的意思在其中。

然而时至今日，仍然有学者对此“制器尚象”理论学说坚信不疑，为之疏解阐发，千方百计论证其合理性和可能性。

比如侯敏《易象论》一书，是一部 2006 年出版的专门论说易学易象之力作。对于“制器尚象”一说，该书继承了胡适的衣钵，将“象”字解释为不仅指卦象，也包括形象（比如制作网罟所尚的离卦、制作杵臼所尚之小过卦、制作棺椁所尚之大过卦）和义象（比如离，丽也；噬嗑，合也；涣者，乘理以散通也；随，随宜也；睽，乖也；夬，决也；等等），从而为纯以卦象为事物发明所取象之解的缺陷寻找更多解释方法和解决途径。在“尚卦象”一节中，仍是多方论证了一些卦象能够产生出那些发明创造的可能性。作者虽然也承认顾颉刚所批驳的古人以卦象论物象之说较为烦琐，也有胡适所谓的“世愈后而说愈详”之嫌，但还是认为：“从卦象解，较为生动合理的如耒耜之制作所尚的《益》卦象。”“《益》卦象为上巽下震，巽、震皆有木象，巽入震动，中爻有一非常醒目的坤象。‘上巽二阳象耒之自地上而入，下震一阳象震之在地下而动也’，‘木入土而动，耒耜之象’。”认为这样的解释是“没有琐屑，更不用卦变，却合情合理的”。再如对于顾颉刚所力批的制作舟楫所尚涣卦，该书说解为：“卦象是上巽下坎，巽木坎水。古人受木行水上的卦象的启发而想到造一只‘济不通而致远’的船，是非常顺理成章的。”“首先，联

想和想象是原始发明创造的最大动力。怎么就肯定古人只会默默地观卦，而不会马上联想到他曾见过的某块木头浮在某水面的情景呢？再说，就算是古人没有联想，也完全不曾考虑木头在水中沉与不沉的德性，只是看到了涣卦木在水上的卦象，就去造船了，结果恰巧就成功了，木头在水中就是没沉下去，这也是可能的。原始发明中偶然性的成分应该是很大的。那么，对涣卦的解释，不用卦变，也不用互体，仅用基本象，也是说得通的。”总之，作者认为古人所说的“制器尚象”理论是正确的，是可能的，“似乎也还说得过去”，即使不能用卦象来解释，也可以用形象和义象来说明。

如今，“制器尚象”说俨然已经成为中国古代发明创造史上的一个必须遵从的造物原则，一种具有深奥哲理的发明理论。甚至于现代一些学者或发明家或设计师仍以此理论论证“制器尚象”在中国古代发明创造过程中的影响，并且在其实际的创造工作和设计工作中大张旗鼓地践行之。

三、“制器尚象”说之否定

然而必须指出的是，这样一个观点是不正确的。历代注疏家也多是迷信《系辞》的权威而强为解人，当然也都是解释不清，阐发不明的。至于那些为了维护所谓的经典权威而曲为之说，千方百计地去寻找联系的牵强注疏，更是无谓地浪费精力和笔墨。因为这个说法的前提就是错误的。我们认为，这样一个错误观点的形成是古人将易卦卦象神话的结果，需要我们批判地继承。

之所以说这是一个错误的观点，除了前举顾颉刚及金景芳所述其矛盾抵牾之处外，还基于以下几个方面的考虑。

首先，这样一个说法是对历史时代顺序的颠倒。历史研究证明，《系辞》中所说诸项事物的发明创造，大多是在上古时期，而以黄帝时代的创获最多（详下）。而古代文献记载表明，伏羲画八卦，八卦只是单卦，周文王重卦而为六十四卦。今人根据发现于商周之时的数字易卦符号研究，认为重卦不是周文王所作而是殷商时人所作。如今更有学者认为，周文王、周公不曾重卦，也不曾作卦、爻辞，而是作了“演德”的《易象》《系辞传》：“因而重之，爻在其中矣。”即言商周时人演八卦为六十四卦，乃取八卦两两相重而生，后世易家省称为“重卦”。准此，那么黄帝时代发明创造，何以会取象于商周时人所造之卦象呢（除“离”既有经卦又有重卦外，《系辞》所举其他十二卦均为重卦）？这种说法是违反历史的发展规律的，因此非常值得怀疑。

其次，这个说法对事物发明的一般规律来说是本末倒置。就易经本身来说，已经对人类发明创造作了较为系统而合乎规律的理论总结。比如对于八卦符号系统的发明，《易经·系辞传下》云：“古者包牺氏之王天下也，仰则观象于天，俯则观法于地，观鸟兽之文与地之宜，近取诸身，远取诸物，于是始作八卦，以通神明之德，以类万物之情。”明确指出，是在观天法地、取象于鸟纹及地宜，并且“近取诸身、远取诸物”的基础上，创作发明了“八卦”。也就是说，人类发明创造事物，往往是在参照天地万象、自然万物以及人类社会各种现象的基础上形成的。既然如此，那么上古人们创造诸如网罟、耒耜、衣裳、宫室、杵臼、市场、舟楫、车驾、弓矢、棺椁、文字等，也应该像八卦的创造那样，观天法地，取象于自然界和人类社会已有事物的形象或形态，怎么可能反过头来取象于抽象的卦象或卦形呢？这岂不与八卦创作的这一原则精神相违背吗？

其三，就《系辞传》所举的这些事物或名物的发明创造本身而言，每一种发明都是基于某种社会需要，根据世上已经存在的物象进行创造而产生，更非从抽象性符号化的易经卦象中产生而来。

四、 古代车驾发明并非尚随卦之象

兹试举其中车驾之发明一项说明之。

对于车驾这一创造发明，古代文献中有许多记载，可谓连篇累牍、斑斑可迹。大致说来就有以下几种说法：

（一）伏羲作车说

《宋书·礼志五》：“上古圣人见转蓬始为轮。轮何以载，因为舆，任重致远，流转无极。后代圣人观北斗魁方，杓曲携龙角，为帝车，曲其辕以便驾。系本云奚仲始作车，按庖羲画八卦，而为大舆，服牛乘马，以利天下。奚仲乃夏之车正，安得始造乎？系本之言非也。”

（二）黄帝作车说

《易·系辞传》首记黄帝作车，已见前文。又《汉书·地理志》：“昔在黄帝，作舟车以济不通，旁行天下，方制万里，画野分州，得百里之国万区。”《汉书·古今人表》颜师古注引张晏云：“（黄帝）作轩冕之服，故谓之轩辕。”《汉书·律历志》：“（黄帝）始垂衣裳，有轩、冕之服，故天下号曰轩辕氏。”《释名》：“黄帝造车，故号轩辕氏。”（《太平御览》卷七七二引）轩，是车子的通称，特指一种前顶较高而有帷幕的古车；辕，即车辕。轩辕连用，又指车舟，即曲而上弯的车辕。《古史考》：“黄帝作车，引重致远，少昊时略加牛，禹时奚仲驾马。”（《艺文类聚·舟车部》引、《初学记》卷二十五引）类似的记载也见于《历代帝王年表》等。杨倞注《荀子·解蔽篇》云：“黄帝时已有车服，故谓之轩辕。此云奚仲者，亦改制耳。”《稽古录·有熊氏》《通志·三皇纪》皆曰黄帝“服牛乘马，引重致远”。又《竹书纪年·黄帝轩辕氏》：“帝游于首山，乘素车元驹。”《拾遗记·轩辕黄帝》：“有泽马群鸣，山车满野。”《古今注·舆服》：“黄帝与蚩尤战于涿鹿之野，蚩尤作大雾，兵士皆迷，于是作指南车，以示四方。”（《通志·三皇纪》郑樵按与之略同）等。是说黄帝之时，车的种类和功用已比较丰富多样，不但有原始意义上

的车，而且还衍生出了诸如专供人员乘坐车和指南车等各种各样的车子。《通鉴外记》："蚩尤为大雾，军士昏迷，轩辕作指南车以示四方。"《黄帝内传》："玄女为帝制司南车当其前，记里鼓车居其右。"《古今事物考》："黄帝游幸天下，而有计里之车。疑道路之纪以里堠，起轩辕氏也。"《文献通考·王礼考》："《古史考》之黄帝作车，至少皞始驾牛，及陶唐氏制彤车乘白马，则马驾之初也。……有虞氏因彤车而制鸾车……夏后氏因鸾车而制钩车，俾车正奚仲建旌，尊卑上下，各有等级……夏后末氏制辇。殷因钩车而制大辂……殷曰胡奴车。"

（三）帝尧、帝舜发明车驾说

如《尚书·舜典》："明试以功，车服以庸。"孔颖达疏："（舜让朝见的诸侯述职，言如其实者）则赐之车服以表显其人有才能可用也。人以车服为荣，故天子之赏诸侯，皆以车服赐之。"《尚书·益稷》《稽古录·有虞氏》《尚书大传》《韩诗外传》《路史（后纪）·疏仡纪》《通志·五帝纪》等文献也都有类似记载。《大戴礼·五帝德》："宰我曰：请问帝尧。孔子曰：……富而不骄，贵而不豫。黄黼黻衣，丹车白马。"《史记·五帝本纪》："（帝尧）黄收纯衣，彤车乘白马。"（《路史（后纪）·陶唐氏》《太平御览·皇王部》引《大戴礼》同）"（帝舜即位后）载天子旗，往朝父瞽叟。"《路史（后纪）·陶唐氏》记载帝尧时，"举事功者，则命于上，然后得饰车骈马而被文锦；未命而乘、衣之则罚。"《太平御览》引《帝王世纪》："舜常戴天子车服而朝（父瞽叟）焉。"《太平御览》引《尸子》："尧素车玄驹。"《通典》："有虞氏因彤车而制鸾车。"等等。

（四）大禹制车

《尚书·益稷》："予乘四载，随山刊木。"传曰："所载者四，谓水乘舟，陆乘车，泥乘輴，山乘樏。"《尚书·禹贡》及《史记·夏本纪》载：大禹治水，"陆行乘车，水行乘船（舟），泥行乘橇，山行乘檋。"《史记·河渠书》："陆行载车，水行载舟，泥行蹈毳，山行即桥。"徐广曰："桥，一作輂，直辕车也。"（《稽古录·有虞氏》《通志·三王纪》略同）《汉书·沟洫志》："泥行乘毳，山行则梮。"应劭曰："梮或作樏，为人所牵引也。"也是古代早有人力辇车的证据。《孙膑兵法·势备》云："禹作舟车。"《说苑·君道》："禹出，见罪人，下车问而泣之。"（《太平御览》卷七七三引）（《通志·三王纪》同）《尚书·五子之歌》："（太康失德）予临兆民懔乎，若朽索之驭六马。"《太平御览》引东汉崔因《车左铭》曰"虞夏作车，取象机衡"。《说文解字》："车，夏后氏时奚仲所造。"段玉裁注引"杜云：'奚仲为夏禹掌服车大夫，然则非奚仲始造车也。'"等。陆贾《新语·道基篇》记载了夏代产生车辆的时代背景："禹乃决江疏河……人民得去高隆，处平土，川谷交错，风化未通，九州隔绝，未有舟车之用以济深致远，于是奚仲乃桡曲为轮，因直为辕，驾马服牛，浮舟杖楫，以代人力。"以奚仲作车是对的，但称奚仲同时也"驾马服牛"则未免言过其实。《太平御览》引《陆子》："唐虞按辔，禹汤驰辕。"

等，也都是夏代初年即有了车制的例证。又《帝王纪》谓夏桀王“以人驾车”(《太平御览》卷八二引)。《后汉书·井丹传》也说：“桀乘人车”。等等，是言夏代末年已有人力辇车的运用。又《尸子》：“山行乘樏，泥行乘蕝。”

（五）奚仲作车说

如《墨子·非儒下》：“奚仲作车。”《荀子·解蔽篇》：“奚仲作车，乘杜作乘马。”《吕氏春秋·君守篇》：“奚仲作车。”《尸子》：“造车者奚仲也。”(《文选·演连珠》注引)《管子·形势篇》：“奚仲之巧，非斫削也……奚仲之为车器也，方圜曲直皆中规矩绳墨，故机旋相得，用之牢利，成器坚固……”《世本·作篇》：“奚仲作车。”(《山海经·海内经》郭璞注引)“奚仲始作车。”(《宋书·礼志五》引)陆贾《新语·道基篇》：“于是奚仲乃桡曲为轮，因直为辕，驾车服牛……以代人力。”刘安《淮南子·修务训》：“奚仲为车。”王充《论衡·对作篇》：“……若仓颉作书，奚仲作车，是也。”“奚仲之车，世以自载。”许慎《说文解字·车部》：车，“舆轮之总名，夏后时奚仲作造”。《玉篇·车部》即云：“车，夏时奚仲造车，为车工也。一说黄帝已有车。”等等。这就是所谓的“奚仲作车”。

（六）奚仲之子吉光始作车说

如《山海经·海内经》：“番禺生奚仲，奚仲生吉光，始以木为车。”郭璞注曰：“《世本》曰奚仲造车，此言吉光，明其父子共创作意，是以互称之。”《后汉书》注亦云：“奚仲生吉光，吉光始以木为车。”

诸说之中，奚仲、吉光父子作车，子承父业，为造车世家，这倒是很有可能的事。至于帝尧、帝舜作车说甚至伏羲作车说，因所据文献时代较晚，可能是后人依据造物者必是圣人的思想观念而作的演绎发挥而已，较难凭信。但是其中的黄帝作车说，文献记载较多而且与其名“轩辕氏”字眼较合，黄帝时代是中国历史上第一个盛世，这个时代的发明创造特多，很可能车驾就创始于黄帝时代。而到了夏代的奚仲父子，可能对车驾做了改良，车驾之使用有了大的发展，正如谯周《古史考》云：“黄帝作车，少昊时略加牛，禹时奚仲驾马，仲虺又造车，更广其制度也。”(《太平御览》卷七七三引)如此而已。

那么古代车驾是怎么发明的呢？据《后汉书·舆服志》记载：“上古圣人，见转蓬始知为轮。轮行可载，因物知生，复为之舆。舆轮相乘，流运罔极，任重致远，天下获其利。”《太平御览》引《淮南子》：“见飞蓬转而为车，以类取之也。”《路史·轩辕氏》据此想象加入黄帝传说之中，谓：“轩辕氏作于空桑之北，绍物开智，见转风之蓬不已者，于是作制乘车，梠轮璞，较横木为轩，直木为辕，以尊太上，故号曰轩辕氏。”《宋书·礼志五》：“上古圣人见转蓬始为轮。轮何以载，因为舆，任重致远，流转无极。后代圣人观北斗魁方，杓曲携龙角，为帝车，曲其辕以便驾。”看来，黄帝造车是因为看到了自然界的“转蓬”“飞蓬”“转风之蓬”，也就是随风飘转的蓬草，根据这样一个圆转形状，黄帝发明了转轮，再加一车舆、车辕，

就形成了原始的车子。除此之外，还有一种发明车驾的可能性，那就是受原木滚动的启发而发明车轮，进而作车。这就是车驾发明的由来，哪里是受什么《随》之象的影响啊？随卦卦象作䷐之形，这又与车子的形制、车驾的制造有什么联系呢？

可见，《系辞传》关于车驾发明的“服牛乘马，引重致远，以利天下，盖取诸《随》”，是不能成立的。由此而推及其他数项事物的发明创造，恐皆类此而已。顾先生和金先生恐怕是顾及《易传》为孔子所作，因此认为这段文字不可能出于孔子之手，而是后人伪作而窜入的。实际上，任是圣人或者贤能之人，受到时代和知识的限制也是会出错的，不必一旦发现有误，就说不是出自孔子之手，而是后人作伪窜入的，这样的为尊者讳是完全没有必要的。

（该文原为2010年9月香港柴湾“第五届国际易学与现代文明学术研讨会”提交论文，发表于《国际易学研究》第11辑，线装书局2011年8月版）

第四节　《易经》“明夷”卦新解
——简述先师王玉哲教授在易学史研究上的一个贡献

一、　王玉哲生平与学术贡献

王玉哲（1913—2005），字维商，河北深县人（图8－1）。1936年考入北京大学历史系读书。抗战全面爆发，随学校辗转抵达长沙、昆明，在西南联大继续学习。1940年毕业，考入北京大学文科研究所，随著名古文字学家唐兰读研究生。1943年毕业，获得硕士学位。后任教于华中大学历史系，任副教授。抗战后复员迁返武昌。1947年受聘为湖南大学教授。1948年9月应南开大学之聘，历任历史系教授、博士生导师，先后创立先秦史研究室、文物与博物馆学专业。在南开大学工作的57年里，王先生一直任教于历史系，为南开大学历史学科的建设和发展做出了不可磨灭的贡献。

图8－1　王玉哲先生遗像

王玉哲先生是我国著名的先秦史学家，古文献、古文字、古音韵等功底深厚，治学严谨，讲究实证。在诸如商族起源、商代社会史、先秦民族史、西周社会性质等研究领域，均有发明创造。其主要学术著作《中国上古史纲》《中华远古史》《古史集林》等（如图8－2所示），多有真知灼见，发前人之所未发，观点新颖，证据充分，说服力强，这些著作在学术界已经产生了极大的影响。

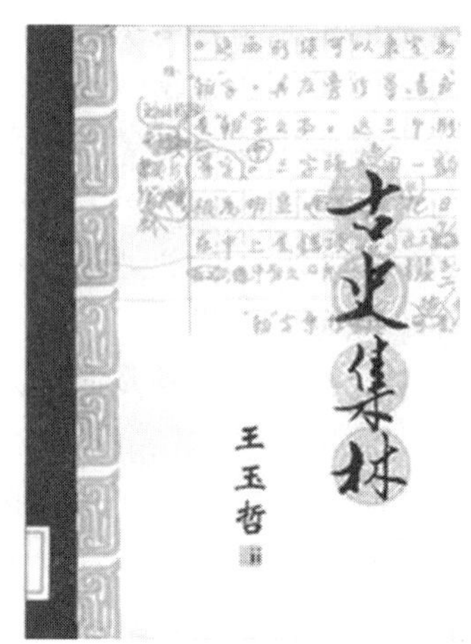

图 8－2　王玉哲先生主要学术著作

二、 王玉哲关于甲骨文 “朝” 字的新考

王先生是个治史求真的史学家，对于几成定论或号称权威的甲骨文字考释，也决不盲从，而是认真地分析它在甲骨卜辞语境中的用法，是信是疑，再做出自己的判断。如关于《甲骨、金文中的“朝”与“明”字及其相关问题》的研究，就是这样一个典型的例子。

甲骨文中有“”“”“”字，或简省作、、等形。罗振玉、王国维先生均释为“朝”；王襄、商承祚、郭沫若则释为“萌”。两说歧异，莫衷一是。

但是自于省吾先生（图 8－3）始释为屯字，因释上字为“萅”字，并谓卜辞中之屯或从屯之萅，均即春秋之春字。从此，学界景然相从，似成定论。间有疑之者如陈梦家也是半信半疑。

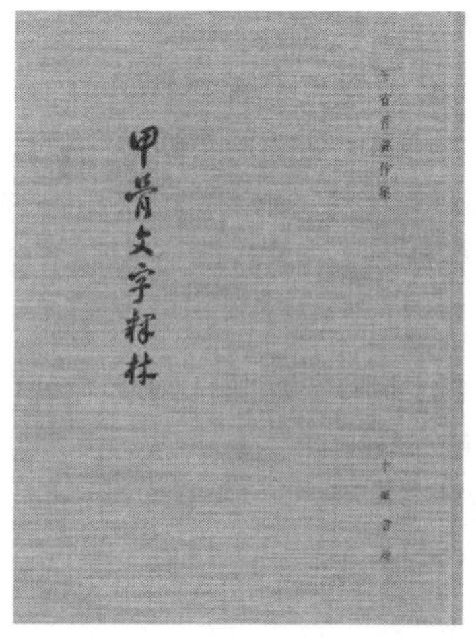

图 8－3　于省吾先生与其著作

图8－4　《甲骨文合集》18

但是细心的王先生还是从中发现了一些不支持这一说法的反证辞例。在这些卜辞辞例中，所谓“今春”“今屯”之后分别属以“十月”“十一月”“十二月”“十三月”“九月”“六月”的字眼。王先生说：“不论商代到底实行的什么历法，但总不该在十一月、十二月、十三月、九月和六月期间，称呼象征百物萌生的春季吧?”因此王先生认为该字不当释为“春”字。

不仅如此，王先生还另外列举了一些有关农业和田猎的卜辞辞例，认为此字释为“春”之不确当。这类辞如：“乙亥卜，争贞：今春王往田，若?”（《合集》649）“丁酉卜，争贞：今春王勿黍？今春王黍于南……”（《合集》9518）“因为商人占卜习惯，对一般行止吉凶的占卜，最多的是卜旬，问十天以内的吉凶。而春季在商代包有多长的时间，虽然不能确定，但不会少于六个月或三个月。商王的每日行止都要占卜。王在出去田猎之前，只会卜问当日的吉凶，怎么会问三个月以上的吉凶祸福呢？也不会卜问在三个月内去不去种黍，或三个月之内到不到南方种黍，只能问当天出去种黍好不好。”所以王先生认为，将这两辞中的此字释为“春”字也是不妥的。见图8－4、图8－5。

图8－5　《甲骨文合集》649、9518

此字既不能释“春”，王先生另辟蹊径，从罗振玉、丁山之说，释为夕为月，因而将此字释为“朝”，该字的较繁形体正像太阳初升、日月交辉之形，正如罗云：“日已出草中而月犹在天，是朝也”，正是《说文》所谓“旦也”的“朝”字。而省去其中的“木”字而成、，正可隶定为“明”字。王先生认为，此“明”字是朝夕之“朝”的省字，而不是明亮的“明”字。作为明亮义解的“明”字在古文字中作、等形，隶定为“朙”，从囧从月，像月光从窗牖中照入之形。而且在甲骨文中，有表示时间的“明（朝）夕”对文出现的辞例，更可证此字释“朝”之相宜。如“其明（朝）雨，不其夕……”（《合集》6037反）“癸亥卜，贞旬：二月乙丑夕雨，丁卯夕雨，戊小采日雨风，己明（朝）启。”（《合集》21016），见图8-6。“三月乙丑夕雨，丁卯明（朝）雨，戊小采日雨风，己明（朝）启，壬申大风自北。”“王占曰：其夕雨𢦏，明（朝）允雨。”（《合集》16131反）不仅如此，卜辞中还有一些“明”字，如“乙巳彭，明（朝）雨”“庚申明（朝）雾”“丁明（朝）雾”等，以“朝”释之，文从字顺，然以“春”释之，则属难通解。

21016

图8-6 《甲骨文合集》6037反、21016

故而王先生明确指出，“甲骨卜辞中凡有从日从月之‘明’，都是朝夕之‘朝’字。其形体与作明亮解的从囧从月之‘朙’（明）字形体很相近，极易混淆。大概到战国时，就有人错误地以‘明’（实朝字）代替朙（明）字。许慎作《说文解字》，又从壁中书录‘明’字时于‘朙’下误以为朙（明）字之古文，遂使作早晨解之‘明’（朝）不传，而误解‘明’为明亮，与‘朙’（明）字一同流传下来。”至此，甲骨文中关于“朝”“明”“春”的纠葛，才算厘清。

三、王玉哲对《易经》“明夷”的新论

由于此字得到确解，王先生又联想到了“箕子之明夷”的解释问题，著成《“箕子之明夷”与朝鲜》一文。

《易经》“明夷”（䷣离下坤上）六五爻辞有“箕子之明夷”，自汉至今，虽众说纷纭，却不得其解。有人不承认箕子，如汉人赵宾认为“箕子”是“荄兹”，清人惠栋又说成是“荄子”，焦循则理解成“其子”，今天的解易经者甚至认为，“箕子”是“在簸箕中的籽粒”（窦玉杰、窦恺《诠释易经》，网络版）。

“明夷”这个词也被拆开解释，如传统解释“离为明，坤为顺”。战国时的《彖》《象》及唐人的《疏》也说：“明，日也。”“夷者，诛也；诛者，伤也。”“明入地中”“闇主在上，明经在下”“夷之初旦，明而未融”等。所以古人解释“明夷”，就是光明受伤。《序卦》曰：“进必有所伤，故受之以明夷。夷者，伤也。”《集解》引郑玄曰：“夷，伤也。日出地上，其明乃光，至其入地，明则伤矣，

故谓之明夷。”又引《九家易》曰：“日在坤下，其明伤也。”综合前人关于明夷卦的诸多解释，似乎是在说：“日没入地，光明受损，前途不明，环境困难，宜遵时养晦，坚守正道，外愚内慧，韬光养晦。”简言之，有人主张“明夷”是一种鸟（如高亨、张立文都以为“明夷即鸣雉”），有人认为“明夷”表示明白地了解夷人，有人说“明夷”是一种大弓（鸣弓）的名字，有人说“明夷”如言明灭。清初大儒黄宗羲著有《明夷待访录》一书，也是自比“如箕子之见访”而愿向新王陈述治国“洪范”，而对“明夷”一词的误解而用之；近世学问大家顾颉刚在这个词的解释上也颇为犹豫。

只有易学家李镜池认定“明夷”是一个地理名词，认为“明夷，东方之国，日出处”（李氏《周易通义》），但也未明确其义何指。况且李氏认为“明夷”在另一条爻辞里解释为“鸣鹈”的通假（李镜池《周易探源》）。当代解易经者大多因循旧说，未能清楚地解释该词的意义。近来有人将“明夷”解释为“太阳之国”或“来自太阳升起地方的民族”，虽有新意，但未能说明为何如此解释。

图 8－7　殷商贵族箕子画像

王玉哲由甲骨文“朝”字的考释而指出，“明”实际上是古文字的“朝”，易经中的“明夷”即“朝夷”即朝鲜。从字面看，“朝”“鲜”二字也都有明义。《说文》：“朝，旦也。”“旦，明也。”《周易·说卦传》：“震为蕃鲜。”孔颖达疏：“鲜，明也。”“箕子之明夷”，即《尚书大传》所说的“箕子不忍周之释，走之朝鲜”“箕子到朝鲜去”，就是文献所载的武王封箕子（如图 8－7 所示）于朝鲜的史实。春秋战国燕国之货币“明刀”铭文中的“明”，或释为“易”字，实即“朝”字。箕子分封的朝鲜，与燕国之初封一样，初在易水流域，易字即“明”字之讹。《说文解字》引《祕书》说：“日月为易，象阴阳也。”后来，燕国征伐朝鲜，于是箕子后裔之一支东迁至今朝鲜半岛一带。图 8－8 所示为春秋战国时期燕国流行的“明刀”货币。

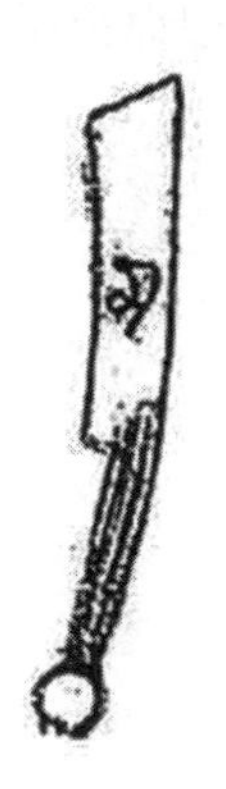
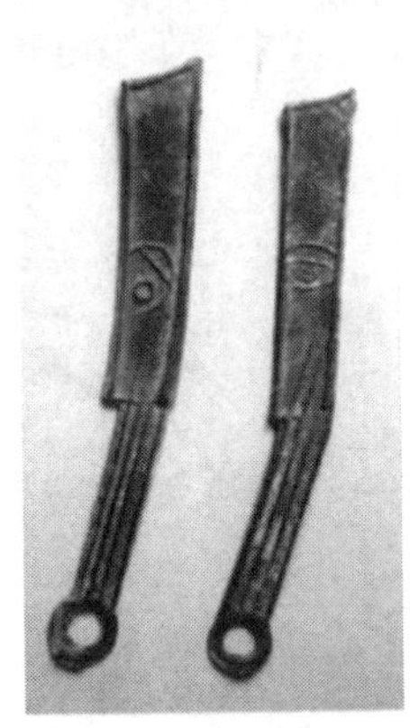
图 8－8　春秋战国时期燕国流行的“明刀”货币

至此，经典解释与历史事实相结合，困扰学术界千百年的学术公案，由此字的考释也得到了圆满的解决。

王先生的甲骨文字考释，正如“朝”字的考释一样，不是为了考字而刻意地去考字，而是通过考字解决历史问题，有些还是非常关键的历史学课题。

但是，这样一个观点对于明夷卦中的六五卦爻“箕子之明夷”可以解释得通了，而对于其他卦爻，比如初九：“明夷于飞，垂其翼。君子于行，三日不食，有攸往，主人有言。”六二：“明夷，夷于左股，用拯马壮，吉。”九三：“明夷于南狩，得其大首，不可疾贞。”六四：“入于左腹，获明夷之心，于出门庭。”等等，究竟该如何解释，而成为贯通，则还需要进一步研究。

（2011年10月河南安阳“中华孔子学会2011年年会暨首届羑里论坛学术研讨会”提交并宣读论文，2011年11月天津大学中文系“第四届津门读书会”提交并宣读论文，转换成ppt课件，2012年3月8日南开大学“博导论坛”作专题讲座）

第五节　由《易经》“坎”“需”等卦看中国早期地穴式建筑——以甲骨文与殷墟考古资料为佐证

众所周知，《易经》是一部占卜记录典籍，但同时它也是客观反映商周时期尤其是商代晚期社会历史文化的一部历史经典。如果从史料考察的角度来看，“六经皆史”，《易经》中有许多这一时期的社会史材料。除了先辈们的考索之外，个人认为，《易经》中也保存了一些属于这一时期建筑形式的资料，尤其是商代社会存在的供众多的平民和奴隶等下层民众居住的地穴式、半地穴式建筑形制，在《易经》中颇有揭橥，值得关注。

一、坎卦、需卦等中“坎”“穴”及其歧解

《易经》坎卦中，就集中保留了一些关于坎的资料：

习坎：有孚，维心亨，行有尚。

初六：习坎，入于坎窞，凶。

九二：坎有险，求小得。

六三：来之坎坎，险且枕，入于坎窞，勿用。

六四：樽酒簋贰，用缶，纳约自牖，终无咎。

九五：坎不盈，祇既平，无咎。

上六：系用徽纆，置于丛棘，三岁不得，凶。

除此之外，在屯卦、蒙卦、需卦、讼卦、师卦、比等卦爻辞中，也都有“坎”，此不具引。

与此相关的，是《易经》需卦的两爻辞的“穴”：

六四：需于血，出自穴。

上六：入于穴，有不速之客三人来，敬之，终吉。

关于坎卦等卦中的“坎”，究为何指？历来有不同的解读。马王堆帛书《六十四卦》中，“坎”字作“赣”，而汉代《熹平石经》本“坎”字作“欿”。盖皆同音通假之用也，并不影响人们对坎卦意思的理解。

按照《易经》经传的一般解释，认为“坎”为坑谷、陷阱，如《易传·序卦传》云：“坎者，陷也。”《说卦传》云：“坎，陷也。”孔颖达《周易正义》云：“坎者，险陷之名。”然而《说卦传》同时又云“坎为水”“坎为豕”“坎为耳”等，不知究何所指。按学界普遍认为的“坎”为坎陷的说法，可能是一种后世因为时代隔阂而产生的误识（详见下文）。

此外，或释“坎”为台、坛；或说“坎”卦有阶梯、阶级的意义；或认为坎卦记录了盟誓的过程和誓辞。五花八门，不一而足。近年来台湾学者曾仕强在中央电视台“百家讲坛”中讲周易，影响较大，曾仕强认为坎卦卦象，表示男女交合之象，上下两个阴爻表示女性生殖器，中间一个阳爻表示男性生殖器，整个卦象表示男女做爱的性行为。更属奇谈怪论，令人不可思议。

二、对“坎”为地牢观点的驳议

值得注意的是，近代以来，从闻一多开始，指认《易经》坎卦之“坎”是牢狱的观点，从之者众，渐成气候，形成了一种较为流行的学说。

闻一多在其《周易义证类纂》中训“坎”为牢：“按侵幽二部每相转。古言坎，犹今言窨。窨，《释文》引王肃又作陵感反，则读如槛，槛声转为牢。然则坎窞犹窨牢矣。坎、窞叠韵连语，析言之，亦可曰坎，或曰窞。转为窨牢，亦然。古者拘罪人与拘牲畜同处，故系牲之圈曰牢，系人之狱亦曰牢。”闻一多的考证，训“坎”“窞”二字为牢，是用音韵训诂之音转说，也引用了一些古典文献作证，其观点颇有影响。

在此基础上，学者们或以“坎”为水而将“坎”释为水牢，认为坎卦爻辞反映了文王身陷羑里水牢后与亲信密谋最终逃出牢狱的故事；或释为土狱，认为坎卦是《易经》反映现实中刑狱制度的专卦，并讲述了坎坑的发展和作用；或释为地牢，认为坎卦是以俘虏和监狱为线索而占卜吉凶的，其中既有囚徒心态、境遇和生活情形的简要描述，也有监狱形制及建筑特征的反映，是我国历史上最早的一篇狱中杂记；等等，渐有坐实闻说之趋势。

个人在认真研读坎卦卦爻辞文，并参酌各家观点之后，认为《易经》中的“坎”字并不能释为牢狱。其理由有如下几点：

其一，闻先生的“坎”“窞”为监牢的考证，主要是依靠音韵训诂之术，利用文献中不同字古音之间通转、旁转、阴阳对转等，来说明两字之间的通假。这虽然是传统的学问方法，但现在已然不能作为主要的治学手段了，它只能是在有其他坚证基础之上的辅证。如果单单依靠此法研究历史，则甲可以转乙，乙可以转丙，丙可以转丁，丁又可以转甲，转山转水，无所不能转通，很不靠谱，遑论其结论正确与否。

其二，《易经》中自有用于惩罚罪犯的刑具牢狱之称，如“桎梏”“株木”“金车”“幽谷”“石”等。分别见之于《易经》的履卦、蒙卦、随卦、遯卦、困卦等。《履·九二》：“履道坦坦，幽人贞吉。”《蒙·初六》：“发蒙，利用刑人，用说桎梏，以往吝。”《随·上六》：“拘系之乃从，维之，王用亨于西山。”《遯·六二》：“执之用黄牛之革，莫之胜说。”《困·初六》：“臀困于株木，入于幽谷，三年不觌。”《困·六三》：“困于石，据于蒺藜。”《困·九四》：“困于金车，吝，有终。”对这些刑具牢狱之名的解读，古往今来没有太大的异议。没有必要也没有可能再以“坎”为牢狱之名，以“坎”为牢，在《易经》文本中没有根据。

其三，仔细绎读《易经》经传文字，坎卦爻辞中的“入于坎窞”“来之坎坎”等，与需卦之“入于穴”“出自穴”一样，皆为人之主动行为，不像是被拘系于牢狱的情景。如果“坎”是牢狱的话，那么对于坎卦经文中重要的“习坎”（习者，袭也，重也，复也），若解释为“习牢”又是何意？同样的，又怎么理解“坎坎”“坎窞”这些名目？恐怕不易解释。还有，如果“坎”为关押罪犯的监狱牢房，则《坎卦·六四爻辞》“樽酒簋贰，用缶，纳约自牖，终无咎”，何以会以樽簋酒食款待囚徒，同样也无法圆满解释，令人难以理解。

其四，闻一多以甲骨文中“牢”字（[illegible]、[illegible]）为由，认为与水泉相似，故认为“牢”为水牢。这似乎是闻先生于音韵通转之外持此论点的唯一坚证了。殊不知甲骨文中的“牢”字，并不指监牢禁狱，而是指祭牲（祭祀牺牲），即通过圈养特供祭祀用的牛羊马等家畜，常见有用“三牢”“二宰”等例，与文献中用作祭牲的“太牢”（大牢）、“少牢”（小牢）有些渊源关系。而字形正是圈养家畜以供祭祀作牺牲的圈栏，并非地穴。陈梦家早就指出：“卜辞牢、宰、寓并泉、𢍏皆从[illegible]，象平地上以圈栅为栏。”对于这个字形，杨升南有更加细致的解说：[illegible]是关养牲畜的圈栏的平面视图：下方缺口是门，｜｜｜是牲畜进出的道，这个道两旁栽有护栏。这个带有护栏的道，设计是很科学的，道的宽窄正可容纳一头或两头牲畜，由此就能够防止牲畜进出时乱窜乱撞，拥挤一团；否则就会出现进出混乱无序而将门栏挤坏，造成危害。从甲骨文资料看，在这样的地上圈牢中圈养的牲畜有牛、羊、马等三类家

畜。𡧱（牢）从牛，表示圈栏中央的是牛；𡨄（宰）从羊，表示圈栏中养的是羊；𡨁（寓）从马，表示圈栏中养的是马。“寓”字，在文献中称为“厩”，即马厩。凡此种种，都是圈养家畜的牢圈，属于地上围栏式建筑，与地穴、水牢、土窖等并无关系。

其五，在甲骨文中，圈养家畜的称之为“牢”，而拘系罪犯者则称之为“圉”，即后世所谓囹圄者也。甲骨文中“圉”字，作[illegible]、[illegible]、[illegible]、[illegible]、[illegible]、[illegible]、[illegible]等形，从囗从人从執或从㚔，为合体会意字。后几个省去人形的“圉”字，当是前者的省体。字象人带桎梏刑具而被拘系于囗中之形，王襄《簠室殷契类纂》首释此字曰：“从執，从囗。執，许说‘捕罪人也’。囗，古围字。捕罪人而拘于围中。”叶玉森《殷墟书契前编集释》也将该字隶定为䵼，释为圉。学者大多从之无疑。尤其是齐文心女史论之甚详，可称的论。分析[illegible]字结构，囗象囚室，即古围字，[illegible]即執字，其中[illegible]为人（犯人或囚徒）之跽坐状，两手前伸，[illegible]称为拲，即㚔，类似后世的手铐，執字就像罪犯跪地手带刑具之形。也就是说“[illegible]”字像人戴手铐刑具后被囚禁于封闭型的木室或石室中之形。这与后世作为监狱的囹圄非常吻合。《说文・幸部》：“圉，囹圄，所以拘罪人。从㚔，从囗。”《说文・囗部》则云：“囹，狱也。”“圄，守之也。”《玉篇・囗部》亦云：“囹，囹圄，狱也。……圄，禁囚也。”也就是说，不论是甲骨文字考释，还是《说文》注释，均只言“圉”之所从之“囗”，就是囹圄、囚室、监狱，从未说明这是地穴式监牢。

其六，当年拘系西伯昌周文王的商代晚期监狱——羑里（牖里），即周文王“拘而演易”的地方——也不是所谓的“土牢”和“水牢”，而是高台建筑。闻先生从坎卦六四中有“纳约自牖”，而推测可能与“牖里”有关，“以地窖为狱，则狱全不可见，惟见其牖，《书》传称殷狱曰牖里，或以此欤？”这纯属望文生义的想象，并无实际证据。现在的羑里城仍然是一个高于地面 5 米多（丈余）、面积10 000平方米的土台，是一个集龙山文化与商周文化堆积厚达 7 米、延续很久的古代土丘，该遗址中曾发掘出属于新石器时代的陶罐、瓮、鬲、鼎、盆、豆等生活器具。也就是说，当年作为拘系周文王的监狱之前，这里就是古人类丘居的地方。不可能是土牢，更不是水牢。

其七，先秦时期监狱的称呼，有“钧台”“夏台”“楼台”“圜土”等名目，其中“钧台”即“夏台”，与羑里城殷纣王拘系周文王的监狱相类，夏台相传是夏桀拘系商汤的监狱。“楼台”也指监狱牢笼，比如《左传》哀公八年记载：“邾子又无道，吴子使太宰子余讨之。囚诸楼台，栫之以棘。”可见，古代的监狱多建在高台之上，正如羑里城是在高台上一样。揣测其意，拘系犯人于高台之上，易于监控，不易逃跑。试想，如果掘地为土牢，犯人有可能挖掘地道越狱，逃避监禁，故而必不然也。故古人建造监狱，一般是“皋陶造狱，划地为牢”，鲜见“掘地为牢”者，而大量的“掘地为牢”是晚至唐代酷吏来俊臣的发明创造。当然，古代也有“水窖为牢”“土穴为牢”者，是为特殊的监狱，故特加“土”字、“地”字、“水”字等字眼修饰以标其特殊，更见其并非一般的牢狱也。此益可见古代早期监狱一般都是地面封闭建筑，而不是地牢。再有就是“圜土”，据今本《竹书纪年》，在夏后芬（槐）时“作圜土”。可见“圜土”很可能在夏代就已经出现了。关于“圜土”之制，《周礼》也多有记载。《周礼·秋官·大司寇》：“以圜土聚罢民。”《周礼·地官·比长》：“若无授无节，则唯圜土内之。”郑注：“圜土者，狱城也。”《释名·释宫室》：“狱……又谓之圜土，言筑土表墙，其形圜也。”可知“圜土”就是建成圆形的土墙，作为监狱用来囚禁犯人。如此，则“圜土”是在地面上筑墙而成封闭型空间，与甲骨文“圉”字所象正同，也并非地下窖穴。

三、“坎”为地穴式建筑

如上所论，将《易经》之“坎”当作监牢是不正确的。那么，传统的“坎”为坎陷说法，就能站得住脚吗？也不见得。因为坎陷之“坎”应是指猎人捕获野生动物的陷阱，而《易经》中的“坎”，多是指人事活动，如“来之坎”“入于坎”等，显然不能指为坎陷的陷阱。

但是如果将其视为上古时期大多数人经常居住的地穴式或半地穴式建筑，则是完全可以成立的。

（一）“坎”为地穴式建筑的文献记载

因为人类居住的历史，一开始没有正式房屋之前，就是穴居野处。这在文献中多有记载。

上古穴居而野处，后世圣人易之以宫室，上栋下宇，以待风雨。（《周易·系辞》）

昔者先王未有宫室，冬则居营窟，夏则居橧巢。（《礼记·礼运》）

（禹）卑宫室而尽力乎沟洫。（《论语·泰伯》）

禹穴之时……治为宫室。（《越绝书》）

当尧之时，水逆行，泛滥于中国，蛇龙居之，民无所定；下者为巢，上者为营窟。（《孟子·滕文公下》）

古者人之始生，未有宫室之时，因陵丘堀穴而处焉。（《墨子·节用》）

古之民，未知为宫室时，就陵阜而居，穴而处下，润湿伤民，故圣王作为宫室。为宫室之法，曰室高足以辟润湿，边足以圉风寒，上足以待雪霜雨露，宫墙之高，足以别男女之礼，谨此则止。（《墨子·辞过》）

民有掘穴，狭庐所以托身者。（《淮南子·主术训》）

古者民泽处复穴……圣人乃作，为之筑土构木，以为宫室。（《氾论训》）

舜作室筑墙茨屋，辟地树谷，令民皆知去岩穴，各有家室。（《修务训》）

早期人类居住条件经历了长期的发展，由自然山洞岩穴，离开岩穴，自筑巢穴，逐渐过渡到平原之上“筑墙茨屋”。

随着人们社会实践的经验积累和建筑技术水平的提高，以及创造居住条件的工具之不断改进，供人类居住的地穴式、半地穴式、窑洞式、地面式、土台式、干兰式等建筑形式不一的居宅相继出现了，其造型变化也导入了一个由简单到复杂，由低级向高级迂回曲折的渐进过程。但这种早期“作室”，并非都是建造高大的宫室建筑，宫殿建筑只是供极少数统治者居住，或作公共集会场所使用，而大量的则是筑造地穴式或半地穴式建筑以供广大中下层贵族和平民以及奴隶阶层居住之用。

《说文》中有“凵”字，但许慎解释为：“凵，张口也。象形。凡凵之属皆从凵。(口犯切)”其实，这是根据后世的小篆形体对该字所作的错误解释。这确实是个象形字，但不是张口的象形，而是土穴的形象。如清人朱骏声在《说文通训定声》中谓：“凵，一说坎也，堑也，象地穿。”可谓不受《说文》的迷惑，而能根据事实揭示真相者。“坎”训为“地穴”，这在典籍中也有明证，如《礼记·月令》孔疏云：“若高地则凿为坎，谓之为穴”。可见《易经》坎卦中的“坎”(凵)非它，就是地穴式建筑，与需卦中的“穴”所指相同。

据易学史家杨效雷教授告知，需卦上卦为“坎”，故需卦六四、上六爻辞中有“穴”。杨教授一语中的，可谓高人慧眼，令人颇感《易经》之奇妙。此正可证明，《易经》坎卦之“坎”就是需卦之“穴”，“穴”就是“坎”，两者是一回事，均指地穴式建筑。

我们从《诗经·大雅·緜》这篇早周民族史诗中，依然可以看到先周时期“古公亶父，陶复陶穴”的生活生产场景。可以说，直到商周时代，地穴或半地穴式建筑还是早期人类生活的主要居住建筑形式。

(二)甲骨文中“凵”(坎)即为地穴

说“坎”之为地穴，在殷墟甲骨文中可以看到很多例证。甲骨文中有“坎”字，作凵(《英藏》385)之形，正与《说文》“凵”字形状吻合。但此字单独使用的时候较少，而与之相关的是常见的“出”“各”等字以及与野生动物造型合成一字者(这个意义上的“凵”是陷阱，用来捕获野生动物，另当别论)。“出”字甲骨文作(《合集》19317)、(《合集》6106)、(《合集》20738)、(《合集》5762)、(《合集》33050)、(《合集》3830)等形；“各”字作(《合集》5439)、(《合集》5439)、(《合集》31116)、(《合集》10405)等形。

对于此二字，各家考释多囿于《说文》之限，未能得之。王襄先生考证：“契文之出，从止从∩，止为足象步行于∪外，∪乃∩之倒文。∩，许说‘交覆深屋也’，人步行于屋外，出之谊也。”对于“出”字形义之释，初现端倪，但谓“出”字所从之“∩”乃屋宇倒文(∩)，则失之矣。

至于省吾先生，始得确解：字上从，象倒趾形，下从凵，即《说文》凵字(口犯切)，典籍通作坎。字象人之足趾向下陷入坑坎，故各字有停止不前之义。典籍各字通作格……又甲骨文出字作也作，这和各字只是所从之止有向上向下之别。或谓出字“从止象足自坎出。”（《柏考》一〇页）各字之形象足陷入坎，故其本义为停止；出字之形象足自坎出，故其本义为上出。各与出的形与义相反而相成，可以互验而知其造字的由来。无独有偶，杨树达先生也释“凶”“臼”二字下部所从之凵，当即《说文》“凵”字，即“坎”字，谓：“按凵象坎陷之形，乃坎之初文。”其说至确。

后来王慎行综合前辈学者论述，将甲骨文中“凵”字作了深入细致的分析，将其分为两种情况。一种是从各种兽形、从凵之字，是陷阱之“陷”，是以凵象挖地为坑以陷野兽之形。另一种就是“出”“各”等字所从之凵、∩、∪，实为穴居剖面之象形，所从之ㅂ，疑为寝穴台阶之形。由“各”“出”字所从之“坎”的凵、ㅂ、ㅂ的演化痕迹，可以看出，最初的居穴是没有台阶的（可能有通往穴内的坡道），以后有了ㅂ形的台阶，后世不知ㅂ为何物，“各”字下部之ㅂ，被《说文》讹变为ㅂ，以为“口”字，遂使“出”“各”诸字本义乃晦。今案甲骨文“出”字上部所从之ㅂ，象顺趾形，以示人的脚趾已露出穴外，所以有外出的意思。而“各”字上部所从之ㅂ，象倒趾形，以表示人的脚趾已进入穴内，所以有格（来、至）的意思。至此，甲骨文所反映的商代乃至以前的穴居生活情景被完全揭示出来。

也就是说，甲骨文“出”字形所象，正可以用《易经》“出自穴”来解释；而甲骨文“各”字形所象，则相当于《易经》中“来之坎”“入于坎”“入于穴”等卦爻辞所反映的生活场景。

（三）殷墟考古中所见地穴式建筑

中国考古学之父李济分析殷商时期的建筑状况，也把“穴居”当作当时的主要建筑之一。而考古学家石璋如一生都在研究殷墟考古发现的商代建筑。石璋如将商代建筑分为地上建筑和地下建筑两类，他将墓、窖、穴、窦、坎、坑、沟等 7 种地下建筑做了详细的分类整理研究。其中的窖、穴、窦、坎，应该就是我们所说的地穴式和半地穴式建筑。石璋如将其分为：有台阶的地穴称为“穴”，有脚窝供上下的方形地穴称为“窖”，用作居住人的圆形或椭圆形地穴称为“窦”。细则细矣，但显得过度分别，未必尽然。因为仅以口部形状来区分窖与窦，是不确当的，一些地下灰坑不限于圆形或椭圆形；同样窖穴的形状也不仅仅是方形或长方形。

从殷墟考古发掘情况来看，当时的穴居房子依然与地面建筑、高台宫殿平行发展，相伴始终，而且数量远远超过了平地房子和宫殿的总和。这不仅仅是因为这种穴居房子制作简单，省工省料，而且因为其用途广泛，既可为窖藏物，又可作为手工业作坊，还可作为居室供人数众多的中下层平民居住休憩，等等。

在长达近一个世纪的殷墟考古发掘中，发掘出了大量的地穴式居住建筑。此类房屋在小屯宫殿区、小屯西地、苗圃北地以及大司空村都有发现，按其平面形状，可分为圆形、椭圆形和长方形三种；多数都有斜坡式台阶，有的台阶靠着住室的墙壁，有的在住室的中间；大多为单间，极少数的分两间；大多数地穴口径大于深度，其深度一般在 2～3 米之间，个别的（如小屯乙七：H23）深达 6 米；坑壁平整，似经精心修削，有的上面还涂有草拌泥面；居住面平整、光滑、坚硬，有的还曾用火烤过。这

类穴居建筑以坑壁当墙体，顶部用树木枝干和其他植物茎叶（或再加上泥）封盖。如今屋顶都已塌毁，有时在坑穴堆积中还能找到一些屋顶垮塌下来的草拌泥块。

地穴式建筑在小屯宫殿区夯土基址下及其附近发现较多，地穴大而浅，口径大于深度，一般深2米左右，出入地穴的道路为斜坡或台阶，石璋如依据其形状及台阶位置，将其分为圆形边阶式、圆形中阶式、椭圆形单边阶式、椭圆形双边阶式、椭圆形中阶式、方形边阶式等六种。以下按房子的形状分类举例介绍。

（1）圆形地穴式建筑

H134位于乙十二基址西边缘之下，坑口呈圆形，上口距地表1.14米，坑口直径1.25～2.27米，深2米，底部居住面平坦。沿坑壁由七个不同高度的台阶组成上下通道，最下的台阶之下为斜坡。居住面中间有一较大的砾石，作为柱础，底边有陶罐一个。可以推测这座房子地面上当时曾有一个圆锥式的屋顶，见图8－9（4）。

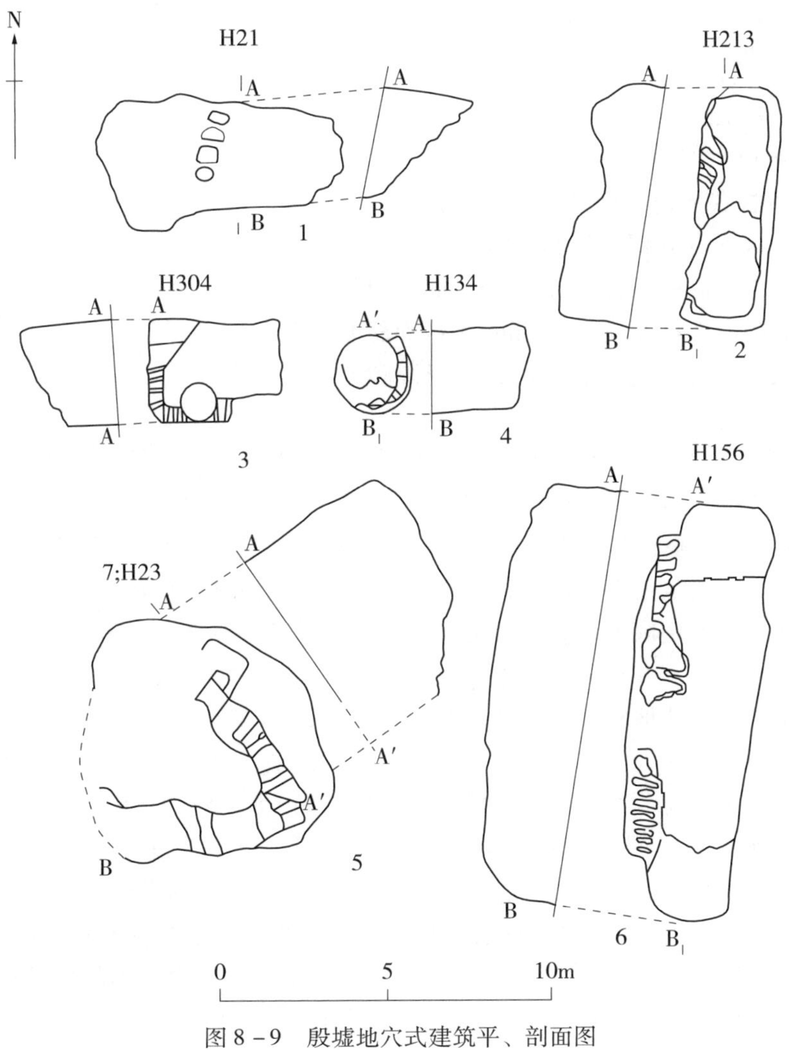

图8－9　殷墟地穴式建筑平、剖面图

H23 位于乙七夯土基址之下 40 厘米处，坑口较规整，下部不甚规整。直径 7 米，深 5.85 米。坑内有一阶梯，共 17 级，如图 8－9（5）所示。台阶建在住室中部，将居穴分隔为两部分。西面一部分较浅，约深 4.7 米，东部比西部深 1 米左右。底有一块大石，坑口外有两块石头，可能为支屋顶之础。

小屯西地 GH213 平面近圆形，南北径 4.15 米，东西径 3.6 米，深 3.2 米。东南隅有 5 级台阶作为通道，环绕坑口的周壁（如图 8－10 所示）。台阶宽的约 35 厘米，窄的约 15 厘米，高 10～35 厘米。坑壁直而光滑，近底部处抹有草拌泥。坑底平坦，有的地方也抹有草拌泥。

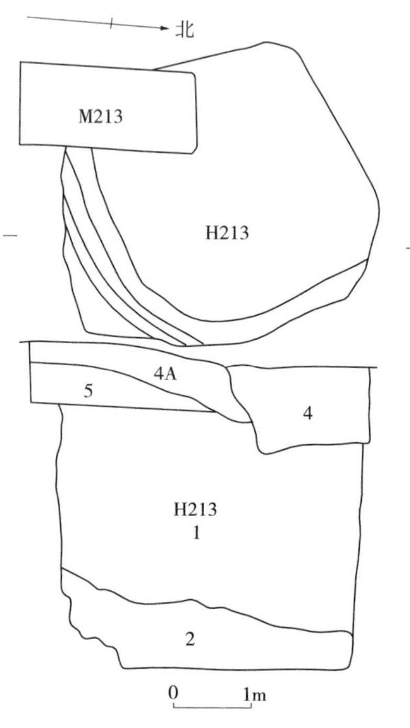

图 8－10　小屯西地 GH213 平、剖面图

（2）椭圆形地穴式建筑

H213 在乙十八基址下，上口距地表深 58 厘米。坑穴长 7.02 米，宽 2.28 米，深 2.02～2.32 米。坑口北部窄而浅，南部宽而深。宽为 80 厘米的阶梯式通道从南部开始，沿西墙一侧向下。当台阶（共 6 级）下降到坑口下 1.5 米深时，与立在坑底的一条土梁相接，此土梁把居住穴分隔为南北两部分。南部的居住面较平坦，要进入南部必须先进到北部，再沿隔梁转入南部，如图 8－9（2）所示。

H156 为一大型地穴式住屋，其长径为 12.4 米，短径为 3.8 米，深 2.25 米。坑口距地表深 1 米，其上叠压着乙十一夯土基址。该地穴式房子有两条沿西墙作上下用的台阶，南部的台阶从南向北而下，共 9 级，北部的台阶从北向南而下，共 10 级。两条台阶在西墙中部坑底处会合，坑的底部不甚平坦，如图 8－9（6）所示。

H21 被叠压在乙五夯土基址下，口部长径 7.3 米，短径 2.3 米。上口距地表 1.3 米，坑深 2.3 米。此地穴被一南北向宽约 60 厘米的 4 级台阶从中分开，最下的一个台阶在坑口下 1.8 米处。穴底平坦，居住穴中发现许多青铜器碎片和铸铜残范，所以，这里附近很可能分布有一处青铜铸造作坊，如图8－9（1）所示。

小屯西地 GH405 是一处面积较大的地穴式房子，坑口距地表 0.8 米，平面呈椭圆形，坑口南北长 10.5 米，东西宽 4.8 米。南端有一窄长的带台阶的通道，上口宽 1 米，底宽 0.8 米，长 4.6 米，内有台阶 13 级（如图 8－11 所示）。台阶宽 0.2～0.5 米、高 0.1～0.4 米不等。在通道两侧的地面上，有支撑棚顶的柱子洞三个。填土中出有较多的硬土块和草泥块，可能是顶棚倒塌后的残迹。坑底已近现代地下水

面，情况不清。

（3）长方形地穴式建筑

H304 位于丙一夯土基址的北部，上口距地表 0. 37 米，口长 4. 05 米，宽 3. 05 米，深 3. 55 米，部分被晚期墓葬和现代水井打破。居住面平整光滑。坑内有一台阶由南墙东头开始向西，至西端再向北，沿西墙而下，直至西墙中部而止。台阶通长 3. 6 米，共 11 级，其中沿南墙的 6 级，沿西墙 5 级，如图 8 –9（3）所示。

大司空村 H410 口部呈长方形圆角，东西宽 1. 55 米，南北长 4. 40 米。周壁平直，底部不甚平整。东侧有一条外窄内宽的斜坡通道，长 2. 6 米。通道由南往北逐渐倾斜，直至坑底。房内出土有 2 800 余块骨料、半成品和一些制骨工具，故该房可能是生产骨器的工房。

以上所述殷墟考古发现的地穴式建筑，都应该是《易经》所谓“坎”与“穴”的实物再现。

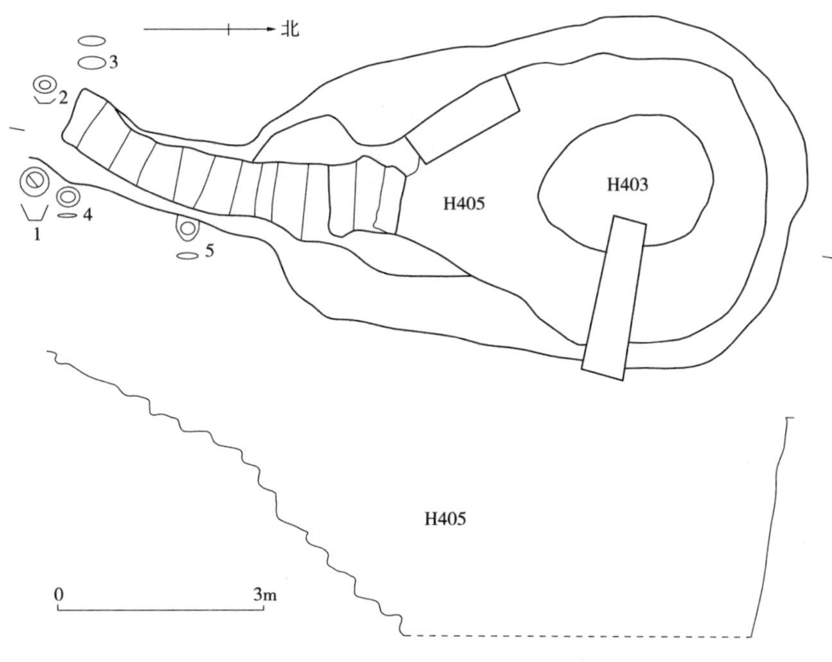

图 8 –11　小屯西地 GH405 平、剖面图

四、 “习坎”“窞” 等为半地穴式建筑

上文所述，论证了《易经》坎卦等的“坎” 和需卦中的“穴”，属于商代晚期供人们居住的地穴式建筑。那么，又如何理解坎卦初六与六三中的“习坎”“坎坎”

及“坎窞”呢？

简单来说，这就是《诗经》中“陶复陶穴”中的“复穴”，或称“寝穴”，也就是考古中发现的半地穴式建筑。而这种半地穴式建筑在甲骨文中也有反映，这就是甲骨文中的“亯”与“复”字。

（一）甲骨文中的半地穴式建筑

甲骨文中有一字，作□（《合集》811正）、□（《合集》3061）、□（《花东》416）等形，过去很少有人关注，也不能释读。陈永正首先将它隶定为“亯”（“复”字所从）、释为“寝”的本字。在此基础上，王慎行指出：“□，正是古寝穴的象形，中间的长方形象窖穴的本体，两头的小口是出入处，设有脚窝或台阶。”《说文》云：“寝，地室也。从穴、復声。”而“穴”字，《说文》作□，训为“土室”。《段注》：“引伸之凡空窍皆为穴。”可见，“寝与穴同属地下窖窟。甲骨文□是寝穴的俯视平面图；小篆□是寝穴的纵剖面侧视图。□两端的孔道犹□两旁的通口。”

与此相关，甲骨文中还有□（《英藏》468）字，异体字形还有□（《合集》19354）、□（《合集》22048）、□（《合补》6605）、□（《合集》20315）、□（《合集》19358）□（《花东》401）等。这就是“复”字。甲骨文“复”字作□（前7·3·1），其下部所从之□，乃人脚趾的象形，与上部所从之□，构成会意字，表示人从地穴的一端出入。故“复”字的造字本义应是出入寝穴，因为人们每天要出入穴居多次，引申之则有重复义，而《说文》却以引申义为说，训作“行故道也”，已非“复”字初义。

（二）文献记载中的半地穴式建筑

“复”字在古代典籍中又作“復”，属于后起字。《诗经·大雅·緜》：“古公亶父，陶复陶穴。”《淮南子·氾论训》：“古者民泽处复穴，冬日则不胜霜雪雾露，夏日则不胜暑蛰蚊虻。圣人乃作，为之筑土构木，以为宫室，上栋下宇，以蔽风雨，以避寒暑，而百姓安之。”“复”，经传又作“複”，《礼记·月令》《郑注》：“古者複穴”，《孔疏》云：“複穴者，谓窟居也”，即其例。“復”，《集韵》又通作“寝”；《说文》寝字下引《诗经·緜》“陶复陶穴”作“陶寝陶穴”。足证复、復、複、寝诸字古皆通用。

那么这种“复穴”究竟作何形状呢？《诗经》毛传云：“陶其土而复之，陶其壤而穴之。”郑笺亦曰：“复者，复于土上，凿地曰穴，皆如陶然。”今案“陶”字在此用作动词“掏”，意谓“挖掘”。《礼记·月令》孔疏也称：“古者窟居，随地而造。若平地则不凿，但累土为之，谓之为複。”毛传所谓之“土”，指地下掘出来的泥土，复培于穴旁，故称为“复”；毛传所谓之“壤”，即地下未经掘动的泥土，穿洞直下，故称为“穴”。

也就是说，向地下凿洞，或在断崖上横向掏洞，是为“穴”，即地穴式建筑；而将掏出的泥土再复培于地穴周边之上作为室墙，是为“复”，即半地穴式建筑。

而《易经》中的“习坎”“坎坎”，习读为袭，《尚书·金縢》“一习吉”，《左传》哀公十年“卜不袭吉”，作袭。《周礼·胥师》“袭其不正者”，《注》曰：“故书袭为习。”又《彖传》：“习坎，重险也。”《经典释文》：“便习也，重也。”故可知，“习”者，袭也，重也，复也。“坎”为地穴，则“习坎”“坎坎”就是“复坎”“重坎”“复穴”。即两“坎”重之为“习坎”。我们注意到，在《易经》中“乾”“震”“坎”“艮”“坤”“巽”“离”“兑”八纯卦中，只有坎卦的卦名加一“习”字，当有实际所指。颇有意思的是，受杨效雷之语启发，坎卦为纯卦，卦象作䷜形，正是上卦为“坎”下卦为“坎”，是为“复坎”“习坎”，也就是“复穴”，正是这种半地穴式建筑。

再说“坎窞”之“窞”。甲骨文无“窞”字，却有“臽”字作（《花东》165），像人陷入坎坑之形，但与甲骨文中制作陷阱捕获野兽的那些字属同一类。此字恐非《易经》的“坎窞”之意。《易经·坎卦》虞翻注：“坎中小穴称窞。”《说文》也训“窞”为“坎中更有坎也”。《经典释文》云：“窞，坎底也。”故王慎行谓“窞”即穴中之窖，以考古资料中确有在殷人居穴中穿洞直下的地窖为证。实际上该字形结构并未表明坎穴中再穿窖洞之意。且看“窞”字小篆作，正像一人在两坎之中，上穴（）下臼（），上穴像土墙及屋顶，下臼像地坎，穴、臼都是坎坑，也就是“习坎”之意。干宝注：“窞，坎之深者也。”上面加筑土墙的坎穴，自然比坎穴本身要深。也就是说，“窞”正是复穴，也属于半地穴式建筑。

（三）殷墟考古中所见半地穴式建筑

殷墟考古发掘中，也发现了不少下部挖坎上部筑墙等半地穴式居住建筑。此类房子在小屯宫殿区、小屯西地与小屯北地、苗圃北地、大司空村和北辛庄都有发现。半地穴式房子一般较地穴式浅，有圆形、椭圆形、方形和长方形多种。其中圆形的直径多在2～3米，方形或长方形的居住面积在20～30平方米。

这类房子的一般造法是：先在地上挖0.5～2米深的长方形浅坑成房地基，以坑壁作为屋墙的下部，再在坑壁之上培筑低墙加高（或草编墙）以支撑屋面边缘部分，待至一定高度时，架设木椽，四壁和室中有立柱支承支撑屋顶。屋顶形状可能为四角攒尖顶或在攒失顶上部，利用内部柱子，建成两面坡屋顶。木柱上架横梁和椽子，上面再铺茅草、树枝以缮顶，然后再抹上草拌泥。穴的一边凿斜阶通向地面作为出入门口。屋内地面平整，并经火烤，有的还有火池或灶。有的在坑底有柱洞，位置多在坑底边缘，其上立木柱用以建墙或支撑地面上的屋顶。

（1）圆形半地穴式建筑

苗圃北地H238号坑，平面呈瓢形，东宽西窄，上口被同期的灰坑和墓葬打破，口径东西长4.25米、南北宽2.7米，坑口距现代地表深1.5米，底距坑口深1.75米。出口在东边，由口向下0.9米开始有台阶通向窖穴中部，台阶现存三级，每级长0.30～0.50米、宽0.40米、高0.10～0.30米，表面有践踏的痕迹。窖穴的周壁平整光滑。这类半地窖穴式房屋建筑，在新中国成立前对殷墟的十五次发掘中，也发现不少，石璋如曾作过专门的研究。兹不一一。

（2）方形半地穴式建筑

苗圃北地F1，平面略呈方形，东西长3.3米，南北宽3.5米，现存深0.4米。四壁均为生土，坑壁平直。四角各有一个柱洞，房底有一层厚3～6厘米的红褐色硬面。居住面中部安放一套长方形或方形的大陶范，但这一陶范被一座殷代马坑打破（如图8－12所示）。这座半地穴房子应是为铸造大型铜器而搭造的一座工棚。

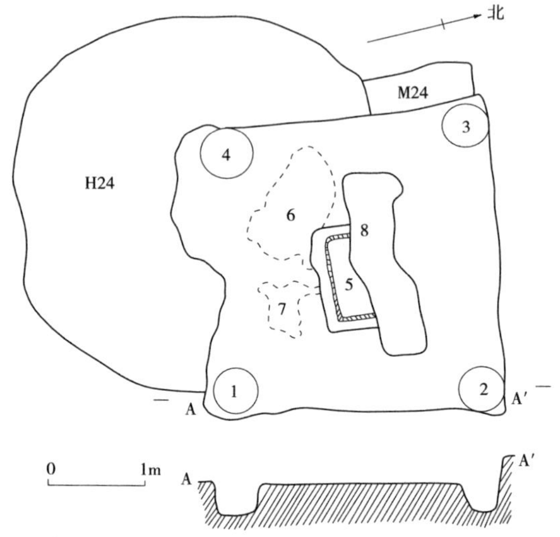

图8－12　苗圃北地F1平、剖面图

1975年冬在小屯北地发现两座相连的房子（F10、F11），两座（半）地穴式房子均挖在一座被废弃的夯土基址上，其时代属殷墟四期。其中F10是一座半地穴式房子，近方形，上口东西长2.5米，南北残长2.1米，深1～1.3米，北部被Fll破坏。地面北低南高，西北端扩出一个小耳室，门道可能在北壁东端，居住面系用黄褐土铺成，西南部有一片烧土面。房内上层发现大量经过火烧的夯土块和草拌泥块。夯土块应是房子上部的墙体塌下的，草拌泥块则是房顶塌下的。墙体夯土块形体较规整，有长方形、方形和拐角形，多数残破，最大的一块呈长方形，长40厘米，宽21厘米，厚12厘米，像是土坯。这些类似土坯的建筑材料，皆经夯打，上有直径3～6厘米的夯窝。筑好墙后再经火烧，呈红褐色。草拌泥块背面的附着物似苇秆之类的东西，其表面涂有一层类似细沙的合成物，上面还有一层白灰面（如图8－13所示）。

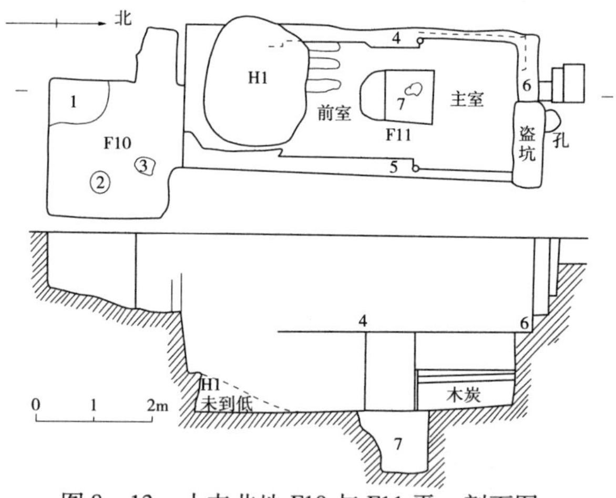

图8－13　小屯北地F10与F11平、剖面图

（3）长方形半地穴式建筑

北辛庄H3，平面呈长方形，东西长2.8米，南北宽1.95米，深约1.05米。坑

壁规整光滑，地面平坦，有厚约 2 厘米的红褐色居住面。坑西南部伸出一条舌形大通道，长、宽各 1.3 米，内有台阶 7 级，台阶宽 0.9～1.4 米，高 14～20 厘米。通道口东侧有一堆废骨料，为骨器制造后的废弃物（如图 8－14 所示）。这座房子似为制造骨器工奴的住所。

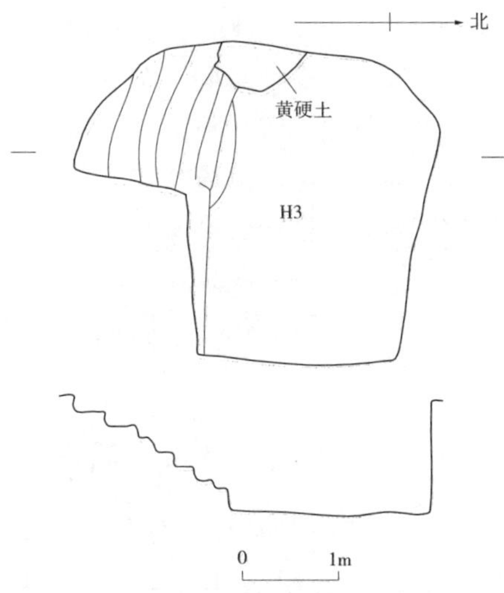

图 8－14 北辛庄房址 GNH3 平、剖面图

小屯村北的 F11 位于 F10 的北面，打破 F10，是一座半地穴式房子。上口呈长方形，南北长 5.95 米，东西宽 2.5 米，深 3 米。自口向下深 1.6 米处房子的北、东、西三面出现烧土台面，台面往下约 1.3 米为居住面。该房分前、后两室，后室（北部）为内室，修建讲究，在北、西、东三面墙壁下部都嵌有木炭，其作用在于防潮。后室北壁上挖有一条槽，可能是通气孔。门道原设在北边，上有三级台阶，被封闭废弃后改设在南边。前室（外室）被一座晚期灰坑破坏。前、后室的居住面皆为平整的红烧土硬面，厚约 17 厘米。在居住面下房子的中部还挖有一长方形祭祀坑，坑内埋一具被肢解的人骨架。

值得注意的是，在 F11 室内堆积中还有倒塌的墙壁，墙面上涂有白灰面，上面还绘有红黑色花纹。纹饰似由对称图案组成，线条较粗，转角圆钝，应是主题中的辅助花纹。《墨子》佚文记载殷人宫室“宫墙文画”“锦绣被堂”（《说苑·反质篇》引），由这一发现可见绝非虚言，不仅宫室建筑有壁画雕梁，而且普通的半地穴式建筑也做一定的装饰。这从另外一个方面也说明，半地穴式建筑不一定都是地位低下的阶层人士才能居住的。也就是说，半地穴式居住房子也分高级、低级的等次，不能一概而论。

五、结语

综上所述，《易经》坎卦、需卦等卦中的“坎”“穴”“习坎”“坎坎”“坎窞”等，应是上古时期尤其是商周时期先民穴居生活的反映，其中“穴”与“坎”，属于地穴式建筑，而“习坎”“坎坎”“坎窞”，文献中称“复”“復”“複”“寝”等，则是半地穴式建筑。这在殷墟甲骨文材料和殷墟考古资料中，都有明证。凡此这些，都是先秦史研究中极其有用的社会生活史资料。

至于《易传》等典籍将“坎”解释为坎陷，可能是《易传》晚出（比如战国秦汉），而此时远离了穴居时代，当时人已经不大了解上古乃至商周时期普遍存在的供人居住的穴居建筑，故将其释为此时仍然存在的捕获动物之坎陷，正如《说文》认错“坎”(凵)字进而望文生义解说一样。而《易经》之“坎”的原始本义(穴居建筑),逐渐隐晦不显,为历史所湮灭了。

(该文原为2012年12月四川阆中“《易经》与传统建筑文化国际学术研讨会”(中国·阆中2012首届天宫易学风水文化国际论坛暨汉文化区域风水文化联合申遗研讨会)提交并宣读论文)

第六节 《易经》“蛊”“巽”卦爻辞与汤盘铭文

一、“先甲三日,后甲三日”与选日

《易经》蛊卦卦辞“先甲三日,后甲三日”,历来训解不一。宋丁易东《易象义》卷三:“先甲三日,辛也;后甲三日,丁也。下巽纳辛,互兑纳丁。”

《周易·杂卦》:“兑见而巽伏。”据《周易·说卦》,兑为巫,巽为绳直。马王堆帛书本,“巽”作“筭”,刘大钧、林忠军认为:“解‘巽’作‘筭’为是。”李尚信说:“‘筭’也就是演算、推演,乾、坤、坎、离为天、地、日、月,所以六十四卦错综图就是效法天地日月来推演、预知整个天地日月的运行、四时的变化和万事万物的吉凶的一个模式。”在六十四卦错综图中,夬䷪、萃䷬、困䷮、革䷰位于特区。此四卦的特点是:上卦皆兑(巫),下卦分别是乾(天)、坤(地)、坎(月)、离(日)。夬、萃、困、革的综卦分别是姤䷫、升䷭、井䷯、鼎䷱。姤、升、井、鼎的特点是:上卦分别是乾(天)、坤(地)、坎(月)、离(日),下卦皆巽(绳直)。

《易经》中与“先甲三日,后甲三日”类似的表述还有《巽卦·九五爻辞》“先庚三日,后庚三日”。《易象义》卷八:“先庚三日,丁也;后庚三日,癸也。”据殷墟甲骨文可知,商代每旬之末(癸日)总要例行占卜下一旬的吉凶。是为“贞旬卜辞”。如最早著录于董作宾《小屯·殷墟文字·甲编》一一一四、一二八九、一七四九、一一五六、一八〇一版,后经缀合由严一萍编入《甲骨缀合新编》〇〇一版,现收入《甲骨文合集》一一四八五版的甲骨卜辞:“癸未卜,争贞:旬亡咎?三日乙酉夕,月有食。”即癸日的例行占卜下一旬吉凶祸福的记录。又如,最早著录于罗振玉《殷虚书契菁华》第四页,现收入《甲骨文合集》一〇四〇五版反面的甲骨卜辞:“王占曰:有祟。八日庚戌,有各云自东贯晦。昃,亦有出虹自北饮于河。”据“八日庚戌”可知,此段文字也是癸日的例行“贞旬卜辞”。

根据蛊卦“先甲三日,后甲三日”和巽卦“先庚三日,后庚三日”之文,我们可以推测,丁日、辛日与癸日一样,都是重要的祭日。元吴澄《易纂言》卷一:“《曲礼》云:‘内事用柔日。’辛、丁,皆柔日也。”卷二:“筮日则丁、癸吉,皆柔日也。”

二、“苟日新，日日新，又日新”新解

《礼记·大学》引汤盘铭：“苟日新，日日新，又日新。”郑玄注：“盘铭刻戒于盘也。……君子日新其德，常尽心力，不有余也。”孔颖达疏：“汤之盘铭者，汤沐浴之盘而刻铭为戒。必于沐浴之盘者，戒之甚也。苟日新者，此盘铭辞也。非唯洗沐自新，苟诚也，诚使道德日益新也。日日新者，言非唯一日之新，当使日日益新。又日新者，言非唯日日益新，又须恒常日新。皆是丁宁之辞也。”此训解千百年来，相沿不替，陈陈相因，无有疑之者。

至郭沫若，方提出新说。郭沫若认为，“苟日新，日日新，又日新”乃“兄且辛，且日辛，父且辛”之讹误。郭氏云：“铭之上端当稍有泐损，形如图中曲线所界，故又误兄为苟，误且（古文祖）为日，误父为又。求之不得其解，遂傅会其意，读辛为新，故成为今之‘苟日新，日日新’也。”（如图 8－15 所示）

郭氏新说石破天惊，然董作宾不以为然。董作宾认为，祖、父、兄三代祭日不可能同在辛日。其实，日本学者伊藤道治早已发现，商人对王亥的祭祀多在辛日。张光直进一步发现，商人对夔、岳的祭祀也常在辛日。饶有意味的是，据王国维考证，夔即帝喾高辛氏。看来，帝喾名高辛氏是有依据的。杨升南发现，对河的祭祀，也以辛日为最多。辛日既为重要祭日，祖、父、兄三代祭日同在辛日是完全有可能的。

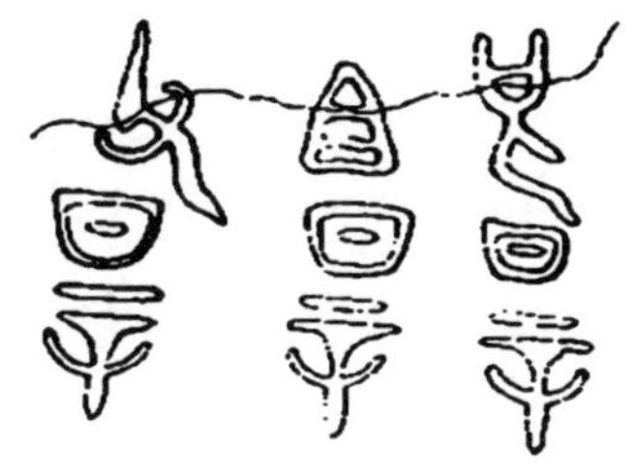

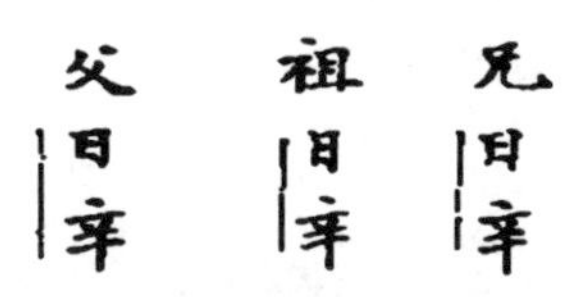

8－15　郭沫若构拟《汤盘铭》图

董作宾驳郭氏新说云：“左行读之，兄在祖前；右行读之，祖居父后。左右两难，不能合于祖、父、兄之三代世次也。”其实，汤盘铭文并非“不合于殷代世次严整之列”，而是反映了左昭右穆的宗庙制度。据李衡眉研究，商代已有昭穆制度存在。汤盘铭祖、父、兄三辈顺序正是按昭穆位次排列的：祖居中，父居左，兄居右。由右而左读，即成“兄日辛，且日辛，父日辛”。《史记·殷本纪》中之所以将报乙、报丙、报丁之次误记为报丁、报乙、报丙，我们认为亦与昭穆制度有关。报乙居中，报丙居左，报丁居右，由右而左读，就成了报丁、报乙、报丙。

郭沫若善作翻案文章，结合《易经》蛊、巽卦爻辞，我们认为，郭沫若对《礼记·大学》中汤盘铭的新解也是一篇极其成功的翻案文章。

（2013 年 10 月天津市国学研究会举办“国学与当代文化自觉暨全国各省市国学研究会会长联席会议”上提交并宣读论文，后与杨效雷教授合作成文，发表于《太湖书院》2014 年第 1 期（总第 6 期）与《周易研究》2016 年第一期）

第七节　甲骨文伏羲女娲探踪

伏羲，又称伏牺、宓羲、庖牺、包牺、牺皇、皇羲及太昊等，是中国传说中的古代君主，是五帝之前远古时代“三皇”之一，与女娲同被尊为人类始祖。在中国神话系统中，伏羲往往与女娲在一起，有龙身人首、蛇身人首的特征，因而被后人称之为龙祖。

根据文献记载，伏羲有许多发明与创造。而其中最有名的文化发明就是他根据天文、地理、山川形势和鸟兽之迹而创画八卦符号。《易传·系辞下》：“古者包牺氏之王天下也，仰则观象于天，俯则观法于地。观鸟兽之文与地之宜，近取诸身，远取诸物，于是始作八卦，以通神明之德，以类万物之情。”因此，伏羲是《易经》的鼻祖，是易学“人更三圣，世历三古”（《汉书·艺文志》）之最早圣人。

但是，这个对中华民族颇有贡献的远祖圣人，最早见之于文献记载是战国时期。后来的考古资料（汉代壁画、画像石）和出土文献（楚国帛书）也都证实了伏羲形象最早见之于战国时期。这严重影响了伏羲在中华文化史、易学史上的地位。那么，对于伏羲这个历史人物的确实存在，有无更早的证据呢？

以下从古文字的角度来对此问题做一构拟。

一、甲骨文“蚰”字解读

甲骨文中有一字，作□、□、□、□、□、□等形，金文也有此字，作□（战国鱼颠匕）形，云梦睡虎地秦简作□（秦二），宋郭忠恕《汗简》也收有此字，作□，均为并列二虫之形，为一会意字。

《说文》：“蚰，蟲之总名也，从二虫，读若昆。”又《蟲部》：“蟲，有足谓之蟲，无足谓之豸。从三虫。”段玉裁注曰：“凡经传言昆蟲，即蚰蟲也。二虫为蚰，三虫为蟲，蚰之言昆也。”高鸿缙认为，虫、蚰、蟲三字实一字，虫是本字，蚰乃复体，蟲为籀文。“许书分为三字，今以所从之偏旁观之，知其意无别，字音亦当为一音之分化。”陈梦家亦云：“蚰，虫之通称，虫、蚰、它为一字也。”但是裘锡圭认为，甲骨文“蚰”字，跟《说文》的“蚰”（昆之本字）究竟是否一字，还有待研究。

罗振玉最早考释此字，认为是“蚰字”。王襄也认为是“古蚰字”。但二人对此字均无解说。

陈邦福认为：“审卜辞之蚰与虫相假，正商汤左相仲虺也。……此云燎于蚰，犹后编之酚于伊尹也。”屈万里认为：“疑蚰为灵圣之地，殷人祀之，故为地名，亦为神祇之称也。”饶宗颐认为：“战国器蚰匕铭，言蚰为水虫，殷人祀蚰，所以侑雨，知为水神，故与水旱有关。”李孝定认为“当为殷先公若旧臣之名”。日本学者白川

静也认为，此字所指乃是蟲的神灵。而詹鄞鑫认为，卜辞中受到祭祀的“蚰”，乃是昆仑山神。以上诸家所论，皆是蜻蜓点水，一带而过，未能深入，也不得要领。

对此字进行潜心研究而有所收获者是台湾艺术史家刘渊临。他详细考证了甲骨文中作为祭祀对象的神灵“蚰”字，是古代伏羲与女娲的形象：

甲骨文蚰字是两条蛇的形状，恰好侯家庄1001号大墓中亦出土了一件蛇形器，根据其五六页上的描述：

一、一头二身蛇形器头尾长约1.365公尺，头端较尾端厚约0.03公尺，平面。大致葫芦形，头“饕餮形”，左身弯曲成正S纹，右身反S纹，两相交叠在二S纹之中腰处，右身在上。二身皆饰同样的同心棱纹，刻线精细。上面全部涂朱红色。二身上面皆微凸，并非平面（如图8－16所示）。发现时头右部右身之尾已被毁，二身上尚有小伤痕数处。……

这是仪仗器物中的一种，可惜的是这一层埋葬情形已被盗坑破坏了……这蛇形器很可能就是蚰。蚰为当时祭祀的对象之一……芮（逸夫）先生认为侯家庄1001号大墓的蛇形器，即是流传于后世的东汉武梁祠及唐高昌国绢上的伏羲、女娲画像，他的这种说法，我非常赞成……蚰是殷代的神祇，而这神祇在后代的神话中称之为伏羲、女娲。伏羲、女娲是晚于殷代的名称，也许在殷代的伏羲、女娲就称为蚰？

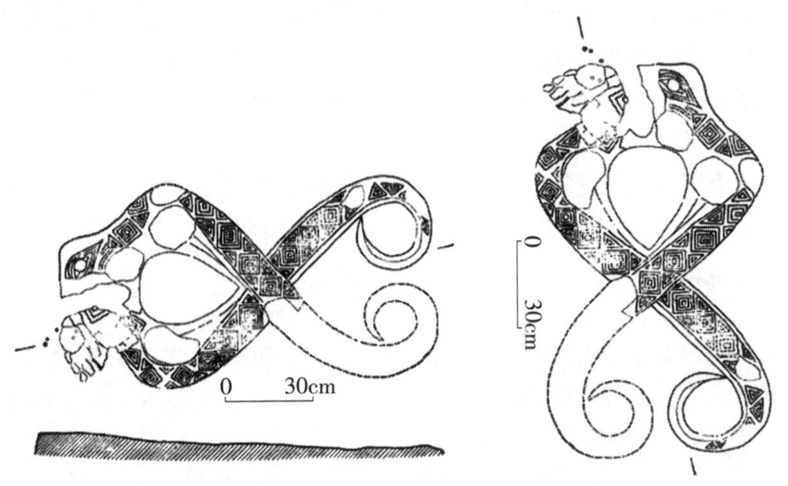

图8－16　殷墟侯家庄西北岗大墓1001出土两头交尾蛇木器纹饰

刘渊临称引芮逸夫曾云殷墟大墓交尾两蛇图案就是后世伏羲女娲交尾图，惜乎未见其文。其实张光直也曾有如此说法，可以辅证：

商代安阳西北冈殷王大墓出土木雕中有一个交蛇的图案，似乎是东周楚墓交蛇雕像与汉武梁祠伏羲女娲交尾像的前身。

刘渊临认为“蚰”即两蛇交尾的会意文字，这与发现于商代器物纹饰上的“人首蛇身”或“双蛇交尾”形象一致，即汉代画像伏羲女娲交尾图像的雏形，由此推断伏羲女娲对偶神话在商代即已存在。这一观点新颖有致，对研究上古神话学来说，我认为是极有参考价值的，因此同意他的说法。

在古代传说中，伏羲时代遭遇洪水，人类灭绝，伏羲与妹妹女娲结合，传下华夏后代，伏羲、女娲既是兄妹关系，又是夫妻关系，他们是中华民族的远古始祖、创世神灵。例如汉应劭《风俗通义》云：“女娲，伏希（羲）之妹。”《春秋世族谱》云：“华胥生男子为伏羲，女子为女娲。”唐李冗《独异志》：“昔宇宙初开之时，只有娲兄妹二人在昆仑山，咒曰：‘天若遣我兄妹二人为夫妻，而烟悉合，若不，使烟散。’于烟即合。其妹即来就兄。”卢仝《玉川子集·与马异结交诗》云：“女娲本是伏羲妇。”都说明了这个问题。

一般认为，四川简阳东汉画像石棺上的交尾图中有“伏希”“女娃”的题榜，以此推断汉代就应当有关于伏羲女娲夫妇的说法了。而据董楚平对长沙子弹库战国《楚帛书甲篇》的解读，他认为伏羲女娲二神生了四个儿子。这四个儿子后来成为代表四时的四神，四神懂得阴阳参化法则，开辟大地。

如果董楚平的这一研究可信的话，说明伏羲女娲这一中国早期唯一完整的创世神话，早在先秦时期（战国时代）就已经出现了。这比以汉代文献记载和实物资料来推测伏羲女娲的故事原型进步了许多。而刘渊临依据殷墟考古资料和甲骨文字形来研究此问题，则是直接运用最早的更为原始的材料，对这一神话故事进行溯源性质的探索了。

下文拟对于甲骨文“蚰”字形分析，并结合后世伏羲女娲图像进行论证，再对甲骨卜辞“蚰”内容说解，算是对刘渊临这一大胆论点做一些自己的补充。

二、“蚰”是伏羲女娲交尾形象补证

在后世的伏羲女娲交尾图像中，如汉画像石中和新疆墓葬出土的帛画中，伏羲女娲大多作交尾状，这正如殷墟1001大墓两蛇交尾状，如图8－17、图8－18所示。

图8－17　山东省沂南北寨汉墓画像石伏羲女娲交尾图

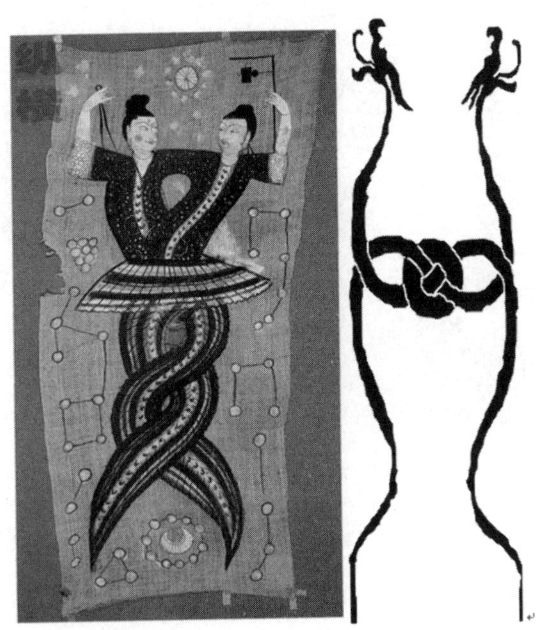

图 8－18　新疆吐鲁番古墓帛画、马王堆汉墓帛画中的伏羲女娲交尾图

但也有两者并列不作交尾状者，如图 8－19～图 8－21 所示。

图 8－19　徐州汉画像石中的伏羲女娲图

图 8－20　重庆璧山县蛮洞坡崖墓中的伏羲女娲图

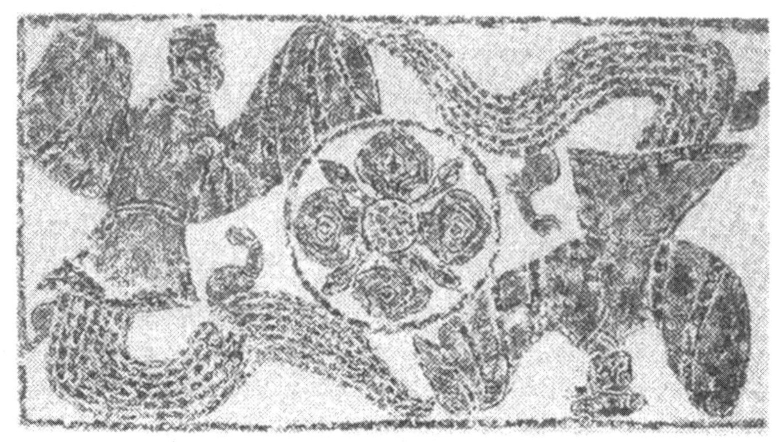

图 8－21　安徽省宿县褚兰镇墓山孜出土汉画像石伏羲女娲图

甲骨文中的“蚰”，其字形造型正呈伏羲女娲并列而不交尾状。

三、与伏羲女娲相关的西王母证据

在后世神话传说中，有将伏羲女娲和西王母放在一个系统中的做法。这在汉画像石中也有此类题材的表现。如山东省微山县两城镇出土汉画像石中，西王母居中，伏羲女娲在其左右服侍。如图 8－22、图 8－23 所示。

西王母与伏羲女娲

图 8－22　山东省微山县两城镇出土汉画像石

图 8－23　山东汉画像石中西王母与伏羲女娲图

而在甲骨文中也有“东母”“西母”，即所谓的东王公、西王母，与伏羲女娲一

样，也是神话中人物。

贞：于东母侑……（《合集》14336）

己酉卜，㱿贞：燎于东母九牛？（《合集》14337）

贞：燎于东母三牛？（《合集》14339）

贞：燎于东母三豕？（《合集》14340）

壬申卜，贞：侑于东母西母，若？（《合集》14335）

我们认为，甲骨文中既有东母、西母，就有可能出现伏羲、女娲（如图8－24所示）。

图8－24　甲骨文中的东母、西母（《甲骨文合集》14335）

四、　卜辞中作为祭祀对象的伏羲女娲

那么，让我们看看，在甲骨文中，代表伏羲女娲这对神祇的“蚰”，是以一种怎样的形象出现在商代人们的占卜记载中的。

1. 贞：乎舞于蚰？（《合集》1140正）
2. ……卜，次其𢦏蚰……𣈟？（《合集》7009）
3. 丁未卜，王其逐在蚰鹿获？允获鹿七。一月。（《合集》10951）
4. 今日燎于蚰豕？（《合集》14697）
5. 今日燎豕于蚰？（《合集》14698）
6. 壬辰卜，翌甲午燎于蚰羊侑豕？（《合集》14702、《合集》14703）
7. 辛卯卜，燎于蚰？（《合集》14704）
8. 壬辰卜，翌甲午燎于蚰羊豕？（《合集》14705）
9. 庚戌卜，㱿贞：蚰壱我？五月。庚戌卜，㱿贞：蚰不我壱？（《合集》14707）
10. ……侑父册不……蚰载王事？（《合集》21905）

以上带有“蚰”字的十条甲骨卜辞，按照内容可以分为两组，其中1、2、4、5、6、7、8、9八条卜辞为第一组，这里的“蚰”可能就是伏羲女娲神祇。在这些辞例中，“蚰”作为祭祀对象，享受比较隆重的祭祀，或者被燎祭（即后世柴祭），祭祀用牲有羊有豕，或者被舞祭（一种求雨之祭）；它具有极高的神之权能，可以对人间君王或人臣降灾致祸（“𢦏”“壱我”“不壱我”），所以人们要对其进行祭祀。以伏羲女娲二神对于人类的巨大贡献，他们是当得起后人如此的崇敬的。而另外一组，即3、10两条卜辞辞例，“蚰”字不具有伏羲女娲神祇的性质，3辞中的“蚰”可能是地名，所以在这里进行狩猎，能在这里捕获七头野鹿；而10辞中的“蚰”，更像是商王朝的守边将领或分封诸侯，所以能够在商王朝遇到战争威胁时，前来勤王救驾。我们知道，甲骨文中同一个字作不同义项使用时，这些义项用法之间大多数是有所关联的。那么，作为地名和人名的“蚰”，究竟与作为神灵的“蚰”（伏羲女娲）有何关联，惜乎限于材料，暂不可考。

也就是说，出现在甲骨文中的大部分“蚰”，都是作为被商人顶礼膜拜和隆重祭祀的神灵，它极有可能就是后世神话中的伏羲与女娲的早期形象。

另外，从古代的记载来看，伏羲姓风。《帝王世纪》：“伏羲氏，风姓也。”又《竹书纪年》曰：“太昊伏羲氏，以木德王，为风姓。”《三坟》曰：“伏羲氏，燧人子也，因风而生，故为风姓。”而“風”字从虫，《说文》亦云：“风动虫生。”所以，在甲骨文中用二虫字来表示伏羲女娲，当是有其历史依据的。

当然，以上所论，多属推测，不当之处，敬请批评指正。

（2014年6月21日，在甘肃天水“伏羲文化论坛”上做主题发言；又以“甲骨文伏羲女娲探踪”为题，发表于北京师范大学中国易学文化研究中心主编《周易文化研究》第六辑，社科文献出版社2014年版）

第八节　漫谈孔子与《周易》

可能有人会问：孔子是儒家学派的创始人，而《周易》是道家学派的著作，是道教“三玄”（《庄子》《老子》《周易》）之一。儒道两家分，孔子与《周易》有什么关系？

其实两者是有关系的。不仅有关系，而且关系密切。这中间的桥梁就是因为孔老夫子喜欢《周易》。正如著名学者李零所云：“孔子宗周，对《周易》情有独钟。卜筮之书，他只选筮，不选卜；筮有三易，他只选《周易》，不选《连山》《归藏》。这个选择，意义非常大。从此，才有《周易》独大的局面。”也就是说，正是因为孔子学习《周易》、研究《周易》、解读《周易》，所以才使得这部本来属于占卜之书的《周易》，成为儒、道两家都很推崇的古代元典，并逐渐成为儒家后来“十三经”之首，占据了儒家经典文献和思想史的重要地位。

一、孔子是“三圣”之一

在《周易》的早期发展史上，有所谓“人更三圣，世历三古”的说法。这“三圣”都是哪三个圣人呢？据《汉书·艺文志》所言，就是伏羲、周文王、孔子。

《汉书·艺文志》“六艺略”之易类《序》：“宓羲氏作八卦；周文王重易六爻、

作上下篇；孔氏为之《彖》、《象》、《系辞》、《文言》、《序卦》之属十篇。故曰：易道深矣，人更三圣，世历三古。”这就是这一说法的来历。它是讲《周易》的成书过程，经历了“三古”，也就是上古、中古、近古三个时代，经过了“三圣”，也就是伏羲（宓羲、包牺、庖牺）、周文王、孔子这三个圣人的创造发明，终于形成了早期的易学体系。

这一说法虽然在《汉书》中被明确提出来，实际上细绎《史记》，司马迁也是持这样一种说法。在《史记·日者列传》中，司马迁明确指出：“自伏羲作八卦，周文王演三百八十四爻，而天下治。”于《史记·周本纪》中又说：“西伯盖即位五十年，其囚羑里，盖益《易》之八卦为六十四卦。”在《史记·孔子世家》中更言：“孔子晚而喜《易》，序《彖》、《系》、《象》、《说卦》、《文言》。”

在汉代出现的一些易学著作里也有此说。《易纬·乾凿度》中言：“垂皇策者牺，卦道演德者文，成命者孔。”“孔子占《易》，得《旅》，息志停读，五十究《易》作《十翼》。”《易纬·通卦验》中也有：“苍牙通灵，昌之成，孔演命，明道经。”郑康成注“苍牙”指伏羲；“昌”为文王之名。王充《论衡·谢短》也说：“孔子作《彖》、《象》、《系辞》。”

传世文献之外，地下出土文献也有这方面的信息。马王堆汉墓帛书《要》也引孔子语曰：“文王仁，不得其志以成其虑。纣乃无道，文王作。讳而避咎，然后《易》始兴也。”

而比这更早的《易传·系辞下》也称：“古者包牺氏之王天下也，仰则观象于天，俯则观法于地，观鸟兽之文与地之宜，近取诸身，远取诸物，于是始作八卦，以通神明之德，以类万物之情。”“《易》之兴也，其于中古乎！作《易》者，其有忧患乎！”“易之兴也，……当文王与讨之事邪！”《彖传》：“内文明而外柔顺，以蒙大难，文王以之。”

可见，班固《汉书》的说法并非空穴来风，而是其来有自。也就是说，在汉代或汉代之前的春秋战国时期，就已经有了这样的说法。所以班固在《汉书·艺文志》中已说过：“易道深矣，人更三圣，世历三古。”

这一说法对后世影响很大，隋唐学者就略无怀疑地接受了。比如《隋书·经籍志》“经部”易类《序》亦云：“昔宓羲氏始画八卦，……盖因而重之，为六十四卦。……周文王作卦辞，谓之《周易》。孔子为《彖》、《象》、《系辞》、《文言》、《序卦》、《说卦》、《杂卦》。”又如唐代陆德明《经典释文·序录》说：“孔子作《彖辞》、《象辞》、《文言》、《系辞》、《说卦》、《序卦》、《杂卦》，谓之《十翼》。班固曰：‘孔子晚而好《易》，读之韦编三绝，而为之《传》。’《传》即《十翼》也。”孔颖达《周易正义》序言也说：“伏羲制卦，文王系辞，孔子作十翼。……卦辞文王，爻辞周公，马融、陆绩等并同此说，今依用之。”“其《彖》、《象》等《十翼》之辞，以为孔子所作，先儒更无异论。”

所以，按照这一传统说法，《周易》的形成过程应该是这样的：作为上古史前社会中的一个部落首领的伏羲，创造了八卦符号，即此时的《周易》只有八个符号，没有任何文字，后人把他创立的这种《周易》称之为先天易学。到了商代末年，作为周族首领的周文王姬昌，因为反对殷纣王被囚禁在羑里（今河南汤阴县内），在囚禁期间，他把伏羲八卦演化为六十四卦并加上卦爻辞，形成了《易经》。而到了春秋时期，作为儒家学派的创始人，孔子在晚年为《周易》作传，形成了《易传》七种十篇——《彖辞》上下、《象辞》上下、《系辞》上下、《文言》、《序卦》、《说卦》、《杂卦》，作为《易经》的附翼，故称“十翼”。

由此可知，孔子在《周易》形成过程中和易学发展史上作出了突出贡献，具有重要地位，是易学史上著名的“三圣”之一。

二、 孔子学《易》

孔子无疑是那个时代的一个伟大学者，学识渊博，知古通今，爱好学习，也善于学习。对于儒家学派倡导的“六艺”（即《诗》《书》《礼》《乐》《易》《春秋》）之学，肯定是娴熟有加，融会贯通。但是对于孔子学习《周易》的情况，先秦传世文献除了《论语》和《孔子家语》等有极其简略的记载以外，并没有更多详细的材料。

在《论语·述而》中，孔子尝自云：“加我数年，五十以学《易》，可以无大过矣。”也就仅仅如此，别无更多资料。由此我们可以知道，孔子说这话的时候，还没有学《易》。据推测，这是孔子47岁以后、50岁以前的时候，诸事不顺，前途未卜，尚未知天命，也不知道自己命运如何，能否出去做官，成就功名，所以渴望学习《周易》，希望通过学《易》，知天命，懂天理，不再行事犯大过错。

对此，《史记·孔子世家》：“孔子晚而喜《易》，……读《易》，韦编三绝，曰：‘假我数年，若是，我于《易》则彬彬矣。’”《汉书·儒林传》也说孔子“盖晚而好《易》，读之，韦编三绝”。这比《论语》所说稍微详细一些。“加我数年”，这里作“假我数年”，《风俗演义·穷通》也做“假我数年”，可见“加”之通“假”。

但是有学者指出，《论语》说的五十学《易》，《史记》《汉书》说的是“晚而喜（好）《易》”，五十岁并不老啊，人生七十古来稀啊，怎么能称“晚”呢？两者不对啊！以此来怀疑孔子学《易》。其实这两者并不矛盾，《论语》说的是打算五十岁后学《易》，而《史记》《汉书》记载的是，孔子经过周游列国，年老后回到鲁国，认真读《易》、研《易》的情形。

而且后两者说的孔子读《易》“韦编三绝”，说明孔子读《易》的认真勤奋，孔子读《易》多次翻断了牛皮绳编缀的简牍文书。“三”在此不是实数，而是虚数，泛指多次。当时的书籍就是用牛皮绳编缀的简牍书册。这与当时的文书书写实际情

况非常吻合，因此不可以此否定孔子学《易》。

不过，关于《论语·述而》这则：“子曰：‘加我数年，五十以学《易》，可以无大过矣。’”陆德明曾经指出《论语》此处有异读。他在《经典释文·论语音义》里说：“《鲁》读‘易’为‘亦’，今从《古》。”也就是说，《鲁论语》此章原文应为：“加我数年，五十以学，亦可以无大过矣。”如果真是这样，那么孔子此话说的不是学《易》之事。也就是说孔子与《周易》没有关系了。比如钱穆先生就据此将本章断为：“加我数年，五十以学，亦可以无大过矣。”（钱穆《论语新解》，第153页，三联书店2013年版）究竟如何解释，千古以来已经成为学术史上一个著名悬案。

这里需要说明的是，陆德明所说的《鲁本》是《论语》的三个主要版本《齐论语》《鲁论语》和《古论语》之一。关于二字通假，《列子·黄帝》“二人亦知”，陆德明《经典释文》也指出：“‘亦’本作‘易’。”可见，“易”“亦”二字，确实音近相通。《鲁论语》读“易”为“亦”，只能说明本字“易”因同音之故通作“亦”，不能证明本字是“亦”。而《齐论语》和《古论语》作“易”而非“亦”，正好说明本字是“易”而非“亦”。实际上，“易”“亦”二字音近通假，从古音学角度来讲，只能是汉代以后的事。既然司马迁《史记》引此文作“易”，那么《论语》鲁本作“亦”的异文，是没有多少意义的。所以陆德明还是选择了“今从《古》”，而不从《鲁》。

另外，如果按照这样的解读和断句：“加我数年，五十以学，亦可以无大过矣。”也太不符合历史事实了。孔子是从小就学习的，到了五十岁已经知天命了，不是“五十以学”，五十岁才开始学习，那不晚了吗？由此可见，以此而否定孔子学《易》及与《周易》的关系，是站不住脚的。

对于孔子学《易》的情况，限于材料，后人不甚了了。幸亏近来有了地下出土文献发现，其中说了一些详细的情况，使我们对于孔子学《易》的过程有了更多的了解。

在马王堆帛书《周易》后面抄录的《易传》中，有一篇题为《要》的古代文献。全文共1 648字。“要”是中国古代思想中的重要哲学范畴。在《要》篇中，有孔子学《易》的一段记载称：“夫子老而好《易》，居则在席，行则在囊。”是说孔子晚年喜好《易》。他闲居的时候就把《易》放在席子上，出行的时候则置之于行囊，以便随时阅读。

裘锡圭先生曾经指出，“夫子老而好《易》，居则在席，行则在囊”一段透露出孔子在周游列国期间研习《周易》的信息：“这个‘行’字提供了最可靠的证据。《史记》‘韦编三绝’一语证明孔子所读的《周易》为竹简，携带极为不便，而孔子六十八岁返鲁后就没再出远门，完全没有必要将《周易》放在行囊中。所以，‘行则在囊’之‘行’，只能理解为周游列国之行。如此看来，‘韦编三绝’和旅途颠簸也不无关系。”也就是说，孔子的反复学《易》，是在周游列国之时的事。所以他能够“韦编三绝”。“《要》紧接在这段文字之后便记载了孔子与子贡关于《周易》的对话，而据《史记》记载，孔子周游列国时子贡正相伴随，所以他们的对话当发生在这个时期。从对话内容看，当时孔子已形成关于《周易》的独到见解，这当然是学《易》所得。”（裘锡圭《帛书〈要〉篇释文校记》，《道家文化研究》第十八辑，三联书店2000年版）

而且帛书易传《要》第一部分末尾一章，言“［夫］子曰：吾好学而才闻要，安得益吾年乎？……”意思正与《论语》《史记》“加（假）我数年”相同，表达了孔子时不我待，希望有更多的时间学《易》，以使人生达到无过的境界。

三、 孔子与易占

作为一个知识渊博、聪明睿智的大学者和后世敬仰的大圣人，孔子非常喜欢《周易》，但他是不是也迷信占卜啊？

我们说孔子成为千古圣人、万世师表，都是后来的事，是汉以后历代儒家学者和帝王将相对他的追封，这跟他本身没有什么关系。他在生前就是一个落寞的读书人，一个理想得不到实现、处处碰壁、诸事不顺的不得志者，按他自己的话说，就是一个栖栖惶惶的“丧家狗”（《史记·孔子世家》）。所以他遇到逆境，也会困惑，也会无奈。求之于《周易》占卜，问诸天意，是再自然不过的事了。

据马王堆汉墓帛书《要》篇记载：“子赣（贡）曰：‘夫子亦信其筮乎？’子曰：‘吾百占而七十当。唯周粱（梁）山之占也，亦必从其多者而已矣。’”意思是子贡曾问老师孔子道：“老师您也相信占筮吗？”孔子回答说：“我占一百次有七十次是应验的。只有在周梁山占的那次，经过多次占筮，各有吉凶，最后也必须接受属多数之结果，即吉多从吉，凶多从凶而已。”可见，孔子曾经极度相信占筮，曾经多次占卜，相信《周易》占卜是较为灵验的。

除此之外，文献记载了孔子的另外几次《周易》占卜活动。

汉代著作《易纬·乾凿度》中，曾经记载了一段孔子算命的故事：

> 仲尼，鲁人。生不知《易》本，偶筮其命，得《旅》，请益于商瞿氏。曰：“子有圣智而无位。”孔子泣而曰：“天也命也！凤鸟不来，河无图至。呜呼！天命之也。”叹讫而后，息志停读，礼止史削。五十究易，作十翼……

是说孔子是鲁国人，本来不知道《易经》这本书的奥秘，一次偶然占卦，得了《旅卦》，去请教商瞿氏。商瞿氏解释说，“你有圣人的智慧，却没有帝王的地位。”孔子听后潸然泪下，叹息说：“这就是命啊！代表吉祥瑞征的凤鸟不来了，身驮河图洛书古籍的神马也不来了，这就是天命啊！”叹息之后，此后放弃理想，不再研读礼乐典籍，只对历史书籍有兴趣。五十岁后一心研读《易经》，做了注解《易经》的易传《十翼》。

为什么孔子占卜到了《旅卦》就气得大哭呢？原来《旅卦》卦辞是“旅，小亨，旅贞吉。彖曰：旅，小亨，柔得中乎外而顺乎刚，止而丽乎明，是以小亨，旅

贞吉也。旅之时义大矣哉”。孔子志在行大道，卜得《乾卦》《大有卦》或者《鼎卦》之类的卦才符合其理想，但却得了一个《旅卦》。旅者，失其本居，寄养他方，六五阴爻顺乎九四、上九之阳爻，而代表其事业发展的离卦下方又有一个艮止之卦，所以只能是小亨通，而且必须依附于他人，这对孔子而言当然是个很大的打击，故而哭泣。

另外，《旅卦·上九爻辞》为：“鸟焚其巢，旅人先笑后号咷，丧牛羊于易，凶。”据顾颉刚的研究，此爻辞说的是殷商人的祖先先公王亥旅行到有易部落，在那里丧失牛羊、最终丧命的故事。（顾颉刚《周易卦爻辞的故事》）而且殷商先民以玄鸟为圣鸟，“天命玄鸟，降而生商”，玄鸟可以说是殷人的图腾。“鸟焚其巢”，对于殷人来讲，是非常不吉利的事情。孔子是殷商后裔，看到自己的最终命运竟然和先祖王亥类似，他能不放声痛哭吗？

值得注意的是，后来孔子在鲁国不能施展自己的政治主张和治国思想，不得已周游列国，游说诸侯，奔走于列国之间，希望能一展宏图，却四处碰壁，甚至困于陈蔡，厄于阳虎，出生入死，饥餐露宿，颠沛流离，“累累如丧家之犬”，受尽旅行之苦，结果却在政治上没有什么大作为。所以他只能哀叹时运不济，天命如此。“占旅得旅”，这是不是一种宿命呢？

《孔子家语》也记载了孔子占卦的另一个故事：

孔子常自筮。其卦得贲，愀然有不平之色。子张进曰：“师闻卜者得《贲》者吉，而夫子之色不平，何也？”孔子曰：“以其离耶。在《周易》，山下有火谓之《贲》，非正色之卦也。夫质也，黑白宜正焉。今得《贲》，非吾之兆也。吾闻丹漆不文，白玉不雕，何也？质有余，不受饰也。”

是说孔子经常遇事自己占卜，判断吉凶。有一次占卜，得了《贲卦》，就有些不大高兴。弟子子张进来问道：“老师，我听说占卜的人如果得到《贲卦》，就是吉利的征兆。您得到《贲卦》，为什么还不高兴啊？”孔子有自己的理解：“因为它含有离卦啊！在《周易》系统里，贲卦上艮下离，艮为山，离为火，山下有火，非正色之卦。从质地言，黑就是黑，白就是白，色应该正。而我现在所得贲卦，是个非本色的装饰之卦（离者，丽也，附丽、装饰之意），并非我的好兆头啊。我听说：一件好东西，涂了朱红色以后，就不必再绘花纹；已经是一块上好的白玉了，也就不用再加以雕刻。为什么呢？质地若已经足够好，就不必再加以修饰了。”

孔老夫子以仁义为本，礼乐为用，希望通过恢复周礼，使得国家安宁、社会和谐。他自认为自己的思想是正确的，凭自己的努力和智慧，足以化成天下，和邦治国。他不想通过其他的门路来达到目的。所以这个国家不行，我到另外一个国家去。这就是所谓的本色人生，不需要假以别的门路和手段。孔老夫子不齿于那样做。但是偏偏这样做达不到直接推广他的政治思想和治国理念的目的，到处碰壁。他能不沮丧吗？通过占卜得到了不是单纯意义的卦象，而是具有装饰、附丽意义的《贲卦》，他能不伤心吗？

有意思的是，孔子这两次占卜所得的卦象，一个是《旅卦》，上离下艮，一个是《贲卦》，上艮下离，两者卦象相关，说明孔子生前的命运如此，不是火山旅，就是山火贲，一生离不开奔波、流离不得志的命运。对这一命运，孔子生前是占卜到了，所以他也就认命了。至于他身后的种种哀荣，恐怕是他怎么也不能料想的。

由上面他对《贲卦》的不同解说（与弟子子张的看法不同），我们知道了孔子对于《周易》有很深的理解和把握。

《论衡·卜筮篇》记载一个例子，同样也能表示孔子对于《周易》占卜的独到见解和深刻认识。

> 鲁将将伐越，筮之得鼎折足。子贡占之，以为凶。何则？鼎而折足，行用足，故谓之凶。孔子占之以为吉，曰："越人水居，行用舟不用足，故谓之吉。"鲁伐越，果克之。夫子贡占"鼎折足"以为凶，犹周之占卜者谓之逆矣。逆中必有吉，犹折鼎足之占宜以伐越矣。周多子贡直占之知，寡若孔子诡论之材，故睹非常之兆，不能审也。

是说鲁将伐越，子贡占得鼎卦，鼎卦九四爻辞为："鼎折足，覆公餗，其形渥，凶。"意思是，鼎足折断，打翻了王公的美食，弄得汤汁满地，狼藉不堪，这是凶险之兆。鼎乃国之象征也，今折足，表示此战可能失败，导致国运衰败，况且爻辞明示一"凶"字。从卦的本身来说，此仗必败，不能打。孔子却不以为然，说这是个好卦吉兆。他说，越国人居住在水边，给他们打仗，我们只用舟楫就可以了，用不着脚丫子行路，马军步军之"足"也都用不上了，所以不凶反而是吉。后来，鲁国讨伐越国，果然大获其胜。

孔子为什么要这样解卦呢？原因就是孔子对当时鲁国与越国之间的恩怨纠葛非常清楚，鲁越两国此仗非打不可。不是说等你占卜一卦，看看吉凶，再决定开战与否。已经成为定局的事，你与其说凶，不如说吉，这样可以鼓舞将士的斗志。所以孔子就利用"鼎足"与"人脚"的关联，巧妙地解释了此卦的另一种可能性。这就是孔子的高明之处，因为他深深地知道，易经是一部变易之书，学习易经的思想，要领会其精神实质；学习易经的预测智慧，更不能照搬照套。这也说明《易经》是一部帮助人"决断"的书、是积极向上的书。同时，这种观念也证明了"易经不是用来占卜的，而是用以决断疑惑的"。

与此相关的另外一个故事，也是在说明这一道理。据南宋杨万里《诚斋杂记》中记载：

> 孔子使子贡，久而不来，命弟子占，遇鼎，皆言无足不来。颜回掩口而笑，子曰："回也哂，谓赐来乎？"对曰："无足者，乘舟而至也。"果然。

这一故事的另外一个版本见于《孔子集语》卷十四(《艺文类聚》七十一引《冲波传》):

孔子使子贡，久而不来。孔子谓弟子占之，遇鼎，皆言无足不来。颜回掩口而笑。子曰：回也哂，谓赐来也？曰：无足者，乘舟而来至矣。清旦朝，子贡果至，验如颜回之言。

这段话的意思是说，孔子让子贡外出办事，可是外出了很久没有回来，子贡在外面发生了什么事情啊？孔子的弟子们就子贡在外有没有凶险这个事由，占了一卦，结果占到了鼎卦的第四爻。很多人都说，这下完了，子贡肯定在外遇到了危险，回不来了；有的想得更远，说，子贡可能没命了。为什么？鼎卦里说了：“鼎折足，凶！”没有了脚，怎么可能会回来呢，已经没命了。大家都很难过，只有颜回一个人在偷偷发笑。孔子就问颜回：“回呵，你发笑，难道子贡能回来吗?”颜回大声说：“当然了，当然了，《易经》里说没有脚，意思是，子贡兄不用两脚，是要乘船回来的！”大家都对颜回的话半信半疑。结果，不久，子贡果然坐着船回来了。

虽然这个故事出处不是先秦文献，但与《论衡》那个故事相关联，当是有所本据的。

另外，据《史记·孔子世家》记载，孔子死后，弟子们回忆孔子曾经做过的占卜，也有一两件可供说道：

孔子既没，弟子思慕，有若状似孔子，弟子相与共立为师，师之如夫子时也。他日，弟子进问曰：“昔夫子当行，使弟子持雨具，已而果雨。弟子问曰：‘夫子何以知之?’夫子曰：‘诗不云乎？月离于毕，俾滂沱矣。昨暮月不宿毕乎?’他日，月宿毕，竟不雨。商瞿年长无子，其母为取室。孔子使之齐，瞿母请之。孔子曰：‘无忧，瞿年四十后当有五丈夫子。’已而果然。敢问夫子何以知此?”有若默然无以应。弟子起曰：“有子避之，此非子之座也！”

这是弟子质问有若代替孔子资格的话，但也说出了孔子曾经以诗经句子占卜阴晴，占卜商瞿定会有五子的史事。前者孔子是以天象占卜天气，后者则不知孔子是用什么方法占卜的。

由此可知，孔子于占卜一道，颇为精通。只不过留下来的例证少之又少而已。

四、 孔子论易学

孔子既然对《周易》有过认真的学习，也有过深入的研究，那么他肯定对《周易》有自己的独到见解。这是肯定无疑的。但是在《论语》等传世文献中，我们并没有看到多少孔子论易的内容。

在《论语·子路》篇中，有这样几句话引述《易经》并加以评论的话语：

南人有言曰："人而无恒，不可以作巫医。"善夫！"不恒其德，或承之羞"，不占而已矣。

这几句话可能是个删节版。因为在《礼记·缁衣》最后一章也就是第二十三章中，也有此话，但较为详细些：

子曰："南人有言曰：'人而无恒，不可以为卜筮。'古之遗言与？龟筮犹不能知也，而况于人乎？诗云：'我龟既厌，不我告犹。'《兑命》曰：'爵无及恶德，民立而正事，纯而祭祀，是为不敬。事烦则乱，事神则难。'《易》曰：'不恒其德，或承之羞。恒其德侦，妇人吉，夫子凶。'"

后来的出土文献中，也有《缁衣》文本，如上博简和郭店简，只是文字略有出入，大同小异而已。比如"南人"在两个简本中都作"宋人"。春秋时期的宋国，在鲁国的西南，所以"宋人"也可称为"南人"。

宋人作为殷商后裔，继承了殷商占卜的习俗。从殷墟甲骨文占卜来看，殷人遇事辄卜，一事多卜，天天卜，时时卜，不厌其烦。占卜文化在殷商民族是很有特色的。所以作为殷商王朝的占卜师（对于甲骨占卜来说，称为"贞人"），是极其需要恒心的，没有恒心是做不了占卜之事的。

在孔夫子对"南人占卜贵恒之言"表达"善夫"的赞叹之后，引用了"不恒其德，或承之羞"，这是取自《易经》"恒卦"九三爻辞。而《缁衣》此处所引，"不恒其德，或承之羞。恒其德侦，妇人吉，夫子凶。"这是合《易经》"恒卦"九三和六五爻辞。"九三，不恒其德，或承之羞，贞吝。""六五，恒其德，贞，妇人吉，夫子凶。"在这里，孔老夫子讲的是做事贵"恒"对一个人的重要，"不恒其德，或承之羞"，一个人如果不能坚持做一件事，结果就会不好，使得此人受到羞辱。"不占而已矣"，是说这是非常明显的道理啊，不用占卜也会知道的。

1973年底，在湖南长沙马王堆三号汉墓出土了六篇《帛书》易传，共有16 000余字，其中第四篇就是《要》篇，有1 648字，集中展示了孔子论易的观点，对于我们了解孔子的易学思想极为有利，非常重要。其第三部分释文曰：

夫子老而好《易》，居则在席，行则在囊。子赣（子贡）曰："夫子它日教此弟子曰：'德行亡者，神灵之趋；知（智）谋远者，卜筮之蘩（繁）。'赐以此为然矣。以此言取之，赐缗（循）之为也。夫子何以老而好之乎？"夫子曰："君子言以矩方也。剪（前）羊（祥）而至者，弗羊（祥）而巧也。察其要者，不（诡）其德。尚书多于（疏）矣，《周易》未失也，且又（有）古之遗言焉。予非安其用也，予乐［其辞也。赐，汝何］尤于此乎！"［子赣曰］："如是，则君子已重过矣。赐闻诸夫子曰：'孙（逊）正而行义，则人不惑矣。'夫子今不安其用而乐其辞，则是用倚于人也，而可乎？"子曰："校（谬）哉，赐！吾告女（汝）：《易》之道，［存乎其辞也。其用者，］此百姓之道［之谓］《易》也。夫《易》，刚者使知瞿

(惧)，柔者使知刚，愚人为而不忘（妄），（渐）人为而去诈。文王仁，不得其志以成其虑。纣乃无道，文王作。讳而辟（避）咎，然后《易》始兴也。予乐其知之[自得，德]之自[生也]。予何[乐其]事纣乎!”子赣曰：“夫子亦信其筮乎?”子曰：“吾百占而七十当。唯（雖）周梁（梁）山之占也，亦必从其多者而已矣。”子曰：“《易》，我后其祝卜矣，我观其德义耳也。幽赞而达乎数，明数而达乎德，又（有）仁[存]者而义行之耳。赞而不达于数，则其为之巫；数而不达于德，则其为之史。史巫之筮，乡（向）之而未也，好之而非也。后世之士疑丘者，或以《易》乎！吾求其德而已，吾与史巫同涂（途）而殊归者也。君子德行焉求福，故祭祀而寡也；仁义焉求吉，故卜筮而希也。祝巫卜筮其后乎!”

这是一段孔子与其重要弟子子贡（端木赐）关于《周易》认知的讨论，师徒两人观点不一，各抒己见，争论激烈。大致翻译此文，是说：

孔子晚年喜好《易》。他闲居的时候就把《易》放在席子上，出行的时候则置之于行囊，以便随时阅读。子贡说：“老师过去是这样教育弟子的：‘没有德行的人才趋向神灵的保佑，缺乏智谋的人才频繁地求助于卜筮的启示。’我认为这是对的。我接受了您的这句话，并且一直在努力地奉行它。老师您为什么到了晚年却喜好作为卜筮之书的《易》呢?”孔子回答说：“君子是以言论作为行为准则的。先前时运吉祥，故没有接触《易》，当然也没有认真读《易》，以至于说出那些话。现在命运多舛，不得已才认真探究《易》，并发现了作为《易》之要的‘德’。因此，能够明察《易》之要的人，就不会违背《易》之‘德’。上古之书《连山》和《归藏》至今已多有散佚，好在《周易》没有缺失，并且这部书里有古人的遗教。我并不安于它的卜筮之用，我是真正喜欢它的‘辞’（卦辞、爻辞）啊。赐，你为什么还在这个问题上责怪我呢?”子贡说：“这样一来，君子就已经犯了重大过错了。我曾经听老师您说：‘谦逊、正直而行施仁义，那么人们就不会有什么疑惑了。’老师您现在不安于《周易》的卜筮之用而喜爱其辞，相对于众人来说，这就是片面地看待《周易》。这样可以吗?”孔子回答说：“赐，你的说法是荒谬的。我告诉你：《易》之道，存在于其‘辞’。至于其卜筮之用，这是普通人对《易》的看法。《易》这部书，能让刚强者懂得恐惧，柔弱者懂得图谋，愚蠢的人有所作为而不狂妄，谗佞的人有所作为而克除奸诈。周文王仁德，但他不得其志以实现宏图。殷纣王残暴无道，这时文王便兴起。文王隐瞒自己的志向以避罪，致力于创作《周易》，然后《易》道大兴。令我高兴的是，文王的智慧是自得的，德行是自生的。我哪里会为文王曾经屈辱地侍奉纣王而高兴呢!”子贡问道：“老师您也相信占筮吗?”孔子回答说：“我占一百次有七十次是应验的。只有在周粱山占的那次，经过多次占筮，各有吉凶，最后也必须接受属多数之结果，即吉多从吉，凶多从凶而已。”孔子又说道：“对于《易》，我是把它祝卜的作用放在次要地位的，我所考察的主要是它的德义。《易》的内容包含三个由低而高的层面。由幽赞便可进一步晓达数；明白了数，便可进一步晓达德。德，有仁来存养它，有义来行施它。只知道《易》的幽赞作用而不晓达数的，就是巫；明白了数而不晓达德的，就是史。史和巫的占筮，向往《易》而未达《易》之要（德），爱好《易》但所爱好的并非《易》之要（德）。后代学人怀疑我孔丘的，大概是因为《易》吧！我不过是追求《易》之德而已，我和史、巫是同途而殊归。也就是说，所依据的虽然都是一部《易》，但我和他们的追求和归宿是不同的。君子是以自己的德行来求福的，所以虽然祭祀但不经常；他们是以自己的仁义来求吉的，所以虽然卜筮但次数很稀少。总之，我们要把《易》的祝巫卜筮之用放在次要地位啊！"

这是一篇难得的孔子关于《周易》的长篇大论评价。《要》篇载子贡评价孔子"老而好《易》"之事，从时间上讲是可以成立的。《史记·孔子世家》将"孔子晚而喜《易》"一段置于鲁哀公十一年孔子归鲁之后，而据《左传》哀公十一年所载，此时子贡正在鲁国。至哀公十五年冬，子服景伯前往齐国，子贡为介。第二年四月孔子逝世，子贡批评哀公的致诔，随后为孔子庐墓六年。李学勤先生说："孔子、子贡间发生《要》篇所记的对话，恰合于当时的情事。"（李学勤《从帛书〈易传〉看孔子与〈易〉》，《中原文物》1989 年第 2 期。）这一论断是准确的。上载子贡对孔子的责难，与传统文献所载子贡的性格也是相符的。《史记·仲尼弟子列传》云："子贡利口巧辞，孔子常黜其辩。"又说子贡："喜扬人之美，不能匿人之过。"上引帛书《要》篇之文，就是一个最鲜明的例证。

由这篇《帛书》易传我们知道孔子学《易》的过程、对于《周易》的认知，以及在前后不同时间中孔子对于《周易》看法的一些变化。

第一，孔子并不主张占筮。他在学《易》之前，只把《周易》看作占筮之书。针对"夫子老而好《易》"的情况，子贡批评说："夫子它日教此弟子曰：'德行亡者，神灵之趋，知谋远者，卜筮之繁。'……夫子何以老而好之乎？""它日"当然指孔子学《易》之前。这说明子贡和学《易》之前的孔子一样，注重现实人生，敬鬼神而远之，都仅仅把《周易》看作卜筮之书。在当时的孔子看来，没有德行的人才趋向祈求神灵的保佑，缺乏智谋的人才去频繁地占筮。子贡在"它日"还曾"闻诸夫子曰：'孙（逊）正而行义，则人不惑矣'"，只要"孙（逊）正而行义"，人们就不会感到疑惑，因而就没有必要进行占筮了。这与"夫子今不安其用而乐其辞……"是明显不一样的态度。这就很好地解释了为什么孔子晚年才学《易》，这是主要的内因。

第二，孔子学《易》之后而喜《易》，曾一度热衷于占筮，并且非常频繁。这从"吾百占而七十当"一语可以看得很清楚，他频繁的占筮准确率达到 70% 的高度。不主张占筮、敬鬼神而远之的孔子为什么一下子变得笃信占筮了呢？这可能和孔子周游列国期间诸事不顺有关。由于当时政治形势异常复杂，就连足智多谋的孔子也无法受到重视和重用，而是到处碰壁。在这种情况下，孔子不得已搬起了《周易》，试图通过占筮来决定未来的吉凶祸福，这也正应了孔子"它日""知谋远者，卜筮之繁"之教。而这种变化不外有两方面的主要原因，其一是外部环境的逼迫，其二是真正认识到了《周易》的奥妙。

第三，由于频繁地占筮，很自然地使孔子对《周易》的文字细加玩味，以至于“不安其用而乐其辞”。在热衷占筮的过程中，孔子形成了对《周易》的全新认识，他发现《周易》有“古之遗言焉”，也就是文王遗教。因为在孔子看来，“文王仁，不得其志以成其虑。纣乃无道，文王作。讳而辟（避）咎，然后《易》始兴也。”这和孔子“周监于二代，郁郁乎文哉，吾从周”（《论语·八佾》）的话相符合。正是在这种“古之遗言”里，孔子发现了《周易》所蕴含的深刻哲理：“故《易》刚者使知瞿，柔者使之刚；愚人为而不忘，渐人为而去诈。”这也就是孔子所谓的《周易》之“德义”。

第四，孔子发现《周易》的“德义”以后，当然就把“德义”放在了首要位置：“我观其德义耳也。”尽管如此，他并不因此而否定占筮，只是把占筮放在次要的地位，即“我后其祝卜矣”。从而，孔子将《周易》的内容分为“赞”“数”“德”三个层次。孔子认为：“幽赞而达乎数，明数而达乎德，又仁［守］者而义行之耳。赞而不达于数，则其为之巫；数而不达于德，则其为之史。史巫之筮，向之而未也，好之而非也。”在《周易》内容的三个层次中，“德”是最高层次，是《周易》本质的体现。如果没有达到这个层次，则为“史巫之筮”，“皆未得《周易》之真谛”。

第五，孔子学《易》后，虽然不否定占筮，但也不主张占筮，而是强调以德行仁义来求福求吉，而占筮只是最后的选择：“君子德行焉求福，故祭祀而寡也；仁义焉求吉，故卜筮而希也。祝巫卜筮其后乎。”这和孔子学《易》之前的“德行亡者，神灵之趋；知谋远者，卜筮之繁”的教导是完全一致的。也就是说，在这一点上，孔子学《易》之前和学《易》之后是一以贯之的。在孔子看来，没有德行的人，神灵也不会去帮助他，所以这种人也不必占筮。这种易学观，与荀子的“善为易者不占”是一脉相承的。这也说明荀子的易学观念是从孔子继承发展而来的。

五、《易经》对孔子思想的影响

我们说，《易经》讲的多是“天语”，而孔子《论语》所说的都是“人言”。强调人世社会的《论语》思想是与人类世界相容的，而倡言自然之道的《易经》思想则是与人类社会不相容的。两者形成之初的性质，决定了两者之间的差异。

但是我们说，由于孔子是非常喜欢《周易》的，对那个时代能够看得见的《易经》文本非常熟悉，并潜心研读。所以孔子《论语》的思想受到了《易经》思想的影响。这是非常自然的事情。胡适先生在评价孔子思想体系时曾说：“孔子学说的一切根本，在我看来，都在一部《易经》。”虽然有些夸大，但不无道理。

我们通常所理解的孔子思想体系，有以仁为中心说，以礼为中心说，以中庸为中心说，以仁义为中心说，以仁义礼的统一为核心说，等等。但是对于孔子来说，其思想存在一个形而上的理论基础——“道”。

“子曰：笃信好学，守死善道。危邦不入，乱邦不居。天下有道则见，无道则隐。邦有道，贫且贱焉，耻也；邦无道，富且贵焉，耻也。”“道不行，乘桴浮于海。”（《论语·泰伯》）；“君子务本，本立而道生。”（《论语·学而》）“朝闻道，夕死可矣。”（《论语·里仁》）“君子谋道不谋食……君子忧道不忧贫。”（《论语·卫灵公》）。“子曰：天下之达道五，所以行之者三：曰君臣也，父子也，夫妇也，昆弟也，朋友之交也；五者天下之达道也。知、仁、勇三者，天下之达德也，所以行之者一也。”（《中庸·哀公问政》）“子曰：君子之道费而隐。”“子曰：道其不行矣夫！”“子曰：道之不行也，我知之矣，知者过之，愚者不及也；道之不明也，我知之矣，贤者过之，不肖者不及也。人莫不饮食也，鲜能知味也。”“修身以道，修道以仁。”（《中庸》）

《大学》《中庸》《论语》阐述的“仁”“义”“礼”“忠孝”的价值观和行为，是君子从道的表现，非“道”的本体。“天命之谓性；率性之谓道。”（《中庸》）“不知命，无以为君子也。”（《论语·尧曰》）孔子是述而不作的君子，行“仁”“义”和“礼”，是从道者。

这一“道”之观念，与《易经》中的天道非常相关。正如清代学者戴震在《孟子字义疏证序》中所说：“丙申余少读论语，端木氏之言曰：‘夫子之文章可得而闻也，夫子之言性与天道不可得而闻也。’读易，乃知畜性与天道在是。”

《论语》中很多观点都和《易经》非常接近。《易经》与孔子的思想关系，无论是《易》《书》《春秋》，都有一个共同的指归——现实。孔子通过这些书籍要表述的对象都是以现实的兴衰、祸福、吉凶为中心探求天道、明了人道。

孔子思想的根本出发点就是济世。儒家思想的实质与核心是治国平天下的社会实践，其基本内容在《易经》中已经以萌芽的形式大量出现。如《比》卦就是“天下和合，世界太平”思想的源头，“比”体现了追求和睦亲善和安定互助的社会环境的政治理想；《临》卦则阐述了治国安民的具体策略，也是儒家仁政爱民、正身律己、德治教化思想在《易经》中的萌芽。

孔子的天命思想就明显是受《易经》的影响。孔子说：“吾十有五而志于学，三十而立，四十而不惑，五十而知天命，六十而耳顺，七十而从心所欲不逾矩。”这里的天命，已不是威严的上天之命，而是顺适的自然之年。生命的过程正是走向精神自由的过程，只有懂得了天地之道，才能从心所欲。

再比如孔子崇尚《易经》乾卦的刚德，力主积极入世；孔子的中庸思想来源于周易的得中、尚中思想；孔子在继承《易经》谦卦精神的基础之上，开创了仁政的学说。仁政思想是孔子继承《易经》谦虚思想的产物。

有学者认为：《论语》“为学”篇体现的是《易经》的一元乾动，有了自强不息之心，就是万物的开始。为学而能起用，便是坤卦，乃成物成事之德。第二篇讲“为政”以德。有天地，而万物滋长，是屯卦，事相刚长则需礼仪。“八佾”篇便是讲礼用的根本。物蓬勃生长而蒙，让我们迷失方向。“里仁”篇便是指点迷津，教我们在为人处世、纷繁芜杂中保持清净道心。不过明白道心之后还是很稚嫩的，得

不到妙用，还需要在知人、察物中长养保任，便是需卦。“公冶长”篇便是讲识人之智和如何判断时势的。智慧之用必生分别，便是讼卦。“雍也”篇便是诉讼之中仁智融合的中庸之道。有分别而众起，物以类聚，人以群分，就是师卦。“述而”篇主讲孔子有教无类的师道，以此消弭分别知见，一概引入圣善之道。有众就有比，比卦的比是谦虚、谦让的意思，告诉我们与众相处的秘诀：即“泰伯”篇的礼让为国、以德领众。礼让谦下必定德孚众望，自己能积聚能量，厚积薄发，便是小畜卦。这也是“子罕”篇强调的志求于道而不辍的中心思想。有蓄养便有礼，落实在言行上，就是履卦。“乡党”篇就是讲孔子在生活、工作中如何落实礼的。生活中能言行以礼，自然心安理得，问心无愧，就是泰卦。“先进”篇就是表现孔子生活中嬉笑怒骂的朴野之性的。一个人不可能永远安泰，泰极则否来，否卦就如颜渊一样屡空，无米下锅。“颜渊”篇就是讲身处困境而能安仁乐道的美德。一个人也不可能倒霉一辈子，穷则思变，有所作为，就是同人卦。通过发现事物规律而发奋，“子路”篇就是讲为政的规律和原则。符合事物的发展规律，物必归善，就是大有卦。大有为果，大有之因就是“宪问”篇的克己复礼、改恶向善。大有不能骄傲，便是谦卦，谦卦是告诉我们有所为有所不为，正如“卫灵公”篇孔子的事人之道，一视同仁，穷而不滥。大而能谦必豫，就是豫卦，又富有、又有谦德，那么行军打仗都没有问题了。“季氏”篇就是告诉我们征伐需要以“大有 + 谦”卦的基础才行。豫为正通天下，就必定有所随，就是随卦。随为向善、光明正大，所以“阳货”篇告诉我们性相近习相远的道理，劝我们切实履行善德。常随人向善必定有事情做，就是蛊卦。“微子”一篇就是讲孔子心隐而身不隐的美德。全心全意为人民服务，当然名望大盛，就是临卦。“子张”篇就是讲儒家思想如何万代传承的。大才要观，像飞机航拍一个大的景观一样。“尧曰”篇最后综观《论语》，提出中心要点，如同最后给《论语》一组航拍镜头，让你有整体印象。

这是把《论语》各篇与《易经》的六十四卦联系起来考虑的。虽然有些机械，但是其中的一些内在相关性，确实不容置疑。

六、 孔子作《易传》

请注意“孔子传易”与“孔子易传”是不同的，虽然它们之间非常相关。

那么我们先说说孔子传易。

《史记·仲尼弟子列传》说“孔子传易于商瞿”，估计就是传授了“周易筮法”。商瞿是孔子学生，在前面所说的《易纬·乾凿度》所记孔子占易得旅卦例子中，孔子就请益于商瞿氏。

商瞿（公元前522—?），商姓，名瞿，字子木，春秋末年鲁国人，比孔子小29岁，鲁国人。商瞿喜好《易经》，孔子就传授《易经》给他。后来商瞿又传给楚人子弘。商瞿的造诣胜过子夏，是孔门传道者之一。

《史记·仲尼弟子列传》及《汉书·儒林传》中，曾详细列出了孔子传《易》的师承关系名单。这两张名单的内容虽然稍有不同，但他们师承授受，都是八传而传至当时的西汉人田何。孔子—商瞿（子木）—馯臂（子弓、子弘）—矫疵（子庸）—周竖（子家）—光羽（子乘）—田何（子庄、子装）。商瞿是鲁人，馯臂、矫疵是楚人，周竖是燕人，光羽、田何是齐人，所以孔子传易至汉代的传播路线，是以鲁国为中心，先南传至楚，再北传至齐。后来，汉代淄川人杨何曾受《易》于田何。武帝时，任中大夫。汉武帝罢黜百家、独尊儒术，杨何以懂易学而至中大夫，以《易》学入仕者还有即墨成、孟但、周霸、主父偃等。并且据《史记·太史公自序》:“太史公学天官于唐都，受易于杨何，习道论于黄子。”司马迁的易学传承，也是得自这一支派的遗惠……

孔子不仅传易，而且也对《周易》做了大量的注释与考证研究，即所谓“赞易”，从而形成了易传文本：《彖上传》《彖下传》《象上传》（大象）、《象下传》（小象）、《系辞上传》《系辞下传》《文言传》《序卦传》《说卦传》《杂卦传》十篇文章。因为是《易经》的注释解析，可以作为《易经》的附翼，所以《易纬·乾凿度》和东汉经师又称《十翼》。因此孔子也就成为易学“三圣”之一，成为中国古代易学发展史上重要的一环。

对于孔子作易传一事，在学术史上是有争议的。中国历史上的学者尤其是儒家学者，对孔子作易传《十翼》之事确信不疑。但是也有学者提出了质疑。

最早对此问题进行质疑的，是宋代学者欧阳修。他在其《易童子问》（卷三）中对这个问题首先表示了怀疑。根据是：“从说淆乱，亦非一人之言也。”“谓其说出于诸家，而昔之人杂取以释经，故择之不精则不足怪也。谓其说出于一人，则是繁衍丛脞之言也。其遂以为圣人之作，则又大缪矣！孔子之文章《易》《春秋》是已。其言愈简，其义愈深，吾不知圣人之作，繁衍丛脞之如此也。”欧阳修认为，自《系辞》《文言》《说卦》而下，都不是孔子所作。

从内容上，他也发现了《易传》出自孔子之手的种种矛盾之处：

首先，《文言》曰：“元者，善之长也；亨者，嘉之会也；利者，义之和也；贞者，事之干也。”说明这是《乾》卦四德。但《文言》又曰：“乾元者，始而亨者也；利贞者，性情也。”这又说明其实并不是《乾》卦四德。因此“谓此二说出于一人乎？殆非人情也。”

其次，《系辞》曰：“河出图，洛出书，圣人则之。”这说明八卦源自河图，不是圣人所为，而是上天所降。但是《系辞》又曰：“包牺氏之王天下也，仰则观象于天，俯则观法于地，观鸟兽之文，与地之宜，近取诸身，远取诸物，于是始作八卦。”又说明八卦是圣人所为，而且跟和河图没有关系。所以“斯二说者，已不能相容矣。”最后，《说卦》又曰：“昔者圣人之作《易》也，幽赞于神明而生蓍，参天两地而倚数，观变于阴阳而立卦。”则又说明八卦系出自占蓍。“八卦之说如是，

是果何从而出也！谓此三说出于一人乎？则殆非人情也。”

欧阳修还从《文言》《系辞》等行文的口气上看出了问题：“‘何谓’、‘子曰’，讲师言也，《说卦》《杂卦》者，筮人之占书也。”尽管欧阳修对孔子作《易传》的说法存在诸多疑问，但仍相信《彖》《象》是孔子所作。

继欧阳修之后，宋代赵汝楳在其《周易辑闻》中也怀疑《说卦》《序卦》《杂卦》等篇是汉儒的窜入，而《系辞》多称“子曰”，应为门人所述，不是孔子之笔。元人王申子在《大易辑说》中也认为《序卦》不是孔子之言。

清人崔述在《洙泗考录》中以确凿的证据，证明《象》中有的话引自曾子，进一步断定《彖》《象》“必曾子以后之人之所为”，也不是孔子所作。

崔述还从文笔方面作了分析，他说：“《春秋》，孔子所自作，其文谨严简质，与《尧典》《禹贡》相上下；《论语》，后人所记，则其文稍降矣；若《易传》果孔子所作，则当在《春秋》《论语》之间，而今反繁而文，大类《左传》《戴记》，出《论语》下远甚，何耶？”

他还认为：孟子之于《春秋》也，尝屡言之，而无一言及于孔子传《易》之事；孔、孟相去甚近，孟子之表章孔子也不遗余力，不应不知，亦不应知之而不言也。由此观之，《易传》必非孔子所作，而亦未必一人所为；盖皆孔子之后通于《易》者为之，故其言繁而文；其冠以“子曰”字者，盖相传以为孔子之说而不必皆当日之言；其不冠以“子曰”字者，则其所自为说也。

崔述还引用杜氏《春秋传后序》的说法来证明《易传》：“汲县冢中，《周易》上下篇与今正同；别有《阴阳说》，而无《彖》《象》《文言》《系辞》。疑于时仲尼造之于鲁尚未播之于远国也。”他认为：汲冢《纪年篇》魏国之史；冢中书，魏人所藏也。魏文侯师子夏，子夏教授于魏久矣，孔子弟子能传其书者莫如子夏；子夏不传，魏人不知，则《易传》不出于孔子而出于七十子以后之儒者无疑也。

宋、元及清代学者的这些见解，引起了后人对这个问题的关注，特别是经过现代学者多方面的探讨和考证，基本上已经推翻了古人关于《十翼》为孔子所作的传统说法。其中尤其是冯友兰先生以《易传》的思想与今本《论语》不合来否定孔子与《易传》关系的方法，影响较大，至今仍为不少学者所沿用。

冯友兰先生说：《易》之《彖》《象》《文言》《系辞》等是否是孔子所作，只要将《彖》《象》等的哲学思想与《论语》进行比较，这个问题就可以得到解决。《论语》中孔子对天的观念，如“获罪于天，无可祷也。”“予所否者，天厌之！天厌之！”“天生德于予，桓魋其如予何！”“文王既没，文不在兹乎？天之将丧斯文也，后死者不得与于斯文也。天之未丧斯文也，匡人其如予何！”“吾谁欺，欺天乎？”“噫！天丧予！天丧予！”“君子有三畏：畏天命，畏大人，畏圣人之言。”完全是一个有意志的上帝，一主主宰的天。但是，孔子的这种主宰之天在《易》《彖》《象》中并没有地位。《易》所说的天，如“大哉乾元，万物资始，乃统天。……时乘六龙以御天。”“天地以顺动。”“反复其道，七日来复，天行也；复其见天地之心乎。”“天地感而万物化生。”“天地之道。恒久而不已也。”“天行健，君子以自强不息。”“时乘六龙，以御天也；云行雨施，天下平也。”“天尊地卑，乾坤定矣。……在天成象，在地成形，变化见矣。”不过是一种宇宙力量，至多不过是一个“义理之天”，乃自然主义的哲学。因此，一人的思想本来是可以变动的，但决不能同时对于宇宙及人生持两种极端相反的见解。

冯友兰还认为：以上所引《论语》之言，未必都是孔子早年所说，也不能以同一个人早年、晚年思想不同作为解释。孔子所讲，本来只涉及日常伦理之事，而《易·文言》等，凡冠有“子曰”之言，几乎都是在阐释道德，这更能说明问题。至其对宇宙的看法，大概全部接受传统的见解，只不过是以人事为重，这就是所谓的“未能事人焉能事鬼，未知生焉知死”。因此，认为《论语》之言为孔子所说，又认为《易》《彖》《象》等也是孔子所作，是将孔子陷于一个矛盾的境地。

戴琏璋阐述：“近人如钱穆、冯友兰、顾颉刚、李镜池、高亨、戴君仁……他们一致否定孔子作《十翼》的说法，所持的理由中，最值得注意的是《易传》与《论语》在思想上有显著的差异。……《易传》与《论语》除了思想上有差距以外，在语法方面也有显著的不同；此外《文言》多用对偶句子，与《荀子》风格相近；《彖》《象》两传韵语通押的现象，与《诗经》及《荀子》《老子》及《楚辞》中屈、宋两家作品相近。这些现象也都可以作为《易传》并非出于孔子之手的证据。”

对于这一问题，真可谓是众说林立，莫衷一是。综合古今观点，主要有五种看法。第一种认为，今本《易传》全系孔子所作。这是传统的观念，完全出于儒家尊孔的观念。持此看法的代表人物，有东汉的班固、郑玄，唐代有陆德明、颜师古、孔颖达，宋代朱熹，近人有顾实、尚秉和等。第二种认为，只有《彖传》和《象传》为孔子所作，其余皆为弟子和后人所作。持此看法的代表人物，有北宋欧阳修，近人张心澂等。第三种认为，《易传》中象辞是先于孔子的西周初年周公所作，根据则是《左传》昭公二年“韩宣子适鲁，见易象”说：“吾乃知周公之德”的话。汉末学者马融、陆绩等都主张此说。第四种认为，《易传》全不是孔子所作，它或出于战国中期，或出于战国末期，或出于西汉昭宣之间（前 86 ～前 49），甚至更后。持此看法的代表人物，有清崔述、康有为，近人有钱玄同、顾颉刚、李镜池、郭沫若、冯友兰等。第五种认为，今本《易传》基本为孔子所作，然而其中既有记述前人遗说的部分，也有其门人弟子聆听讲述时所作的记录，成书情况与《论语》类似，故其思想应属于孔子。但其中确有后人窜入部分，以及脱文错简。持此看法的代表人物，有今人金景芳、李学勤等先生。相比而言，最后一种说法较为符合历史实际。

也就是说，尽管“十翼”可能不是完全出于孔子之手，但它确实与孔子有关

系。孔子离汉初不过二百多年的时间，像司马迁、班固那样对史料认真负责的人，绝不会凭空编造，他们所说的话一定是有根据的。《史记·仲尼弟子列传》及《汉书·儒林传》中曾详细列出了孔子传《易》的师承关系名单。这两张名单的内容虽然稍有不同，但他们师承授受都是传至当时的西汉人田何。汉代学者最重师承关系，如无一定根据，司马迁和班固等是无法编造的。因此《史记》《汉书》都说孔子为《周易》作“传”，这也不会是无稽之谈。

而今有了地下出土文献，也可以作为孔子作易传的证据。马王堆汉墓出土的帛书易传《二三子》中的有些内容，即是其例。

“易曰：‘寝（潜）龙勿用。’孔子曰：‘龙寝（潜）矣而不阳，时至矣而不出，可谓寝（潜）矣。大人安失（佚）矣而不朝，猷在廷，亦犹龙之寝（潜）也。其淢而不用也，故曰：寝（潜）龙勿用。’易曰：‘杭（亢）龙有悔。’孔子曰：‘此言为上而骄下，骄下而不殆者，未之有也。圣人之立正（政）也，若遁（循）木，俞（愈）高俞（愈）畏下，故曰：杭（亢）龙有悔……”（刘大钧释文据《道家文化究研》第三辑，第425页）

虽然个别字词有出入，但这一记载明显是孔子对《易经》乾卦初九爻辞“潜龙，勿用”和上九爻辞“亢龙有悔”的解释。

尤其是《要》篇中孔子所说的“后世之士疑丘者，或以《易》乎?”与《孟子·滕文公下》所载孔子所说“知我者其惟《春秋》乎？罪我者其惟春秋乎?”口气一模一样。李学勤先生认为，孔子说知我罪我其惟春秋，是因为他对《春秋》作了笔削，所以他与《周易》的关系也绝非限于只是一个读者，而是一定意义上的作者。他所能做的，只能是注释解释《易经》的《易传》。（李学勤《周易经传溯源》，长春出版社1992年版）

另据汉刘向《说苑》卷十“敬慎”记载：

孔子读易至于“损益”，则喟然而叹，子夏避席而问曰：“夫子何为叹?”孔子曰：“夫自损者益，自益者缺，吾是以叹也。”子夏曰：“然则学者不可以益乎?”孔子曰：“否天之道成者，未尝得久也。夫学者以虚受之，故曰得，苟不知持满，则天下之善言不得入其耳矣。昔尧履天子之位，犹允恭以持之，虚静以待下，故百载以逾盛，迄今而益章。昆吾自臧而满意，穷高而不衰，故当时而亏败，迄今而逾恶，是非损益之征与？吾故曰谦也者，致恭以存其位者也。夫丰明而动故能大，苟大则亏矣，吾戒之，故曰天下之善言不得入其耳矣。日中则昃，月盈则食，天地盈虚，与时消息；是以圣人不敢当盛。坐车如遇见三人同行则下，二人则轼，调其盈虚，故能长久也。”子夏曰：“善，请终身诵之。”

《淮南子·人间训》《孔子家语·六本》也有这一“孔子读易至《损》、《益》，喟然而叹”的记载。而帛书易传《要》第四部分一开始，就是“孔子籀易至于损益，未尝不废书而叹”。这都记载了孔子对《易经》损卦、益卦所作的一通义理发挥，辩证而充满智慧。尤其是帛书易《要》中，把《损》《益》与四时四季结合起来，由春夏秋冬四季的万物生老病死之变化，来说明天地之变化、人事之兴替。可见，孔子曾对《易经》“损”“益”二卦有过解读。这与《易传》中内容非常相近，或者正是《易传》逸文也未可知。

在《论语·为政》中：“子曰：殷因于夏礼，所损益，可知也。周因于殷礼，所损益，可知也。”将夏、商、周三代之间的政治制度延续与变革，用“损益”二字表达，可见孔子这里也是受到了《易经》“损益”二卦的影响。

所以我们认为，孔子晚年确实曾经对《周易》进行过系统和深入的研究，他可能只是像删《诗》一样，对此进行了整理。一向主张“述而不作”的孔子，对这些古人的《易经》注可能也作过口头阐释，并通过他的弟子及后人把这些阐释记录下来，进行加工补充，到战国初期至中期，形成了《彖》《象》《文言》《系辞》的主要篇章。因此，我们现在看到的这些今本《易传》，虽然有些反映了孔子的思想，但很可能是孔门后人编辑整理或者托孔子之名而作，并不是完全直接出自孔子之笔。

七、《易传》及其学术意义

孔子在晚年和他的学生们或者再传弟子们共同完成了注解《周易》的《易传》（即《周易大传》，又称《十翼》），成为后世人们研读《周易》的基础材料，为人类留下了珍贵的哲学思想和伟大的文化遗产。

孔子赞周易，述作十翼传如下：

彖辞（上下）：断定一卦之意义。

象辞（上下）：详解一爻之意义。

文言：存乾坤二卦，阐释乾坤两卦意义。

系辞（上下）：综述易卦，以易例解析卦理卦象。

说卦：说明易卦卦象，分本象与广象。

序卦：说明易经六十四卦次序。

杂卦：综论六十四卦象，阐详易卦命名意义。

我们可以这样说，《周易》是经中之经，书中之王。本来是一部占筮之书，却被儒家奉为经典，成为众经之首，《十三经》第一，这是与孔子作《易传》关系非常密切的。章太炎先生说：“孔子赞《易》之前，人皆以《易》为卜筮之书……赞《易》之后，《易》之范围益大，而价值亦高。《系辞》曰：‘夫《易》何为者也？夫《易》开物成务、冒天下之大道，如斯而已者也。’孔子之言如此。”也有学者历数易学发展史，称：伏羲画八卦，为符号易经；文王演周易，为卜筮（文辞）易

经；孔子作易传，为哲学易经。如果《周易》只是伏羲画八卦的符号，或者是只是文王演周易的《易经》卦爻辞，那么《周易》很难到达这样一个哲学高度。

先秦易学从萌生到奠定基础大致经历了两个阶段，即从占筮易学到义理易学。春秋以前，以占筮易学为主体。从春秋开始，义理易学逐渐取代占筮易学。易学开始从纯占筮之用逐步走向对哲理的认识与抽象。这一历史性的转变，是以孔子为代表的儒家实现的，他们的易学思想主要体现在易学史上的第一座里程碑——《易传》之中。

历史发展到了孔子所处的春秋时代，迷信消退，人智勃兴，人道思想逐渐取代神道思想而成为时代思潮的主流；人由听命于不可知的神谕，渐转变为宁愿信赖理智的判断。孔子在知天命之后的晚年“赞易”，将断事决疑的筮术一变而为哲学理论，集伏羲、文王以来易学发展之大成；为易学建立起一个庞大而完整的天人思想体系，从而把易学纳入儒门以教学。从孔子赞易以后，《周易》由筮术之书变为哲理之书。孔子及其门下、后学所作的《易传》十翼文字，与卦象、卦爻辞并列，使易学乃成为儒门六学之一。这种演变从整个历史潮流及易学本身而言，是顺势的演变，依“天道思想——神道思想——人道思想”的自然趋向。

战国时期，虽然占筮易学仍然继续流行，但以孔子为代表的义理易学思想日益扩展，儒、道、阴阳、纵横等诸子百家，都不断从哲理的角度解释和运用《周易》，从而极大地促进了易学的发展，致使《周易》的思想开始渗入各种学派的学说之中，并逐渐变成了当时社会的普遍价值观和认识准则。

在对《周易》性质和原理的认识上，《易传》体现了《周易》的哲学观。《易传》透过《周易》神秘的卜筮外壳，深刻地揭示出其丰富的内涵和深邃的哲理，将《周易》视作是一部指导社会政治生活、道德修养的教科书，其内容含天盖地，无所不包，应有尽有。《易传》将《周易》哲学原理主要概括为：阴阳说、刚柔相推说、物极必反说、易准天地说、时中说和顺天应人说等。

《易传》阐发的哲理，是通过对《周易》占筮体例的解释具体表达出来的。因此，《易传》非常重视对筮法、卦象和爻位等各种关系的研究，形成了独特的解释占筮的原则和具体解释占筮的体例，并以之为揭示《周易》蕴含的哲理服务。

《易传》对《周易》性质和原理的阐发，使《周易》的内容发生了质变，由卜筮而到哲理，乃是一次历史性的根本转变。此后，义理派易学家均将《周易》视作是一部哲理教科书，并在此基础上不断发掘其丰富内涵，促进了中国古代哲学的发展。

《易传》作为第一部易学专著，其思想内容是极为丰富的。通过它对《周易》的研讨阐发，使本为卜筮之书的《周易》内部蕴含的深刻而丰富的哲理被初步揭示出来，使《周易》成为修身立世、持家治国的宝鉴。

参考文献

[1] 陈鼓应. 易传与道家思想. 台北：台湾商务印书馆，1994.
[2] 高亨. 周易古经今注. 北京：中华书局，1984.
[3] 高怀民. 先秦易学史. 南宁：广西师范大学出版社，2007.
[4] 顾颉刚. 周易卦爻辞中的故事//顾颉刚. 论《易·系辞传》中观象制器的故事：古史辨. 第3册. 上海：上海古籍出版社，1982.
[5] 郭沫若. 《周易》之制作时代//郭沫若. 郭沫若全集·历史编. 第一册. 北京：人民出版社，1982.
[6] 杭辛斋. 学易笔谈·读易杂识. 二集卷一、卷二. 沈阳：辽宁教育出版社，1997.
[7] 胡朴安. 易制器尚象说. 国学论衡. 1936（7）
[8] 金景芳，吕绍纲. 周易全解. 长春：吉林大学出版社，1989.
[9] 李大用. 周易新探. 北京：北京大学出版社，1992.
[10] 李镜池. 周易探源. 北京：中华书局，1978.
[11] 李尚信. 卦序与解卦理路. 成都：巴蜀书社，2008.
[12] 李学勤. 周易经传溯源. 北京：中国社会科学出版社，2007.
[13] 刘大钧，林忠军. 周易古经白话解. 济南：山东友谊书社，1989.
[14] 闻一多. 周易义证类纂//闻一多. 闻一多全集. 第十卷. 武汉：湖北人民出版社，1993.
[15] 张政烺. 论殷墟甲骨文中所见的一种筮卦//中华书局编辑部. 文史. 第二十四辑. 北京：中华书局，1985.

索引一

易学关键词

索引二

人名关键词（按生年排序）